# 会计基础
## 理论与实务

桂俊煜 马施 / 主编

人民邮电出版社

北 京

**图书在版编目（CIP）数据**

会计基础理论与实务 / 桂俊煜，马施主编. -- 北京：人民邮电出版社，2016.12（2018.1重印）
ISBN 978-7-115-44381-6

Ⅰ. ①会… Ⅱ. ①桂… ②马… Ⅲ. ①会计学－高等学校－教材 Ⅳ. ①F230

中国版本图书馆CIP数据核字(2016)第301783号

## 内 容 提 要

随着会计工作实践的不断发展，相应地对会计人才的培养提出了新的要求。为适应这一形势，本教材将会计基础理论和实务融为一体，以培养学生会计基础专业技能为宗旨，从会计核算理论、会计核算方法和会计核算实务三个维度，系统地介绍了会计要素的确认及计量、会计凭证的填制与审核、会计报表的编制，以及制造业企业资金筹集业务、供应业务、生产业务、销售业务的核算等。

本书既可以作为高等院校财会专业的教材，也可以作为在职财会人员提高业务水平的手头参考书，还可以作为岗位培训教材及自学进修辅导教材。

◆ 主　　编　桂俊煜　马　施
　　责任编辑　庞卫军
　　执行编辑　程珍珍
　　责任印制　焦志炜

◆ 人民邮电出版社出版发行　　北京市丰台区成寿寺路11号
　　邮编 100164　　电子邮件 315@ptpress.com.cn
　　网址 http://www.ptpress.com.cn
　　三河市潮河印业有限公司印刷

◆ 开本：787×1092　1/16
　　印张：19.5　　　　　　　　　　　2016年12月第1版
　　字数：300千字　　　　　　　　　2018年1月河北第2次印刷

定　价：39.90元

**读者服务热线：（010）81055656　印装质量热线：（010）81055316**
**反盗版热线：（010）81055315**

广告经营许可证：京东工商广登字 20170147 号

# 前　言

为适应中国市场经济快速发展对会计信息多元化的需求，顺应经济全球化背景下会计准则国际趋同的潮流，2006 年 2 月 15 日，财政部正式发布了 1 项基本会计准则和 38 项具体会计准则，并于 2007 年开始在上市公司实施。新会计准则体系的制定和实施是我国适应新形势下国内外经济发展需要做出的重大会计改革决策，标志着我国会计准则国际化趋同达到了一个新的高度。我国企业会计准则体系在整体框架、内涵和实质上实现了国际化趋同，并得到了有效实施，将我国会计工作提升到了国际先进水平的行列，有助于提升会计信息质量和企业形象，促进企业可持续健康发展，同时为实现中国会计准则与其他国家或者地区会计准则等效奠定了基础。在此之后，财政部陆续发布《企业会计准则解释第一号》至《企业会计准则解释第五号》，对企业在实际执行企业会计准则过程中发现的问题进行解释说明。同时，我国的税法也发生了巨大的变化，新的企业所得税法颁布实施，增值税由生产型增值税向消费型增值税转变，营业税向增值税转变，等等，所有这些都对会计理论和实务产生了较大影响。

为适应新形势下会计教学的需要，我们对会计的基本内容进行了系统的梳理，以企业会计准则为依据，结合企业会计准则解释和税法的最新变化，侧重于会计基础理论与实务的结合，对教学内容进行了调整。本教材具有以下特色。

一是按照理论够用、重在实践技能的原则，立足我国现有的会计实务，结合最新的企业财务通则、公司法、税法等会计规范和法规以及现代财务会计发展的最新动向，较为全面、系统、深入地介绍了会计的基本原理和方法以及最新的会计实务，体现了会计知识的动态成果和政策性，实现了适时性与前瞻性的有机结合，内容新颖、丰富，体系完整。

二是着重介绍企业日常会计事项和处理方法，很少涉及企业不经常发生的特殊的会计事项和处理方法，体现了贴近企业会计实务的原则，实用性强。

三是注重理论联系实际，将理论解释和技术应用有机地结合起来，通过大量精选的实例诠释枯燥的理论，融知识传授、能力培养、素质教育于一体，科学地处理理论与实践、技能培养与素质教育等之间的关系。

本教材的顺利出版得到了"教育部财务管理专业本科教学工程专业综合建设项目"和人民邮电出版社的大力支持和帮助，在此表示衷心的感谢。

由于编者的水平有限，本教材或许还存在着许多不足之处，敬请大家多提宝贵意见，以待今后进一步修订和完善。

编者

2016 年 10 月

# 目　录

| 第三篇　会计核算实务 |

第一篇

# 会计核算基本理论

# 第一章 会计理论概述

【学习目标】

◆ 了解会计理论的形成与发展。

◆ 理解会计的本质与基本职能。

◆ 了解现代会计的分支情况。

◆ 了解我国财务会计框架的基本内容。

◆ 理解会计信息使用者对财务报告的要求。

◆ 理解有关会计目标的主要观点与我国的会计目标。

## 第一节 | 会计理论的形成与发展

### 一、古代会计理论的产生与发展

会计是随着社会生产发展需要而产生并发展起来的，并随着社会经济，特别是市场经济的发展和科学技术的进步而不断完善和提高的。

在会计的萌芽阶段，会计只是生产职能的附带。在新石器时代，随着生产力的发展，人们已经具备了数字的概念，能够运用一些符号和表现方法，此时人类产生了原始计量记录行为，如结绳记事和绘图记事等。结绳记事和绘图记事等行为都是所有学科的萌芽，对会计学而言，这一时期的原始记录方法并不是单纯的会计行为和会计方法，而是一种与数学、统计学及其他相关学科有关的综合性的行为和方法。

真正的会计行为到奴隶社会的繁盛时期才逐渐产生。只有当社会生产力发展到一定阶段，出现剩余产品后，会计才逐渐从生产职能中分离出来，成为一种独立的职能，这时也出现了专门从事这一工作的专职人员。奴隶主阶级占有全部生产资料，私人财产的增加导致了受托责任会计的产生，这就要求不仅要保护奴隶主的财产安全，还要证明管理这些财产的人履行了他们的职责，于是单式簿记法在这个阶段产生，通过设置和登记流水账满足管理的要求。

回顾古代会计的发展过程，从原始计量记录时代到封建社会中叶，中国会计的发展一直位于世界先进行列，直到近代才逐渐落后于西方。在我国，会计一职起源于西周，当时会计一词已有了比较明确的含义，即所谓"零星算之为计，总合算之为会"。据《周礼》记载，西周国家设立"司会"一职对财务收支活动进行"月计岁会"，又设司书、职内、职岁和职币四职分理会计业务，其中司书掌管会计账簿，职内掌管财务收入账户，职岁掌管财务支出类账户，职币掌管财务结余，并建立了定期会计报表制度、专仓出纳制度、财物稽核制度等。

随着封建经济关系的产生、发展，中国会计有了长足的发展，记录的内容在不断丰富，记录的方法也在不断更新。唐宋时期出现了"四柱结算法"和"四柱清册"。"四柱结算法"是按照"旧管"（上期结存）、"新收"（本期收入）、"开除"（本期支出）、"实在"（期末结存）这"四柱"特定的格式，定期结算账目的一种会计方法。"四柱清册"是以"四柱"为基本格式，以"四柱结算法"为基本方法所编制的一种会计报告。"四柱结算法"的创立、运用和发展，及"四柱清册"编报形式的产生、运用，是唐宋时期在会计方法方面的重大贡献。"四柱结算法"是系统反映国家经济和私人经济活动全过程的科学方法，它集中归结了中式会计的基本原理，是中式会计方法体系的核心与精髓，为中国会计从单式账法向复式账法的演变奠定了初步基础。

明清时期是中国单式簿记的持续发展和复式簿记产生的时期，在民间商界产生了中国固有的复式账法，即"龙门账"和"四脚账"。"龙门账"将全部经济事项划分为"进"（各项收入）、"缴"（各项支出）、"存"（各项资产）、"该"（各项负债和资本）四大类，遵循"有来必有去，来去必相等"的记账规则处理账目。"四脚账"的特色是在账法上有两种结册编制：一为"彩项结册"，相当于近代的"利润表"；二为"存除结册"，相当于近代的"资产负债表"。在"四脚账"的试算平衡上，勾稽全部账目是在"存该结册"上进行的，该册分上下两部分，上部称为天方，下部称为地方。凡上下两部分数额吻合谓之"天地符合"，否则为"天地不合"。在这个时期，"龙门账"和"四脚账"代表着中国会计的先进水平。

## 二、近代会计理论的发展

一般认为，从单式记账法过渡到复式记账法，是近代会计的形成标志。

在欧洲，早在 12 ~ 13 世纪，意大利的商品货币经济已比较发达，借贷复式簿记已在热那亚、威尼斯等城市出现。1211 年，意大利佛罗伦萨银行已使用借贷复式记账法记账，当时人们称这种记账法为"威尼斯簿记法"。1494 年，意大利传教士著名数学家卢卡·帕乔利（Luca Pacioli，1445—1515 年）发表《数学大全》，其中第三卷第九部第十一篇题为"计算与记录要论"是世界会计理论研究的起点。这部著作改变了世界会计发展的历史航向，结束了簿记实务口授心会、单脉相传的时代，而将簿记实务与簿记理论结合在一起，使会计成为一门独立的科学。文中首次提出了复式簿记和借贷记账方法，并创立了三种主要会计账簿，即序时账、分类账和备查簿，以及原始成本计价等会计基本原理，因此会计史学家们誉称他为"会计学之父。"

从 15 世纪至 18 世纪（1494—1775 年）的大约 300 年间，西方会计理论研究处于停滞时期，而 1775—1933 年间，西方工业资本主义的兴起，推动了这 100 多年间的会计实务和会计理论迅速发展。资本主义的发展对会计理论的影响主要体现在以下几个方面。

（一）股份公司的出现对会计理论的影响

1600 年，英国产生了股份公司，所有者对公司债务承担有限责任，为了保护债权人的利益和企业经营的连续性，应限制股利的分配，这就需要系统地进行利润计量，其中包括更精确地区分资产和费用。同时需要定期向股东提供会计报表，说明企业的财务状况和经营成果。资产、负债与资本的计量，收益的确定，报表的编制、审查、分析和解释等新的内容出现。

（二）工业革命的出现对会计理论的影响

19 世纪中期，英国的工业革命带动了欧美的工业发展，并对会计提出了一系列要求，主要表现为对复式簿记的原有结构增加了一系列补充事项。例如，折旧观念的引进、资产计价、收益计量，以及增加了一系列的系统性要求，这些要求为会计的发展奠定了基础，如持续经营、会计分期和应计观念已经成为大型制造企业实务处理必不可少的部分。

（三）会计职业的出现对会计理论的影响

会计职业的出现是近代会计史上的第二个里程碑。1845 年，世界第一个注册会计师专业团体诞生于英国。会计职业的出现促使会计实务开始走向规范化，从而引起了人们对会计原则的不懈探索，同时也带来了会计理论的空前发展。此前的会计只是簿记，在会计职业出现后，严格意义上的会计学才真正产生。但是，在该时期的会计实务中，大多数会计程序和方法缺少会计理论依据，因而会计具有实用主义的特点，对复杂的会计账务问题，采用权宜之计；会计人员在选择会计程序和方法方面有相当大的自由，如不同企业对同一会计事项所采用的会计程序和方法是不同的，从而使不同企业的会计报表无法进行比较等。针对上述现象，大部分西方会计学者也都持有异议，于 1920 年后纷纷发表文章对这些状况进行了抨击，提出要改进实务，而且有组织、有系统地研究和探讨会计理论，于是在 1933 年以后，现代会计理论进入了迅速发展时期。

近代社会的中国，停留在自给自足的自然经济发展阶段，而西方诸国已进入资本主义经济发展阶段，中国的会计已落后于他们。鸦片战争后，中国掀起了将近半个世纪的中式会计改良、改革运动，从而揭开了中国近代会计发展的新篇章。1906 年，清代著名学者蔡锡勇所著《连环账谱》将借贷复式簿记与中国传统的"收、付、存、该"的记账原理结合起来，根据"有借必有贷，借贷必相等"的记账规则，设计簿记记录实例。随后谢霖、孟森于 1907 年在日本出版《银行簿记学》并于当年在中国发行，进一步推动了中国中式簿记的改良、改革的进程。

二十世纪二三十年代，围绕中国会计的改良与改革，形成了以会计学家徐永祚为代表的改良中式簿记学派和以会计学家、教育家潘序伦为首的改革中式簿记两大派别。前者认为：中国簿记革新须先通过改良，并保留中式簿记中的科学部分，最终产生一种改良中式簿记，以为中国工商企业所用。后者批评前者改良方案不彻底，主张对中式簿记彻底改革，全面体现"帕乔利时代"的簿记革新成就，吸收欧美国家会计发展方面的最新成果，以实现我国工商企业及政府会计革新之目标。

### 三、现代会计理论的发展

西方大多数会计学家认为，1933年以后的历史时期是现代会计理论的发展阶段。在这一阶段，美国、英国、澳大利亚、加拿大等国家成为发展会计思想的开拓者。其中，美国明显居于领先地位。现代会计理论的发展经历了两个不同的阶段。

**第一阶段指1933—1973年，由会计专业团体建立逐渐统一的会计准则。**

20世纪30年代，西方资本主义国家出现了严重的经济危机，公司纷纷破产倒闭，股票和债券大量在证券市场上抛售，许多公司陷入无力偿付债务的境地，政府和社会公众迫切需要公司会计报表能够真实地反映公司的财务状况。在这种政治经济背景下，美国政府于1933年和1934年分别颁布了《证券法》和《证券交易法》，要求公司送交证券交易管理委员会的会计报表，必须是按统一的会计准则编制，并要经过注册会计师审计。这样，就促使会计界对编制会计报表所应依据的会计准则及其基础概念进行认真研讨，从而改进会计实务，提高会计报表的可靠性、一致性和可能性。

此后40年，美国和英国的一些会计专业团体对于改进会计实务和完善会计理论做了大量工作，并发表了不少建议性的公报，这些公报对建立统一的会计准则和促进会计理论的发展起到了相当大的推动作用。美国的会计专业团体主要有：美国注册公共会计师协会及其下属的会计程序委员会（AICPA）、会计原则委员会（APB）；美国会计学会（AAA）；美国全国会计师协会（NAA）。除了美国的几个会计团体以外，英格兰和威尔士特许会计师协会（ICAEW）、加拿大特许会计师协会（SCAC）、澳大利亚特许会计师协会（ICAA）等专业团体，也都积极参与制定本国会计准则，对会计理论的发展作出了贡献。

这些会计专业团体对推进会计实务标准化以及会计理论发展作出了很大贡献，但是在该时期还没有建立系统的会计理论作为指导会计实务的基础观念，这一时期的会计信息失真现象严重，会计报表并不能真实反映企业的财务状况和经营成果，这就导致各专业团体颁布的文件权威性很差。

根据这种状况，美国注册会计师协会于1971年成立了两个委员会：一个是特鲁布拉德委员会；另一个是惠特委员会，具体确定了会计报表的目标以及如何建立健全统一的会计准则。惠特委员会于1972年提交了一份报告，即惠特报告，建议取消会计原则委员会，成立财务会计准则委员会，该项报告被美国注册会计师协会所接受。这样，以1973年财务会计准则委员会的成立为标志，会计准则的建立和健全过程进入了一个崭新阶段。

**第二阶段指1973年至今，在这个阶段，更大的代表性会计团体建立了健全的会计准则。**

由于会计专业团体制定的会计准则未得到普遍承认和广泛应用而缺乏权威性，美国于1973年成立了财务会计准则委员会（FASB），它和证券交易委员会（SEC）成为建立和健全会计准则的主要机构。

FASB是由具有较大政治代表性的会计团体组成的，下设七个委员会，分别代表会计师事务所、企业界、政府和会计教学机构。在隶属关系上既不隶属于美国注册会计师协会，也不受美国政府管辖。它是具有更加广泛社会基础的半独立性组织。FASB 的主要任务是：针对重大的会计问题，依据以前制定的准则，制定相应的财务会计准则及其解释文件。从 1973—1993 年，FASB 已发表了 117 份"财务会计准则公告"和几十份解释（FASB'S Interpretation）及技术性报告。FASB 制定的"准则公告"对会计实务处理的规范性要求较之 APB 制定的"意见书"更为严格，它已尽量缩小了不同备选方法并存状况，而且这些准则公告的权威性也进一步加强。自 FASB 成立以来，其在制定准则公告的同时，还花费相当一部分精力对一系列财务会计概念进行研究，以便为会计准则的制定构建一个合理的理论框架。到 1987 年为止，FASB 已发表了 6 份正式的"财务会计概念公告"和一些公告草案。

SEC 是 1934 年依据国会法案而建立的。建立该机构的目的是为了贯彻执行各项证券法规，并在国会所赋予的权限内，规定会计准则和会计报表的编制程序和方法。其拥有一定的行政职能。SEC 对美国会计实务的发展有相当大的影响。这种影响主要是通过它对 APB 的"意见"和 FASB 的"说明"草本加以评论，并在"意见"和"说明"发表前需要经过其同意。在少数情况下，SEC 实际上曾否决过 APB 的"意见"或者在拒绝 APB 这样做时采取过行动。

### 四、新中国成立以来我国会计理论的发展

在我国，根据 1949 年以来不同时期会计理论的特征，我国会计理论研究大致可分为四个阶段。

#### （一）引进和学习苏联模式阶段（1949—1966 年）

新中国成立后，国家面临的首要任务就是迅速发展生产，弥补战争创伤，建立独立的工业体系，实现国家工业化。在当时的历史条件下，国家选择了当时苏联的经济模式，苏联的会计模式和理论也相应地被全盘引入。

苏联模式的引入是我国传统会计发展过程中的一次历史性变革。对我国创立一套适应当时经济建设和计划管理的集中统一会计管理制度和核算体系起到某种直接作用，更重要的是使我国传统会计理论研究的思想和观念发生了重大转折。但苏联会计模式在以后的实践中暴露了不少问题，尤其是苏联会计学者在以马克思主义理论为基础建立科学的社会主义会计理论体系过程中，并未严格遵循辩证唯物主义认识论和方法论原则，产生了某些教条主义和形而上学的思想观念与思维方式，并渗入到研究成果和教科书中。

#### （二）"文化大革命"时期会计理论研究停滞和扭曲阶段（1966—1976 年）

"文化大革命"期间，财政部发布过一些简化的会计制度，但统一的会计制度已经名存实亡，或者大多数会计制度等于自动废止。仅有的少数汇总决算会计制度也无法发挥实际效力。会计工作中无章可循，或者有章不能循，全国的会计核算长期处于失控状态。

#### （三）会计理论研究的复苏阶段（1976—1980 年）

1976 年以后，会计理论研究和会计核算工作重新得到重视和加强。1978 年，国务院

颁布了《会计人员职权条例》，促进了我国会计工作的整顿和发展。财政部恢复了会计制度司（1980 年改为会计事务管理司），立即进行统一会计制度的整顿和重建工作。首先修订了"文化大革命"期间的会计制度，并于 1980 年由财政部颁布《国营工业企业会计制度——会计科目》和《国营工业企业会计制度——会计报表》等统一会计制度。这两个基本会计制度对过去的会计科目、核算要求、报表种类、指标和编制方法都作了较大的修订和增补。

### （四）会计理论研究的高速发展阶段（1980 年至今）

改革开放以后，中国的会计理论得到了全面发展，并经历了四个发展阶段。

1980—1982 年是我国会计理论的起步阶段，其标志是 1980 年中国会计学会成立和《会计研究》杂志的创刊。在这一阶段，我国会计理论研究冲破"管理工具论"的理论束缚，提出会计管理论新思维，认为会计是经济管理的重要组成部分，具有管理职能。这一理论迅速被广大会计工作人员所接受，并用以指导会计工作。社会各界和政府越来越认识到，会计在加强经济管理、提高经济效益过程中的作用不容忽视。同时，以"管理活动论"为代表，形成了以"管理活动论"和"信息系统论"为主要代表的多种学术流派，中外会计比较研究也逐渐开展。

1983—1986 年是我国会计理论的目标确定与战略规划阶段。1983 年，我国在中国会计学会年会上正式确立了会计理论研究的总体目标，即"创立具有中国特点的、以讲求经济效益为中心的会计理论和方法体系"，同时提出会计以讲求经济效益为中心，促使传统的记账、算账、报账型会计向现代的管理控制经营型会计转变。另外，我国还紧密结合企业财务研究会计问题，打破了就会计论会计的限制，使财务与会计的关系有了突破性发展，为会计理论研究紧密结合会计实际工作开辟了新的广阔途径。1985 年《会计法》的颁布与实施，推动了会计组织与管理和会计法规体系的会计理论研究，形成了以《会计法》为纲的宏观会计组织与管理的会计法规制度体系。

1987—1991 年是我国社会主义市场经济会计理论的发育与成长阶段。1987 年中国会计学会正式发布"中国会计学会科研规划"，确定了 50 个重点科研课题，成立了七个专题研究组，我国的会计理论研究进入了以社会主义市场经济为背景的过程。在这一时期，我国会计以经济责任为基础，借鉴西方管理会计，依据企业实践经验，逐步形成和发展具有中国特色的责任会计理论与方法。中国会计理论研究逐步向会计准则理论研究的深层次迈进，并开始有组织、有系统地研究会计准则问题。我国会计国际化研究开始起步，在中国人民大学举办了"国际会计理论研讨会"。

1992 年至今是我国会计理论研究的繁荣发展阶段。1992 年中国会计学会发布了"八五"科研规划纲要，财政部在深圳举办了"会计准则国际研讨会"，会计理论研究进入以制定中国会计准则为中心的繁荣发展阶段。1993 年 7 月 1 日，全国范围内的企业实施《企业会计准则》和新的行业会计核算制度，这标志着我国会计理论与实务步入了社会主义市场经济要求的轨道，同时也向国际化、应用化迈出了实质性的一步。我国会计理论研究也从概念性的理论研究转向基本准则、具体准则的应用研究。

2006年2月15日，财政部发布了1项基本会计准则和38项具体会计准则，成为与中国国情相适应，同时又充分与国际财务报告准则趋同的、涵盖各类企业各项经济业务、能够独立实施的会计准则体系，成为我国会计发展的一个重要里程碑。为适应社会主义市场经济发展，进一步完善我国企业会计准则体系，提高财务报表列报质量和会计信息透明度，保持我国企业会计准则与国际财务报告准则的持续趋同，按照趋同路线图的要求，2008年、2010年和2014年，我国又对会计准则进行了修订和完善。

## 第二节　会计的定义

### 一、会计的本质

会计的定义是会计的核心问题，它表明了会计的本质。会计的本质既是会计理论研究的基本要求，又是指导会计实践活动的具体需要。

纵观会计理论的发展可以发现，对会计的认识不仅受到会计实践发展水平的影响，还受到人们对社会经济发展和经济规律认识程度的限制。此外，科学技术和其他相关学科的发展也对人们科学地认识会计起着较大的推动作用。长期以来，由于受到实践和认识的双重影响，会计的本质一直是人们争论的焦点。

目前，中外会计界关于会计本质的认识主要有信息系统论和管理活动论两种观点。

#### （一）会计信息系统论

会计信息系统论将会计的本质理解为一个经济信息系统。会计信息系统是指在企业或其他组织范围内，旨在反映和控制各种企业或组织的经济活动，而由若干具有内在联系的程序、方法和技术组成，并由会计人员加以管理，用以处理经济数据、提供财务信息和其他有关经济信息的有机整体。该思想最早起源于美国会计学家A.C.利特尔顿，他在《Structure of Accounting Theory》（1953）中指出，"会计是一种特殊门类的信息服务""会计的显著目的在于对一个企业的经济活动提供某种有意义的信息"。20世纪60年代后期，随着信息论、系统论和控制论的发展，美国会计界开始倾向于将会计的本质定义为会计信息系统，如1966年美国会计学会（AAA）发表的《会计基本理论说明书》（ASBOAT）指出："从本质上说，会计是一个信息系统。"从此，这个概念就开始广为流传。

该观点拥有较多的支持者，对我国会计学界有着很大影响，许多会计人投身研究、阐述观点，对会计的本质进行比较深入和全面的讨论，逐步完善和发展了会计信息系统论。我国较早接受该观点的会计学家是余绪缨教授。他在1980年《要从发展的观点看会计学的科学属性》一文中首先提出了这一观点。葛家澍、唐予华于1983年提出的"会计是旨在提高企业和各单位活动的经济效益，加强经济管理而建立的一个提供财务信息为主的经济信息系统"，具有较强的代表性。

（二）会计管理活动论

会计管理活动论继承了会计管理工具论的核心，吸收了最新管理科学思想，认为会计的本质是一种经济管理活动，这也成为当前国内外会计学界具有重要影响的观点。将会计视为一种管理活动，在西方早已存在。"古典管理理论"学派的代表人物法约尔，将会计活动列为经营的六种职能活动之一；美国人卢瑟•古利克（Luther Gulick）则将会计管理列为管理化功能之一；20世纪60年代的"管理经济会计学派"（Managerial Economics and Accounting School）则认为进行经济分析和建立管理会计制度就是管理。

该观点同样拥有较多的支持者，有很大的学术影响，已形成较为系统的"会计是一种管理活动"学说的理论体系。我国最早提倡该观点的是杨纪琬、阎达五，他们认为"会计"和"会计管理"是同一概念，无论从理论上还是从实践方面看，会计不仅仅是管理经济的工具，它本身就具有管理的职能，是人们从事管理的一种活动。

除上述观点外，还有管理工具论、管理环节论、价值管理控制系统论、会计价值信息控制系统论、经济信息控制系统论等。

在我国，结合会计的所有特性，一般将会计定义为，会计是以货币为主要计量单位，以会计凭证为依据，利用专门的方法和程序，对企事业单位的经济活动进行完整、连续、系统的反映和监督，旨在提供经济信息和提高经济效益的一种管理活动，是经济管理的重要组成部分。

## 二、会计的职能

会计的职能是指会计自身所具有的功能，是实现会计目标的具体体现。

会计职能是会计所固有的、客观存在的，它随着会计的发展和人们认识的深化而不断完善。早在二十世纪五六十年代，学术界就开始在较大范围内对其进行讨论，到20世纪70年代末80年代初，成为会计理论研究的热门话题之一，到20世纪90年代后，这种研究则渐趋式微。相对而言，美国等西方国家对会计职能的研究甚少，近20年来的理论研究基本上是针对会计目标开展的。美国早期研究中也曾有对会计职能的论述，如佩顿的《会计理论》中提到，"会计的职能（function，1922）就是记录、分类、整理与提供价值的数据，以便（主体）的所有者和代表（即管理者）在处置（disposal）时能周全地（wisely）使用资本"。会计的职能有很多，但大多数人普遍认为会计的基本功能应当概括为两个，即核算职能和监督职能。

（一）会计的核算职能

会计的核算职能是指会计通过确认、计量、记录、报告，从数量上反映企事业单位已经发生或完成的经济活动，为经营管理提供经济信息。

核算职能是会计的最基本职能。核算的基本内容包括：款项和有价证券的收付；财物的收发、增减和使用；债权债务的发生和结算；资本、基金的增减；收入、支出、费用、成本的计算；财务成果的计算和处理，以及需要办理会计手续、进行会计核算的其他事项。

现代会计的核算职能具有如下特点。

（1）会计主要是利用货币计量，综合反映各单位的经济活动情况，为经济管理提供可靠的会计信息。

（2）会计核算不仅是记录已发生的经济业务，还应面向未来，为各单位的经营决策和管理控制提供依据。

（3）会计核算具有连续性、完整性和系统性的特点。所谓连续性，是指对各种经济业务应当按照其发生的时间顺序依次进行登记而不能有所中断。所谓完整性，是指凡是会计核算的内容都必须加以记录，不能遗漏。所谓系统性，是指会计提供的数据资料必须在科学分类的基础上形成相互联系的有序整体，而不能杂乱无章。只有依据连续的、完整的和系统的数据资料，才能全面、系统地反映各单位的经济活动情况，考核其经济效益。

（二）会计的监督职能

会计监督职能是指通过由社会会计监督、国家会计监督和单位内部会计监督组成的三位一体的会计监督体系，对各单位的经济业务的合法性、合理性、合规性进行审查，使之达到预期目标的功能。

社会会计监督主要是由注册会计师完成；国家会计监督主要由财政、审计、税务、人民银行、证券监管和保险监管等机构从经济业务的合法、合规性等方面进行监督；单位内部会计监督的内容主要包括不相容职务的分离与牵制制度；重要事项的监督和制约制度；财产清查制度和内部审计制度等。

现代会计的监督职能具有以下特点。

（1）会计监督主要是利用核算职能提供的各种价值指标进行货币监督。

（2）会计监督是在会计核算各项经济活动的同时进行的，包括事前监督、事中监督和事后监督。事前监督是指会计部门在参与制定各种决策及相关的各项计划和费用预算时，依据有关政策、法规、制度和经济活动的一般规律，对各项经济活动的可行性、合理性、合法性和有效性进行审查，同时也是对未来经济活动的指导。事中监督是指在日常会计工作中，对已发现的问题提出建议，促使有关部门采取措施，调整经济活动，使其按照预定的目标和要求进行。事后监督则是指以事先制定的目标、标准和要求为准绳，通过分析已取得的会计资料，对已进行的经济活动的合理性、合法性和有效性进行考核评价。

会计的核算职能和监督职能是密不可分的，二者是辩证统一的关系。没有会计监督，会计核算就失去存在的意义；没有会计核算，会计监督就失去存在的基础。

## 三、现代会计的分支

随着企业公司制的建立和所有权、经营权的分离，以及资本市场的发展，企业会计逐步演化为两大分支：一是服务于企业内部管理信息及其决策需要的管理会计，或者叫对内报告会计；二是服务于企业外部使用者信息及其决策需要的财务会计，或者叫对外报告会计。

财务会计主要依据公认会计准则对企业发生的会计事项通过一系列的确认、计量、记录和报告程序，为政府、投资者、债权人以及其他各个方面提供有关企业财务状况、经营成果和现金流量的重要信息。

管理会计根据企业内部管理部门的需要，提供其决策所需要的信息。其职能是预测决策、预算分析和考评。具体来说，管理会计信息从参与企业预测开始，根据短期、长期预测的资料，帮助管理层做出相关的经营决策和投资决策；根据经营决策与投资决策资料，帮助管理层制定出企业的长远目标和近期目标；根据目标编制全面预算并予以控制；依据预算与控制资料，定期进行责任单位的业绩评价和考核。

（一）财务会计和管理会计的联系

财务会计和管理会计两大分支是适应所有权与经营权相分离的结果，它们之间有着紧密的联系，主要体现在以下几个方面。

1. 最终目标相同

管理会计与财务会计同属于现代会计，两者相互依存、相互制约、相互补充，共同构成了现代企业会计系统的有机整体，共同为实现企业和企业管理目标服务。

2. 相互分享部分信息

在很多情况下，管理会计所需的许多资料完全可以由财务会计系统提供，而不必分别建立自己的信息源。由于其主要工作内容是对财务会计信息进行深加工和再利用，因此在一定程度上受到财务会计工作质量的约束。

3. 具有共同的纽带

成本会计是财务会计和管理会计的纽带，作为对外披露信息的财务会计的组成部分，成本会计提供了存货和销售成本信息等内容，而管理会计则正是从企业成本性态研究中发展起来的。

（二）财务会计和管理会计的区别

管理会计与财务会计的区别主要体现在以下几个方面。

1. 服务的目标与职能不同

管理会计作为企业会计的内部管理系统，其工作侧重点主要为企业内部管理服务；财务会计工作的侧重点在于为企业外界利害关系集团提供会计信息服务；也正是因此，两者的职能不同，管理会计主要履行预测、决策、规划、控制和考核的职能；财务会计主要履行反映、报告企业经营成果和财务状况的职能。

2. 信息反映会计空间和时间不同

在空间上，管理会计主要以企业内部各层次的责任单位为主体，更为突出以人为中心的行为管理，同时兼顾企业主体；而财务会计往往只以整个企业为工作主体。在时间上，管理会计信息跨越过去、现在和未来三个时态；而财务会计信息则大多为过去时态。

3.法规的制约程度不同

财务会计工作依据会计准则进行，相对成熟的体系形成了通用的会计规范和统一的会计模式，财务会计核算时要遵循固定的会计循环程序，这使得财务会计工作具有规范性和统一性，而管理会计则不受财务会计公认会计原则的限制和约束，管理会计适用的方法灵活多样，相对财务会计而言，管理会计缺乏规范性和统一性，体系尚不健全，因此工作程序性较差。

4.信息的计量手段和载体不同

在信息的计量手段方面，财务会计主要向企业外部利益关系集团提供以货币为计量单位的信息，并使这些信息符合全面性、系统性、连续性、综合性、真实性、准确性、合法性等原则和要求，而管理会计在向企业内部管理部门提供定量信息时，除了价值单位外，还经常使用非价值单位，此外还可以根据部分单位的需要，提供定性的、特定的、有选择的、不强求计算精确的，以及不具有法律效用的信息。在信息的载体方面，财务会计对外公开提供信息时其载体是具有固定格式和固定报告日期的财务报表，而管理会计大多以没有统一格式、不固定报告日期和不对外公开的内部报告为其信息载体。

## 四、我国财务会计框架的基本内容

财务会计框架，也称财务会计概念结构，按照美国财务会计准则委员会的解释，财务会计概念框架是一个章程、一套目标与基本原理相互关联且有内在逻辑性的体系。这个体系能导出前后一贯的会计准则，并指出财务会计与财务报表的性质、作用与局限性。也就是说，财务会计框架是一套将目标和有关联的基本概念联结起来的体系，是用来指导并评价会计准则的基本理论框架。

我国财务会计内容主要包括以下三个层次的内容。

（1）第一层次包含会计目标、会计对象和会计假设三项内容。会计目标主要确定以下三项内容：①谁是会计信息的使用者；②会计信息使用者需要什么信息；③财务会计可提供什么信息。在充分考虑会计对象和会计假设的情况下，会计目标对具体会计准则的制定起着指引方向的作用。

关于会计对象，理论界尚有争论，有的人认为是价值运动（含价值增值运动）；有的人则认为是社会再生产过程等，这还需要进一步研究和探讨。

会计假设是由财务会计所处的经济环境决定的若干基本前提，代表着财务会计的基本特征。

会计目标、会计对象和会计假设都受会计环境的影响。会计假设由客观环境所决定；会计对象来自于财务会计的客观环境；会计目标则反映使用者的主观意图。三者相互作用、相互影响，处于同等地位。

（2）第二层次主要包括会计要素、会计信息质量特征和会计核算的一般原则三项内容。受会计基本假设的制约，考虑财务会计的目标，会计对象应该具体化。为了实现会计目标，保证会计信息的有用性，会计信息应具备规定的质量特征。为了正确地进行会计要素的确认、计量，提供有用的会计信息，会计核算必须坚持一般原则。

（3）第三层次包括会计要素的确认、计量、记录与财务报告四项内容。根据会计对象确认与计量的概念和标准，将应由财务会计系统处理的数据按照不同的属性进行计量、记录，并通过财务报告，转变为有用的会计信息，传递给会计信息使用者。

## 第三节　我国财务报告目标

### 一、会计信息的使用者

会计作为经济管理的重要组成部分，旨在提供企业的经济信息，最终为企业提高经济效益这一目标服务。现代会计通过财务会计报告提供企业的经济信息，我国现行企业会计准则中的基本准则将财务会计报告使用者明确分为投资者、债权人、政府及其有关部门和社会公众等。

投资者是企业资本的主要提供者，通常情况下，如果财务报告能够满足这一群体的会计信息需求，那么就可以满足其他使用者的大部分信息需求。对投资者而言，最关心的是权益的风险、投资是否增值、投资收益如何等，这些因素也决定了投资者的投资决策。通过对财务报告的阅读和分析，投资者可了解其投资的完整性和投资报酬、企业资本结构的变化、未来的获利能力和利润分配政策等。

一般来说，企业最大的债权人是银行。债权人按偿还期限可以分为短期债权人和长期债权人。债权人主要关注企业偿还债务资金的能力，即企业是否有条件和能力支付利息，债权人提供的资金有无重大风险等。通过对财务会计报告的阅读和分析，债权人可了解企业的偿债能力，了解其债权的保障和利息的获取能力，以及债务人是否有足够的能力按期偿付债务。

政府是国民经济的宏观调控者，需要企业提供符合国民经济核算要求的信息，我国政府还是国有企业所有者、银行的所有者、会计信息的监管者，监管机构主要有国家发展改革委员会、财政部门、中国人民银行、税务部门、国资委、证券监管部门等。对政府及机构而言，通过阅读和分析会计报表，可了解企业的经营活动、社会资源的分配情况，以作为决定税收等经济政策和国民收入等统计资料的基础。

除此之外，财务报告的使用者还包括供应商、客户、员工等。供应商将商品出售给公司后，该公司的财务状况是供应商所关注的重点；客户则关心是否有稳定的供应渠道；员工则关心公司的发展前景。

## 二、关于会计目标的两个理论学派

会计目标就是设置会计的目的与要求，包括对会计自身所提供经济信息的内容、种类、时间、方式及其质量等方面的要求。会计目标随着社会经济发展和管理要求而不断发生变化。目前对会计目标的认识，理论界有两种观点，即受托责任学派与收入费用观和决策有用学派与资产负债观。

### （一）受托责任学派与收入费用观

受托责任学派是在 20 世纪 20 年代现代企业所有权与经营权分离的背景下形成并发展，形成于公司制盛行之时。企业大股东需要考核经营者的经营业绩，以反映受托责任的履行情况，确定合适的经营者。这样会计目标就是以恰当的方式有效反映资源受托者的受托经营责任及其履行情况，此时会计人员是处于委托者和受托者之间的中介角色，责任在于如实反映受托经营责任及其履行情况。

为反映经营者的经营业绩，会计目标重在确定经营的收益方面，该学派因而形成了收入费用观。在收入费用观下，会计本质上不是一个计价的过程，而是收入和成本费用的配比过程，资产负债表沦为成本摊销表，在资产负债表中有大量的待摊费用等项目，企业资产的价值不能得以如实反映。

### （二）决策有用学派与资产负债观

决策有用学派在 20 世纪 70 年代证券市场日益扩大化和规范化的历史经济背景下形成。股权稀释使大部分股东不再关注选择经营者，而是关注企业资产预期给企业带来的未来现金流量信息，以此决定是买入还是卖出股票。这样会计的目标在于向信息使用者提供有助于经济决策的数量化的信息，而研究和制定会计准则是为了对会计行为加以约束和限制，使其提供的信息对决策有用，而信息使用者与公司经济活动之间的关系被弱化。

在分析公司的投资价值时，分析师们利用资产负债表，通过资产预测未来的现金流入，通过负债预测未来的现金流出，决策有用论形成了资产负债观，并成为制定准则的主要依据。资产负债观是指会计准则制定者在制定规范某类交易或事项的会计准则时，应首先定义并规范由此类交易产生的资产或负债的计量，然后再根据所定义的资产和负债的变化来确认收益。在资产负债观下，利润表成为资产负债表的附属产物。

## 三、我国财务报告目标

我国会计目标随着对经济环境的变化而调整，同时受托责任学派和决策有用学派对我国会计目标的确定也有显著的影响。

我国《企业会计准则——基本准则》第 4 条规定，财务会计报告的目标是向财务报告使用者提供与企业财务状况、经营成果和现金流量等有关的会计信息，反映企业管理层受托责任履行情况，从而有助于财务会计报告使用者做出经济决策。

从现行准则看，我国财务报告目标主要包括向财务报告使用者提供决策有用的信息和反映企业管理层受托责任的履行情况两个方面。现行准则在强调会计信息决策有用性时兼顾了受托经营责任，会计的目标具有双重性。

　　会计的直接成果是财务报告，因此会计目标和财务会计报告的目标是一致的，即会计目标应强调会计信息的可靠有用性，反映企业管理层受托责任的履行情况，满足投资者、债权人等使用者对会计信息的需求。

## ◆◆◆ 思考与训练 ◆◆◆

　　暑假期间，某大学会计教师刘毅与四位活跃于股市的中学同学相聚。他们分别是代理股票买卖的证券公司的经纪人、受资产经营公司之托任某上市公司的董事、个人投资者，以及某证券报的股票投资专栏记者。当问及如何在股市中操作时，四位的回答分别是：

　　（1）分析股价涨跌的规律，不看会计信息；

　　（2）凭直觉炒股；

　　（3）关键是获得各种信息，至于财务信息是否重要则很难说；

　　（4）公司财务信息非常重要；

　　试对上述观点加以评论，并提出你的见解。

# 第二章 会计要素与会计等式

【学习目标】

◆ 了解会计对象与工业企业的资金运动。

◆ 掌握会计要素的内容。

◆ 理解资产负债表和利润表的基本结构。

◆ 掌握会计等式的内容及恒等性。

◆ 了解会计核算前提。

◆ 理解会计信息质量特征的要求。

◆ 理解会计核算原则。

## 第一节 | 会计要素

### 一、会计对象与资金运动

会计对象是会计工作在特定主体范围内指向的客体，是会计核算和管理的内容。会计对象一直是会计基本理论的重要内容，只有明确了会计对象，会计理论研究才能全面展开。

在二十世纪五六十年代，过程论受到我国会计界的赞同，该观点认为社会主义会计对象为社会主义再生产过程和社会主义财产。会计学家李天民认为在社会主义制度下，会计核算的应用应扩大到国民经济范围，因此，"从整个社会的角度来说，社会主义会计核算的对象就是以价值形式表现的有计划的社会主义总产品的扩大再生产过程"。

在 20 世纪 80 年代，经济活动论的观点比较盛行，不少人认为会计对象是社会主义再生产过程中的经济活动。"会计的对象泛而言之，就是企业、事业、机关等单位或个人在生产过程中的经济活动"。

在过程论被普遍认可的时代，资金运动论开始萌芽，并显示出其强大的生命力。资金运动论的倡导者葛家澍在 1954 年指出："在社会主义企业中，企业核算处理对象则是企业经营资金的周转、经营资金的构成及其来源。" 1962 年，他进一步强调资金运动是会计的对象。此外，李泽临等人于 1964 年提出"资金运动的矛盾才是会计核算的对象"的观点。根据会计的发展，会计对象的价值运动不仅包括已经发生的，而且包括可能发生的，同时也不排斥其他重要的经济活动和经济事务。

目前资金运动论已得到大多数学者的认同，并将会计对象概述为社会主义再生产过程中的资金运动。社会各经济组织的性质决定其经济活动的内容，不同的经济活动产生各具特色的资金运动。为此，我国有必要分类考察不同性质的经济组织的资金运动形式。

目前我国的经济组织按性质不同，主要分为两大类：一类是企业单位，主要从事生产经营活动，追求盈利是其经济活动的主要特点，其资金运动的表现形式为经营资金运动；另一类是行政事业单位，主要从事国家管理、公共产品、文化教育等方面的服务活动，非营利性是其经济活动的主要特点，其资金运动的表现形式为预算资金运动。两者相比，企业单位的资金运动相对全面、复杂，具有代表性。同是企业单位，如处在不同行业（如制造业、金融业、商业等），其资金运动的具体形式也有较大差别。本书以工业企业为例说明企业单位的会计对象——资金运动的具体形态。

工业企业的资金运动包括资金的筹集、资金的循环与周转、资金的退出三部分内容。

（一）资金的筹集

工业企业要进行生产经营活动，首先必须筹集一定数量的经营资金，这些资金主要来自于所有者投入的资金和债权人投入的资金。企业筹集到一定数量的资金后，首先用于购买机器设备和支付员工工资等，从而为生产经营活动的进行奠定基础。

（二）资金的循环与周转

工业企业的生产经营活动包括供应、生产、销售三个过程。在供应过程中，企业要用货币资金购入各种原材料等，为生产的开展做准备，这一过程使企业的货币资金转化为储备资金。它是生产的准备过程。在生产过程中，生产工人操作机器设备加工原材料，生产出新的符合一定质量标准的产品。这一过程要发生人力、财力和物力的耗费及价值转移，使储备资金不断转化为生产资金和成品资金。它既是产品的制造过程，也是新价值的创造过程。在销售阶段，企业出售产品取得营业收入，同时也会支付广告费、运输费等费用，这一过程使成品资金转化为货币资金。它是产品价值的实现过程。营业收入扣减营业成本和费用后的余额则是企业实现的利润，这一利润要按税法规定向国家缴纳所得税。

由上可知，工业企业的再生产过程一方面表现为资金的不断耗费和回收，另一方面又表现为资金存在形态的不断转化，沿着货币资金→储备资金→生产资金→成品资金→货币资金的轨迹循环，这种循环周而复始地进行称为资金的周转。资金的循环和周转是工业企业再生产过程中资金运动的主要内容。

（三）资金的退出

一个生产过程结束后，工业企业总会有一部分资金由于某种原因而退出企业的再生产过程，不再参加企业资金的周转，如偿还借款、上缴税费、向所有者分配利润等。

资金的筹集、资金的循环与周转、资金的退出三者的关系如图 2-1 所示。

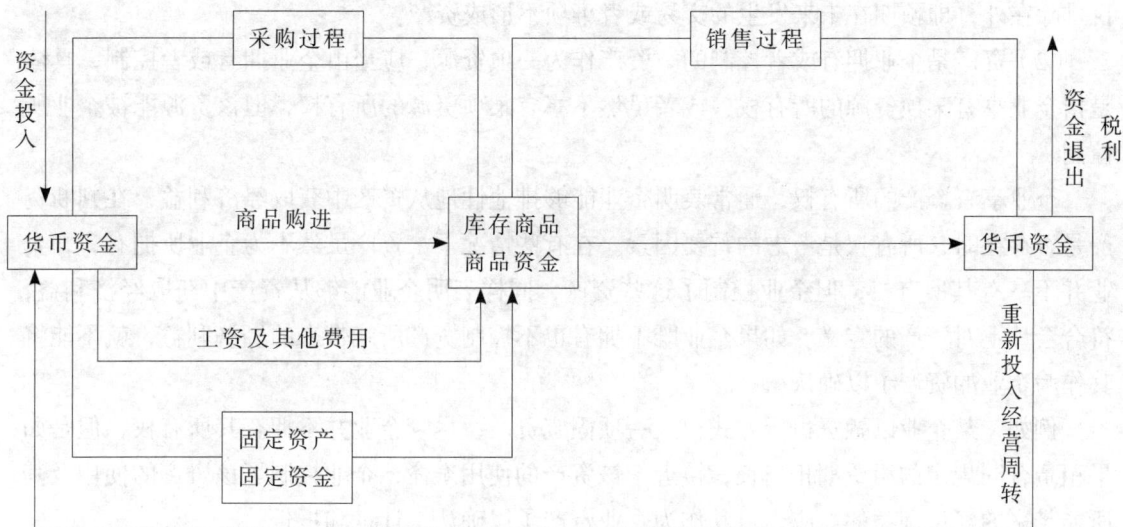

**图 2-1　资金运动示意图**

工业企业资金运动的三个过程是相互依赖、相互制约的统一体,没有资金的筹集就没有资金的循环与周转,也不会有债务的偿还、税金的上缴和利润的分配等;没有资金的退出,就不会有新一轮的资金筹集,也不会有企业的进一步发展。

## 二、会计要素的定义及分类

会计的对象是资金运动,而资金运动所涉及的具体内容不仅非常广泛,而且性质与作用相差也很大。为了有条理地核算与管理会计的对象,就有必要按经济内容的特点对会计对象进行分类,以利于在会计工作中根据不同的类别进行确认、计量、记录和报告。这种类别在会计上称为会计要素。

会计要素是会计对象的最基本分类,也称为报表要素,它是构成财务报表的基本单位,决定了会计报表结构和内容的依据。会计要素是进行会计确认和计量的依据,同时也是企业设置会计科目的基本依据。

我国会计准则将会计报表要素划分为六大类,即资产、负债、所有者权益、收入、费用和利润。

## 三、会计要素的内容

（一）资产

1.资产的定义

资产是指企业过去的交易或者事项形成的、企业拥有或者控制的、预期会给企业带来经济利益的资源。资产的定义强调了以下特征。

（1）资产是由过去的交易或事项形成的。这一特征把将来可能是而现在还不是资产的项目排除在外，即预期在未来发生的交易或者事项不形成资产。

（2）资产是企业拥有或者控制的。资产作为一项资源，应当由企业拥有或者控制，具体是指企业享有某项资源的所有权，或者虽然不享有某项资源的所有权，但该资源能被企业所控制。

企业享有资产的所有权，通常表明企业能够排他性地从资产中获取经济利益，在判断资产是否存在时，所有权是考虑的首要因素。在有些情况下，资产虽然不为企业所拥有，即企业并不享有其所有权，但企业控制了这些资产，同样表明企业能够从资产中获取经济利益，符合会计上对资产的定义。如果企业既不拥有也不控制资产所能带来的经济利益，就不能将其作为企业的资产予以确认。

例如，某企业以融资租赁方式租入一项固定资产，尽管企业并不拥有其所有权，但是如果租赁合同规定的租赁期相当长，接近于该资产的使用寿命，企业控制了该资产的使用及其所能带来的经济利益的，应当将其作为企业资产予以确认、计量和报告。

（3）预期会给企业带来经济利益。这是指资产可以单独或与其他资产结合，直接或者间接导致现金或现金等价物流入企业的潜力，这种潜力可以来自企业日常的生产经营活动，也可以是非日常活动；带来的经济利益可以是现金或者现金等价物，或者是可以转化为现金或者现金等价物的形式，或者是可以减少现金或者现金等价物流出的形式。这种潜力强调了资产能够直接或间接地给企业带来经济利益的本质，那些不能为企业带来未来经济利益的项目如资产贬值，就不应作为企业资产。例如，企业采购的原材料、购置的固定资产等可以用于生产经营过程，制造商品或者提供劳务，对外出售后收回货款，货款即为企业所获得的经济利益。如果某一项目预期不能给企业带来经济利益，那么就不能将其确认为企业的资产。前期已经确认为资产的项目，如果不能再为企业带来经济利益的，也不能再确认为企业的资产。

2. 资产的确认条件

资产应同时满足以下条件才能在资产负债表内列示，对于仅符合资产定义但不符合资产确认条件的项目，应在附注中作相关披露。

（1）与该资源有关的经济利益很可能流入企业。

从资产的定义可以了解到，能否带来经济利益是资产的一个本质特征，但在现实生活中，由于经济环境瞬息万变，与资源有关的经济利益能否流入企业或者能够流入多少实际上带有不确定性。因此，资产的确认还应与经济利益流入的不确定性程度的判断结合起来，如果根据编制财务报表时所取得的证据，与资源有关的经济利益很可能流入企业，那么就应当将其作为资产予以确认；反之不能确认为资产。

（2）该资源的成本或价值能够可靠计量。

财务会计系统是一个确认、计量和报告的系统，其中计量起着枢纽作用，可计量性是所有会计要素确认的重要前提，资产的确认也是如此。只有当有关资源的成本或者价值能够可靠地计量时，资产才能予以确认。在实务中，企业取得的许多资产都是发生了实际成本的，如企业购买或者生产的存货、企业购置的厂房或者设备等，对于这些资产，只要实际发生的购买成本或者生产成本能够可靠计量，就视为符合了资产确认的可计量条件。在某些情况下，企业取得的资产没有发生实际成本或者发生的实际成本很小，如企业持有的某些衍生金融工具形成的资产，对于这些资产尽管它们没有实际成本或者发生的实际成本很小，但是如果其公允价值能够可靠计量的话，也被认为符合了资产可计量性的确认条件。如果项目的成本或价值不能够可靠计量，则不能确认为资产。

3. 资产的分类

在管理与核算方面，企业的资产按其流动性分为流动资产和非流动资产。

（1）流动资产是指可以在一年或超过一年的一个营业周期内变现或者耗用的资产，包括库存现金、银行存款、应收及预付款项、存货等。

（2）非流动资产是指在超过一年或超过一年的一个营业周期内变现或者耗用的资产，包括长期投资、固定资产、无形资产和其他资产等。

长期投资是指不可能或不准备在一年内变现或收回的投资，包括股票投资、债券投资和其他投资。具体来说其包括可供出售的金融资产、持有至到期的投资、长期股权投资。

固定资产是指为生产商品、提供劳务、出租或经营管理而持有的使用寿命超过一个会计期间的房屋及建筑物、机器设备、运输设备、工具器具等。

无形资产是指企业拥有或者控制的没有实物形态的可辨认非货币性资产，包括专利权、非专利技术、商标权、土地使用权、商誉等。

其他资产是指除流动资产、长期投资、固定资产、无形资产以外的资产，如长期待摊费用等。

（二）负债

1. 负债的定义

负债是指企业过去的交易或者事项形成的、预期会导致经济利益流出企业的现时义务。

负债的定义强调了以下特征。

（1）负债是由过去的交易或事项形成的现时义务。

负债必须是企业承担的现时义务，这也是负债的基本特征。其中，现时义务是指企业在现行条件下已承担的义务。未来发生的交易或者事项形成的义务不属于现时义务，不应当确认为负债。

这里所指的义务可以是法定义务，也可以是推定义务。其中法定义务是指具有约束力的合同或者法律法规规定的义务，通常在法律意义上需要强制执行。例如，企业购买原材料形成应付账款、企业向银行贷入款项形成借款、企业按照税法规定应当交纳的税款等，均属于企业承担的法定义务，需要依法予以偿还。推定义务是指根据企业多年来的习惯做法、公开的承诺或者公开宣布的政策而导致企业将承担的责任，这些责任也使有关各方形成了企业将履行义务解脱责任的合理预期。例如，某企业多年来制定有一项销售政策，即对于售出商品提供一定期限内的售后保修服务，预期将为售出商品提供的保修服务就属于推定义务，应当将其确认为一项负债。

（2）负债的清偿预期会导致经济利益流出企业。

这是指将来要放弃的经济利益，企业必须以转交资产、提供劳务或其他方式来偿付债务。

预期会导致经济利益流出企业也是负债的一项本质特征，只有企业在履行义务时导致经济利益流出企业的，才符合负债的定义。在履行现时义务清偿负债时，导致经济利益流出企业的形式多种多样，如用现金偿还或以实物资产形式偿还；以提供劳务形式偿还；部分转移资产、部分提供劳务形式偿还、将负债转为资本等。

2. 负债的确认条件

将一项现时义务确认为负债，需要符合负债的定义，同时还要满足以下两个条件。

（1）与该义务有关的经济利益很可能流出企业。

在实务中，履行义务所需流出的经济利益带有不确定性，尤其是与推定义务相关的经济利益通常需要依赖于大量的估计。因此，负债的确认应当与经济利益流出的不确定性程度的判断结合起来，如果有确凿证据表明，与零时义务有关的经济利益很可能流出企业，就应当将其作为负债予以确认；反之，如果企业承担了现时义务，但是会导致企业经济利益流出的可能性很小，就不符合负债的确认条件，不应将其作为负债予以确认。

（2）未来流出的经济利益的金额能够可靠地计量。

确认负债时，在考虑经济利益流出企业的同时，还应考虑未来流出的经济利益的金额应当能够可靠计量。对于与法定义务有关的经济利益流出金额，通常可以根据合同或者法律规定的金额予以确定，同时还需要考虑货币时间价值等因素的影响。对于与推定义务有关的经济利益流出金额，企业应当根据履行相关义务所需支出的最佳估计数进行估计，并综合考虑有关货币时间价值、风险等因素的影响。

3. 负债的分类

在管理和核算方面，企业的负债按其偿还期限可分为流动负债和非流动负债。

（1）流动负债是指将在一年或超过一年的一个营业周期内偿还的债务，包括短期借款、应付及预收款项、应付职工薪酬、应交税费、应付利息、应付利润、其他应付款、预提费用等。

（2）非流动负债是指偿还期在一年或者超过一年的一个营业周期以上的债务，包括长期借款、应付债券、长期应付款等。

（三）所有者权益

1. 所有者权益的定义

所有者权益是指企业资产扣除负债后由所有者享有的剩余权益。公司的所有者权益又称为股东权益，其金额取决于资产和负债的计量。

所有者权益的基本特征如下。

（1）所有者权益所代表的资产可供企业长期支配使用，正常情况下，企业不存在这种偿付义务，只有在清算时，企业才有义务向所有者支付属于他的资产。

（2）所有者权益所代表的资产是企业清偿债务的物质保证，是企业亏损的承担者，当企业经营亏损、正常解散、破产清算时，应先偿还债务，若有剩余再向所有者分配。

（3）所有者权益持有人拥有分享企业税后利润的权利，在现代企业制度下，盈利归所有者。

所有者权益的来源包括所有者投入的资本、直接计入所有者权益的利得和损失、留存收益等，通常由股本（或实收资本）、资本公积（含股本溢价或资本溢价、其他资本公积）、盈余公积和未分配利润构成。

**2. 所有者权益的确认条件**

所有者权益体现的是所有者享有的剩余权益，因此，所有者权益的确认主要依赖于其他会计要素，尤其是资产和负债的确认；所有者权益金额的确定也主要取决于资产和负债的计量。例如，企业接受投资者投入的资产，在该资产符合企业资产确认条件时，就相应地符合了所有者权益的确认条件；当该资产的价值能够可靠计量时，所有者权益的金额也就可以确定。

**3. 所有者权益的分类**

所有者权益包括所有者投入的资本、直接计入所有者权益的利得和损失，以及留存收益。

所有者投入的资本是指所有者所投入企业的资本部分，它既包括构成企业注册资本或者股本部分的金额，又包括投入资本超过注册资本或者股本部分的金额，即资本溢价或者股本溢价，这部分投入资本在我国企业会计准则体系中被计入到了资本公积，并在资产负债表中的资本公积项目下反映。

直接计入所有者权益的利得和损失，是指不应计入当期损益，会导致所有者权益发生增减变动的、与所有者投入资本或者向所有者分配利润无关的利得或者损失。其中，利得是指由企业非日常活动所形成的、会导致所有者权益增加的、与所有者投入资本无关的经济利益的流入。损失是指由企业非日常活动所发生的、会导致所有者权益减少的、与向所有者分配利润无关的经济利益的流出。直接计入所有者权益的利得和损失主要包括可供出售金融资产的公允价值变动额、现金流量套期中套期工具公允价值变动额（有效套期部分）等。

留存收益是企业历年实现的净利润留存于企业的部分，主要包括累计计提的盈余公积和未分配利润。

**（四）收入**

**1. 收入的定义**

收入是指企业在日常活动中形成的、会导致所有者权益增加的、与所有者投入资本无关的经济利益的总流入。

根据收入的定义，收入具有以下几方面的特征。

（1）收入是企业在日常活动中形成的。日常活动是指企业为完成其经营目标所从事的经常性活动，以及与之相关的活动。例如，工业企业制造并销售产品、商业企业销售商品、保险公司签发保单、咨询公司提供咨询服务、软件企业为客户开发软件、安装公司提供安装服务、商业银行对外贷款、租赁公司出租资产等，均属于企业的日常活动。明确界定日常活动是为了将收入与利得相区分，因为企业非日常活动所形成的经济利益的流入不能确认为收入，而应当计入利得。

（2）收入是与所有者投入资本无关的经济利益的总流入。收入会导致经济利益的流入，从而使资产增加。例如，企业销售商品，应当收到现金或者在未来有权收到现金，只有这样才表明该交易符合收入的定义。但是在实务中，经济利益的流入有时是所有者投入资本的增加所导致的，此时所有者投入资本的增加不应当确认为收入，而应将其直接确认为所有者权益。

（3）收入会导致所有者权益的增加。与收入相关的经济利益的流入应当会导致所有者权益的增加，不会导致所有者权益增加的经济利益的流入不符合收入的定义，不应确认为收入。例如，企业向银行借入款项，尽管也导致了企业经济利益的流入，但该流入并不导致所有者权益的增加，反而使企业承担了一项现时义务。企业对于因借入款项所导致的经济利益的增加，不应将其确认为收入，应当确认一项负债。

2. 收入的确认条件

企业收入的来源渠道多种多样，不同收入来源的特征有所不同，其收入确认条件也往往存在差别，如销售商品、提供劳务、让渡资产使用权等。一般而言，收入只有在经济利益很可能流入从而导致企业资产增加或者负债减少且经济利益的流入额能够可靠计量时才能予以确认。收入的确认至少应当符合以下条件：一是与收入相关的经济利益应当很可能流入企业；二是经济利益流入企业的结果会导致资产的增加或者负债的减少；三是经济利益的流入额能够可靠计量。

3. 收入的分类

收入有广义和狭义之分，广义的收入包括企业所有活动的所得。狭义的收入是指企业经常性、主体性的经营业务中取得的收入，包括主营业务收入和其他业务收入、主营业务收入是指企业从主要经营活动中取得的收入，如工业企业的产品销售收入、商品流通企业的商品销售收入。其他业务收入是指企业除了主营业务收入以外的其他业务活动所取得的收入，如材料销售取得的收入。会计中的收入通常为狭义的收入。

（五）费用

1. 费用的定义

费用是指企业在日常活动中发生的、会导致所有者权益减少的、与向所有者分配利润无关的经济利益的总流出。

根据费用的定义，费用具有以下几方面的特征。

（1）费用是企业在日常活动中形成的。费用必须是企业在其日常活动中所形成的，这些日常活动的界定与收入定义中涉及的日常活动的界定相一致。因日常活动所产生的费用通常包括销售成本（营业成本）、职工薪酬、折旧费、无形资产摊销费等。将费用界定为日常活动所形成的，目的是为了将其与损失相区分，企业非日常活动所形成的经济利益的流出不能确认为费用，而应当计入损失。

（2）费用是与向所有者分配利润无关的经济利益的总流出。费用的发生应当会导致经济利益的流出，从而导致资产的减少或者负债的增加（最终也会导致资产的减少）。其表现形式包括现金或者现金等价物的流出，存货、固定资产和无形资产等的流出或者消耗等。鉴于企业向所有者分配利润也会导致经济利益的流出，而该经济利益的流出显然属于所有者权益的抵减项目，不应确认为费用，应当将其排除在费用的定义之外。

（3）费用会导致所有者权益的减少。与费用相关的经济利益的流出应当会导致所有者权益的减少，不会导致所有者权益减少的经济利益的流出，不应确认为费用。对于企业来说，资产一旦投入使用就转化为费用，生产产品或提供劳务的对象化的费用构成产品或者劳务成本，在确认产品或劳务收入时，计入当期损益；无法对象化的费用直接计入发生当期损益。

2. 费用的确认条件

费用的确认至少应当符合以下条件：一是与费用相关的经济利益应当很可能流出企业；二是经济利益流出企业的结果会导致资产的减少或者负债的增加；三是经济利益的流出额能够可靠计量。

3. 费用的分类

费用也有广义和狭义之分。广义的费用包括各种费用和损失。狭义的费用仅指为获取营业收入而发生的耗费，包括产品销售成本、其他业务成本、管理费用、销售费用和财务费用等。会计上通常所指的费用是狭义的费用。

（六）利润

1. 利润的定义

利润是指企业在一定会计期间的经营成果。通常情况下，如果企业实现了利润，表明企业的所有者权益将增加，业绩得到了提升；反之，如果企业发生了亏损（即利润为负数），表明企业的所有者权益将减少，业绩下滑。因此，利润往往是评价企业管理层业绩的一项重要指标，也是投资者等财务报告使用者进行决策时的重要参考。

2. 利润的来源构成

利润包括收入减去费用后的净额、直接计入当期利润的利得和损失等。其中，收入减去费用后的净额反映的是企业日常活动的业绩；直接计入当期利润的利得和损失反映的是企业非日常活动的业绩。直接计入当期利润的利得和损失是指应当计入当期损益，最终会引起所有者权益发生增减变动的、与所有者投入资本或者向所有者分配利润无关的利得或者损失。企业应当严格区分收入和利得、费用和损失，以更加全面地反映企业的经营业绩。

### 3. 利润的确认条件

利润反映的是收入减去费用、利得减去损失后的净额，因此利润的确认主要依赖于收入和费用以及利得和损失的确认，其金额的确定也主要取决于收入、费用、利得和损失金额的计量。

## 第二节 会计等式

### 一、会计等式的表达方式

会计等式是揭示会计要素之间内在联系的数学表达式，又称为会计方程式或会计恒等式。

会计要素之间存在着密切的内在联系。就一家企业而言，进行生产经营活动时，为了获取利润，就必须拥有一定数额可供支配的资产，而企业的资产，最初进入企业的来源渠道有两种：一是由债权人提供；二是由所有者提供。因此，企业的债权人和所有者就应该对企业的资产享有要求权，这在会计上被称为权益。其中属于债权人的部分，称为债权人权益，通常又称为负债；属于所有者的部分，称为所有者权益。

可见，资产表明企业拥有什么经济资源；权益则表明是谁提供了这些经济资源，谁对这些经济资源拥有要求权。资产与权益之间存在着相互依存的关系，二者是不可分割的。从数量上看，有一定数额的资产，就必定有对该资产的权益；有一定权益，则必然有体现其权益的资产。世界上没有无资产的权益，也不存在无权益的资产。也就是说，一个企业的资产总额与权益（负债和所有者权益）总额必定彼此相等。这种关系可以用以下等式表示。

$$资产 = 权益$$

$$= 债权人权益 + 所有者权益$$

$$= 负债 + 所有者权益$$

"资产 = 负债 + 所有者权益"会计等式体现了企业资金运动过程中某一时点上会计要素之间的数量关系，是资金运动的静态表现形式，又称之为静态会计等式。这一等式表明，在某一时点企业所掌握或拥有的经济资源的数额，以及债权人和企业所有者对这些资源所拥有的权益。

所有者权益不仅会因企业所有者向企业投资或抽资而变动，其会随着企业的经营成果（利润或亏损）而变动。企业取得收入，表明企业资产增加；企业发生费用，则表明资产减少。若收入大于费用，则产生利润；若收入小于费用，则产生亏损。因此，费用的发生、收入的取得、利润的形成，使收入、费用、利润三个会计要素产生以下相互关系：

$$收入 - 费用 = 利润$$

企业的利润归企业所有者所有；企业的亏损也由所有者负担。企业一定时期取得的收入、支付的费用、形成的利润，是在一段时间内日复一日积累起来的，在会计期间的起点与终点之间逐渐构成了一个时间跨度。因此，"收入－费用＝利润"这一会计等式是企业资金运动的动态表现形式，又称为动态会计等式。这一等式表明，企业在经营中取得的利润或发生的亏损，对先前时点上静态会计等式中的所有者权益必然增加或抵冲一部分数额。

上述两个会计等式从不同的角度反映了企业的资金运动的方式及结果。从资金运动的静态角度看，在特定时点上表现为"资产＝负债＋所有者权益"的平衡关系，它表明资金在企业生产经营活动过程中所拥有或控制的经济资源及其来源渠道，反映了企业在一定时日上的财务状况。从资金运动的动态角度看，随着企业生产经营活动的开展，不断地取得收入和发生支出，经过一定时间后表现为"收入－费用＝利润"的数量关系，它表明资金在企业生产经营过程中发生的耗费、取得的收入和形成的利润，反映了企业在一定时期实现的经营成果。这两个会计等式只是分别反映了企业资金运动的静态和动态，不具备全面性和综合性。因为企业的资金运动实际上是连续的，是静态运动与动态运动相互交替的统一体，这两个会计等式之间必然存在有机的内在联系。

当我们从某一会计期间的起点上观察时，企业的全部资金处于相对静止状态，会计要素之间的关系表现为"资产＝负债＋所有者权益"。随着生产经营活动的进行，会不断地发生费用并取得收入，从而引起资产、负债、所有者权益发生数量的变化。到了会计期末，若收入大于费用，则取得经营成果——利润。利润是企业经营所得，归投资者所有。因此，在会计期末时，企业的资产总额与权益总额就会比期初的资产总额与权益总额增加一个数量，这个数量恰恰等于本会计期间实现的利润。由此可见，在会计期末，反映会计要素之间的内在关系式如下：

$$期末资产 ＝ （期初负债 ＋ 期初所有者权益）＋ （收入 － 费用）$$

因为，利润＝收入－费用，代入上式后，便形成了以下会计等式：

$$期末资产 ＝ （期初负债 ＋ 期初所有者权益）＋ 利润$$

企业实现的利润要按国家有关规定提取用于积累的盈余公积和向投资者分配利润。企业从利润中提取的盈余公积构成企业所有者权益的新内容，可以转增资本金；企业按规定向投资者分配的利润在未支付以前又构成企业的新负债。

综上所述，"资产＝负债＋所有者权益"是反映企业生产经营的最基本会计等式。它是各会计主体设置账户、进行复式记账、编制会计报表的理论依据。因此，这个基本会计等式是会计核算的基石，具有极其重要的意义。

## 二、会计等式的平衡性

经济业务的发生会引起企业资金运动发生如下四种情况的变化。

（1）资产增加，资产减少。

（2）负债及所有者权益增加，负债及所有者权益减少。

（3）负债及所有者权益增加，一种资产增加。

（4）负债及所有者权益减少，一种资产减少。

这里，我们用下面的例子说明这四种情况的变化对会计平衡公式的影响。

【例 2-1】假定大华公司 2016 年 5 月发生了下列经济业务。

1. 3 月 1 日，投资者甲创建一独资企业，投入资本 100 000 元，已存入银行。

分析：这项业务使企业银行存款增加 100 000 元，同时引起企业的实收资本增加 100 000 元。

2. 3 月 2 日，购入材料 1 000 元，尚未付款。

分析：这项业务使企业原材料增加 1 000 元，应付账款增加 1 000 元。

3. 3 月 2 日，购入机器一台价值 30 000 元，用银行存款支付。

分析：这项业务使企业固定资产增加 30 000 元，银行存款减少 30 000 元。

4. 3 月 5 日，企业出售商品一批，价款共计 2 000 元，尚未收到。

分析：这项业务使企业应收账款增加 2 000 元，销售收入增加 2 000 元。

5. 用银行存款归还应付账款 500 元。

分析：这项业务使企业银行存款减少 500 元，应付账款减少 500 元。

6. 企业向银行借入期限为 1 个月的借款，用于偿还所欠购买材料款 40 000 元。

分析：这项业务使企业银行存款增加 40 000 元，短期借款增加 40 000 元。

7. 用银行存款支付广告费用 1 000 元。

分析：这项业务使企业银行存款减少 1 000 元，销售费用增加 1 000 元。

8. 经批准将无法支付的应付账款 100 元转作资本公积。

分析：这项业务使企业资本公积增加 100 元，应付账款减少 100 元。

9. 企业因违反合同，被罚款 50 元，但尚未支付。

分析：这项业务使企业其他应付款增加 50 元，营业外支出增加 50 元。

10. 经批准将企业的资本公积 2 000 元转增资本。

分析：这项业务使企业资本公积减少 2 000 元，实收资本增加 2 000 元。

上述 10 项经济业务的发生，对会计等式的影响详见表 2-1。

**表 2-1　经济业务的发生对会计等式的影响**

| 资产（费用） | | | | | 负债与所有者权益（收入） | | | | | |
|---|---|---|---|---|---|---|---|---|---|---|
| 项目 | 业务 | 月初余额 | 本期增加额 | 本期减少额 | 月末余额 | 项目 | 业务 | 月初余额 | 本期增加额 | 本期减少额 | 月末余额 |
| 银行存款 | 1 | 40 000 | 10 000 | | | 实收资本 | 1 | 50 000 | 10 000 | | |
| | 3 | | | 30 000 | | | 10 | | 2 000 | | 62 000 |
| | 5 | | | 500 | | 应付账款 | 2 | 6 000 | 1 000 | | |
| | 6 | | 40 000 | | | | 5 | | | 500 | |

（续表）

| | | 资产（费用） | | | | | 负债与所有者权益（收入） | | | |
|---|---|---|---|---|---|---|---|---|---|---|
| 项目 | 业务 | 月初余额 | 本期增加额 | 本期减少额 | 月末余额 | 项目 | 业务 | 月初余额 | 本期增加额 | 本期减少额 | 月末余额 |
| | 7 | | | 1 000 | 58 500 | | 8 | | | 100 | 6 400 |
| 原材料 | 2 | 5 000 | 1 000 | | 6 000 | 主营业务收入 | 4 | | 2 000 | | 2 000 |
| 固定资产 | 3 | 50 000 | 30 000 | | 80 000 | 短期借款 | 6 | 2 8000 | 40 000 | | 68 000 |
| 应收账款 | 4 | 1 000 | 2 000 | | 3 000 | 资本公积 | 8 | 1 0000 | | 100 | |
| 销售费用 | 7 | | 1 000 | | 1 000 | | 10 | | | 2 000 | 8 100 |
| 营业外支出 | 9 | | 50 | | 50 | 其他应付款 | 9 | 2 000 | | 50 | 2 050 |
| 合计 | | 96 000 | 44 450 | 31 500 | 148 550 | 合计 | | 9 6000 | 15 550 | 2 600 | 148 550 |

由上所述，可得出如下两点结论：其一，经济业务引起会计等式中有关项目的变化都是双重性的，或是等式两边等额的增加，或是等式两边等额的减少，或是等式一边内部项目之间等额的一增一减；其二，经济业务引起会计等式的变化是多种多样的，但变化的结果都不会破坏等式两边的总额平衡关系。

## 三、会计等式与会计报表的关系

可以用货币表现的企业经济活动都可以用上述六个会计要素来概括，也只有通过这些会计要素，才能使经济业务和会计凭证、会计账簿、会计报表具体联系起来，从而使会计信息更好地反映会计主体生产经营活动的情况。其中，资产、负债、所有者权益三个要素是企业财务状况的静态反映，根据这些要素可以编制资产负债表，这三个要素又称为资产负债表要素；收入、费用、利润三个要素从动态方面反映企业某一会计期间的经营成果，根据这些要素可以编制利润表，这三个要素又称为利润表要素。利用这六个要素就可以从静态和动态方面来核算与管理企业的经济活动。

## 第三节 | 会计要素的确认及计量

### 一、会计要素的确认

#### （一）会计确认

企业日常经济活动产生的众多经济业务中包含有大量的经济信息，在这些经济信息中，只有属于会计核算内容的经济信息才应当通过会计特有的核算方法进行分类、加工、记录、整理，最后编制成会计报告产生有用的会计信息。会计确认就是按照一定的会计标准识别和确定发生的经济业务是否可以作为会计要素进行会计核算及是否列入会计报告的行为。

会计确认是会计计量的前提，它决定着某个经济信息能否作为某个会计要素进入会计核算系统，主要解决会计核算的定性问题，为会计计量确定了空间范围和时间范围。会计确认涉及会计核算的全过程，它包括初始确认与再确认两个过程。

所谓初始确认又称第一次确认，是指当企业发生各项经济业务时，确定反映各项经济业务的原始经济信息是否可进入本企业会计核算系统，应记入哪个会计要素及相应的会计账簿，以及应何时记入。初始确认的标准为属于本会计主体且可以用货币计量就可以进入会计核算系统；不属于本会计主体或不能用货币计量则应排除在会计核算系统之外。经过初始确认的经济信息首先要按一定标准进行审核与分类，然后运用复式记账法编制记账凭证，继而登记有关账簿，使经济信息转化为会计信息。

所谓再确认又称为第二次确认，即确定会计账簿中记录的会计信息是否应列入会计报表，以及如何列入会计报表的过程。再确认实际上是对已经形成的会计信息再提纯、再加工，以保证会计信息的真实性和正确性。再确认的标准主要是企业提供的会计信息应当满足有关方面进行决策时对会计信息的需要。

#### （二）会计确认的标准

会计确认的标准是指对反映经济业务的经济信息进行初次确认和再确认的基本条件。

（1）符合会计要素的定义和特征。会计要素是对会计内容的基本分类项目，每个会计要素都有各自的特点，并可根据一定的标准进一步分类。会计要素的定义、特点及其分类不仅是会计学的重要基础理论，而且也是会计确认的最基本标准。在会计确认时，首先要根据各会计要素的定义和特点来判断某项经济信息能否进入会计核算系统；其次要确定进入会计核算系统的经济信息应当作何要素予以记录；最后还要依据会计要素的分类，确定该项经济信息应记入哪个具体的账户和应列入会计报表的哪一个项目。

（2）可用货币计量。会计的对象是经济活动中可用货币表现的方面。为此，会计理论中产生了"货币计量"基本前提，这一前提不仅体现了现代会计的重要特征，而且也规定了会计确认的基本界限。

一个反映经济业务的经济信息，在会计确认时不仅要符合会计要素的定义和特点，而且形式上必须能够用货币定量或计价，只有这样才能保证会计信息质的统一性。会计核算中的分类、加工、汇总、分配等程序和方法均建立在对经济信息进行定性和定量的基础之上。可以说，经济信息可用货币计量是会计确认的核心问题，如果某项经济数据不具备可用货币计量的特征，就不可能在会计上予以确认。会计信息要求具备可用货币计量的特征，并不排除会计信息中可以包括少量的非货币信息作为补充。

（3）经济信息的可靠性。会计信息要真实可靠，首先应是如实地、完整地反映已发生的经济业务，而且这些经济业务必须是根据它们的实质和不带偏向的经济现实，而不仅仅根据它们的法律形式进行会计核算。为此，在会计确认时，要认真审核原始凭证所记载的经济数据是否有客观可信的证据。在有的情况下，必须估计成本或价值，如暂估材料款，只有这样才不会降低确认的可靠性；若无法作出合理的估计，就不能作为会计要素加以确认。

（4）经济信息的相关性。会计信息应当满足不同信息使用者的需要。为此，会计确认时要针对信息使用者的具体需要，排除不相关的数据，压缩多余的数据，增进会计信息的有用性，如在会计报表中增加补充资料，以满足不同使用者的需要。

综上所述，只有符合上述标准的经济业务才能予以确认。

## 二、会计要素的计量

会计计量是在会计确认的前提下，运用一定的计量单位，选择被计量对象的某种计量属性，确定应予记录的经济事项金额的会计处理过程。会计计量是会计确认的结果，它决定已确认的经济信息如何按真实与相关的金额列示在企业的会计报表上，主要解决会计核算中的定量问题。

会计的计量属性是指会计计量对象应予计量的特性或外在表现形式，即可以用货币计量的方面。由于经济交易或事项同样可以从多方面予以货币定量，从而有不同的计量属性。例如，某企业于2012年购买一台设备，使用寿命为5年；2015年该设备仍在使用，2012年购买时支付价款10万元，若2015年购买则需支付12万元，2015年出售该设备可收回现金6万元。显然，选择不同时间的金额记录该项资产，会得出不同的结果，所反映的财务状况和经营成果也不同。因此，会计计量时应根据事项或交易的性质，以及相关性和可靠性等选择合适的计量属性。计量属性要解决的是以何时的金额记录会计要素的问题。

我国《企业会计准则——基本准则》规范了会计要素的计量原则，规定会计要素在计量时可供选择的计量属性包括历史成本、重置成本、可变现净值、现值和公允价值五种。企业在对会计要素进行计量时，一般应当采用历史成本，如采用重置成本、可变现净值、现值、公允价值计量的，应当保证所确定的会计要素金额能够取得并可靠计量。

### （一）历史成本

历史成本又称实际成本，是指取得或制造某项财产物资时实际支付的现金或其他等价物。

历史成本是基本的、首要的、首选的计量属性。其优点在于，历史成本是买卖双方通过正常交易确定的金额，比较客观；发生交易有原始凭证生成，可随时查证；利用历史成本可防止企业随意改动账面记录，另外按照规定，各项财产如果发生减值，应当计提相应的减值准备。

但是，使用历史成本计量也有一定的缺陷，在物价发生大幅度变动的情况下，会使会计信息失实，并带来其他一系列相应的问题。

### （二）重置成本

重置成本又称现行成本，是指按照当前市场条件，重新取得同样一项资产所需支付的现金或现金等价物。在重置成本计量下，资产按照现在购买相同或者相似的资产所需支出的现金或现金等价物的金额计量；负债按照现在偿付该项债务所需支付的现金或者现金等价物的金额计量。重置成本主要是在资产盘盈时使用。

### （三）可变现净值

可变现净值是指在正常生产经营过程中，以预计售价减去进一步加工成本和预计销售费用，以及相关税费后的净值。在可变现净值计量下，资产按照其正常对外销售所能收到现金或者现金等价物的金额扣减该资产至完工时估计将要发生的成本、估计的销售费用，以及相关税费后的金额计量。企业进行存货的期末计量时用可变现净值。

### （四）现值

现值是指对未来现金流量以恰当的折现率进行折现后的价值，是考虑货币时间价值的一种计量属性。在现值计量下，资产按照预计从其持续使用和最终处置中所产生的未来净现金流入量的折现金额计量；负债按照预计期限内需要偿还的未来净现金流出量的折现金额计量。资产在减值时用现值作为减值判断的标准。企业在分期购买产品且时间较长时也会用现值进行测试。

### （五）公允价值

公允价值是指市场参与者在计量日发生的有序交易中，出售一项资产所能收到或者转移一项负债所需支付的金额。在公允价值计量下，资产和负债按照在公平交易中双方自愿进行资产交换或者债务清偿的金额计量。之所以引入公允价值，是因为随着我国资本市场的发展，股权分置改革的不断推进，越来越多的股票、债券、基金等在交易所挂牌上市，使得这类金融资产的交易已经形成了较为活跃的市场，而利用公允价值，更能反映企业的现实情况，对投资人等财务报告使用者的决策更加有用，同时也实现了与国际财务报告准则的趋同。

但是，我国使用公允价值是适度、谨慎和有条件的，即在投资性房地产和生物资产等具体准则中规定，只有存在活跃市场、公允价值能够获得并可靠计量的情况下，才能采用公允价值计量。

## ◆◆ 思考与训练 ◆◆

### 一、计算与分析

1.假设某企业 2016 年 12 月 31 日的资产、负债和所有者权益的状况详见下表。

#### 企业资产、负债和所有者权益状况表

| 资产 | 金额 | 负债及所有者权益 | 金额 |
| --- | --- | --- | --- |
| 库存现金 | 1 000 | 短期借款 | 10 000 |
| 银行存款 | 27 000 | 应付账款 | 30 000 |
| 应收账款 | 35 000 | 未交税金 | 9 000 |
| 原材料 | 50 000 | 长期借款 | B |
| 固定资产 | 2 010 000 | 实收资本 | 24 000 |
| 长期投资 | A | 资本公积 | 23 000 |
| 合计 | 375 000 | 合计 | C |

则：（1）表中应填的数据为：A_____，B_____，C_____。

（2）计算该企业的流动资产总额。

（3）计算该企业的负债总额。

（4）计算该企业的净资产总额。

2.大华工厂 2016 年 8 月 31 日资产负债表显示资产总计 70 000 元，所有者权总额 50 000 元，债权人权益 20 000 元。该工厂 2016 年 9 月的经济业务如下。

（1）购入全新机器一台，价款 5 000 元，以银行存款支付。

（2）投资者投入原材料，价值 10 000 元。

（3）将一笔长期负债 5 000 元转化为企业投资。

（4）从银行提取现金 200 元备用。

（5）以银行存款偿还所欠供应单位账款 1 000 元。

（6）以银行存款归还短期借款 5 000 元。

（7）收到购买单位所欠账款 8 000 元，收存银行。

（8）向银行借入短期借款 10 000 元，存入银行存款户。

（9）收到购买单位所欠货款 60 000 元，其中 5 000 元转入银行存款户，1 000 元以现金收讫。

（10）以银行存款归还银行借款 8 000 元，以及所欠供应单位账款 2 000 元。

要求：（1）根据上述经济业务，分析说明会计要素情况以及对会计方程式的影响；

（2）计算 9 月末大华工厂资产总额、负债总额和所有者权益总额。

3.阳光公司 2016 年 6 月 30 日的资产负债表显示资产总计 375 000 元，负债总计 112 000 元。该公司 7 月份发生如下经济业务。

（1）投资者投入全新机器一台，价值 30 000 元。

（2）以银行存款购买原材料，价值 10 000 元。

（3）以银行存款偿还所欠供应单位账款 5 000 元。

（4）收到购货单位所欠账款 8 000 元，收存银行。

（5）将一笔长期负债 50 000 元转化为对企业的投资。

（6）按规定将 20 000 元资本公积金转增资本。

要求：（1）根据上述经济业务，分析说明引起会计要素变化的情况；

（2）计算 7 月末阳光公司的资产总额、负债总额和所有者权益总额。

4. 大华公司投资的大华综合服务部 2016 年 5 月 1 日资产、负债和所有者权益各项目的期初余额为：大华公司投资 15 000 元，库存现金 176 元，银行存款 8 800 元；应收东莞商店款项 2 000 元，库存物品 4 500 元，向银行借入短期借款 5 000 元；应付光明商店货款 900 元，各种家具、用具共计 4 800 元，各种办公用品 624 元。该综合服务部 5 月份发生下列经济业务。

（1）大华公司代本服务部归还到期的银行借款 5 000 元，作为增加投资。

（2）取得营业收入 8 500 元，均已存入银行存款账户。

（3）用银行存款支付光明商店款项 900 元。

（4）赊欠购置价值 1 000 元的保险箱一只。

（5）用现金购入办公用具 140 元。

（6）收到东莞商店前欠的款项 1 500 元，存入银行存款户。

要求：（1）列出会计等式，其中包括资产、负债和所有者权益有关项目；

（2）根据上述材料列示经济活动对资产、负债和所有者权益的影响，并加计金额，核对资产总额与权益总额是否相等。

5. 由华光公司投资成立的中华搬运公司 2016 年期初及期末资产负债表上列示的资产总额及负债总额详见下表。

**2016 年期初及期末资产负债表**

单位：元

| 要素 | 期初 | 期末 |
| --- | --- | --- |
| 资产 | 358 000 | 488 000 |
| 负债 | 190 000 | 215 000 |

要求：根据下列各种情况，分别计算本年度中华搬运公司的利润。

（1）华光公司在年度中既未收回投资，又未增加投资。

（2）华光公司在年度中虽未收回投资，但曾增加投资 20 000 元。

（3）华光公司在年度中曾经收回投资 15 000 元，但未增加投资。

（4）华光公司在年度中曾经收回投资 32 000 元，但又增加投资 45 000 元。

## 二、案例与讨论

1. 大明洗染店于 2016 年 2 月发生的五笔经济业务列示在以下等式中：

| | | 资产 | | | | 负债 | 所有者权益 |
|---|---|---|---|---|---|---|---|
| | 库存现金 | ＋银行存款 | ＋物料用品 | ＋家具用品 | ＝ | 应付账款 | ＋实收资本 |
| 期初： | 500 | 7 300 | 900 | 6 500 | | 1 200 | 14 000 |
| 业务1： | −400 | | +400 | | | | |
| 业务2： | | −1000 | | | | −1 000 | |
| 业务3： | | +8 000 | | | | | +8 000 |
| 业务4： | | | | +12 000 | | 2 000 | +100 000 |
| 业务5： | | −800 | +2 000 | | | +1 200 | |

试根据上述资料，描述并分析该洗染店发生的每笔经济业务，说明其对资产、负债及所有者权益的影响。

2. 林洪将其经营的一家商店转让给他的朋友刘明。两人签订了一份《债权债务转让协定》。该协定的主要内容：商店的营业执照、门面和商店的字号由刘明使用，该商店在转让日（当年 3 月 31 日）以前的债权和债务由林洪承担。两人还办理了相关的工商变更手续。此后，在刘明经营商店期间，有许多林洪经营期间的客户凭着商店的欠条向商店索要欠款，金额达 9 万多元。刘明告诉这些债权人，他和林洪有协议，这些债务应该由林洪承担。但是林洪总是说现在没有钱，等有钱时再还。这些人就又找到刘明并提出："欠条是以商店的名义写的，就应该由商店还。"后来，有一个林洪经营期间的债务人向商店偿还了 5 万元货款，刘明就将这 5 万元全部偿还给上述向林洪索要欠款的单位和个人。而林洪听说此事后，认为刘明无权处理这 5 万元，应按他们两人签订的协议将 5 万元还给林洪。

试回答：

（1）林洪经营期间形成的债权、债务在商店转让以后是否还是企业的资产和负债？

（2）刘明是否有权以商店的名义偿还林洪经营期间的欠款？

# 第三章　会计核算基础

---

【学习目标】

◆ 理解会计核算前提。

◆ 掌握会计信息质量特征的要求。

◆ 理解会计核算原则。

---

第一节 │

会计基本假设

会计为适应社会环境、满足核算和监督的需要，必须在开展会计工作之前，设定一些先决条件，而会计假设就是对会计工作的前提或先决条件的界定。

## 一、会计主体

会计主体是指企业会计确认、计量和报告的空间范围。具体来说，会计主体是指那些独立核算的企业单位或企业的一个部分。《企业会计准则——基本准则》第五条指出："企业应当对其本身发生的交易或者事项进行会计确认、计量和报告。"

会计主体假设要解决的是会计为谁记账的问题，即解决会计核算和监督的空间范围有多大。由于在市场经济条件下，企业的所有权与经营权发生了分离，为了明确所有者和经营者的责任，也为了保证每个企业独立经营、自负盈亏等，必须要求会计只记本主体的账，这可以避免与其他主体相混淆。另外，企业也必须同本主体所有者自己的资产、负债或其他经济事项划清界限。在该假设条件下，会计只为本会计主体服务，以本会计主体的存在为前提，只记本主体的账，只核算本主体所发生的经济业务。

需要指出的是，会计主体可以是法人，也可以不是法人。一般来说，法律主体必然是会计主体；但会计主体不一定是法律主体。如非法人的合伙制企业是会计主体，但未必是法人；公司中的各个事业部和车间进行独立核算时，它们均为会计主体，但是各事业部和车间不是法人。

## 二、持续经营

《企业会计准则——基本准则》第六条指出："企业会计确认、计量和报告应当以持续经营为前提。"

持续经营假设是指会计为其服务的会计主体在可以预见的未来不会发生破产或清算，将会永远经营下去。

持续经营假设带有一定的主观假定性，在市场经济中，竞争非常激烈，每个企业都有被合并、改组、破产的可能，其不以人的主观意志为转移。但就大部分企业来看，还是可以持续经营下去的，除非有充分的证据证实企业已破产或倒闭，否则将认为每一个会计主体都会无限期地持续经营下去。

持续经营明确了会计核算的时间范围，在这一假设下，会计确认、计量和报告都以企业持续、正常的生产经营活动为前提，即只有设定企业是持续经营的，才能进行正常的会计处理，当企业的持续经营出现问题时，要启用财务会计的另外一个系统，即破产清算会计。同时，明确这一基本假设，就意味着会计主体将按照既定用途使用资产、按照既定的合约条件清偿债务，会计人员就可以在此基础上选择会计政策和估计方法。采用历史成本计价、在历史成本的基础上进一步采用计提折旧的方法等，都是基于企业是持续经营这一会计假设进行的。

### 三、会计分期

理论上企业的资金运动是一个连续不断的过程，只有在企业完全停止其资金运动后才能精确地核算其经营成果。但在持续经营的前提下，资金运动过程是永无止境的，为了及时提供会计信息，必须建立会计分期前提条件。

会计分期是指将一个企业持续经营的生产活动划分为一个个连续的、长短相同的期间，通过按期编报财务报告，及时向财务报告使用者提供有关企业财务状况、经营成果和现金流量的信息。《企业会计准则——基本准则》第七条指出："企业应当划分会计期间，分期结算账目和编制财务报告。"

会计分期是持续经营假设的一个补充，它明确了会计核算的周期，进一步界定了财务报告反映的时间范围。会计分期是按公历起讫日期确定的，分为年度和中期。中期是指短于一个完整的会计年度的报告期间，上市公司主要有两类中期报告：一个是半年度的报告；另一个是季度报告。

会计分期要求企业定期对企业的生产经营活动进行总结、计算盈亏，即时提供所需的会计信息。在会计分期的条件下，就出现了"收入"和"费用"的确认时间问题，因而也就出现了"收入实现""配比""预提""待摊"等会计处理的原则和方法。

### 四、货币计量

货币计量是指会计主体在财务会计确认、计量和报告时以货币计量，反映会计主体的财务状况、经营成果和现金流量。由于企业拥有的资产种类繁多，且计量单位不同，会计若要综合地对其进行反映就必须借助于货币；同时，货币代表了商品的价值，为此，会计有必要以货币作为计量单位来衡量商品的价值。

《企业会计准则——基本准则》第八条指出："企业会计应当以货币计量。"业务收支以人民币以外的货币为主的企业，可以选定其中一种货币作为记账本位币，但是编报的财务报告应当折算为人民币。

货币计量反映了会计核算的属性，给出了会计核算的尺度标准。以货币计量为假设，可以全面反映企业的各项生产经营活动和有关交易、事项。但是，在货币价值不稳定的情况下，用货币反映的财务信息有可能失真，因此货币计量的隐含前提是币值稳定。

当然，统一采用货币计量也有缺陷，如某些影响企业财务状况和经营成果的因素：企业经营战略、研发能力、市场竞争力等，往往难以用货币来计量，但这些信息对于使用者决策也很重要，为此，企业可以在财务报告中补充披露有关非财务信息来弥补上述缺陷。

## 第二节　会计信息质量特征

会计信息是为会计目标服务的，它是联系会计目标与实现手段之间的桥梁。财务会计的目标之一就是要为信息使用者提供对决策有用的信息，会计信息质量特征就是使会计信息对决策有用，它是选择或评价可供取舍会计准则、程序和方法的标准，是财务目标的具体化。其主要功能是辨别什么样的会计信息有用或有助于决策。根据我国《企业会计准则——基本准则》的规定，会计信息质量特征包括可靠性、相关性、可理解性、可比性、实质重于形式、重要性、谨慎性、及时性共八项。

### 一、可靠性

由于所有权与经营权的分离，经营者拥有更充分的信息，投资者和债权人等外部信息使用者可能获得的信息是不充分的，为了做出正确的决策，他们需要可靠的信息，任何虚假和误导的信息都会损害他们的利益，因此可靠性是保证会计信息对决策有用的另一项重要质量特征。

《企业会计准则——基本准则》第十二条规定："企业应当以实际发生的交易或者事项为依据进行会计确认、计量和报告，如实反映符合确认和计量要求的各项会计要素及其他相关信息，保证会计信息真实可靠、内容完整。"

按照这一要求，会计核算应当以实际发生的经济业务为依据，如实反映财务状况和经营成果。企业对会计要素的确认和计量都应遵循会计要素定义的要求，使其在会计报表上所反映的各项会计要素均符合其特征。企业财务报告应当全面反映企业的财务状况和经营成果，对于重要的经济业务应当单独反映。

### 二、相关性

在会计目标被定为决策有用性的前提下，作为会计信息使用者都需要有用的、便于决策的会计信息，所以相关性是保证会计信息对决策有用的最重要的质量特征。

《企业会计准则——基本准则》第十三条规定："企业提供的会计信息应当与财务报告使

用者的经济决策需要相关，有助于财务报告使用者对企业过去、现在或者未来的情况作出评价或者预测。"

按照这一要求，企业在收集、加工、处理、传递会计信息的过程中，要考虑使用者对会计信息要求的不同特点，以确保企业内外有关各方面对会计信息的相关需要。相关性有三个基本标志，即预测价值、反馈价值和及时性。预测价值是指会计信息能够帮助使用者评价过去、现在和未来事项并预测其发展趋势，从而影响基于这种评价和预测所做出的决策。反馈价值则指会计信息能对信息使用者以前的评价和预测结果予以证实或纠正，从而促使信息使用者维持或改变以前的决策。会计信息要实现预测价值和反馈价值，及时性也是相当重要的质量特征，即在使用者作出决策之前及时提供会计信息。

### 三、可理解性

《企业会计准则——基本准则》第十四条规定："企业提供的会计信息应当清晰明了，便于财务报告使用者理解和使用。"

企业编制财务报告、提供会计信息的目的在于使用，而要想让使用者有效使用会计信息，就应当让其了解会计信息的内涵，这就要求财务报告所提供的会计信息应当清晰明了、易于理解。只有这样，才能提高会计信息的有用性、实现财务报告的目标、满足向投资者等财务报告使用者提供决策有用的信息的要求。

会计信息是一种专业性较强的信息，在强调会计信息的可理解性要求的同时，还应假定使用者具有一定的有关企业经营活动和会计方面的知识，并且愿意研究这些信息。对于某些复杂的信息，如交易本身较为复杂或者会计处理较为复杂，但如其与使用者的经济决策相关，企业就应当在财务报告中充分披露。

### 四、可比性

会计信息的可比性强调的是会计信息使用者能区分出两组经济数据的异同，当经济情况相同时，会计信息应能显示相同的情况；当经济情况不同时，会计信息也能反映其差异。这要求不同企业之间的会计政策具有相同的基础、会计信息所反映的内容也应基本一致。

《企业会计准则——基本准则》第十五条规定："企业提供的会计信息应当具有可比性。"其包括下列要求。

一是纵向可比。这是指一企业不同时期发生的相同或者相似的交易或者事项，应当采用一致的会计政策，不得随意变更。确需变更的，应当在附注中说明。

二是横向可比。这是指同一企业发生的相同或者相似的交易或者事项，应当采用规定的会计政策，确保会计信息口径一致、相互可比。

从以上两个要求看，横向可比主要讨论横截面数据之间是否一致，而纵向可比则讨论时间系列数据之间的关系。这两个要求涉及的是两个会计数据之间关系的一种质量，而不像相关性和可靠性那样是会计数据本身的质量。

需要注意的是会计信息的纵向可比有利于提高其有用性，但如果始终坚持纵向可比，就会减弱其相关性和可靠性，从而降低其有用性。会计方法有时是需要变更的，否则将损害会计信息的有用性。

## 五、实质重于形式

实质重于形式是指如果会计的确认、计量、揭示要想如实反映其拟反映的交易或其他事项，就必须根据它们的财务实质或经济实质，而不仅仅是根据它们的法律形式或人为形式进行处理。

《企业会计准则——基本准则》第十六条规定："企业应当按照交易或者事项的经济实质进行会计确认、计量和报告，不应仅以交易或者事项的法律形式为依据。"如果企业仅仅以交易或者事项的法律形式为依据进行会计确认、计量和报告，那么就容易导致会计信息失真，从而无法如实反映经济现实和实际情况。

实质重于形式原则主要应用在两个方面：一方面是在确认经济事项是否符合会计要素定义和应计入哪一会计要素时；另一方面是在确定会计信息应否在财务报告中揭示和如何揭示时。

## 六、重要性

会计信息的重要性是指当一项会计信息被遗漏或错误的表达时，可能会影响到依靠该信息的使用者所作出判断的程度。

重要性是对会计信息数量上的要求，其使用具有一定的主观性，一项信息能否单独提供或揭示，应视其本身的性质及相关情况而定。过多的信息和过少的信息一样，也会产生误导，当信息太多时，真正相关的信息就可能被掩盖，冗长而又充斥诸多无关细节的信息会影响预测和决策。因此，重要性也可被认为是特定用户在处理数据无能为力时所设定的一个取舍条件。

《企业会计准则——基本准则》第十七条规定："企业提供的会计信息应当反映与企业财务状况、经营成果和现金流量等有关的所有重要交易或者事项。"企业会计信息的省略或者错报会影响使用者据此作出经济决策的，该信息就具有重要性。重要性的应用需要依赖职业判断，企业应当根据其所处环境和实际情况，从项目的性质和金额大小两方面来判断其重要性。

## 七、谨慎性

谨慎性也称稳健性或保守主义，是指对某些会计交易在有几种会计处理方法可供选择时，应尽可能选用对企业净收益（所有者权益）影响最少的那一种。

《企业会计准则——基本准则》第十八条规定："企业对交易或者事项进行会计确认、计量和报告应当保持应有的谨慎，不应高估资产或者收益、低估负债或者费用。"

选择谨慎原则的理由主要有三个：一是管理当局通常对企业充满自信，这种乐观倾向会影响政策选择的正确性，而会计人员的悲观倾向会中和这种倾向；二是对所有者来说，高估利润和资产比低估危险更大，有导致破产的可能；三是会计核算中存在会计估计，其带来的风险是危险的，因此需要稳健的会计信息，从而有可能避免过高的会计估计。

在会计核算中，谨慎性的具体表现有很多，如计提各项资产的减值准备、固定资产的加速折旧等。但是，谨慎性的应用并不允许企业设置秘密准备，如果企业故意低估资产或者收益，或者故意高估负债或者费用，将不符合会计信息的可靠性和相关性要求，从而损害会计信息质量，扭曲企业实际的财务状况和经营成果，进而对使用者的决策产生误导，这也是会计准则所不允许的。

## 八、及时性

及时性要求对交易、事项或情况的处理及时。及时性与相关性有一定的内在联系。一般认为，会计信息只有及时性不能成为相关的信息，但如果不及时，相关的信息则肯定会变得不相关。

《企业会计准则——基本准则》第十九条规定："企业对于已经发生的交易或者事项，应当及时进行会计确认、计量和报告，不得提前或者延后。"

根据这一特征的要求，我们在进行会计确认、计量和报告过程中要贯彻及时性：一是要及时收集会计信息，即在经济交易或者事项发生后，及时收集、整理各种原始单据或者凭证；二是要及时处理会计信息，即按照会计准则的规定，及时对经济交易或者事项进行确认或者计量，并编制出财务报告；三是要及时传递会计信息，即按照国家规定的有关时限，及时将编制的财务报告传递给财务报告使用者，便于其及时使用和决策。

# 第三节

## 会计核算原则

会计核算原则与会计信息质量特征两者相互联系、相互影响。两者都是为会计目标服务，但各有其重点，会计核算原则规范会计信息的产生过程，重在程序，用于描述确认和计量，而会计信息质量特征规范会计信息本身，重在结果，用于描述揭示。

会计原则的特征主要体现在以下几个方面。

第一，由一定的权威机构制定并颁布，一经发布，具有强制性的约束力，任何会计主体不能违犯。

第二，侧重于规范会计实务和方法，而且从原则到具体都作为规范的内容，当然也不排除规范会计程序和方法以外的内容。

第三，与一定的会计时期相联系，权威机关在制定会计原则时，总是与当时的社会背景和会计环境相联系，体现统治阶级自身利益。

## 一、权责发生制

权责发生制也称应计制或应收应付制，是以收入是否应赚取、费用是否应发生作为确定每个会计期间损益的标准。具体而言，凡是当期已经实现的收入和已经发生或应当负担的费用，无论款项是否收付，都应当作为当期的收入和费用，计入利润表；凡是不属于当期的收入和费用，即使款项已在当期收付，也不应当作为当期的收入和费用。

《企业会计准则——基本准则》第九条规定："企业应当以权责发生制为基础进行会计确认、计量和报告。"

和权责发生制对应的是收付实现制，也称为现收现付制或现金制，是指以实收实付作为确定本期收入和费用的标准，凡是属本期收到的收入和支出的费用，不管其是否应归属本期，都作为本期的收入和费用；反之，凡本期未收到的收入和不支付的费用，即使应归属本期收入和费用，也不应作为本期的收入和费用。

这种处理方法的优势在于计算方法比较简单，且符合人们的生活习惯，但按照这种方法计算的盈亏不合理、不准确，所以《企业会计准则》规定企业不予采用，它主要应用于行政事业单位和个体户等。

【例3-1】大华公司9月份发生下列与收入和费用相关的经济业务。

1. 3日，收到上月销售应得货款53 100元，并入账，其中50 000元为收入，3 100元为增值税。

分析：这项业务使企业银行存款增加53 100元，应收账款减少53 100元，按照权责发生制，本会计期间不得确认收入，但按照收付实现制，企业收到银行存款应确认收入53 100元。

2. 10日，用现金支付本月工资15 000元。

分析：这项业务使企业现金减少15 000元，本月工资费用增加15 000元，按照权责发生制，本会计期间确认费用15 000元，按照收付实现制企业现金减少应确认费用15 000元。

3. 12日，销售产品取得存款117 000元，其中100 000元为收入，17 000元为增值税。

分析：这项业务使企业银行存款增加117 000元，按照权责发生制，本会计期间营业收入增加100 000元，按照收付实现制企业收到银行存款则应确认收入117 000元。

4. 15日，用银行存款9 000元预付下半年房屋租金。

分析：这项业务使企业银行存款减少9 000元，按照权责发生制，本会计期间应分摊的租金1 500元应确认为费用，按照收付实现制企业支付的银行存款9 000元均确认为费用。

5. 20日，收到A公司预付的购货款150 000元。

分析：这项业务使企业银行存款减少150 000元，按照权责发生制，本会计期间预付账款增加150 000元，按照收付实现制企业支付的银行存款150 000元均确认为费用。

6. 22日，用银行存款6 000元支付短期借款利息，该借款于三个月前借入，约定每一季度末支付一次利息。

分析：这项业务使企业银行存款减少6 000元，按照权责发生制，本会计期间承担的利息2 000元确认为费用，按照收付实现制企业支付的银行存款6 000元均确认为费用。

上述六项经济业务发生后，按照权责发生制和收付实现制确认的收入与费用详见表3-1。

表 3-1 同一业务发生后权责发生制和收付实现制确认的收入和费用

| 业务 | 权责发生制 | | 收付实现制 | |
|---|---|---|---|---|
| | 收入 | 费用 | 收入 | 费用 |
| 业务 1 | | | 53 100 | |
| 业务 2 | | 15 000 | | 15 000 |
| 业务 3 | 100 000 | | 117 000 | |
| 业务 4 | | 1 500 | | 9 000 |
| 业务 5 | | | 150 000 | |
| 业务 6 | | 2 000 | | 6 000 |
| 合计 | 100 000 | 18 500 | 320 100 | 30 000 |

通过上例可以看出，采用权责发生制可以正确反映各个会计期间所实现的收入和为实现收入所应负担的费用，从而可以把各期的收入与其相关的费用、成本加以比较，正确确定各期的收益。会计工作中对每项业务都按权责发生制来记录，因而平时对一些交易也按现金收支活动发生的时日记录，按照权责发生制的要求，就需要在期末根据账簿记录进行账项调整，即将本期应收未收的收入和应付未付的费用计入账簿；同时，将本期已收取现金的预收收入和已付出现金的预付费用在本期与以后各期之间进行分摊并转账。

权责发生制能够恰当地反映具体某一会计期间的经营成果，因而相关规定表明企业应当将权责发生制作为会计的基础。行政单位的会计基础是收付实现制；事业单位的会计基础分两类：一类是事业单位的经营活动，以权责发生制作为会计基础；一类是事业活动，以收付实现制作为会计基础。

## 二、历史成本原则

历史成本原则又称实际成本原则，是指对企业货币性资产的取得与耗费应以历史成本作为计价基础。各项财产物资应当按取得时的实际成本计价。物价变动时，除国家另有规定外，不得调整其账面价值。

历史成本原则一直被实务界所采用，这也是会计信息可靠性的要求。在物价波动较大或币值不稳定时，若按实际成本计价，则会影响当前财务决策所需的会计信息。因此，历史成本为主、其他计量属性同时并存将是现行会计实务的基本格局。

## 三、配比原则

配比原则又称配合或对应原则，是指企业应将某个会计期间取得的收入与为取得该收入所发生的费用、成本相配合，从而正确确定该期间的净损益。

配比方法通常有以下三种。

（1）根据因果关系直接配比。凡收入与成本能够直接认定其因果关系者，在收入确认时，将与该收入相关的成本转为费用。

（2）系统和合理的分配，当成本与收入没有直接可认定因果关系，但能确知成本会产生未来收益时，应以系统和合理的方式，将成本分摊于各收益期间。

（3）立即确认为费用。凡无直接因果关系可循，又无预期未来经济效益可作为分摊成本依据者，则成本应在发生期间立即转为费用。

### ◆◆◆ 思考与训练 ◆◆◆

#### 一、计算与分析

双桥商场一贯按权责发生制原则确认收入与费用。2016年6月发生以下经济业务：

（1）6月2日，支付5月份电费6 000元；

（2）6月3日，收回5月的应收账款9 000元；

（3）6月10日，收到本月的营业收入款5 000元；

（4）6月15日，支付本月应负担的办公费1 200元；

（5）6月20日，支付下季度保险费2 400元；

（6）6月22日，应收营业收入30 000元，款项尚未收到；

（7）6月28日，预收客户货款8 000元；

（8）6月30日，负担上季度已经预付的保险费800元。

要求：（1）试按权责发生制原则确定双桥商场6月份的收入和费用；

（2）试按收付实现制原则确定双桥商场6月份的收入和费用；

（3）试比较权责发生制与收付实现制的异同；

（4）通过计算说明两种方法对收入、费用和盈亏的影响。

#### 二、案例与讨论

1.老张在社区内开了一家"张记"超市。刚开始的时候，老张自己进货，和老伴一起经营。为了计算超市的盈利情况，他们将家里现金的收支和超市的现金收支分开。很快，生意做起来了，老张发现资金周转困难，人手也不够，于是邀请堂弟张伟入股，并请了一名叫高尚的伙计来看店。现在又如何区分老张家里的收支和超市的收支呢？高尚的办法是，拿一个账本将超市每天收入和支出的现金记录下来。

老张和张伟都满意这种合作经营方式，都想将该超市稳定经营下去，而且最好能逐步发展壮大。因此，未来持续经营期间，如何计算超市的利润就成为一个问题。他们的办法是按照日历年度，每个月进行结账计算利润，年终进行汇总后再对利润进行分配。

试回答：此案例体现了会计的什么假设？

2.某市审计局财务审计组对市属锅炉厂进行年度财务检查，在查阅记账凭证时发现：该厂一张记账凭证上的会计分录为：借记燃料及动力66 400元，贷记应收账款66 400元。但是，经检查发现调入的烟煤没有原始发票，也没有入库单，只是在记账凭证下面附了一张由该厂开具给A公司的收款收据；经查，A公司既不耗用也不经营烟煤。通过调查了解，原来该厂以购烟煤为名，行以车抵债之实。进一步追问，得知A公司以一辆吉普车抵还了欠该厂的货款，由于厂长叮嘱不要将其计入固定资产账，于是就做烟煤处理了。审计组就此责令市属锅炉厂调整会计账务，并给予了经济处罚。

试回答：该锅炉厂的会计处理违背了什么原则？

第二篇

# 会计核算方法

# 第四章　会计科目与会计账户

【学习目标】

◆ 了解会计科目的含义。

◆ 理解会计科目的分类。

◆ 理解账户设置与分类。

◆ 理解账户与会计科目的关系。

## 第一节　会计科目

### 一、会计科目的概念及设置会计科目的意义

（一）会计科目的概念

会计核算要求将企业经济业务发生后所引起的有关会计要素特定方面的增减变动情况如实正确地、及时地加以确认、计量和记录，以达到全面、系统、连续、分门别类地核算和管理不同的经济业务，及由此引起的企业财务状况变化的目的。为此，我们必须对各个会计要素所包括的具体内容进行科学分类，并赋予每类内容一个统一的、专门的名称。

会计科目就是按经济内容对资产、负债、所有者权益、收入、费用和利润作进一步分类而得出名称，简称"科目"。

（二）设置会计科目的意义

设置会计科目是会计核算方法体系中的重要组成部分，它对于会计核算和经营管理都有重要的意义。

1.设置会计科目可以全面、系统地反映会计对象

会计科目是在对各个会计要素所包括的具体内容进行分类的基础上形成的，各个会计科目反映不同的经济内容，同时它们又共同组成一个完整的会计科目体系。通过分类，人们可以将错综复杂的经济业务有条理地记录下来，供人们随时了解企业在一定时期内哪些具体项目发生了增减变化，通过归集和综合全部会计科目所提供的会计数据，可以系统综合地反映出资产、负债、所有者权益、收入、费用、利润在一定时期的变化情况。

**2. 会计科目是会计核算的基础**

设置会计科目是运用复式记账、填制会计凭证、登记账簿和编制报表的前提，没有会计科目，会计核算方法就失去了操作的手段，任何企业、事业单位都无法对会计对象进行正确的核算。

**3. 会计科目为会计监督提供了依据**

由于每一会计科目都代表着特定的经济内容。这些内容规定了每一个会计科目所能反映的范围。企业、事业单位的经济活动通过会计科目在会计账簿上留下了其运动的轨迹。因此，借助会计科目及其表现的经济活动轨迹，可以实现对各企业、事业单位经济活动的合法性、合理性、真实性进行监督。

## 二、设置会计科目的原则

为了核算和管理各项经济交易或经济业务的发生情况及由此引起的各个会计要素的增减变动情况，各单位在设置会计科目时，一般应当考虑以下几项原则。

### （一）简明性

会计科目的名称必须简单明了、易懂易记。同时会计科目的数量要繁简适宜，科目不宜太多，也不宜过少。会计科目数量的多少应视企业的性质、规模大小、业务繁简，以及某类经济交易是否要单独表达等因素决定。

### （二）代表性

会计科目的名称要能准确地显示经济事项的内容，充分代表各种分类记录的性质与意义，以便分类归集决策所需的各种会计资料。如果会计科目名不副实，或淆惑难辨，则不利于应用。

### （三）一致性

为了使企业的会计资料在同行业的企业间以及企业本身前后期间便于比较，会计科目的名称和内涵必须力求统一与一致，这样才便于将企业的财务状况与经营成果定期汇总编报，提供给与企业有利害关系的人士、单位使用，而不致误解。目前，我国由财政部制定统一的分行业会计科目，以保证各行业的会计资料在全国范围内口径一致。

### （四）周延性与互斥性

所谓周延性是指会计科目要能完全包含企业的所有经济交易事项，或者说，周延性就是任何经济交易的发生都有适当的会计科目可以应用，以便能够汇集经营管理所需的各项会计资料。所谓互斥性是指要明确会计科目的性质，以便正确归属经济交易事项的内容和性质，即归属于某一会计科目的事项与归属于另一会计科目的事项，要能明确划分，不可含糊和重复。

## （五）灵活性

灵活性是指企业按其规模大小和业务繁简情况，对一些不经常发生的会计事项或经常发生的会计事项，根据实际需要与账务处理情况，对统一规定的会计科目作必要的增减、合并。例如，低值易耗品、包装物较少的企业，可以将"低值易耗品""包装物"会计科目反映的内容并入"原材料"科目反映。再如原材料成本占产品成本比重大的企业，为了反映产品成本中各种原材料的耗费情况，可以将"原材料"科目反映的内容分别由增设的"原料及主要材料""外购半成品""辅助材料""燃料"等科目来反映，以满足经营管理的需要。

## 三、会计科目的分类

不同的行业由于具体经济业务内容不同，国家规定了不同的会计科目，以用来全面、系统、分类地核算和管理每个行业或企业会计对象的具体内容，提供经营管理所需要的一系列会计资料。

### （一）会计科目按其反映的经济内容分类

按照企业会计准则规定，企业的会计科目按其反映的经济内容，一般可以划分为以下五大类。

（1）资产类，包括流动资产、长期投资、固定资产、无形资产及其他资产等，反映企业资金使用的方向和规模，以及企业的债权。

（2）负债类，包括流动负债和长期负债，反映企业除投入资本和利润以外的资金来源以及企业对外单位的负债。

（3）共同类，包括衍生工具、套期工具、被套期项目等。它们既有资产性质，又有负债性质，可从其期末余额所在的方向来界定。

（4）所有者权益类，包括实收资本、资本公积金、盈余公积金和未分配利润等，反映企业的资本和可形成资本的资金来源，以及未分配的利润。

（5）成本类，包括生产成本和制造费用，反映企业在生产经营过程中所发生的可用货币表现的各项耗费。

（6）损益类，包括营业损益和营业外收支，反映企业在一定期间内通过销售产品或提供劳务而取得的销售收入及财务成果。

工业企业常用的会计科目详见表4-1。

**表 4-1　工业企业常用的会计科目**

| 序号 | 编号 | 名称 | 序号 | 编号 | 名称 |
|---|---|---|---|---|---|
| | | 资产类 | 84 | 2202 | 应付账款 |
| 1 | 1001 | 库存现金 | 85 | 2205 | 预收账款 |
| 2 | 1002 | 银行存款 | 86 | 2211 | 应付职工薪酬 |
| 5 | 1015 | 其他货币资金 | 87 | 2221 | 应交税费 |

（续表）

| 序号 | 编号 | 名称 | 序号 | 编号 | 名称 |
|---|---|---|---|---|---|
| 9 | 1101 | 交易性金融资产 | 88 | 2231 | 应付股利 |
| 11 | 1121 | 应收票据 | 89 | 2232 | 应付利息 |
| 12 | 1122 | 应收账款 | 90 | 2241 | 其他应付款 |
| 13 | 1123 | 预付账款 | 96 | 2314 | 代理业务负债 |
| 14 | 1131 | 应收股利 | 97 | 2401 | 预提费用 |
| 15 | 1132 | 应收利息 | 98 | 2411 | 预计负债 |
| 21 | 1231 | 其他应收款 | 99 | 2501 | 递延收益 |
| 22 | 1241 | 坏账准备 | 100 | 2601 | 长期借款 |
| 28 | 1401 | 材料采购 | 101 | 2602 | 长期债券 |
| 29 | 1402 | 在途物资 | 106 | 2801 | 长期应付款 |
| 30 | 1403 | 原材料 | 107 | 2802 | 未确认融资费用 |
| 31 | 1404 | 材料成本差异 | 108 | 2811 | 专项应付款 |
| 32 | 1406 | 库存商品 | 109 | 2901 | 递延所得税负债 |
| 33 | 1407 | 发出商品 |  |  | 共同类 |
| 34 | 1410 | 商品进销差价 | 112 | 3101 | 衍生工具 |
| 35 | 1411 | 委托加工物资 | 113 | 3201 | 套期工具 |
| 36 | 1412 | 包装物及低值易耗品 | 114 | 3202 | 被套期项目 |
| 42 | 1461 | 存货跌价准备 |  |  | 所有者权益类 |
| 43 | 1501 | 待摊费用 | 115 | 4001 | 实收资本 |
| 45 | 1521 | 持有至到期投资 | 116 | 4002 | 资本公积 |
| 46 | 1522 | 持有至到期投资减值准备 | 117 | 4101 | 盈余公积 |
| 47 | 1523 | 可供出售金融资产 | 119 | 4103 | 本年利润 |
| 48 | 1524 | 长期股权投资 | 120 | 4104 | 利润分配 |
| 49 | 1525 | 长期股权投资减值准备 | 121 | 4201 | 库存股 |
| 50 | 1526 | 投资性房地产 |  |  | 成本类 |
| 51 | 1531 | 长期应收款 | 122 | 5001 | 生产成本 |
| 52 | 1541 | 未实现融资收益 | 123 | 5101 | 制造费用 |
| 54 | 1601 | 固定资产 | 124 | 5201 | 劳务成本 |
| 55 | 1602 | 累计折旧 | 125 | 5301 | 研发支出 |
| 56 | 1603 | 固定资产减值准备 |  |  | 损益类 |
| 57 | 1604 | 在建工程 | 129 | 6001 | 主营业务收入 |
| 58 | 1605 | 工程物资 | 135 | 6051 | 其他业务收入 |
| 59 | 1606 | 固定资产清理 | 137 | 6101 | 公允价值变动损益 |
| 60 | 1611 | 融资租赁资产 | 138 | 6111 | 投资收益 |

（续表）

| 序号 | 编号 | 名称 | 序号 | 编号 | 名称 |
|------|------|------|------|------|------|
| 61 | 1612 | 未担保余值 | 142 | 6301 | 营业外收入 |
| 67 | 1701 | 无形资产 | 143 | 6401 | 主营业务成本 |
| 68 | 1702 | 累计摊销 | 144 | 6402 | 其他业务支出 |
| 69 | 1703 | 无形资产减值准备 | 145 | 6405 | 营业税金及附加 |
| 70 | 1711 | 商誉 | 155 | 6601 | 销售费用 |
| 71 | 1801 | 长期待摊费用 | 156 | 6602 | 管理费用 |
| 72 | 1811 | 递延所得税资产 | 157 | 6603 | 财务费用 |
| 73 | 1901 | 待处理财产损溢 | 158 | 6604 | 勘探费用 |
| 负债类 | | | 159 | 6701 | 资产减值损失 |
| 74 | 2001 | 短期借款 | 160 | 6711 | 营业外支出 |
| 81 | 2101 | 交易性金融负债 | 161 | 6801 | 所得税 |
| 83 | 2201 | 应付票据 | 162 | 6901 | 以前年度损益调整 |

按照企业会计准则及其应用指南规定，设置会计科目进行账务处理，在不违反统一规定的前提下，可以根据本企业的实际情况自行增设、分拆、合并会计科目。不存在的交易或者事项，可以不设置相关的会计科目。

我国财政部统一规定的会计科目表中，总账会计科目的编号通常采用四位数字，从左到右，第一位数字表示会计科目的大类别；第二位数字表示某一大类会计科目下的各个小类；第三、第四位数字表示各小类下的各会计科目的序号，其中某些会计科目之间可能留有空号，以满足今后增加科目的需要。如果还需要表示明细分类科目，则应在右边增设两位数字。

会计科目的编号主要有三种方法，即数字编号法、文字编号法、数字文字混合编号法。会计科目的编号的方式也有三种，即分类编号、顺序编号、分段编号。我们通常采用分类编号，即将会计科目先分成若干大类，大类之下再分小类，并以不同数位的数字分别代表大类、小类及其再分类。科学地编号是简化账务处理手续、提高工作效率的方法。实践证明，在使用机器记账，尤其是计算机记账，会计科目的编号不但可使账户作有系统的排列，同时也是实施会计电算化的先决条件。用会计科目编号代替会计科目，不仅可使计算机快速处理会计凭证和编制会计报表，也可使手工操作会计进行分录、过账时获得许多便利。

（二）会计科目按提供核算指标的详略程度分类

1. 总分类科目

总分类科目也称总账科目或一级科目，它是对会计要素的具体内容进行总括分类的科目。一般按会计要素的科目设置，如"现金""原材料""固定资产""短期借款""应付工资""实收资本""管理费用"等科目。

## 2. 明细分类科目

明细分类科目又叫子目或二级科目，它是对资产、负债、所有者权益、成本、损益五大类的各总分类科目进一步分类的科目。一般按会计要素的子目分别设置，如在"固定资产"总分类科目下，按固定资产的经济用途和使用情况分别设置"经营用固定资产""非经营用固定资产""租出固定资产""不需用固定资产""未使用固定资产""土地""融资租入固定资产"等科目。

## 3. 明细科目

明细科目又叫细目或三级科目。它是对某一明细分类科目或子目所反映的内容再作进一步细分的科目。例如，"固定资产"总分类科目中的"经营用固定资产"明细分类科目所包括的内容有很多，企业可根据实际需要，在其下设"房屋""建筑物""动力设备""机器及设备""运输设备""管理用具""其他经营用固定资产"等明细科目。

在实际工作中，各行业的总分类科目由财政部统一规定；明细分类科目和明细科目则由各企业根据生产经营与管理的实际需要自行规定。

总分类科目核算和监督各会计要素具体内容的总括情况，并对明细分类科目即子目起控制作用；明细分类科目是根据总分类科目的具体内容设置的，是对总分类科目的详细说明，对明细科目即细目起控制作用；明细科目是根据某一明细分类科目的具体内容设置的，是对明细分类科目的详细说明。

# 第二节

## 会计账户

## 一、账户的结构

### （一）账户的概念

企业在生产经营活动中发生任何一项经济业务都将引起各项会计要素的具体内容在数量上发生增减变动，会计科目的设置为会计对各个会计要素具体内容进行核算和管理提供了依据，但会计科目只是在对各个会计要素具体内容分类的基础上形成的一个名称。为及时、准确地提供财务会计报告，实现对生产经营中发生的各项经济业务进行分类、连续、系统的反映和控制，我们需要将已发生的各项经济业务予以记录，并每隔一定时期对这些信息资料进行汇总、整理、分析，以全面、完整、系统地反映出一定时期的经营情况及结果。在会计中，对生产经营中发生的经济业务的记录是按照规定的格式进行的。我们把这种具有一定结构的、用以记录经济业务的形式称为账户。

账户是根据会计科目开设的，用以记载该科目所表示的经济内容增减变化的、具有一定格式和结构的记账实体，它是进一步进行会计信息分类、记录、整理和汇总原始数据和其他会计资料的手段。

（二）账户的基本结构

账户是记录经济业务的实体，在实际工作中，为了记录有关的资料，账户往往按需要分为若干栏次。一般情况下，任何一种账户，通常应包括以下内容：

（1）账户的名称，即会计科目；

（2）日期，即在账户中记录经济业务的日期；

（3）凭证号数，即记账凭证的号数，用以说明账户记录的资料来源；

（4）摘要，即对经济业务内容的概括说明；

（5）金额，即本期发生的增加金额、减少金额和一定时点上的余额。

一般账户的格式详见表4-2。

**表4-2　一般账户的格式**

账户名称（会计科目）

| 年 | 月 | 日 | 凭证号 | 摘要 | 左方金额 | 右方金额 | 余额 |
|---|---|---|---|---|---|---|---|
|  |  |  |  |  |  |  |  |
|  |  |  |  |  |  |  |  |

其中，左方与右方两个金额栏分别记录增加金额和减少金额，至于哪一方记增加金额，哪一方记减少金额，则取决于账户所反映的经济内容和性质。

在不同记账方法下，由于记账符号不同，账户的结构也有所不同。在借贷记账法下，用"借""贷"两个记账符号来表示各个会计要素的增加、减少情况。在一定时期内，账户的"借方""贷方"所登记的增加数和减少数称为"本期发生额"，借方登记的发生额称为"借方发生额"，贷方登记的发生额称为"贷方发生额"。账户左右两方金额相抵后的差额，称为账户的余额。借贷记账法的账户结构详见表4-3。

**表4-3　借贷记账法的账户结构**

会计科目（账户名称）

| 年 | | 凭证号数 | 摘要 | 借方 | 贷方 | 借或贷 | 余额 |
|---|---|---|---|---|---|---|---|
| 月 | 日 |  |  |  |  |  |  |
|  |  |  |  |  |  |  |  |
|  |  |  |  |  |  |  |  |

本期增加额是指一定时期（月度、季度或年度）内账户所登记的增加金额的合计，也称为本期增加发生额。

本期减少额是指一定时期（月度、季度或年度）内账户所登记的减少金额的合计，也称为本期减少发生额。

期末余额是指本期增加发生额和本期减少发生额相抵后的差额和期初余额按一定的公式

计算出来的数额，即月末、季末、年末计算出来的账户余额。

有关期初余额，上期期末余额就是本期期初余额，本期期末余额就是下期期初余额。

以上四项金额的关系，可用下列等式表示：

**期末余额 ＝ 期初余额 ＋ 本期增加发生额 － 本期减少发生额**

从账户需要反映的内容看，企业在生产经营过程中发生的各项经济业务所引起的各个会计要素的变化虽然错综复杂，但从数量上看，有增加和减少两种情况。账户结构的核心内容就是相应地分为左右两个部分：一部分记录资金的增加数；另一部分记录资金的减少数。为便于表述各要素记账的规则，会计理论中将上述账户简化为表 4-4 所示的基本结构，该结构通常称为丁字形账户或 T 形账户。

表 4-4　T 形账户

账户名称

| 左方（借方） | 右方（贷方） |
| --- | --- |
|  |  |

## 二、会计科目与账户的联系与区别

（一）会计科目与账户的区别

会计科目是会计要素构成内容的分类的项目名称，不存在结构问题，而账户具有一定的结构格式及其内容；会计科目是国家统一核算指标、核算标准及核算口径的手段，而账户是由会计主体根据会计科目自行设置的，也就是说国家只规定科目而不规定账户，会计科目是核算、检查、考核一个企业单位的指标体系，而账户仅是分类核算的形式。总之，会计科目是会计要素内容的性质标志，账户是对会计要素内容进行核算的形式。在资金运动过程中，每一类资金都朝着增加和减少两个方向运动，这种增减变动是在账户中反映的，而会计科目仅是每一类具体资金的名称。

（二）会计科目与账户的联系

会计科目是对会计要素内容的分类，账户是对会计要素内容的分类核算。因此，二者的目的是相同的，都是为了对会计要素内容进行分类核算。会计科目是设置账户的基础和依据，会计科目明确或者规定了账户的核算内容及其账户的性质，会计科目是账户的名称。从一定意义上讲，没有会计科目，设置账户也就没有依据，反之，没有账户，设置会计科目也失去了作用和意义。会计科目与账户是相辅相成的，存在着紧密的联系。

### 三、账户的设置与分类

在会计工作中，账户是按照会计科目的要求设置的。因此，我们应当按照会计科目的分类，相应地开设有关账户。

第一，根据会计科目反映的不同经济内容开设相应类别的账户，即开设反映资产的账户、反映负债的账户、反映所有者权益的账户、反映成本的账户和反映损益的账户。

第二，根据会计科目提供核算指标的不同层次分别开设不同层次的账户。根据总分类科目开设的账户，叫做总分类账户，其用货币量度记录各项经济业务，提供资产、负债、所有者权益、成本、损益各方面总括的核算资料；根据明细分类科目和明细科目开设的账户，叫做明细分类账户，用以记录各项经济业务，提供某一会计科目的具体的、详细的核算资料。按照明细分类科目即子目开设的账户叫做二级账户；按明细科目即细目开设的账户叫做三级账户。明细分类账户通常既可运用货币量度，也可运用实物量度记录经济业务，因此明细分类账户既提供货币指标，又提供实物数量指标。

例如，根据"固定资产"科目开设的账户所进行的核算，称为固定资产的总分类核算。由于企业各种固定资产的性质与实物计量单位是不同的，所以"固定资产"账户只能进行价值增减变动的核算，不能进行实物增减变动的核算，且只能总括地提供企业全部固定资产增加、减少与结存的金额资料。根据"固定资产"科目所属的"经营用固定资产""非经营用固定资产"等明细分类科目开设的账户所进行的核算，称为固定资产明细分类核算，用以记录每一类固定资产的增加、减少与结存情况。由于同一类固定资产在性质与实物计量方面仍有较大的不同，所以"经营用固定资产""非经营用固定资产"等明细账户也只能按货币量度记录某一类固定资产增减变动情况，提供某一类固定资产增加、减少与结存的金额资料。根据"经营用固定资产"明细分类科目所属的"房屋""建筑物""动力设备"等明细科目开设的账户所进行的核算，称为明细核算，用以记录每一明细种类固定资产的增加、减少与结存情况。由于同一明细种类固定资产的性质与实物计量单位相同，所以在固定资产的明细核算中，既可进行实物量度，又可进行价值量度，从而可以提供同一明细种类固定资产增加、减少与结存的数量指标与价值指标的资料。

#### ◆◆◆ 思考与训练 ◆◆◆

#### 一、计算与分析

1. 根据各类账户的结构，计算并填写下表中的空格。

单位：元

| 账户名称 | 期初余额 | 本期借方发生额 | 本期贷方发生额 | 期末余额 |
| --- | --- | --- | --- | --- |
| 库存现金 | 6 450 | 320 | | 770 |
| 短期借款 | 50 000 | 10 000 | | 100 000 |
| 应收账款 | 12 800 | | 2 800 | 75 520 |

（续表）

| 账户名称 | 期初余额 | 本期借方发生额 | 本期贷方发生额 | 期末余额 |
|---|---|---|---|---|
| 实收资本 | 500 000 | | 200 000 | 700 000 |
| 原材料 | 42 000 | 26 000 | | 44 000 |
| 银行存款 | | 52 800 | 34 000 | 57 400 |
| 应付账款 | 18 000 | | 26 676 | 12 001 |
| 固定资产 | 85 000 | 29 000 | 10 000 | |

2. 假定某工厂 2016 年 7 月各资产、负债及所有者权益账户的期初余额如下（金额单位：元）。

| 资产类账户 | 金额 | 负债及所有者权益类账户 | 金额 |
|---|---|---|---|
| 库存现金 | 1 000 | 负债: | |
| 银行存款 | 135 000 | 短期借款 | 60 000 |
| 应收账款 | 10 000 | 应付账款 | 8 000 |
| 生产成本 | 40 000 | 应交税费 | 2 000 |
| 原材料 | 120 000 | 负债合计 | 70 000 |
| 产成品 | 24 000 | 所有者权益: | |
| 固定资产 | 600 000 | 实收资本 | 860 000 |
| | | 所有者权益合计 | 860 000 |
| 总计 | 930 000 | 总计 | 930 000 |

2016 年 7 月发生的经济业务如下。

（1）购进材料一批，计价 11 700 元（含增值税 17%），材料验收入库，货款以银行存款支付。

（2）生产车间向仓库领用材料 40 000 元，全部投入生产。

（3）从银行存款户领取现金 400 元。

（4）以银行存款购入新汽车 1 辆，计价 100 000 元。

（5）用银行存款偿还应付货物材料款 3 000 元。

（6）生产车间向仓库领用材料 25 000 元。

（7）收到购货单位前欠货款 3 000 元存入银行。

（8）以银行存款 16 000 元，归还短期借款 12 000 元，归还应付供货单位货款 4 000 元。

（9）其他单位投入资本 20 000 元存入银行。

（10）收到购货单位前欠货款 4 000 元，其中支票 3 600 元存入银行，另现金 400 元。

要求：计算开设各账户（T 字账）登记期初余额、本期发生额、结出期末余额。

## 二、案例与讨论

华东公司欲精简机构，以下三种方式可供职员张山选择：（1）继续在原单位工作，年收入 12 000 元；（2）下岗，收入打对折，但某快餐厅愿以每月 600 元的工资待遇请他帮忙。
（3）辞职，开展个体经营业务。

经过深思熟虑，张山决定自己投资 20 000 元，开办一家酒吧。

下面是该酒吧开业一个月的经营情况。

（1）预付半年房租 3 000 元。

（2）购入各种饮料共花费 6 000 元，本月耗用其中的 2/3。

（3）支付雇员工资 1 500 元。

（4）支付水电费 500 元。

（5）获取营业收入 10 000 元。

试回答张山的选择是否正确，为什么？

# 第五章　复式记账法

## 第一节　借贷记账法的原理

### 一、记账方法

记账方法是指使用特定的记账符号，按照一定的规则，在账户中登记各种经济业务的技术方法。按照登记经济业务方式的不同，记账方法可分为单式记账法和复式记账法。

#### （一）单式记账法

单式记账法是指对发生的经济业务，只在一个账户中进行记录的记账方法。相对于复式记账法，该记账法比较简单，且记录的信息不完整。对于经济业务，通常只登记现金和银行存款收付业务，以及应收、应付款的结算业务，而不登记实物的收付业务；除了有关应收、应付款的现金收付业务，需要在两个或两个以上账户中各自进行登记外，其他业务只在一个账户中登记。由于这种记账方法不能全面、系统地反映经济业务的来龙去脉，也不便于检查账户记录的正确性。目前我国基本不采用这种方法。

#### （二）复单式记账法

复式记账法是对任何一笔经济业务，都必须用相等的金额在两个或两个以上的相关账户相互联系地进行登记的记账方法。

复式记账法的原理基于会计等式，会计等式的恒等性表明，任何一项经济业务发生后，必须通过两个或两个以上的账户，相互联系地作双重记录，只有这样才能全面反映经济业务。与单式记账法相比，复式记账法有三个明显的优点。

（1）复式记账能够将所有的经济业务相互联系地、全面地计入有关账户中，从而使账户能够全面地、系统地核算和监督经济活动的过程与结果，并提供经营管理所需要的数据和信息。

（2）复式记账对每笔会计分录都是相互对应地反映每项经济业务所引起资金运动的来龙去脉，因此应用复式记账原理记录各项经济业务，可以通过账户之间的对应关系了解经济业务的内容，检查经济业务是否合理、合法。

（3）根据复式记账结果必然相等的平衡关系，通过全部账户记录的试算平衡，可以检查账户记录有无差错。

复式记账法是一种科学的记账方法，目前该方法在世界范围内得到了广泛的应用，但各国在具体应用的过程中做法不尽相同，从而形成了不同的复式记账方法。我国主要使用借贷记账法、增减记账法和收付记账法三种。目前国际上普遍采用的复式记账方法是借贷记账法，我国企业会计准则规定应使用借贷记账法。

二、借贷记账法的基本原理

（一）借贷记账法的定义

借贷记账法是复式记账法的一种，它是以"借""贷"为记账符号，以"资产＝负债＋所有者权益"的会计等式为理论依据，以"有借必有贷，借贷必相等"为记账规则的一种科学复式记账法。

借贷记账法下的"借""贷"二字的确是历史的产物，其最初的含义同债权和债务有关。但随着商品经济的发展，借贷记账法得到广泛的运用，记账对象不再局限于债权、债务关系，而是扩大到要记录财产物资增减变化和计算经营损益。

目前，借贷记账法下的"借"和"贷"为记账符号，用以指明记账的增减方向、账户之间的对应关系和账户余额的性质。

（二）借贷记账法下账户的结构

在借贷记账法下，我们应按照账户反映的经济内容设置账户。账户有资产类账户、负债类账户、所有者权益类账户、成本类账户、损益类账户之分。在借贷记账法下，账户分为借贷两方，其中一方用来登记增加的金额，另一方用来登记减少的金额。那么，究竟哪一方用来登记增加额，哪一方用来登记减少额，要看账户反映的经济内容（即账户的性质）。不同性质的账户，其结构也是不同的。

1.资产类账户的结构

反映各项资产的账户称为资产类账户。资产类账户的结构是：借方登记资产的增加额，贷方登记资产的减少额。在一定会计期间内（月、季、年），借方登记的增加数额的合计数称为借方发生额，贷方登记的减少数额的合计数称为贷方发生额，在每一会计期末，将借方、贷方发生额相比较，其差额称为期末余额，本期的期末余额结转下期，即为下期的期初余额。资产类账户的结构详见表5-1。

表 5-1　资产类账户的结构

| 借方 | 资产类账户名称 | 贷方 |
|---|---|---|
| 期初余额名称 × × | | |
| 本期增加额名称 × × | 本期减少额名称 × × | |
| 本期发生额 × × | 本期发生额名称 × × | |
| 期末余额 × × | | |

资产类账户的期末余额一般在借方，其计算公式如下：

**资产类账户期末余额 = 借方期初余额 + 借方本期发生额 − 贷方本期发生额**

成本类账户的结构与资产类账户的结构基本相同，可比照资产类账户进行登记。

2. 负债及所有者权益类账户的结构

反映各项负债的账户称为负债类账户；反映各项所有者权益的账户称为所有者权益类账户。负债及所有者权益类账户的结构与资产类账户结构正好相反，即其贷方登记负债及所有者权益的增加额，借方登记负债及所有者权益的减少额。在一定会计期间内（月、季、年），贷方登记的增加数额的合计数称为贷方发生额，借方登记的减少数额的合计称为借方发生额，在每一会计期期末，将贷方、借方发生额相比，其差额称为期末余额，本期的期末余额结转到下期，即为下期的期初余额。负债及所有者权益类账户的结构详见表 5-2。

表 5-2　负债及所有者权益类账户的结构

| 借方 | 负债及所有者权益类账户名称 | 贷方 |
|---|---|---|
| | | 期初余额 × × |
| 本期减少额 × × | | 本期增加额 × × |
| 本期发生额 × × | | 本期发生额 × × |
| | | 期末余额 × × |

负债及所有者权益类账户的期末余额一般在贷方，其计算公式如下。

**负债及所有者权益类账户期末余额 = 贷方期初余额 + 贷方本期发生额 − 借方本期发生额**

3. 损益类账户的结构

反映各项损益的账户称为损益类账户。损益类账户按反映的具体内容不同，又可分为反映各项收入的账户和反映各项费用支出的账户。企业在生产经营过程中，为了取得收入，必然要发生各种费用支出。其将一定期间的收入与费用支出配比，就可以计算实现的利润。利润是企业资产的一个来源，在未分配前，可以将其看作所有者权益的增加。因此，收入类账户的结构与所有者权益类账户的结构基本相同，贷方登记收入的增加额，借方登记收入的转出额（减少额）。由于贷方登记的收入增加额期末一般都要从借方转出，以便确定一定期间的利润，因此该类账户通常没有期末余额。费用类账户的结构与资产类账户的结构基本相同，借方登记费用支出的增加额，贷方登记费用支出的转出额（减少额）。由于借方登记的费用支出增加额期末一般都要从贷方转出，以便确定一定期间的利润，因此该类账户通常也没有期末余额。

收入类账户、费用类账户和利润类账户的结构详见表5-3、表5-4、表5-5。

**表 5-3　收入类账户的结构**

| 借方 | 收入类账户名称 | 贷方 |
|---|---|---|
| 本期转出额 ×× | | 本期增加额 ×× |
| 本期发生额 ×× | | 本期发生额 ×× |
| | | 期末余额 0 |

**表 5-4　费用类账户的结构**

| 借方 | 费用类账户名称 | 贷方 |
|---|---|---|
| 本期增加额 ×× | | 本期转出额 ×× |
| 本期发生额 ×× | | 本期发生额 ×× |
| 期末余额 0 | | |

**表 5-5　利润类账户的结构**

| 借方 | 利润类账户名称 | 贷方 |
|---|---|---|
| | | 期初余额（年初无余额）×× |
| 本期减少额 ×× | | 本期增加额 ×× |
| 本期发生额 ×× | | 本期发生额 ×× |
| | | 期末余额（年末无余额）×× |

**4. 双重性质账户**

借贷记账法除了可以设置资产类、负债类、所有者权益类、成本类、收入类和费用类账户外，为了便于核算，还能设置一些可以是资产也可以是负债的双重性质的账户。双重性账户应根据其期末余额方向来确定其性质，如果余额在借方，就是资产类账户；相反，如果余额在贷方，则是负债类账户。

表5-6是对各类账户结构的说明，即将全部账户借方和贷方所记录的经济内容加以归纳。

**表 5-6　各种类型账户结构表**

| 借方 | 账户名称（会计科目） | 贷方 |
|---|---|---|
| 资产的增加 | | 负债的增加 |
| 成本的增加 | | 所有者权益的增加 |
| 费用支出的增加 | | 收入的增加 |
| 负债的减少 | | 资产的减少 |
| 所有者权益的减少 | | 成本的减少 |
| 收入的转销 | | 费用支出的转销 |
| 期末余额:资产或成本余额 | | 期末余额:负债或所有者权益余额 |

### 三、借贷记账法的记账规则

记账规则是指运用记账方法正确记录会计事项时必须遵守的规律。记账规则是记账的依据，也是对账的依据。借贷记账法的记账规则可以概括为：有借必有贷，借贷必相等，具体内容如下。

第一，任何一笔经济业务的发生，都必然同时导致至少两个账户发生变化。

第二，将经济业务发生额记入有关账户时，有的记入一个或几个账户的借方，有的记入另一个或几个账户的贷方，不能全部记入借方或全部记入贷方，即有借必有贷。

第三，记入借方账户的金额与记入贷方账户的金额必须相等，即借贷必相等。

【例 5-1】企业以银行存款 6 000 元购入设备一台。

这项业务的发生，一方面使公司的固定资产这一资产项目增加 6 000 元，另一方面使公司的银行存款这一资产项目相应地减少了 6 000 元。因此，这项经济业务涉及"固定资产"和"银行存款"两个科目。资产的增加，应记在"固定资产"科目的借方；资产的减少，应记在"银行存款"科目的贷方。这项经济业务登账的结果如下。

| 借方 | 银行存款 | 贷方 | | 借方 | 固定资产 | 贷方 |
|---|---|---|---|---|---|---|
| 期初余额 100 000 | ① 6 000 | | | 期初余额 200 000 | | |
| | | | | ① 6 000 | | |

【例 5-2】企业向银行借款 3 000 元用于偿还以前欠外单位货款。

这项经济业务的发生，一方面使银行借款这一负债项目增加了 3 000 元，另一方面使应付账款这一负债项目也相应地减少了 3 000 元。因此，这项经济业务涉及"短期借款"和"应付账款"这两个科目。负债的增加，应记在"短期借款"科目的贷方，负债的减少，应记在"应付账款"科目的借方。这项经济业务登账的结果如下。

| 借方 | 短期借款 | 贷方 | | 借方 | 应付账款 | 贷方 |
|---|---|---|---|---|---|---|
| | 期初余额 180 000 | | | ② 3 000 | 期初余额 25 000 | |
| | ② 3 000 | | | | | |

【例 5-3】企业收到 A 投资者投入资本 50 000 元，存入银行。

这项经济业务的发生一方面使实收资本增加了 50 000 元，另一方面使企业的银行存款增加了 50 000 元。因此，这项经济业务涉及"实收资本"和"银行存款"两个科目。资产增加，应记在"银行存款"科目的借方，所有者权益增加，应记在"实收资本"科目的贷方。这项经济业务的登账结果如下。

| 借方 | 实收资本 | 贷方 | | 借方 | 银行存款 | 贷方 |
|---|---|---|---|---|---|---|
| | 期初余额 110 000 | | | 期初余额 100 000 | | |
| | | | | ① 6 000 | | |
| | ③ 50 000 | | | ③ 50 000 | | |

【例 5-4】企业以银行存款 800 元偿还前欠货款。

这项经济业务的发生，一方面使公司的银行存款减少了 800 元，另一方面使公司的应付账款也相应地减少了 800 元。因此，这项经济业务涉及"银行存款"和"应付账款"两个科目。资产的减少，应记在"银行存款"科目的贷方，负债的减少，应记在"应付账款"科目的借方。这项经济业务的登账结果如下。

| 借方 | 银行存款 | 贷方 | | 借方 | 应付账款 | 贷方 |
|---|---|---|---|---|---|---|
| 期初余额 100 000 | ① 6 000 | | | ② 3 000 | 期初余额 25 000 | |
| | ④ 800 ← | → | | ④ 800 | | |

通过以上所举各例可以看出，对于资产一增一减、权益一增一减、资产和权益同增、资产和权益同减这四大类经济业务，无论哪一类经济业务发生后，在采用借贷记账法记账时，都一律采用"有借必有贷，借贷必相等"的记账规则。也就是说，运用借贷记账法记账，要求发生的每一笔经济业务都要以相等的金额、借贷相反的方向，在两个或两个以上的相互联系的账户中进行登记，即在一个账户中记借方，必须同时在另一个或几个账户中记贷方；若在一个账户中记贷方，必须同时在另一个或几个账户中记借方。记入借方的金额必须等于记入贷方的金额。

### 四、借贷记账法下的账户对应关系

采用借贷记账法，根据记账规则登记每项经济业务时，在有关账户之间就发生了应借应贷的相互关系，账户之间的这种相互关系，叫作账户的对应关系。发生对应关系的账户，叫作对应账户。

账户对应关系是相对于某项具体的经济业务而言，并非指某个账户与某个账户是固定的对应账户。例如，以银行存款 6 000 元购入固定资产。这项经济业务使"固定资产"和"银行存款"这两个账户发生了应借、应贷的相互关系，这两个账户就叫作对应账户。又如，以银行存款 800 元偿还以前欠外单位货款。这项经济业务下，"应付账款"账户又与"银行存款"账户发生了应借、应贷的相互关系，"银行存款"账户与"应付账款"账户又成为对应账户。账户对应关系有以下两点作用。

第一，通过账户的对应关系，可以了解经济业务的内容。例如，记入"银行存款"账户借方 50 000 元和"实收资本"账户贷方 50 000 元。通过这两个账户的对应关系，可以了解到，银行存款（资产项目）的增加，是由于实收资本（所有者权益项目）的增加，也就是采取吸收直接投资的方式，而使银行存款增加了 50 000 元，实收资本增加了 50 000 元。

第二，通过账户的对应关系，可以发现对经济业务的处理是否合法合规。例如，记入"应付账款"账户借方 8 000 元和"现金"账户贷方 8 000 元。这两个账户的对应关系表明是以库存现金 8 000 元偿还前欠外单位货款。对这项经济业务所作的账务处理并无错误，但这项经济业务却违反了国家现金管理制度的规定。因为偿付大额的货款，必须通过银行转账结算,不得直接以现金支付。

按照账务处理程序,在账户中记录任何一项经济业务,都必须以记账凭证为依据。为了保证记账的正确性,在将经济业务记入账户之前,应当先根据经济业务所涉及的账户及其记账的借贷方向和金额,编制会计分录。所谓会计分录,就是在记账凭证中指明某项经济业务应借、应贷的账户名称以及应记入账户的金额。

现仍以【例5-1】至【例5-4】的四项经济业务为例,说明会计分录的编制方法。

【例5-5】根据【例5-1】编制的会计分录如下:

借:固定资产      6 000

    贷:银行存款      6 000

【例5-6】根据【例5-2】编制的会计分录如下:

借:应付账款      3 000

    贷:短期借款      3 000

【例5-7】根据【例5-3】编制的会计分录如下:

借:银行存款      50 000

    贷:实收资本      50 000

【例5-8】根据【例5-4】编制的会计分录如下:

借:应付账款      800

    贷:银行存款      800

以上所举会计分录都是以一个账户的借方与另一个账户的贷方相对应组成的,这种会计分录称为简单会计分录。简单会计分录只涉及两个账户。有些会计分录是一个账户的借方与另外几个账户的贷方,或者以一个账户的贷方与另外几个账户的借方相对应组成的,这种会计分录称为复合会计分录。复合会计分录涉及两个以上的账户。

【例5-9】某企业销售一批产品,价款为70 000元,其中40 000元已收到货款并存入银行,余下的30 000元货款尚未收到。

编制会计分录如下:

借:银行存款      40 000

    应收账款      30 000

    贷:主营业务收入      70 000

上例是一个复合会计分录。它是由一个贷方账户与两个借方账户相对应组成的。复合会计分录实际上是由若干个简单会计分录合并组成的。如上例复合会计分录是由以下两个简单会计分录组成的:

(1)借:银行存款      40 000

      贷:主营业务收入      40 000

(2)借:应收账款      30 000

      贷:主营业务收入      30 000

编制复合会计分录,既可以集中反映某项经济业务的全面情况,又可以简化记账手续。

但是，不能将不同类型的经济业务，合并编制多借多贷的会计分录。因为从多借多贷的会计分录中无法看出账户的对应关系，从而无法了解经济业务的实际情况。

# 第二节 | 借贷记账法的应用

## 一、确定会计分录

借贷记账法的重点和难点是确定会计分录。编制会计分录的步骤如下。

第一，分析经济业务涉及哪些账户发生变化。

第二，分析涉及的这些账户的性质，即它们各属于什么会计要素、位于会计等式的左边还是右边。

第三，分析增减变化情况，确定这些账户是增加还是减少以及增减金额是多少。

第四，根据账户的性质及其增减变化情况，确定分别记入账户的借方或贷方。

第五，根据会计分录的格式要求，编制完整的会计分录。

## 二、登记账户

根据各项经济业务编制会计分录，将在记账凭证中确定的会计分录转记到有关账户的记账过程称为登账。

登记账簿是会计核算工作的主要环节，由于账户包括总分类账户与其所属的明细分类账户，为便于进行账户记录的核对，保证核算资料的完整性和正确性，总分类账户与其所属的明细分类账户必须采用平行登记的方法。

所谓平行登记，就是将发生的每项经济业务记入有关的总分类账户，设有明细分类账的，还要记入有关的明细分类账户。登记总分类账户和明细分类账户的原始依据必须相同，记账方向必须一致，记入总分类账户的金额必须与记入有关明细分类账户的金额之和相等。我们将总分类账户与明细分类账户平行登记的要点概括归纳如下。

### （一）记账的依据相同

每项经济业务发生后，都要根据审核后的会计凭证，一方面记入有关的总分类账户；一方面记入该总账所属的明细分类账户。登记总分类账户与其所属明细分类账户的原始依据是一致的。

### （二）记账的期间相同

在登记总分类账户和明细分类账户时，尽管具体记账的时间可能会有差别，但总账与明细账对同一笔经济业务的登记必须在同一会计期间内完成。

### （三）记账的方向相同

在登记总分类账户和明细分类账户时，登账的方向是一致的。对一项经济业务，在总账的借方登记，也应在其明细账的借方登记；在总账的贷方登记，也应在其明细账的贷方登记。

### （四）记账的金额相同

对每项经济业务，记入总分类账户的金额与记入其所属明细分类账户的金额必须相同。如果同时涉及几个明细账户，那么记入总分类账户的金额与记入其所属的几个明细账户的金额之和必须相等。

采用平行登记的方法登账以后，总分类账户与其所属的明细分类账户之间可产生如下的数量关系：

**总分类账户本期发生额 = 所属明细分类账户本期发生额合计**

**总分类账户期末余额 = 所属明细分类账户期末余额合计**

会计核算过程中，通常利用这种相等关系来检查总分分类账户和明细分类账户记录的完整性和正确性。

根据平行登记的方法登记总分类账户及其所属各明细分类账户之后，为了检查账户记录是否正确，我们应当对总分类账户和明细分类账户登记的结果进行核对，主要核对总分类账户与其所属明细分类账户的发生额和余额是否相等，以便及时发现和更正错误，保证账簿记录的正确性。

## 三、试算平衡

试算平衡是指在某一时日（如会计期末），为了保证本期会计处理的正确性，依据会计等式或复式记账原理，对本期各账户的全部记录进行汇总、测算，以检验其正确性的一种方法。通过试算平衡，可以检查会计记录的正确性，并可查明出现不正确会计记录的原因，及时进行调整，从而为会计报表的编制提供准确的资料。

在借贷记账法下，根据借贷复式记账的基本原理，试算平衡的方法主要分为两种，即本期发生额平衡法和余额平衡法。

### （一）本期发生额平衡法

本期发生额平衡法是指将全部账户的本期借方发生额和本期贷方发生额分别加总后，利用"有借必有贷，借贷必相等"的记账规则来检验本期发生额账户处理正确性的一种试算平衡方法。其试算平衡公式如下：

**全部账户本期借方发生额合计＝全部账户本期贷方发生额合计**

本期发生额平衡法主要是用来检查本期发生的经济业务在进行各种账户处理时的正确性。

## （二）余额平衡法

余额平衡法是指会计期末账户余额在借方的全部数额和在贷方的全部数额分别加总后，利用"资产＝负债＋所有者权益"的平衡原理来检验会计处理正确性的一种试算平衡方法。其试算平衡公式如下：

**全部账户的借方期末余额＝全部账户的贷方期末余额**

余额平衡法的基本原理：在借贷记账法下，资产账户的期末余额在借方，负债和所有者权益账户的期末余额在贷方，由于存在"资产＝负债＋所有者权益"的平衡关系，所以全部账户的借方期末余额合计数应当等于全部账户的贷方期末余额合计数。

余额平衡法主要是通过各种账户余额来检查、推断账户处理正确性的。如果试算不平衡，说明账户的记录肯定有错，如果试算平衡，说明账户的记录基本正确，但不一定完全正确。这是因为有些错误并不影响借贷双方的平衡，如果发生某项经济业务在有关账户中被重记、漏记或记错了账户等，并不能通过试算平衡来发现。但试算平衡仍是检验账户记录是否正确的一种有效方法。

### ◆◆ 思考与训练 ◆◆

### 一、计算与分析

1. 万胜工厂 2016 年 6 月份有关账户记录如下。

库存现金

| 期初余额 | 160 | （1）其他应收款 | 120 |
| （2）应收账款 | 100 | （6）原材料 | 160 |
| （4）银行存款 | 400 | | |
| （7）其他应收款 | 40 | | |

银行存款

| 期初余额 | 16 800 | （4）库存现金 | 400 |
| （2）应收账款 | 5 600 | （5）应付账款 | 28 600 |
| （3）固定资产 | 42 000 | （10）固定资产 | 54 000 |
| （8）短期借款 | 10 000 | | |
| （9）实收资本 | 20 000 | | |

应收账款

| 期初余额 | 30 800 | （2）银行存款 | 5 600 |
| （2）库存现金 | 100 | | |

### 其他应收款

| | | | |
|---|---|---|---|
| 期初余额 | 30 800 | （7）原材料 | 80 |
| （7）库存现金 | 40 | | |

### 原材料

| | | |
|---|---|
| 期初余额 | 46 000 |
| （6）库存现金 | 160 |
| （7）其他应收款 | 80 |

### 固定资产

| | | | |
|---|---|---|---|
| 期初余额 | 360 000 | （3）银行存款 | 42 000 |
| （10）银行存款 | 54 000 | | |

### 短期借款

| | | | |
|---|---|---|---|
| （8）银行存款 | 10 000 | 期初余额 | 32 800 |

### 应付账款

| | | | |
|---|---|---|---|
| （5）银行存款 | 28 600 | 期初余额 | 56 600 |

### 实收资本

| | | | |
|---|---|---|---|
| （9）银行存款 | 20 000 | 期初余额 | 413 180 |

要求：（1）根据上述账户资料，补编会计分录；

　　　（2）按照账户对应关系说明各单位经济业务的内容。

2. 某工厂 2016 年 8 月 31 日有关总分类账户和明细分类账户余额如下。

（A）总分类账户：

"原材料"账户借方余额 200 000 元。

"应付账款"账户贷方余额 50 000 元。

（B）明细分类账户：

"原材料——甲材料"账户 800 千克，单价 150 元，借方余额 120 000 元。

"原材料——乙材料"账户 200 千克，单价 100 元，借方余额 20 000 元。

"原材料——丙材料"账户500千克，单价120元，借方余额60 000元。

"应付账款——A公司"账户贷方余额30 000元。

"应付账款——B公司"账户贷方余额20 000元。

该公司2016年9月份发生的部分经济业务如下。

（1）以银行存款偿还A公司前欠货款15 000元。

（2）购进甲材料100千克，单价150元，税价合计17 556元（含增值税17%），以银行存款支付，材料入库。

（3）生产车间向仓库领用材料一批，计甲材料200千克，单价150元，乙材料100千克，单价100元，丙材料250千克，单价120元，共计领料金额70 000元。

（4）以银行存款偿还B公司前欠货款10 000元。

（5）向A公司购入乙材料100千克，单价100元，材料已入库，货款共计11 700元（含增值税17%），以银行存款支付。

要求：（1）根据上述资料，用借贷记账法编制会计分录。

（2）开设"原材料""应付账款"总分类账和明细分类账，登记期初余额，并平行登记总分类账和明细分类账，结出各账户本期发生额和期末余额。

（3）编制"原材料""应付账款"总分类账和明细分类账本期发生额及余额明细表。

## 二、案例与讨论

1. 万达公司2016年10月31日编制的试算表如下。

### 万达公司试算表

2016年10月31日　　　　　　单位：元

| 账户名称 | 借方 | 贷方 |
|---|---|---|
| 库存现金 | 2 870 | |
| 银行存款 | 55 300 | |
| 应收账款 | 12 450 | |
| 原材料 | 6 780 | |
| 固定资产 | 30 000 | |
| 应付账款 | | 12 280 |
| 实收资本 | | 90 000 |
| 主营业务收入 | | 27 720 |
| 销售费用 | 22 600 | |
| 合计 | 130 000 | 130 000 |

经审核后我们发现有六处错误，请你列出六笔不同类型差错的业务类型，并保证全部假设的合理性及最终结果的正确性。

2. 张山和李思开了一个面包店，他们都没有受过会计方面的培训，于是自己设计了一个用来记录交易的系统，自认为很有效。下面列示的是本月所发生的一些交易。

（1）收到订购价值为1 000元的商品的订单。

（2）发出一份订单后收到 600 元。

（3）将商品交给顾客并收到 1 000 元。

（4）收到订金 600 元。

（5）用现金支付银行 400 元的利息。

（6）赊购 6 000 元的设备。

张山和李思对以上业务进行了记录，具体如下。

$$资产 = 负债 + 所有者权益 + （收入 - 费用）$$

收到商品订单　　　 1 000　　　　　　　　销售收入 1 000

发出订购商品的订单 600　　　　　　　　　存货支出 -600

现金 1 000　　　　　　　　　　　　　　　将商品发给顾客 -1 000

收到订金 600　　　　　　　　　　　　　　应付账款 -600

支付现金 400　　　　　　　　　　　　　　利息支出 -400

赊购设备应付账款 6 000　　　　　　　　　设备支出 -6 000

要求：（1）针对以上业务的记录，指出其中的错误之处；

　　　（2）改正错误记录。

# 第六章　会计凭证与账簿

【学习目标】

◆ 了解会计凭证的定义与作用。

◆ 了解原始凭证和记账凭证的分类、内容和编制要求。

◆ 掌握原始凭证的审核方法和记账凭证的填制方法。

◆ 理解账簿在会计核算中的地位和作用。

◆ 掌握账簿的登记、错账的更正，以及结账和对账的方法。

## 第一节　会计凭证的填制与审核

### 一、会计凭证的概念

一切会计记录都必须有真凭实据，从而使会计核算资料具有客观性，这是会计核算必须遵循的原则，也是会计核算区别于其他经济管理活动的一个重要特点。为了使会计记录能如实反映企业的经济活动情况，确保账户记录的真实性，准确性，我们必须严格以会计凭证为依据进行记账。所谓会计凭证，是指记录经济业务，明确经济责任，并据以登记账簿的书面证明。

填制和审核会计凭证，是会计工作的开始，也是会计对经济业务进行监督的重要环节。通过会计凭证的填制，可以将日常所发生的大量的经济业务真实地记录下来，通过分类与汇总，作为登记账簿的依据，同时会计凭证也是经济活动分析和会计检查的重要原始依据；通过会计凭证的审核，可以检查单位的各项经济业务是否符合国家的相关法规和制度、是否具有较好的经济效益、有无铺张浪费、贪污、盗窃等损害公共财产的行为发生、有无违反财经纪律等。另外，各单位所发生的经济业务，特别是财产物资的进出与耗用，都是由相关部门协同完成的，只有通过填制和审核会计凭证，才能将经济业务的经办人员联系在一起，互相促进、互相监督。由于会计凭证载明了经济业务的内容、发生的时间及经办人员的签章，我们可以据此确定经办单位及经办人员的责任。即使发生了问题，也易于弄清情况、区分责任，从而做出正确的裁决。

任何经济业务的发生，必须由经办经济业务的有关人员填制会计凭证，记录经济业务的日期、内容、数量和金额，并在凭证上签名盖章，对会计凭证的真实性和正确性负完全责任。只有经过审核无误的会计凭证，才能据以收款、付款，动用财产物资及登记账簿。会计凭证按其填制的程序和其在经济管理中的用途，分为原始凭证和记账凭证两类。

## 二、原始凭证的填制与审核

### （一）原始凭证概述

1. 原始凭证的定义

原始凭证是指在经济业务发生时取得或填制的，用以证明经济业务的发生或者完成情况，并作为记账的原始依据的会计凭证。

2. 原始凭证的分类

（1）原始凭证按其来源不同，分为外来原始凭证和自制原始凭证两种。

外来原始凭证是指在同外单位发生经济往来关系时，从外单位取得的凭证。外来凭证都是一次凭证，如购买材料、商品等由对方开的发票，以及外来收据、银行结算凭证等。外来原始凭证样票如下。

### 四川省增值税专用发票

开票日期：2016 年 5 月 18 日      No 003625

| 购货单位 | 名 称 | ×× 公司 | | | | 纳税人登记号 | | | | | | | 56247896001 | | | | | | | | | |
|---|---|---|---|---|---|---|---|---|---|---|---|---|---|---|---|---|---|---|---|---|---|---|
| | 地址电话 | 新华街 36 号 | | | | 开户银行及账号 | | | | | | | 建设银行大河办事处 265489111 | | | | | | | | | |

| 商品或劳务名称 | 计量单位 | 数量 | 单价 | 金额 | | | | | | | | | | 税率17% | 税额 | | | | | | | | | |
|---|---|---|---|---|---|---|---|---|---|---|---|---|---|---|---|---|---|---|---|---|---|---|---|---|
| | | | | 千 | 百 | 十 | 万 | 千 | 百 | 十 | 元 | 角 | 分 | | 千 | 百 | 十 | 万 | 千 | 百 | 十 | 元 | 角 | 分 |
| 40# 圆钢 | 吨 | 20 | 3500 | | | 7 | 0 | 0 | 0 | 0 | 0 | 0 | 0 | | | | 1 | 1 | 9 | 0 | 0 | 0 | 0 | 0 |
| | | | | | | | | | | | | | | | | | | | | | | | | |
| 合 计 | | | | | ¥ | 7 | 0 | 0 | 0 | 0 | 0 | 0 | 0 | | | | ¥ | 1 | 1 | 9 | 0 | 0 | 0 | 0 |
| 价税合计（大写） | × 仟 × 佰 × 拾捌万壹仟玖佰零拾零元零角零分 | | | | | | | | | | | | | ¥81 900.00 | | | | | | | | | | |
| 销货单位 | 名 称 | 金沙钢铁厂 | | | | 纳税登记号 | | | | | | | 25669856002 | | | | | | | | | |
| | 地址 | 长江路 23 号 | | | | 开户银行及账号 | | | | | | | 建设银行长江路办事处 236987444 | | | | | | | | | |
| | 电话 | × × × × | | | | | | | | | | | | | | | | | | | | | |

收款人：宋海      开票单位：      结算方式：转账

第二联 发票联 购货方记账

自制原始凭证是指由本单位内部经办业务的部门或个人，在完成某项经济业务时自行填制的凭证。自制原始凭证按其填制的手续不同，又分为一次凭证、累计凭证和汇总原始凭证三种。

一次凭证是指反映一项或同时反映若干项同类经济性质的业务，一次填制完成的原始凭证。如企业购进材料验收入库，由仓库保管员填制的"收料单"；车间或班组填制的一次性"领料单"，以及报销人员填制的出纳人员据以付款的"报销凭单"等，都是一次凭证。领料单样例如表 6-1 所示。

表 6-1　领料单

领料单位：管理部门　　　　　　　　　　　　　　　　　　日期：2016 年 4 月 11 日

用途：　　　　　　　　　　　　　　　　　　　　　　　　No 23694

| 材料类别 | 材料名称及规格 | 计量单位 | 数量 | | 单价 | 金额 |
|---|---|---|---|---|---|---|
| | | | 请领 | 实领 | | |
| 辅助材料 | 电线 | 米 | 50 | 50 | 20 | 1 000 |
| | | | | | | |
| | | | | | | |

记账：张明　　　　　　　　　发料：陈洋　　　　　　　　　领料：陈小海

累计凭证是指在一定时期内连续记载若干项同类经济业务的自制原始凭证。它的填制手续不是一次完成的，而是随着经济业务的发生分次进行的，所以称为累计凭证。如限额领料单，就是一种典型的累计凭证。在限额领料单中，规定某种材料在一定时期（通常为 1 个月）内的领用限额。每次领料时，应在凭证上逐笔登记，并随时结出累计领用量，到月末结出该种材料的本月实际耗用量和金额，送交有关部门作为会计核算的依据。限额领料单样例详见表 6-2。通过表 6-2 我们可以了解到，该企业生产乙产品，2016 年 6 月领用 10mm 圆钢的限额为 3 000 千克，当月在完成生产任务的情况下，实际累计耗用 2 800 千克，经过对比，得知节约 10mm 圆钢 200 千克，节约材料费用 20 000 元，这不仅起到事先控制领料的作用，而且可以减少凭证的数量，同时还能简化凭证填制的手续。

表 6-2　限额领料单

领料部门：一车间　　　　　　　　　　　　　　　　　　　日期：2015 年 6 月 28 日

用途：A 产品　　　　　　　　　　　　　　　　　　　　　No23696

| 材料类别 | 材料名称 | 规格 | 计量单位 | 单价 | 领用限额 | 全月实领 | |
|---|---|---|---|---|---|---|---|
| | | | | | | 数量 | 金额 |
| 原料 | 圆钢 | 10mm | 千克 | 100 元 | 3 000 | 2 800 | 280 000 |

| 日期 | 请领 | | | 实发 | | 限额结余 |
|---|---|---|---|---|---|---|
| | 数量 | 领料单位负责人签章 | 领料人签章 | 数量 | 发料人签章 | |
| 6 月 2 日 | 1 000 | 王红 | 刘东 | 1 000 | 陈洋 | 2 000 |
| 6 月 10 日 | 800 | 王红 | 刘东 | 800 | 陈洋 | 1 200 |
| 6 月 15 日 | 1 000 | 王红 | 刘东 | 600 | 陈洋 | 600 |
| 6 月 25 日 | 400 | 王红 | 刘东 | 400 | 陈洋 | 200 |
| 合计 | 3 200 | | | 2 800 | | |

汇总原始凭证是指在会计的实际工作中，为了简化记账凭证的填制工作，将一定时期若干份记录同类业务的原始凭证汇总编制成一张汇总凭证，用以集中反映某项经济业务总体

情况的凭证。如"发料凭证汇总表""现金收入汇总表"等。发料凭证汇总表见样例表6-3。表6-3是按月将全月的领料单汇总据以编制当月发出材料的记账凭证。汇总原始凭证只能将同类内容的经济业务汇总在一张凭证上，不能汇总两类或两类以上的业务。

**表6-3　发料凭证汇总表**

×× 年 ×× 月

| | 生产车间 | | 车间一般耗用 | 管理费用 | 合计 |
|---|---|---|---|---|---|
| | A产品 | B产品 | | | |
| 原料及主要材料 | | | | | |
| 辅助材料 | | | | | |
| 修理用备件 | | | | | |
| 燃料 | | | | | |
| 合计 | | | | | |

主管：　　　　　　　　　审核：　　　　　　　　制表：

上述各种原始凭证，无论是自制的还是外来的原始凭证以及汇总原始凭证，一般都是以实际发生的经济业务为依据填制的。但也有一些自制原始凭证，是根据账簿记录，将某一项经济业务加以归类、整理而重新编制的。例如，在月末提取折旧时，编制的"固定资产折旧计算表"，是根据固定资产明细账的记录汇总编制的；在计算产品成本时编制的"制造费用分配表"，是根据制造费用明细账的记录数字编制的。

（二）原始凭证填制和审核

1　原始凭证的要素

经济业务是多种多样的，因而记录经济业务的各种原始凭证也不尽相同。但是无论哪一种原始凭证，都必须具备以下基本内容，这些内容称之为凭证要素。

（1）原始凭证的名称。原始凭证的名称要标明原始凭证所记录业务的内容，反映原始凭证的用途，如"发货票""入库单"等。

（2）原始凭证的日期和编号。原始凭证的日期一般是业务发生或完成的日期。如果在业务发生或完成时，因各种原因未能及时填制原始凭证的，应以实际填制日期为准。

（3）接受凭证的单位或个人的名称。

（4）经济业务的内容摘要。经济业务的内容主要是表明经济业务的项目、名称及有关说明。

（5）经济业务中的实物名称、数量、单价和金额，这是经济业务的核心。

（6）填制单位的名称、公章和有关人员的签章。

此外，有的原始凭证为了满足计划、业务、统计等职能部门和管理部门的需要，还需要列入计划、定额、合同号码等项目，这样可以更加充分地发挥原始凭证的作用。对于国民经济一定范围内经常发生的同类经济业务，应由主管部门制定统一的凭证格式。例如，由各专业银行统一制定的各种结算凭证；由航空、铁路、公路及航运等部门统一印制的发货票和收据等。印制统一的原始凭证，既可加强对凭证和企业、事业等单位经济活动的管理，又可以节约印刷费用。

2. 填制原始凭证的要求

原始凭证是具有法律效力的证明文件，因此原始凭证的填制必须符合一定的规范，具体要求如下。

（1）符合实际情况。凭证填制的内容、数字等，必须根据实际情况填列，确保原始凭证所反映的经济业务真实可靠，符合实际情况。如从外单位取得的原始凭证遗失，应取得原签发单位盖有财务章的证明，并注明遗失凭证的号码、金额和内容等，经单位负责人批准后，可代作原始凭证。对于确实无法取得证明的，如火车票、轮船票、飞机票等凭证，应由当事人写明详细情况，由经办单位负责人批准后，可代作原始凭证。

（2）明确经济责任。明确经济责任主要体现在原始凭证必须有相关责任人的签章。填制的原始凭证必须由经办人员和部门签章。从外单位取得的原始凭证必须盖有填制单位的财务章；从个人手中取得的原始凭证，必须有填制人员的签名或盖章。自制原始凭证必须有经办单位负责人或其指定人员的签名盖章。对外开出的原始凭证，必须加盖本单位财务章。

（3）填写内容齐全。原始凭证的各项内容，必须详尽地填写齐全，不得遗漏，而且凭证填写的手续必须完备，符合内部控制要求。凡是填有大写和小写金额的原始凭证，大写与小写金额必须相符；购买实物的原始凭证，必须有验收证明；支付款项的原始凭证，必须有收款单位和收款人的收款证明；一式多联的原始凭证，应当注明各联的用途，只能以一联作为登记账簿的依据；一式多联的发票和收据，必须套写，并连续编号，作废时应加盖"作废"戳记，连同存根一起保存，不得撕毁；发生销货退回时，除填制退货发票外，退款时，必须取得对方的收款收据或汇款银行的汇出凭证，不得以退货发票代替收据；职工公出借款收据，必须附在记账凭证上，收回借款时，应另开收据或退还借据副本，不得退还原借款收据；经有关部门批准办理的某些特殊业务，应将批准的文件作为原始凭证的附件，若批准文件需要单独归档，应在凭证上注明批准机关名称、日期和文件字号。

（4）书写格式要规范。原始凭证要用蓝色或黑色笔书写，字迹要清楚、规范，填写支票必须使用碳素笔，属于需要套写的凭证，必须一次套写清楚，合计的小写金额前应加注币值符号，如"￥""US$"等。大写金额有分的，后面不加整字，其余一律在末尾加"整"字，大写金额前还应加注币值单位，注明"人民币""美元""港币"等字样，且币值单位与金额数字之间，以及各金额数字之间不得留有空隙。各种凭证不得随意涂改、刮擦、挖补，若填写错误，应采用规定的方法予以更正。对于重要的原始凭证，如支票以及各种结算凭证，一律不得涂改。对于预先印有编号的各种凭证，若填写错误，要加盖"作废"戳记，并单独保管。

阿拉伯数字金额不得连笔写，其前应写人民币符号"￥"。人民币符号"￥"与阿拉伯金额数字之间不得留有空白。凡阿拉伯数字前写有人民币符号"¥"的，数字后面不再写"元"字。所有以元为单位的阿拉伯数字，除表示单价等情况外，一律填写到角分。无角分的，角位和分位可写"00"，有角无分的，分位应写"0"，不得用符号"——"代替。

汉字大写金额数字，一律用正楷字或行书字书写，如壹、贰、叁、肆、伍、陆、柒、捌、玖、拾、佰、仟、万、亿、元、角、分、零、整等易于辨认、不易涂改的字样。不得用一、二（两）、三、四、五、六、七、八、九、十、毛、另（或 0）等字样代替，不得任意自选简化字。

阿拉伯金额数字中间有"0"时，汉字大写金额要写"零"字，如 ¥101.50，汉字大写金额应写成"人民币壹佰零壹元伍角整"。阿拉伯金额数字中间连续有几个"0"时，汉字大写金额中可以只写一个"零"字，如 ¥1004.56，汉字大写金额应写成"人民币壹仟零肆元伍角陆分"。阿拉伯金额数字元位是"0"或数字中间连续有几个"0"，元位也是"0"，但角位不是"0"时，汉字大写金额可只写一个"零"字，也可不写"零"字，如 ¥1320.56，汉字大写金额应写成"人民币壹仟叁佰贰拾元零伍角陆分，或人民币壹仟叁佰贰拾元伍角陆分"。

### 3. 原始凭证的审核

原始凭证必须经过指定的会计人员审核无误之后，才能作为记账的依据。这是保证会计核算资料的真实、正确和合法，充分发挥会计监督作用的重要环节。原始凭证的审核主要包括凭证的合法性审核和合规性审核。

原始凭证的合法性是审核原始凭证所记载的经济业务是否合法、合理，是否符合国家的有关政策、法令和制度的规定，有无违法乱纪的行为。如果有违法乱纪的行为，可遵照一定的程序向上级领导机关反映有关情况，对于弄虚作假、营私舞弊、伪造涂改凭证等违法乱纪行为，必须及时揭露，拒绝受理，并向领导汇报，以严肃处理。

原始凭证的合规性审核即审核原始凭证填写的内容是否符合规定的要求，并逐项审核原始凭证的摘要是否填写清楚；日期是否真实；实物数量、单价以及数量与单价的乘积是否正确；小计、合计以及数字大写和小写有无错误；有无刮擦、挖补、涂改和伪造原始凭证等情况；手续是否完备；有关单位和经办人的签章是否齐全；是否经过主管人员审核批准等。

在审核原始凭证的过程中，对于内容不全、手续不完备、数字不准确以及情况不清楚的原始凭证，会计人员应当退还给有关业务单位或个人，并令其补办手续或进行更正。对于违反制度和法令的一切收支，会计人员应拒绝付款、拒绝报销或拒绝执行，并向本单位领导报告。对于伪造凭证、涂改凭证和虚报冒领等不法行为，会计人员应扣留原始凭证，并根据《中华人民共和国会计法》（以下简称《会计法》）规定，向领导提出书面报告，请求严肃处理。

## 三、记账凭证的填制和审核

### （一）记账凭证概述

记账凭证是指为了方便记账，根据审核无误的原始凭证或原始凭证汇总表编制的，据以确定会计分录和登记账簿的一种会计凭证。

原始凭证和记账凭证之间存在着密切的联系。原始凭证是记账凭证的基础，在编制记账凭证时，原始凭证就是记账凭证的附件；记账凭证是对原始凭证内容的概括和说明，当某些账户所属明细账户较多时，原始凭证是登记明细账户的依据，二者关系密切，不能分割。

（二）记账凭证的分类

1. 记账凭证按其所记录的经济业务是否与现金和银行存款的收付有联系，分为收款凭证、付款凭证和转账凭证三种

（1）收款凭证。收款凭证是用来记录现金和银行存款等货币资金收款业务的凭证，它是根据现金和银行存款收款业务的原始凭证填制的。其样例详见表6-4。

表6-4　收款凭证

借方科目　　　　　　　　　　　　　年　月　日　　　　　　　　　收字　号

| 摘要 | 贷方科目 | | 金额 | | | | | | | | 记账 |
| | 一级科目 | 明细科目 | 十 | 万 | 千 | 百 | 十 | 元 | 角 | 分 | |
| | | | | | | | | | | | |
| | | | | | | | | | | | |
| | | | | | | | | | | | |
| | | | | | | | | | | | |
| 合计 | | | | | | | | | | | |

附件张

会计主管：×××　　　记账：×××　　　审核：×××　　　出纳：×××　　　制单：××

（2）付款凭证。付款凭证是用来记录现金和银行存款等货币资金付款业务的凭证，它是根据现金和银行存款付款业务的原始凭证填制的。其样例详见表6-5。

表6-5　付款凭证

贷方科目　　　　　　　　　　　　　年　月　日　　　　　　　　　付字　号

| 摘要 | 借方科目 | | 金额 | | | | | | | | 记账 |
| | 一级科目 | 明细科目 | 十 | 万 | 千 | 百 | 十 | 元 | 角 | 分 | |
| | | | | | | | | | | | |
| | | | | | | | | | | | |
| | | | | | | | | | | | |
| | | | | | | | | | | | |
| 合计 | | | | | | | | | | | |

附件张

会计主管：×××　　　记账：×××　　　审核：×××　　　出纳：×××　　　制单：××

收付款凭证是出纳人员办理收付款项的依据，也是登记库存现金日记账和银行存款日记账的依据。出纳人员不能仅仅根据收付款业务的原始凭证收付款项，还必须根据由会计主管

人员审核批准的收款凭证和付款凭证办理收付款项。这样可以加强货币资金管理，有效监督货币资金的使用。

（3）转账凭证。转账凭证是用来记录与现金、银行存款等货币资金收付业务无关的转账业务的凭证，它是根据有关转账业务的原始凭证登记的。转账凭证是登记总分类账及有关明细账的依据。其样例详见表6-6。

表6-6　转账凭证

年　月　日　　　　　　　　　　　　　　　　　　　　　转字第　号

| 摘要 | 科目名称 | | 借方金额 | | | | | | | | 贷方金额 | | | | | | | | 记账 |
| --- | --- | --- | --- | --- | --- | --- | --- | --- | --- | --- | --- | --- | --- | --- | --- | --- | --- | --- | --- |
| | 总账科目 | 明细科目 | 十 | 万 | 千 | 百 | 十 | 元 | 角 | 分 | 十 | 万 | 千 | 百 | 十 | 元 | 角 | 分 | |
| | | | | | | | | | | | | | | | | | | | |
| | | | | | | | | | | | | | | | | | | | |
| | | | | | | | | | | | | | | | | | | | |
| | | | | | | | | | | | | | | | | | | | |
| 合计 | | | | | | | | | | | | | | | | | | | |

附件　张

会计主管：×××　　　　　记账：×××　　　　　审核：×××　　　　　制单：×××

在经济业务较简单的企业，为了简化凭证种类，可以只使用一种通用的记账凭证（即不再分收款凭证、付款凭证和转账凭证），来记录所发生的各种经济业务，其样例详见表6-7。

表6-7　记账凭证

年　月　日　　　　　　　　　　　　　　　　　　　　　　　字　号

| 摘要 | 科目名称 | | 借方金额 | | | | | | | | 贷方金额 | | | | | | | | 记账 |
| --- | --- | --- | --- | --- | --- | --- | --- | --- | --- | --- | --- | --- | --- | --- | --- | --- | --- | --- | --- |
| | 总账科目 | 明细科目 | 十 | 万 | 千 | 百 | 十 | 元 | 角 | 分 | 十 | 万 | 千 | 百 | 十 | 元 | 角 | 分 | |
| | | | | | | | | | | | | | | | | | | | |
| | | | | | | | | | | | | | | | | | | | |
| | | | | | | | | | | | | | | | | | | | |
| 合计 | | | | | | | | | | | | | | | | | | | |

附件　张

会计主管：×××　　记账：×××　　审核：×××　　出纳：×××　　制单：×××

2.记账凭证按其包括的会计科目是否单一，又可分为复式记账凭证和单式记账凭证

（1）复式记账凭证又叫多科目记账凭证，其要求将某项经济业务所涉及的全部会计科目，集中登记在一张凭证上。这有利于全面了解经济业务，便于查账，同时减少编制记账凭证的工作量和记账凭证数量。其不足之处在于不便于分工记账和汇总。上述收款凭证、付款凭证和转账凭证的格式均为复式记账凭证的格式。

（2）单式记账凭证又叫单科目记账凭证，其要求将某项业务所涉及的会计科目分别登记在两张或两张以上的记账凭证中，每张会计凭证中只登记一个会计科目，其对方科目只供参

考，不作记账凭证。单式记账凭证便于按科目汇总，有利于分工记账，但编制记账凭证的工作量较大，出现差错不易查找。

3. 记账凭证还可按其是否经过汇总，分为汇总记账凭证和非汇总记账凭证

汇总记账凭证按汇总方法不同，又分为分类汇总和全部汇总两种。分类汇总记账凭证有汇总收款凭证、汇总付款凭证和汇总转账凭证。全部汇总的记账凭证有记账凭证汇总表（即科目汇总表）等。

（三）记账凭证的填制方法

1. 记账凭证的基本内容

记账凭证的主要作用是对原始凭证进行分类、整理，并按照复式记账的要求和会计科目，编制会计分录，据以登记账簿。因此，记账凭证必须具备以下基本内容：

（1）填制单位的名称；

（2）记账凭证的名称；

（3）记账凭证的编号；

（4）填制凭证的日期；

（5）经济业务的内容摘要；

（6）会计科目（包括一级、二级和明细科目）的名称、记账方法和金额；

（7）所附原始凭证的张数；

（8）制证、审核、记账、会计主管等有关人员的签章；收付款凭证还应由出纳人员签名或盖章。

2. 记账凭证的填制要求

除了必须严格遵循上述填制原始凭证的要求外，我们还必须注意以下几点内容。

（1）凭证摘要简明。记账凭证的摘要栏是对经济业务的简要说明，也是登记账簿的主要依据，我们必须针对不同性质的经济业务的特点，根据记账簿的需要，正确填写，不可漏填或错填。例如，有关材料等实物收付的经济业务，摘要栏内应注明其品种、数量、单价以及凭证的编号等。

（2）科目运用准确。我们必须按照设定的会计科目，根据经济业务的性质编制会计分录，以保证核算口径的一致，便于综合汇总。使用借贷记账法编制分录时，只能编制简单分录或复合分录，一般不能编制多借多贷的会计分录，以便从账户对应关系中反映经济业务的情况。

（3）业务记录明确。填制记账凭证，我们可以根据每一份原始凭证单独填制，也可以根据同类经济业务的许多份原始凭证填制，还可以根据汇总的原始凭证来填制。为了简化记账凭证的填制手续，对于转账业务，我们可以用自制的原始凭证或汇总原始凭证来代替记账凭证，但是必须在凭证中加列会计分录。

（4）编号顺序科学。记账凭证在一个月内应当连续编号，以便核查。使用通用凭证时，可按经济业务发生顺序编号。使用收款凭证、付款凭证和转账凭证，可采用"字号编号法"，

即按凭证类别顺序编号，如收字第 × 号，付字第 × 号，转字第 × 号等；也可采用"双重编号法"，即按总字顺序编号与按类别顺序编号相结合，如某收款凭证为"总字第 × 号，收字第 × 号"。一笔经济业务，需要编制多张记账凭证时，可采用"分数编号法"，如一笔经济业务需要编制两张转账凭证，凭证的顺序号为 10 号时，可编制转字第 10-1/2 号、转字第 10-2/2 号。前面的整数表示业务顺序，分子表示两张中的第一张和第二张，分母表示本号有几张。在使用单式记账凭证时，也可采用"分数编号法"。

（5）填写日期规范。收付款凭证应按货币资金收付的日期填写，转账凭证原则上应按收到原始凭证的日期填写，如果一份转账凭证依据不同日期的某类原始凭证填制时，可按填制凭证日期填写。月末，有些转账业务要等到下月初方可填制转账凭证，也可按月末的日期填写。

（6）凭证附件完整。记账凭证所附的原始凭证张数必须注明，以便查核。如果根据同一原始凭证填制数张记账凭证时，则应在未附原始凭证的记账凭证上注明"附件 ×× 张，见第 ×× 号记账凭证"。如果原始凭证需要另行保管时，则应在附件栏目内加以注明。

（7）避免重复记账。在使用收款、付款、转账等复式记账凭证时，凡涉及现金、银行存款的收款业务，需填制收款凭证；涉及现金、银行存款的付款业务，需填制付款凭证；涉及现金、银行存款之间的划转款业务，习惯上只填付款凭证，以免重复记账。例如，将现金存入银行，应编一张"现金"的付款凭证；从银行提取现金应编一张"银行存款"的付款凭证；据以登记现金、银行存款日记账。凡不涉及现金、银行存款业务，则应填制转账凭证；在一笔经济业务中，既涉及现金（或银行存款）收付，又有转账业务，这时应填制收款（或付款）和转账凭证。

（8）填写内容齐全。记账凭证填写完毕，应进行复核与检查，并按所使用的记账方法进行试算平衡。有关人员均要签名盖章。出纳人员根据收款凭证收款，或根据付款凭证付款时，要在凭证上加盖"收讫"或"付讫"的戳记，以免重收重付。

4. 会计凭证的具体填制方法

（1）收款凭证的填制方法。收款凭证是用来记录货币资金收款业务的凭证，它是由出纳人员根据审核无误的原始凭证收款后填制的，具体样例详见表6-8。在借贷记账法下，表6-8中的设证科目是借方科目，在其左上方所列的"借方科目"应是"库存现金"或"银行存款"科目。在凭证内所反映的贷方科目，应填列与收入库存现金或银行存款相对应的会计科目。"金额"栏合计数表示借贷双方的记账金额。

### 表 6-8  收款凭证

借方科目：银行存款　　　　　　　　　2016 年 10 月 15 日　　　　　　　　　银收字第 16 号

| 摘要 | 贷方 | | 金额 | | | | | | | | | |
|---|---|---|---|---|---|---|---|---|---|---|---|---|
| | 总账科目 | 明细科目 | 千 | 百 | 十 | 万 | 千 | 百 | 十 | 元 | 角 | 分 |
| 售出甲产品 10 件 | 主营业务收入 | 甲产品 | | | | 2 | 0 | 0 | 0 | 0 | 0 | 0 |
| | 应交税费 | 应交增值税（销项税） | | | | | 3 | 4 | 0 | 0 | 0 | 0 |
| | | | | | | | | | | | | |
| | | | | | | | | | | | | |
| 合计 | | | | | ¥ | 2 | 3 | 4 | 0 | 0 | 0 | 0 |

会计主管：×××　　　记账：×××　　　审核：×××　　　出纳：×××　　　制单：×××

（2）付款凭证的填制方法。付款凭证是用来记录货币资金付款业务的凭证，它是由出纳人员根据审核无误的原始凭证付款后填制的，具体样例详见表 6-9。在借贷记账法下，表 6-9 的设证科目是贷方科目，在其左上方所列的"贷方科目"应是"库存现金"或"银行存款"科目。在凭证内所反映的借方科目，应填列与付出库存现金或银行存款相对应的会计科目。"金额"栏合计数表示借贷双方的记账金额。

### 表 6-9  付款凭证

贷方科目：现金　　　　　　　　　　2016 年 10 月 15 日　　　　　　　　　现付字第 16 号

| 摘要 | 借方 | | 金额 | | | | | | | | | |
|---|---|---|---|---|---|---|---|---|---|---|---|---|
| | 总账科目 | 明细科目 | 千 | 百 | 十 | 万 | 千 | 百 | 十 | 元 | 角 | 分 |
| 支付本月工资 | 应付职工薪酬 | 略 | | | | | 4 | 0 | 0 | 0 | 0 | 0 |
| | | | | | | | | | | | | |
| | | | | | | | | | | | | |
| | | | | | | | | | | | | |
| 合计 | | | | | ¥ | | 4 | 0 | 0 | 0 | 0 | 0 |

会计主管：×××　　　记账：×××　　　审核：×××　　　出纳：×××　　　制单：×××

（3）转账凭证和通用记账凭证的填制方法。转账凭证是用以记录与货币资金收付无关的转账业务的凭证；它是由会计人员根据审核无误的转账业务的原始凭证填制的，具体样例详见表 6-10。在借贷记账法下，将经济业务所涉及的会计科目全部填列在凭证内，借方科目在先，贷方科目在后，并将各会计科目所记应借应贷的金额填列在"借方金额"或"贷方金额"栏内。借方、贷方金额合计数应相等。

表 6-10　转账凭证

2016 年 10 月 31 日　　　　　　　　　　　　　　　　　　　　　转字第 110 号

| 摘要 | 总账科目 | 明细科目 | √ | 千 | 百 | 十 | 万 | 千 | 百 | 十 | 元 | 角 | 分 | √ | 千 | 百 | 十 | 万 | 千 | 百 | 十 | 元 | 角 | 分 |
|---|---|---|---|---|---|---|---|---|---|---|---|---|---|---|---|---|---|---|---|---|---|---|---|---|
| 计提本月折旧 | 制造费用 | 折旧费 | | | | | | 7 | 0 | 0 | 0 | 0 | 0 | | | | | | | | | | | |
| | 管理费用 | 折旧费 | | | | | | 3 | 0 | 0 | 0 | 0 | 0 | | | | | | | | | | | |
| | | 累计折旧 | | | | | | | | | | | | | | | | 1 | 0 | 0 | 0 | 0 | 0 | 0 |
| 合计 | | | | | | ¥ | 1 | 0 | 0 | 0 | 0 | 0 | 0 | | | | ¥ | 1 | 0 | 0 | 0 | 0 | 0 | 0 |

会计主管：×××　　　记账：×××　　　审核：×××　　　出纳：×××　　　制单：×××

通用记账凭证是用以记录各种经济业务的凭证，它是由出纳或会计人员根据审核无误的原始凭证填制的。它的填制方法与转账凭证的填制方法相同。

（四）记账凭证的审核

为了正确登记账簿和监督经济业务，除了编制记账凭证的人员应当认真负责、正确填制、加强自审以外，同时还应建立专人审核制度，主要包括凭证的合规性审核和凭证的技术性审核。

记账凭证的合规性审核即审核是否附有原始凭证，原始凭证是否齐全、张数是否正确，以及记账凭证的经济内容与所附原始凭证的内容是否相符。

记账凭证的技术性审核是审核记账凭证的应借、应贷会计科目是否正确，账户对应关系是否清晰，所使用的会计科目及其核算内容是否符合会计制度的规定，金额计算是否准确，摘要是否填写清楚，项目是否填写齐全，如日期、凭证编号、明细会计科目、附件张数以及有关人员签章等。

在审核过程中，若发现差错，应查明原因，按规定办法及时处理和更正。只有经过审核无误的记账凭证，才能据以登记账簿。

会计凭证的审核是一项政策性很强的工作，要做好会计凭证的审核工作，正确发挥会计的监督作用，会计人员应当做到既要熟悉和掌握国家政策、法令、规章制度和计划、预算的有关规定，又要熟悉和了解本单位的经营情况。只有这样才能明辨是非，确定哪些经济业务是合理、合法的，才能从实际出发，坚持原则，促使经办业务的人员自觉地执行政策，遵守制度，正确处理各种经济关系。会计人员要以身作则，严格遵守各项政策法令和规章制度，发挥会计监督的作用。

（五）会计凭证的传递和保管

1. 会计凭证的传递

会计凭证的传递是指会计凭证从填制到归档保管整个过程中，在本单位内部各有关部门和人员之间的传递程序和传递时间。正确地组织凭证的传递，能及时地、真实地反映和监督经济业务的发生和完成情况；将有关部门和人员组织起来，分工协作，使正确的经济活动得以顺利实现；考核经办业务的有关部门和人员是否按照规定的凭证手续办事，从而加强经营管理上的责任制，提高经营管理水平和效率。不同的会计凭证所记录的经济业务不尽相同，所以要据以办理的业务手续和所需的时间也不尽相同。

在制定会计凭证传递程序时，要根据经济业务的特点、企业内部机构的设置和人员分工的情况以及经营管理的需要，恰当地规定各种会计凭证的联数和所传递的必要环节，做到既要使各有关部门和人员能利用凭证了解经济业务的情况，并按照规定手续进行处理和审核，又要避免凭证传递通过不必要的环节，影响传递速度；同时要根据有关部门和人员对经济业务办理必要手续（如计量、检验、审核、登记等）的需要，确定凭证在各个环节停留的时间，从而使会计凭证以最快速度传递，以充分发挥它及时传递经济信息的作用。为了确保会计凭证的安全和完整，在各个环节中都应指定专人办理交接手续，做到责任明确，手续完备、严密、简便易行。

2. 会计凭证的保管

会计凭证是记账的依据，是重要的经济档案和历史资料，所以对会计凭证必须妥善整理和保管，不得丢失或任意销毁。

对会计凭证的保管，既要确保会计凭证的安全和完整无缺，又要便于凭证的事后调阅和查找。会计凭证归档保管的主要方法和要求如下。

（1）每月记账完毕，要将本月各种记账凭证加以整理，检查有无缺号和附件是否齐全，然后按顺序号排列，装订成册。为了便于事后查阅，应加具封面，封面上应注明单位的名称、所属的年度和月份、起讫的日期、记账凭证的种类、起讫号数、总计册数等，并由相关人员签章。为了防止任意拆装，在装订线上要加贴封签，并由会计主管人员盖章。

（2）如果1个月内，凭证数量过多，可分装若干册，在封面上加注第几册字样。如果某些记账凭证所附原始凭证数量过多，也可以单独装订保管，但应在其封面及有关记账凭证上加注说明，对重要原始凭证，如合同、契约、押金收据以及需要随时查阅的收据等单独保管时，应编制目录，并在原记账凭证上注明另行保管，以便查核。

（3）装订成册的会计凭证，应集中保管，并指定专人负责。查阅时，要履行一定的手续规定。

（4）对于会计凭证的保管期限和销毁手续，我们必须严格执行会计制度的规定。任何人无权自行随意销毁。

# 第二节 | 会计账簿

## 一、账簿的概念

会计凭证比较详细地记录和反映了各项经济业务的发生和完成情况。但是，由于会计凭证数量很多又较分散，而且每张凭证所记载的只是个别的经济业务，所以其不能将一个单位在一定时期内发生的全部经济业务全面、系统、连续地加以反映，也不便于日后查阅和使用，更不能满足企业经营管理和国家综合平衡工作的需要。为了完整、系统地反映各单位的经济活动情况，为经济管理提供必需的会计信息，我们需要凭借登记账簿这个专门的会计核算方法，将会计凭证所记录的大量的、分散的资料通过归类、整理、汇总，更加系统地加以记录和反映。

会计账簿是由具有一定格式、相互联系的账页所组成的，其以会计凭证为依据，全面、系统、连续地记录和反映各项经济业务。它既是保存会计信息的重要工具，也是编制会计报表的依据。

设置和登记账簿是会计核算的重要环节，对加强经济管理有十分重要的意义。对于企业来说，账簿记录了一定时期的资金运动情况，能提供费用、成本、收入和财务成果等信息，据此我们就可以进行经济活动分析和会计检查，肯定成绩，揭示问题，提出措施。同时，还可以保证财产物资的安全完整和合理使用，以便改善经营管理，提高经济效益。企业根据账簿定期编制会计报表，并向有关各方提供所需要的会计信息，如会计主体在一定时期内的财务状况及经营成果的综合价值指标等，从而为相关决策提供依据。

## 二、账簿的设置与分类

各单位根据《会计法》《会计基础工作规范》的规定，结合本单位会计核算业务的需要，设置有关的会计账簿，构建本企业的会计核算体系。会计账簿的设置一般是在企业开业或更换新账之前进行。各单位应当按照国家统一会计制度的规定和会计业务的需要设置会计账簿。

（一）账簿按用途分类

账簿按其用途可以分为序时账簿、分类账簿和备查账簿。

1. 序时账簿

序时账簿又称日记账，是按照经济业务发生或完成时间的先后顺序逐日逐笔连续登记的账簿。由于序时账簿要求逐日逐笔地根据会计凭证来记录经济业务的发生情况，因此通常也称之为"日记账"。为了加强库存现金和银行存款的管理，各单位都应当设置库存现金日记账和银行存款日记账，以便逐日核算和监督现金与银行存款的收入、付出和结存情况。

## 2. 分类账簿

分类账簿又称分类账，是将全部经济业务按照总分类账户和明细分类账户进行分类登记的账簿。按总分类账户进行分类登记的账簿，称为总分类账簿，它是用来分类登记全部经济业务，提供总括会计核算指标的分类账簿，又称总分类账，简称总账；按照明细分类账户进行登记的账簿，称为明细分类账簿，它是用来分类登记某一类经济业务，提供具体、详细的会计核算资料的账簿，又称明细分类账，简称明细账。

在实际工作中，经济业务较少且比较简单的单位，为了简化记账工作，可以将序时记录和总分类记录结合在一本账簿中进行登记。我们将同时具备日记账和总分类账两种用途的账簿，称之为联合账簿，如日记总账。

## 3. 备查账簿

备查账簿又称辅助账簿，是对序时账簿和分类账簿中未能记载的经济事项或记载不全的经济业务进行补充登记的账簿。例如，临时租入固定资产登记簿、委托加工物资备查簿等。

## （二）账簿按其外表形式分类

账簿按其外表形式，可以分为订本式账簿、活页式账簿、卡片式账簿。

## 1. 订本式账簿

订本式账簿又称订本账，是在账簿启用以前，就将具有一定格式、编有顺序号的若干账页固定装订在一起的账簿，如"总分类账"。订本式账簿可避免账页散失和被抽换。但在开设账户时，必须为每一账户预留空白账页，如留页过多，会造成浪费；留页过少，会影响账户记录的连续性，同时，在同一时间里只能由一人登账，因此不便于记账人员分工记账。订本式账簿主要适用于总分类账和日记账。

## 2. 活页式账簿

活页式账簿又称活页账，是将若干张零散的账页放置在活页夹内，可以随时取放的一种账簿。采用活页式账簿，可以根据实际需要随时增减账页，既可以进行连续记录，又不会造成浪费，同时便于记账人员分工和实现记账工作电算化。但账页容易散失或被抽换。因此，空白账页在使用之前必须按顺序编号并装置在账夹内。在更换新账后，将所有账页进行汇总装订并编列账页号数，以便保存。活页式账簿主要适用于各种明细账。

## 3. 卡片式账簿

卡片式账簿又称卡片账，是将许多分散的具有一定格式的卡片放存在卡片箱内，可以随时取放的账簿。卡片不固定在一起，数量可以根据经济业务而增减。其优缺点与活页式账簿基本相同，卡片式账簿主要适应于记录内容较为复杂的财产明细账，如固定资产卡片。

## （三）账簿按账页的格式分类

账簿按其账页格式，可以分为三栏式账簿、数量金额式账簿和多栏式账簿。

（1）三栏式账簿，是指由设置借方、贷方、余额三个金额栏的账页所组成的账簿。例如，应收账款、实收资本等。

（2）数量金额式账簿，又称三大栏式账簿，是指在三大栏内，由设有数量、单价和金额等小栏目的账页所组成的账簿，如原材料、库存商品等。

（3）多栏式账簿，是在账簿的两个基本栏目（借方和贷方）按需要分设若干专栏的账簿，如生产成本明细账、多栏式日记账等。

这里必须指出，以上账簿的分类并不是孤立的，而是相互联系、相互补充的，因此只有恰当地运用各类账簿，才能充分发挥账簿全面、正确、连续、系统地反映各单位经济活动的特有作用。

## 二、账簿的启用

启用会计账簿时，应当在账簿封面上写明单位名称和账簿名称。在账簿扉页上应当附启用表，内容包括启用日期、账簿页数、记账人员和会计机构负责人、会计主管人员姓名，并加盖名章和单位公章。

记账人员或者会计机构负责人、会计主管人员调动工作时，应当注明交接日期、接办人员或者监交人员姓名，并由交接双方人员签名或者盖章。

启用订本式账簿，应当从第一页到最后一页按顺序编定页数，不得跳页、缺号。使用活页式账页，应当按账户顺序编号，并定期装订成册，装订后再接实际使用的账页顺序编定页码。另加目录，注明每个账户的名称和页次。

## 三、账簿的登记

### （一）序时账的格式和登记方法

序时账是一种特殊的明细账。目前广泛使用的序时账主要是库存现金日记账和银行存款日记账。

#### 1.库存现金日记账

库存现金日记账是用来登记库存现金每日收入、付出和结存情况的账簿。各单位都应当设置库存现金日记账，以便逐日核算和监督现金的收入、付出和结存情况。

库存现金日记账采用订本账形式，由出纳人员根据审核无误的现金收付款凭证逐日逐笔序时登记。库存现金日记账可根据各单位的实际需要选择不同的格式，一般采用"借方""贷方"和"余额"三栏式的格式，具体样例详见表6-11。

表6-11　库存现金日记账

| 年 | | 凭证 | | 摘要 | 对方科目 | 借方 | 贷方 | 核对号 | 余额 |
|---|---|---|---|---|---|---|---|---|---|
| 月 | 日 | 种类 | 号数 | | | | | | |
| | | | | | | | | | |
| | | | | | | | | | |
| | | | | | | | | | |

库存现金日记账中的"年、月、日"栏，登记记账的日期；"凭证种类、号数""摘要""对方科目"等栏目，根据入账的每笔经济业务的现金收付款凭证登记；"借方"栏一般根据现金收款凭证登记，"贷方"栏根据现金付款凭证登记。对于从银行提取现金的业务，为了避免重复记账，应根据银行存款付款凭证登记。每日终了应结出现金收入合计数、支出合计数和结余数，并将结余数与库存现金数核对，做到账实相符。如果账款不符，应及时查明原因和责任。此外，各单位对现金的收入、支出和保管，应指定专人负责，实行账款分管。

2. 银行存款日记账

银行存款日记账是用来登记本单位每日银行存款的收入、付出和结存情况的账簿。各单位应当设置银行存款日记账，以便逐日核算和监督银行存款的收入、付出和结存情况。

银行存款日记账采用订本账形式，一般由出纳员根据审核无误的银行存款收付款凭证逐日逐笔按顺序登记。各单位应根据实际需要选择不同的格式，一般采用的是"借方""贷方"和"余额"三栏式的格式，具体样例详见表 6-12。

表 6-12　银行存款日记账

| 年 | | 凭证 | | 摘要 | 结算凭证 | | 对方科目 | 借方 | 贷方 | 核对号 | 余额 |
|---|---|---|---|---|---|---|---|---|---|---|---|
| 月 | 日 | 种类 | 号数 | | 种类 | 号数 | | | | | |
| | | | | | | | | | | | |
| | | | | | | | | | | | |
| | | | | | | | | | | | |

银行存款日记账的"年、月、日"登记记账的日期；"凭证种类、号数""摘要""对方科目"等栏，根据入账的每笔经济业务的银行存款收付款凭证上的有关内容登记；"结算凭证"栏根据银行存款收付款凭证所附的银行结算凭证填列；"借方"栏、"贷方"栏应根据银行存款的收付款凭证登记。但对于现金存入银行的业务，为了避免重复记账，应根据现金付款凭证登记。每次收付银行存款后，应分别结出银行存款收入、付出的合计数和本日余额，以便定期同银行送来的对账单进行核对，并可随时检查各种款项收付执行情况，避免出现透支。若一个单位开设若干银行存款户，应分别设户登记，便于与银行核对，也有利于银行存款的管理。

在实际工作中，为了能够清晰地反映会计科目的对应关系，了解货币资金的收入来源和支出用途，简化会计核算工作，库存现金日记账和银行存款日记账也可以采用多栏式的格式。

相关日记账的格式样例详见表 6-13、表 6-14、表 6-15、表 6-16、表 6-17。

**表 6-13　多栏式现金收入日记账**

第　页

| ×× 年 | | 凭证号数 | 摘要 | 应贷账户 | | | | | 支出合计 | 余额 |
|---|---|---|---|---|---|---|---|---|---|---|
| 月 | 日 | | | 银行存款 | …… | …… | …… | 收入合计 | | |
| | | | | | | | | | | |
| | | | | | | | | | | |

**表 6-14　多栏式现金支出日记账**

第　页

| ×× 年 | | 凭证号数 | 摘要 | 应借账户 | | | | | | 支出合计 |
|---|---|---|---|---|---|---|---|---|---|---|
| 月 | 日 | | | 管理费用 | …… | …… | …… | …… | …… | |
| | | | | | | | | | | |
| | | | | | | | | | | |

**表 6-15　多栏式银行存款收入日记账**

第　页

| ×× 年 | | 凭证号数 | 摘要 | 应贷账户 | | | | | 支出合计 | 余额 |
|---|---|---|---|---|---|---|---|---|---|---|
| 月 | 日 | | | 现金 | …… | …… | …… | 收入合计 | | |
| | | | | | | | | | | |
| | | | | | | | | | | |

**表 6-16　多栏式银行存款支出日记账**

第　页

| ×× 年 | | 凭证号数 | 摘要 | 支票 | | 应借账户 | | | | | 支出合计 |
|---|---|---|---|---|---|---|---|---|---|---|---|
| 月 | 日 | | | 种类 | 号数 | 现金 | …… | …… | …… | …… | |
| | | | | | | | | | | | |
| | | | | | | | | | | | |

**表 6-17　外币存款日记账**

第　页

| ××年 | | 凭证号数 | 摘要 | 对应账户 | 借方 | | | 贷方 | | | 余额 | | |
|---|---|---|---|---|---|---|---|---|---|---|---|---|---|
| 月 | 日 | | | | 外币 | 汇率 | 金额 | 外币 | 汇率 | 金额 | 外币 | 汇率 | 金额 |
| | | | | | | | | | | | | | |
| | | | | | | | | | | | | | |
| | | | | | | | | | | | | | |

### （二）分类账的格式和登记方法

#### 1.总分类账的格式和登记方法

总分类账是对各项经济业务按照总分类账户进行分类，并连续登记全部经济业务的账簿。它是按照会计科目的编码顺序分别开设账户的，并为每个账户预留若干账页。由于总分类账能够全面、系统地反映经济活动情况，并为编制会计报表提供资料，因此大多数单位都会设置总分类账簿。总分类账一般采用"三栏式"的订本账。其基本结构为"借方""贷方""余额"三栏，具体格式详见表 6-18。

**表 6-18　总分类账**

会计科目：

| 年 | | 凭证 | | 摘要 | 对应科目 | 借方 | 贷方 | 借或贷 | 余额 |
|---|---|---|---|---|---|---|---|---|---|
| 月 | 日 | 种类 | 号数 | | | | | | |
| | | | | | | | | | |
| | | | | | | | | | |

在实际工作中，根据需要可以在借、贷两栏内增设"对方科目"栏，也可采用多栏式的总分类账格式，即按照全部账户来开设账页，按经济业务性质分设专栏，这种总账又称汇总式总账。多栏式总账样例详见表 6-19。

**表 6-19　多栏式总账**

第　页

| 账号 | 会计科目 | 上月余额 | 01～10日汇总表号 | | | 11～20日汇总表号 | | | 21～30日汇总表号 | | |
|---|---|---|---|---|---|---|---|---|---|---|---|
| | | | 借方 | 贷方 | 余额 | 借方 | 贷方 | 余额 | 借方 | 贷方 | 余额 |
| | | | | | | | | | | | |
| | | | | | | | | | | | |

总分类账的登记方法有很多，我们可以直接根据各种记账凭证逐笔进行登记，也可以将各种记账凭证先行汇总，编制成汇总记账凭证或"科目汇总表"后再据以定期进行汇总登记。各单位总分类账的登记依据主要取决于所采用的会计核算形式。但不管采用哪种会计核算形式，每月都应当将当月发生的经济业务全部登记入账，并于月终结出总账各账户的本期发生额和期末余额，作为编制会计报表的主要依据。

2. 明细分类账的格式和登记方法

明细分类账是对各项经济业务按照明细分类账户设置和登记的一种账簿。明细账是总分类账的明细记录，能提供有关经济活动的详细资料，它对总分类账起补充说明的作用，是形成有用的会计信息的基本程序和基础环节，也是编制会计报表的依据之一。各单位在设置总分类账的基础上，还应根据管理的需要，按照明细分类设置必要的明细分类账。

明细分类账一般采用活页式账簿，也有的采用卡片式账簿。其账页格式主要有以下三种。

（1）三栏式明细分类账

三栏式明细分类账的账页格式与三栏式总分类账的格式相同，即只设有借方、贷方、余额三个金额栏，不设数量栏。它适用于只进行金额核算，而不需要进行数量核算的明细核算，如"应收账款""应付账款"等债权、债务结算科目的明细分类核算。三栏式明细账的样例详见表 6-20。

**表 6-20　应收账款明细账**

单位名称：

| 年 | | 凭证 | | 摘要 | 借方 | 贷方 | 借或贷 | 余额 |
|---|---|---|---|---|---|---|---|---|
| 月 | 日 | 种类 | 号数 | | | | | |
| | | | | | | | | |
| | | | | | | | | |

三栏式明细分类账按照各明细分类账户分别设置账簿，根据记账凭证和有关的原始凭证或原始凭证汇总表逐笔登记，月终结出借方、贷方发生额及余额。

（2）数量金额式明细分类账

数量金额式明细分类账的账页，在借方（收入）、贷方（发出）、余额（结存）三大栏内，再分别设有数量、单价和金额三个小栏目。为了满足管理上的需要，我们还需设置一些必要的项目。它适用于那些需要从实物数量和金额两个方面进行核算的各种财产物资的明细核算，如"原材料""库存商品"等。数量金额式明细分类账的样例详见表 6-21。

**表 6-21　原材料明细分类账**

类别：　　　　　　　　　　编号：　　　　　　　　　　存货地点：
品种和规格：　　　　　　　储备定额：　　　　　　　　计量单位：

| 年 | | 凭证 | | 摘要 | 收入 | | | 发出 | | | 结存 | | |
|---|---|---|---|---|---|---|---|---|---|---|---|---|---|
| 月 | 日 | 种类 | 号数 | | 数量 | 单价 | 金额 | 数量 | 单价 | 金额 | 数量 | 单价 | 金额 |
| | | | | | | | | | | | | | |
| | | | | | | | | | | | | | |

数量金额式明细分类账是按照各种财产物资的品种和规格分别设置的，根据财产物资的收发凭证逐笔登记的，其与三栏式明细分类账不同，其要同时登记实物数量。

（3）多栏式明细分类账

多栏式明细分类账是在三栏式明细分类账的基础上，根据经济业务的特点和管理的要求，在一张账页内按有关明细科目或明细科目各明细项目分别设置若干专栏。这种多栏式明细分类账适用于只记金额，不记数量，而且在管理上需要了解其结构的某些费用成本、收入和成果的明细核算，如"制造费用""生产成本""管理费用""本年利润"等科目。

多栏式费用、成本明细账一般按费用、成本项目在借方设多栏登记，若需冲减有关费用的事项，则可在借方以红字登记。会计期末，需要结转的，可将借方净发生额从贷方转入有关账户（本年利润）。多栏式费用、成本明细账也可只设借方金额栏，贷方发生额可以用红字在借方有关栏目中进行登记冲减。其样例详见表 6-22。

**表 6-22　制造费用明细账**

第　页

| ××年 | | 凭证号数 | 摘要 | 应借账户 | | | | | | | | | | | |
|---|---|---|---|---|---|---|---|---|---|---|---|---|---|---|---|
| 月 | 日 | | | 工资 | 福利费 | 差旅费 | 办公费 | 折旧费 | 修理费 | 水电费 | 保险费 | 运输费 | …… | 其他 | 合计 |
| | | | | | | | | | | | | | | | |
| | | | | | | | | | | | | | | | |

多栏式收入明细账一般按贷方的构成分设多栏登记，若需要冲减有关收入的事项，则可在贷方以红字登记，会计期末将贷方发生额从借方转到"本年利润"账户。

多栏式利润明细账按利润的构成项目分设多栏登记，即借方和贷方分设多栏。其样例详见表 6-23。

表 6-23　本年利润明细账

产品名称：　　　　　　　　　　　　计量单位：　　　　　　　　　　　　计划销量：

| 年 | | 凭证号数 | 摘要 | 销售数量 | 营业收入 | | 营业成本 | | 营业税金及附加 | | 营业利润 | | …… |
| --- | --- | --- | --- | --- | --- | --- | --- | --- | --- | --- | --- | --- | --- |
| 月 | 日 | | | | 单价 | 金额 | 单位成本 | 金额 | 单位税金 | 金额 | 单位利润 | 金额 | …… |
| | | | | | | | | | | | | | |
| | | | | | | | | | | | | | |

多栏式明细账根据记账凭证和有关的原始凭证或原始凭证汇总表逐笔登记。月终结出借方、贷方发生额及余额。

3.备查账簿的设置和登记

备查账簿是对某些在日记账和分类账中未记录或记录不全的经济业务进行补充登记的账簿。它为加强经营管理提供了一些必要的备查性的资料。备查账簿没有固定的格式，各单位可以根据会计核算和经营管理的需要来设计和使用，如租入固定资产备查登记簿、受托加工物资备查簿。

（三）登记账簿的基本要求

（1）登记会计账簿时，应当将会计凭证日期、编号、业务内容摘要、金额和其他有关资料逐项记入账簿内，做到数字准确、摘要清楚、登记及时、字迹工整。

（2）登记完毕，要在记账凭证上签名或者盖章，并注明已经登账的符号，表示已经记账。

（3）账簿中书写的文字和数字上面要留有适当空格，不要写满格，一般应占格距的1/2。

（4）登记账簿要用蓝黑墨水或者碳素墨水书写，不得使用圆珠笔（银行的复写账簿除外）或者铅笔书写。

（5）出现下列情况的，可以用红色墨水记账：

①按照红字冲账的记账凭证，冲销错误记录；

②在不设借贷等栏的多栏式账页中，登记减少数；

③在三栏式账户的余额栏前，如未印明余额方向，应在余额栏内登记负数余额；

④根据国家统一会计制度的规定可以用红字登记的其他会计记录。

（6）各种账簿按页次顺序连续登记，不得跳行、隔页。如果发生跳行、隔页，应当将空行、空页划线注销，或者注明"此行空白""此页空白"字样，并由记账人员签名或者盖章。

（7）凡需要结出余额的账户，给出余额后，应当在"借或贷"等栏内写明"借"或者"贷"等字样。没有余额的账户，应当在"借或贷"等栏内写"平"字，并在余额栏内用"0"表示。余额栏内标注的"0"应当放在"元"位。库存现金日记账和银行存款日记账必须逐日结出余额。

（8）每一账页登记完毕结转下页时，应当结出本页合计数及余额，写在本页最后一行和下页第一行有关栏内，并在摘要栏内注明"过次页"和"承前页"字样；也可以将本页合计数及金额只写在下页第一行有关栏内，并在摘要栏内注明"承前页"字样。对需要结计本月发生额的账户，结计"过次页"的本页合计数应当为自本月初起至本页末止的发生额合计数；对需要结计本年累计发生额的账户，结计"过次页"的本页合计数应当为自年初起至本页末中的累计数；对既不需要结计本月发生额也不需要结计本年累计发生额的账户，可以只将每页末的余额结转次页。

实行会计电算化的单位，总账和明细账应当定期打印。发生收款和付款业务的，在输入收款凭证和付款凭证的当天必须打印出库存现金日记账和银行存款日记账，并与库存现金核对无误。

（9）若发现账簿记录有误，不准涂改、挖补、刮擦或者用药水消除字迹，也不准重新抄写，而应按规定更正的方法予以更正。

### 四、错账的更正

#### （一）划线更正法

划线更正法又称红线更正法。在结账前如果发现账簿记录中的文字或数字有错误，即非因记账凭证错误而发生的过账上的错误，可采用划线更正法进行更正。

更正时，应先在错误的数字和文字上划一条细红线注销，然后在红线上端空白处用蓝字做出正确的记录，并在红线尾部由更正人员加盖印章，以明确责任。这里必须指出的是，如果是文字错误，可只划销错误部分；如果是数字错误，必须全部划销，而不得只划销其中写错的个别数字，同时应确保原有数字清晰可辨，以便审查。例如，记账员在登记账簿时，将数字 589 误写成 859，更正的方法是：先将错误的数字 859 全部用细红线划销，然后在上面空白处写上正确的数字 589，并加盖印章。这种更正错误的方法，适用于记账凭证的编制是正确的，只是记入账簿时发生错误的情况。

#### （二）红字更正法

红字更正法又称红字冲销法，即以红字记录对原记录进行冲减。这种更正错误的方法一般在下述两种情况下使用。

第一种情况是记账以后，如果发现记账凭证中应借、应贷科目或记账方向有错误，并且已经登记入账的情况下，可用此法更正。

更正时，可先用红字金额填制一张与原错误记账凭证内容相同的记账凭证，并据以用红字登记入账，以示冲销原有错误记录（以下分录中，框内数字表示红字），并在摘要栏注明"冲销××年××月××号错账"；然后用蓝字填制一张正确的记账凭证，并用蓝字重新登记入账，同时在摘要栏注明"补充××年××月××号凭证"。

【例6-1】某公司发生长期借款利息支出 5 000 元，在固定资产达到预计可使用状态后发生的，应记入当期损益，而误记入工程成本，并已登记入账。其订正方法如下。

（1）原错误分录如下。

借：在建工程     5 000

    贷：长期借款     5 000

（2）更正时，先用红字金额填制一张与原错误分录相同的记账凭证，以示冲销。

借：在建工程     5 000

    贷：长期借款     5 000

（3）用蓝字填一张正确的记账凭证，其分录如下。

借：财务费用     5 000

    贷：长期借款     5 000

根据以上两张记账凭证分别登记入账，更正了原有的错误。上述更正过程如下。

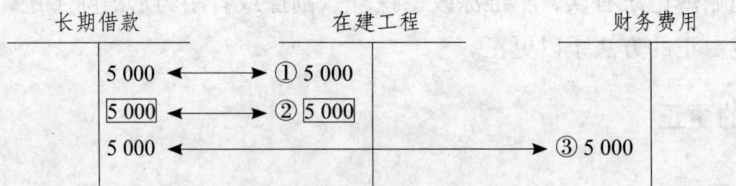

| 长期借款 | | 在建工程 | | 财务费用 |
|---|---|---|---|---|
| 5 000 | ← → | ① 5 000 | | |
| 5 000 | ← → | ② 5 000 | | |
| 5 000 | ← | | → | ③ 5 000 |

第二种情况是记账以后，如果发现原记账凭证中应借、应贷科目及记账方向并无错误，只是所记金额大于应记金额时，也可采用红字更正法予以更正。

该情况的更正方法是：按照原记账凭证中的正确数字与错误数字之间的差额，用红字填制一张与原记账凭证应借、应贷科目及记账方向完全相同的记账凭证，并据以登记入账，以冲销多记金额，同时在账簿摘要栏注明"注销××月××日××号凭证多计金额"。

【例6-2】某生产车间生产甲产品直接耗用材料一批，价值3 000元，但在填制记账凭证时将金额误记为8 000元，并已记账。其订正方法如下。

（1）原错误分录如下。

借：制造费用     8 000

    贷：原材料     8 000

（2）更正时，用红字金额5 000（8 000－3 000）元编制一张记账凭证，并据以用红字登记入账，以冲销多记的金额。其分录如下。

借：制造费用     5 000

    贷：原材料     5 000

根据此记账凭证登记入账后，使"制造费用"和"原材料"两个科目的原来错误都得到了更正，即可反映其正确的金额为3 000元。上述更正过程如下。

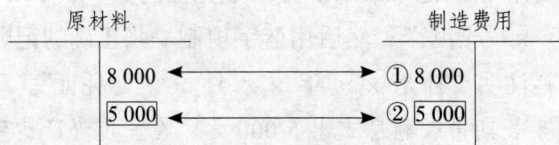

| 原材料 | | 制造费用 |
|---|---|---|
| 8 000 | ← → | ① 8 000 |
| 5 000 | ← → | ② 5 000 |

## （三）补充登记法

补充登记法又称蓝字补充法。记账以后如果发现记账凭证中应借、应贷科目及记账方向并无错误，但所填金额小于应填金额，可采用补充登记法予以更正。

更正时，应按少计的金额用蓝字填制一张与原记账凭证应借、应贷科目及记账方向完全相同的记账凭证，并据以登记入账，以补充少计金额。同时在账簿摘要栏注明"补记××月××日××号凭证少计金额"。

【例6-3】通过开户银行收到某购货单位偿还的前欠货款6 500元，在填制记账凭证时，将金额误计为5 600元，少计了900元，并已登记入账。其订正方法如下。

（1）原错误分录如下。

借：银行存款　　　　　　　　　　　　　　　　　　　　　　　　　　5 600
　　贷：应收账款　　　　　　　　　　　　　　　　　　　　　　　　　　5 600

（2）更正时，应用蓝字金额900（6 500 - 5 600）元编制一张记账凭证，并据以用蓝字登记入账，用来补充少计金额，其分录如下。

借：银行存款　　　　　　　　　　　　　　　　　　　　　　　　　　　900
　　贷：应收账款　　　　　　　　　　　　　　　　　　　　　　　　　　 900

根据此记账凭证登记入账后，使"银行存款"和"应收账款"两个科目的原来错误都得到了更正，即可反映其正确的金额为6 500元。上述更正过程如下。

## 五、对账

### （一）对账的定义

对账就是核对账簿记录。它是检查和核对账证、账账、账实是否相符的一种手段。

在日常的会计核算工作中，由于各种原因，有时难免会发生诸如记账、计算上的差错和财产物资的盘盈、盘亏等账实不符情况，因此为了确保账簿记录完整、正确和真实，能够为编制会计报表提供可靠的数据资料，各单位都应当建立定期的对账制度，并认真做好对账工作，以保证账证相符、账账相符、账实相符。

### （二）对账的内容

对账工作一般在月末进行，即在记账之后、结账之前。对账工作每年至少进行一次，主要内容如下。

1. 账证核对

账证核对是将账簿记录同会计凭证相核对，以保证账证相符。核对的内容主要有账簿记录的经济业务的时间、凭证字号、内容、记账方向和金额等是否与作为记账依据的会计凭证完全一致。账证相符是账账、账实相符的基础。

**2. 账账核对**

账账核对是将不同账簿进行相互核对，以保证账账相符。账账核对的主要内容如下。

（1）总账有关账户的余额核对。将总账资产类科目各账户期末余额合计与负债所有者权益类科目各账户期末余额合计进行核对，结果应相等。

（2）总账各账户与所属明细账户核对。

（3）总账与日记账核对。

（4）会计部门的财产物资明细账与财产物资保管和使用部门的有关明细核对。

**3. 账实核对**

账实核对是指将会计账簿记录与财产等实有数额进行核对，以保证账实相符。账实核对的主要内容如下。

（1）库存现金日记账账面余额与现金实际库存数核对。

（2）银行存款日记账账面余额与银行对账单核对。

（3）各种材料物资明细账账面余额与材料物资实存数额核对。

（4）各种应收、应付款明细账中的余额与有关债务、债权单位或者个人核对等。

## 六、结账

结账是指在一定时期内发生的全部经济业务登记入账的基础上，计算并记录本期发生额和期末余额。

**1. 结账的程序**

（1）结账前，必须将本期内所发生的各项经济业务全部登记入账。

（2）结账时，应当结出每个账户的期末余额。需要结出当月发生额的，应当在摘要栏内注明"本月合计"字样，并在下面通栏划单红线；需要结出本年累计发生额的，应当在摘要栏内注明"本年累计"字样，并在下面通栏划单红线；12月末的"本年累计"就是全年累计发生额，全年累计发生额下应当通栏划双红线，年度终了结账时，所有总账户都应当结出全年发生额和年末余额。

**2. 结账的具体方法**

（1）对不需要按月结计本期发生额的账户，如各项应收、应付款明细账和各项财产物资明细账等，每次记账以后，都要随时结出余额，每月最后一笔余额即为月末余额。月末结账时，只需在最后一笔经济业务事项记录之下通栏划红单线，不需要再统计一次余额。

（2）库存现金、银行存款日记账和需要按月结计发生额的收入、费用等明细账，每月结账时，要在最后一笔经济业务事项记录下面通栏划红线，结出本月发生额和余额，并在摘要栏内注明"本月合计"字样，在下面通栏划红单线。

（3）需要结计本年累计发生额的某些明细账户，如主营业务收入、成本明细账等，每月结账时，应在"本月合计"栏下结计自年初起本月末止的累计发生额，登记在月份发生额下面，在摘要栏内注明"本年累计"字样，并在下面划一单红线。12月末的"本年累计"就是全年累计发生额，全年累计发生额下划双红线。

（4）总账账户平时只需结计月末余额。年终结账时，将所有总账账户结计全年发生额和年末余额，在摘要栏内注明"本年合计"字样，并在合计数下划一双红线。

年度终了，要将各账户的余额结转到下一会计年度，并在摘要栏注明"结转下年"字样，在下一会计年度新建有关会计账簿的第一行余额栏内填写上年结转的余额，并在摘要栏注"上年结转"字样。

## 七、会计账簿的更换与保管

### （一）会计账簿的更换

为了保证会计账簿资料的连续性，各单位应在每一会计年度结束、新的会计年度开始时，按会计制度的规定，更换会计账簿。

按照规定，总账、日记账和大部分明细账每年都要更换一次。具体做法是：年度终了结账时，要将各账户的余额直接结转到下一会计年度，即有余额的账户，应将余额直接计入新账余额栏内即可，不需要编制记账凭证，也不必将余额再计入本年账户的借方或贷方，使本年有余额的账户的余额结为零。同时在旧账的各账户年终余额的摘要栏注明"结转下年"字样；在下一年度新建有关会计账簿的第一行余额栏内填写上年结转的余额，并在摘要栏注明"上年结转"字样。如果年度内订本账记满需要更换时，其办理手续与年初更换新账簿相类似。

有些财产物资明细账、债权债务明细账等不必每年更换新账簿，若不更换新账簿，要在摘要栏内加盖"结转下年"的戳记，以划分新旧年度的界限。

### （二）会计账簿的保管

各种账簿同会计凭证和会计报表一样，都是重要的会计档案，必须按照会计制度统一规定的保管方法和年限妥善保管，不得丢失和随意销毁。保管期满后，还要按着规定的审批程序经批准后才能销毁。

账簿的保管既要安全、完整，又要便于查阅，为此，各单位每年形成的会计账簿，都应由财务会计部门按照归档的要求，进行整理、立卷，并装订成册。因此，会计人员必须在年度结束后，将各种活页账簿连同账簿启用和经管人员一览表一起装订成册，并加上封面，统一编号，与各种订本账一起归档保管。当年形成的会计档案，应在会计年度终了，可暂由本单位财务会计部门保管一年，然后移交本单位档案部门保管。

## ◆◆◆ 思考与训练 ◆◆◆

### 一、计算与分析

宏达公司 2016 年 5 月 31 日银行存款日记账的余额为 560 000 元，银行对账单的公司存款余额为 644 377 元。宏达公司的出纳员在进行逐笔勾对时发现以下情况：

（1）5 月 28 日，公司委托银行托收的货款 81 000 元，银行对账单上已有记录，但公司尚未收到托收承付结算凭证的收款通知；

（2）5 月 28 日，银行对账单上记录有银行代公司支付本月电费 5 200 元，公司尚未收到委托收款结算凭证的付款通知；

（3）5 月 28 日，公司签发转账支票一张，面值 12 000 元，但未见银行对账单记录该项业务；

（4）5 月 29 日公司在登记支付货款的银行汇票时，将金额 84 365 元误计为 84 635 元；

（5）5 月 29 日银行将宏达化工厂 7 150 的付款支票误计入公司；

（6）5 月 30 日公司以一张期限为 5 个月、已持有 2 个月、面值为 3 900 元的不带息商业汇票向银行贴现，贴现率为 12%。公司尚未入账，银行对账单已将其作为公司存款入账，金额为 3 783 元；

（7）5 月 31 日银行已扣手续费 326 元，公司尚未入账。

要求：对于发现的记账差错，如何进行会计处理？

### 二、案例与讨论

1. 新华公司为增值税一般纳税人，开户银行为建设银行大河办事处，账号为 265489111。2016 年 4 月，该公司发生下列业务。

（1）4 月 3 日，该公司出纳员李华开出现金支票一张 2 000 元，从银行提取现金，以备零用。

| 中国建设银行 | | | 中国建设银行　现金支票 | | | | Ⅵ Ⅱ 03335689 | | | | | | | | | |
|---|---|---|---|---|---|---|---|---|---|---|---|---|---|---|---|---|
| 转账支票存根 | | | 出票日期（大写）　年　月　日 | | | | 开户行名称 | | | | | | | | | |
| Ⅵ Ⅱ 03335689 | | | | | | | 签发人账号 | | | | | | | | | |
| 科　目 | 本支票付款期十天 | 收款人： | | | | | | | | | | | | | | |
| 对方科目 | | 人民币 | | | 千 | 百 | 十 | 万 | 千 | 百 | 十 | 元 | 角 | 分 |
| 签发日期 | | （大写） | | | | | | | | | | | | |
| 收款人 | | 用途 | | | 科目（借） | | | | | | | | | |
| 金　额 | | 上列款项请从我账户内支付 | | | 对方科目（贷） | | | | | | | | | |
| 用　途 | | | | | 付讫日期　年　月　日 | | | | | | | | | |
| 备　注 | | 签发人盖章　　出纳　　记账　　复核 | | | | | | | | | | | | |
| 单位主管　会计 | | | | | | | | | | | | | | | | |

（2）4月5日，开出转账支票一张，支付前欠环宇公司的货款100 425.80元。

| 中国建设银行 | | | | | | | | | | | | |
|---|---|---|---|---|---|---|---|---|---|---|---|---|
| 转账支票存根 | | | | | | | | | | | | |
| Ⅵ Ⅱ 03335689 | | | | | | | | | | | | |

科　　目 _____
对方科目 _____
签发日期 _____
收款人 _____
金　额 _____
用　途 _____
备　注 _____
单位主管　会计

本支票付款期十天

中国建设银行　转账支票　　Ⅵ Ⅱ 02656898
出票日期（大写）　年　月　日　开户行名称
签发人账号
收款人：

| 人民币 | 千 | 百 | 十 | 万 | 千 | 百 | 十 | 元 | 角 | 分 |
|---|---|---|---|---|---|---|---|---|---|---|
| （大写） | | | | | | | | | | |

用途 _____　科目（借）_____
上列款项请从我账户内支付　对方科目（贷）_____
付讫日期　年　月　日
签发人盖章　　出纳　　记账　　复核

（3）4月6日，供应科王成去成都采购材料，向财务科借款2 000元。

## 借　款　单

年　月　日

| 工作单位 | 姓名 | 借款金额 | 批准金额 | 备注 |
|---|---|---|---|---|
| | | | | |
| 人民币（大写） | | | | |
| 借款理由 | | | | |

批准人：　　　审核：　　　借款人：　　　经办人：

（4）4月8日，收到市家电商场（账号：2145698363，开户行：建行十二支行）货款34 500.00元的转账支票一张，填制银行进账单存入该货款（进账单一式三联，其他各联略）。

### 中国建设银行进账单（收账通知）1

年　月　日　　　第12号

| 收款人 | 全　称 | | 付款人 | 全　称 | | | | | | | | | |
|---|---|---|---|---|---|---|---|---|---|---|---|---|---|
| | 账　号 | | | 账　号 | | | | | | | | | |
| | 开户银行 | | | 开户银行 | | | | | | | | | |
| 人民币 | | | | | 千 | 百 | 十 | 万 | 千 | 百 | 十 | 元 | 角 | 分 |
| （大写） | | | | | | | | | | | | | |
| 票据种类 | | | | | | | | | | | | | |
| 票据张数 | | | 收款人开户银行盖章 | | | | | | | | | | |
| 单位主管　会计　复核　记账 | | | | | | | | | | | | | |

此联是银行交给收款人的回单

（5）4月10日，出纳员李华将多余的库存现金2 800元存入银行，并填写现金存款单一张。此款面额100元20张，面额50元10张，面额10元30张（现金交款单一式三联，其他各联略）。

**中国建设银行现金交款单（回单）** ①

年 月 日

| 收款单位 | 全称 | | | | | 款项来源 | | | | | | | | | | |
|---|---|---|---|---|---|---|---|---|---|---|---|---|---|---|---|---|
| | 账号 | | | 开户银行 | | | | | | | | | | | | |
| 人民币（大写） | | | | | | | 千 | 百 | 十 | 万 | 千 | 百 | 十 | 元 | 角 | 分 |
| 辅币 | 卷别 | 伍角 | 贰角 | 壹角 | 伍分 | 贰分 | 壹分 | （银行盖章） | | | | | | | | |
| | 张数 | | | | | | | | | | | | | | | |
| 主币 | 卷别 | 壹佰元 | 伍拾元 | 贰拾元 | 壹拾元 | 伍元 | 贰元 | 壹元 | 收款员 复核 | | | | | | | |
| | 张数 | | | | | | | | | | | | | | | |

（6）4月11日，采购员陈红报销差旅费761元（起至日期4月3日至4月9日），包括火车票2张，金额220元（金江到成都的往返车票，每张110元）；市内交通补助每天3元，共21元；住宿单据4张，金额240元；公出补助每天40元，共280元。陈红原借款1 000元，余款退回，由出纳员开出收据一张。

**差旅费报销单**

单位： 年 月 日

| 出差人 | | | | 共 人 | | 事由 | | | | | | | |
|---|---|---|---|---|---|---|---|---|---|---|---|---|---|
| 出发时间 | | | | 到达时间 | | | | 火车票 | 车船飞机票 | 市内车费 | 住宿费 | 公出补助 | | | 其他 | 合计金额 |

| 月 | 日 | 时 | 地点 | 月 | 日 | 时 | 地点 | 火车票 | 车船飞机票 | 市内车费 | 住宿费 | 天数 | 标准 | 金额 | 其他 | 合计金额 |
|---|---|---|---|---|---|---|---|---|---|---|---|---|---|---|---|---|
| | | | | | | | | | | | | | | | | |
| | | | | | | | | | | | | | | | | |
| | | | | | | | | | | | | | | | | |
| | | | | | | | | | | | | | | | | |
| 合计 | | | | | | | | | | | | | | | | |
| 合计人民币（大写） | | | | | | | | | | | | | | | | |

单位领导： 部门负责人： 复核： 报销人：

**收据**

年 月 日

报
销
凭
证

| 今收到 | | | | |
|---|---|---|---|---|
| 人民币（大写） | | | | |
| 事由： | | 现金： | | |
| | | 支票 | | |
| 收款单位 | | 财务主管 | 收款人 | |

（7）4月30日，按产品生产工时比例分配制造费用，并编制制造费用分配表。本月"制造费用"账户借方发生额为20 000元，甲产品的生产工时为1 200小时，乙产品的生产工时为800小时。

**制造费用分配表**

年 月 日

| 分配对象 | 分配标准（  ） | 分配率 | 分配金额 |
|---|---|---|---|
|  |  |  |  |
|  |  |  |  |
|  |  |  |  |
|  |  |  |  |
|  |  |  |  |
|  |  |  |  |
|  |  |  |  |
|  |  |  |  |

主管：          审核：          制表：

要求：（1）根据上述经济业务，填制有关原始凭证；

（2）说明各项经济业务应分别填制哪种记账凭证，并附有哪些原始凭证。

2. ABC公司为生产S-1和M-1型两种设备的生产性企业，为增值税一般纳税人。2016年12月企业发生业务，财务部门取得或编制原始凭证如下，假设你是财务部门工作人员，请根据要求解决如下问题。业务相关资料如下。

（1）业务1相关凭证1张

**借款借据（入账通知）**

单位编号：3658 　　　　　日期：2016 年 12 月 1 日 　　　　　No　654789

| 收款单位 | 名　　称 | ABC 公司 | 付款单位 | 名　　称 | 招商银行 ×× 支行 |
|---|---|---|---|---|---|
| | 往来账号 | 123456789 | | 往来账号 | 698425661 |
| | 开户银行 | 招商银行 ×× 支行 | | 开户银行 | 招商银行 ×× 支行 |

| 借款金额 | 人民币（大写）伍拾万元整 | 百 | 十 | 万 | 千 | 百 | 十 | 元 | 角 | 分 |
|---|---|---|---|---|---|---|---|---|---|---|
| | | ￥ | 5 | 0 | 0 | 0 | 0 | 0 | 0 | 0 |

| 借款原因及用途 | 购材料 | 利率 | 10% |
|---|---|---|---|

| 借款期限 | | | 你单位上列借款，已转入你单位结算户内。借款到期时由我行按期自你单位结算账户转还。<br>此致<br>（银行盖章）<br>2016 年 12 月 1 日 |
|---|---|---|---|
| 期限 | 计划还款日期 | 计划还款金额 | |
| 1 | 2017 年 10 月 1 日 | | |
| 2 | | | |
| 3 | | | |

（招商国中☆银行 财务专用章）

（2）业务2相关凭证3张（注：增值税发票第三联为购货方作抵扣税款凭证，票样同第二联，在此略）

**河北省增值税专用发票**

开票日期：2016 年 12 月 3 日 　　　　　　　　　　　　No　003625

| 购货单位 | 名称 | ABC 公司 | 纳税人登记号 | | 110108123456 |
|---|---|---|---|---|---|
| | 地址 | 增光路45 号 | 开户银行及账号 | | 招商银行 ×× 支行 123456789 |

| 商品或劳务名称 | 计量单位 | 数量 | 单价 | 金额 | | | | | | | | | 税率17% | 税额 | | | | | | | | | |
|---|---|---|---|---|---|---|---|---|---|---|---|---|---|---|---|---|---|---|---|---|---|---|---|
| | | | | 千 | 百 | 十 | 万 | 千 | 百 | 十 | 元 | 角 | 分 | | 千 | 百 | 十 | 万 | 千 | 百 | 十 | 元 | 角 | 分 |
| BS 生产机床 | 台 | 1 | 300 000 | | | 3 | 0 | 0 | 0 | 0 | 0 | 0 | 0 | | | | | 5 | 1 | 0 | 0 | 0 | 0 | 0 |
| 合计 | | | | ￥ | | 3 | 0 | 0 | 0 | 0 | 0 | 0 | 0 | | ￥ | | | | 5 | 1 | 0 | 0 | 0 | 0 | 0 |

| 价税合计（大写） | × 仟 × 佰叁拾伍万壹仟零佰零拾零元零角零分 | ￥351 000.00 |
|---|---|---|

| 销货单位 | 名称 | 北京大华机械厂 | 纳税登记号 | 110108123411 |
|---|---|---|---|---|
| | 地址 | 学院路11 号 | 开户银行及账号 | 招商银行 ×× 路分理处 123456711 |

（大华机械京北☆ 财务专用章）

收款人：林平 　　　　　开票单位： 　　　　　结算方式：转账

## 中国建设银行转账支票存根

支票号码　20081201

科　　目＿＿＿＿＿＿＿＿

对方科目＿＿＿＿＿＿＿＿

出票日期 2016 年 12 月 3 日

| 收款人 | 北京大华机械厂 |
|---|---|
| 金　额 | ￥351 000.00 |
| 用　途 | 购 BS 机床 |
| 备　注 | 做固定资产 |

单位主管：　　　　　　会计：赵一一

（3）业务 3 相关凭证 3 张（注：增值税发票第三联为购货方作抵扣税款凭证，票样同第二联，在此略）

## 河北省增值税专用发票

开票日期：2016 年 12 月 5 日　　　　　　　　　　　　　　　　　　No　003625

| 购货单位 | 名称 | ABC 公司 | | | 纳税人登记号 | | | | | | | | 110108123456 | | | | | | | | | |
|---|---|---|---|---|---|---|---|---|---|---|---|---|---|---|---|---|---|---|---|---|---|---|
| | 地址 | 增光路 45 | | | 开户银行及账号 | | | | | | | | 招商银行 ×× 支行 123456789 | | | | | | | | | |
| 商品或劳务名称 | 计量单位 | 数量 | 单价 | 金额 | | | | | | | | | 税率 | 税额 | | | | | | | | |
| | | | | 千 | 百 | 十 | 万 | 千 | 百 | 十 | 元 | 角 | 分 | | 千 | 百 | 十 | 万 | 千 | 百 | 十 | 元 | 角 | 分 |
| QAZ1 型圆钢 | | 200 | 1300 | | 2 | 6 | 0 | 0 | 0 | 0 | 0 | 0 | 17% | | | 4 | 4 | 2 | 0 | 0 | 0 | 0 |
| | | | | | | | | | | | | | | | | | | | | | | |
| | | | | | | | | | | | | | | | | | | | | | | |
| 合计 | | | | ￥ | 2 | 6 | 0 | 0 | 0 | 0 | 0 | 0 | | | ￥ | 4 | 4 | 2 | 0 | 0 | 0 | 0 |
| 价税合计（大写） | ×仟×佰叁拾零万肆仟贰佰零拾零元零角零分 | | | | | | | | | | | | | | | | | | | | | |
| 销货单位 | 名称 | 河北大中异型钢铁厂 | | | 纳税登记号 | | | | | | | | 132108123401 | | | | | | | | | |
| | 地址 | 胜利路 01 号 | | | 开户银行及账号 | | | | | | | | 中国银行 ×× 支行 | | | | | | | | | |

收款人：赵东华　　　　　　开票单位：　　　　　　结算方式：转账

第二联　发票联　购货方记账

材料入库单

ABC 公司 　　　　　　　　　　　2016 年 12 月 5 日 　　　　　　　　　　　　　单位：元

| 材料名称 | 规格 | 单位 | 数量 | 单价 | 金额 | 发货单位 |
|---|---|---|---|---|---|---|
| 圆钢 | QAZ1 | 吨 | 200 | 1 300 | 260 000.00 | 河北大中异型钢铁厂 |
|  |  |  |  |  |  | 备注：合同号 450 |

财务主管：蔡阳 　　　　　供应科长：龚乐 　　　　　验收：管同 　　　　　采购员：钱梅

（4）业务 4 相关凭证 2 张

北京市广告业专用发票

客户名称：ABC 公司 　　　　2016 年 12 月 7 日 　　　　No12365478

| 项目 | 单位 | 数量 | 单价 | 金额 | | | | | | |
|---|---|---|---|---|---|---|---|---|---|---|
|  |  |  |  | 万 | 千 | 百 | 十 | 元 | 角 | 分 |
| 产品广告费 | 次 | 20 | 200 |  | 4 | 0 | 0 | 0 | 0 | 0 |
|  |  |  |  |  |  |  |  |  |  |  |
|  |  |  |  |  |  |  |  |  |  |  |
| 合计金额（大写）肆仟零佰零拾零元零角零分 |  |  |  | ￥ | 4 | 0 | 0 | 0 | 0 | 0 |

单位盖章： 　　　　　收款人：邹阳 　　　　　制票人：武尚

**第二联 报销凭证**

**中国建设银行转账支票存根**

支票号码　20161202

科　　目 _____

对方科目 _____

出票日期 2016 年 12 月 7 日

| 收款人 | 央视广告公司 |
|---|---|
| 金　额 | ￥4 000.00 |
| 用　途 | 产品广告费 |
| 备　注 | |

（5）业务 5 相关凭证 3 张（注：增值税发票第一联为销货方作抵扣税款凭证，票样同第四联，在此略）

河北省增值税专用发票

开票日期：2016 年 12 月 9 日 　　　　　　　　　　　　　　　No　003625

| 购货单位 | 名称 | 河北光明机械厂 | 纳税人登记号 | | 132108123499 | | | | | | | | | | | |
|---|---|---|---|---|---|---|---|---|---|---|---|---|---|---|---|---|
| | 地址 | 机械路 02 号 | 开户银行及账号 | | 工商银行 × × 支行 6523482971 | | | | | | | | | | | |

| 商品或劳务名称 | 计量单位 | 数量 | 单价 | 金额 | | | | | | | | | 税率 17% | 税额 | | | | | | | | |
|---|---|---|---|---|---|---|---|---|---|---|---|---|---|---|---|---|---|---|---|---|---|---|
| | | | | 千 | 百 | 十 | 万 | 千 | 百 | 十 | 元 | 角 | 分 | | 千 | 百 | 十 | 万 | 千 | 百 | 十 | 元 | 角 | 分 |
| s-1 机床 | 台 | 200 | 2 000 | | 4 | 0 | 0 | 0 | 0 | 0 | 0 | 0 | 0 | | | | 6 | 8 | 0 | 0 | 0 | 0 | 0 |
| 合计 | | | | ￥ | 4 | 0 | 0 | 0 | 0 | 0 | 0 | 0 | 0 | | ￥ | | 6 | 8 | 0 | 0 | 0 | 0 | 0 |

| 价税合计（大写） | × 仟 × 佰肆拾陆万捌仟伍佰零拾零元零角零分 ￥468 000.00 |
|---|---|

| 销货单位 | 名称 | ABC 公司 | 纳税登记号 | 110108123456 |
|---|---|---|---|---|
| | 地址 | 增光路 45 | 开户银行及账号 | 招商银行 × × 支行 123456789 |

收款人：钱红 　　　　　开票单位： 　　　　　结算方式：转账

**第四联 销货方记账**

### 中国建设银行进账单（收账通知）

2016 年 12 月 9 日　　　　　　　　　　　第 12 号

| 收款人 | 全　　称 | ABC 公司 | 付款人 | 全　称 | 河北光明机械厂 | | | | | | | | | | |
|---|---|---|---|---|---|---|---|---|---|---|---|---|---|---|---|
| | 账　　号 | 123456789 | | 账　号 | 6523482971 | | | | | | | | | | |
| | 开户银行 | 招商银行北京××支行 | | 开户银行 | 工商银行机械路支行 | | | | | | | | | | |
| 人民币（大写）肆拾陆万捌仟元整 | | | | 千 | 百 | 十 | 万 | 千 | 百 | 十 | 元 | 角 | 分 |
| | | | | | ￥ | 4 | 6 | 8 | 0 | 0 | 0 | 0 | 0 |
| 票据种类 | | 转账支票 | | | | | | | | | | | | |
| 票据张数 | | 1 张 | | | | | | | | | | | | |
| 单位主管　　会计　　复核　　记账 | | | 收款人开户银行盖章 | | | | | | | | | | | |

（印章：招商国中☆银行　财务专用章）

此联是银行交给收款人的回单

**（6）业务 6 相关凭证 1 张**

### 借　款　单

2016 年 12 月 10 日

| 工作单位 | 姓名 | 借款金额 | 批准金额 | 备注 |
|---|---|---|---|---|
| 销售部 | 李立 | 3 000 | 3 000 | 12 月底前凭发票报销 |
| 人民币（大写）叁仟元整 | | | | |
| 借款理由 | 开商品展销会 | | | |

批准人：刘晓菲　　　　审核：　　　　借款人：李立　　　　经办人：钱红

**（7）业务 7 相关凭证 1 张（注：此业务和该客户签订了销售合同，但货未发出）**

### 中国招商银行进账单（收账通知）

2016 年 12 月 12 日　　　　　　　　　　第 598364 号

| 收款人 | 全　　称 | ABC 公司 | 付款人 | 全　称 | 北京××公司 | | | | | | | | | | |
|---|---|---|---|---|---|---|---|---|---|---|---|---|---|---|---|
| | 账　　号 | 123456789 | | 账　号 | 53214697 | | | | | | | | | | |
| | 开户银行 | 招商银行××支行 | | 开户银行 | 工商银行××支行 | | | | | | | | | | |
| 人民币（大写）伍万陆仟元整 | | | | 千 | 百 | 十 | 万 | 千 | 百 | 十 | 元 | 角 | 分 |
| | | | | | ￥ | 5 | 6 | 0 | 0 | 0 | 0 | 0 | 0 |
| 票据种类 | | 转账支票 | | | | | | | | | | | | |
| 票据张数 | | 1 张 | | | | | | | | | | | | |
| 单位主管　　会计　　复核　　记账 | | | 收款人开户银行盖章 | | | | | | | | | | | |

（印章：招商国中☆银行　财务专用章）

此联是银行交给收款人的回单

（8）业务8相关凭证2张

| 中国建设银行转账支票存根 |
| --- |
| 支票号码 20161203 |
| 科　　目 ＿＿＿＿＿＿＿＿ |
| 对方科目 ＿＿＿＿＿＿＿＿ |
| 出票日期 2016 年 12 月 12 日 |
| 收款人　中保北京市分公司 |
| 金　额　￥3 000.00 |
| 用　途　产品广告费 |
| 备　注 |
| 单位主管：　会计：赵一一 |

**中国人民保险公司收款收据**

收款日期：2016 年 12 月 12 日　　　　　　No.2016121201

| 今收到：ABC 公司 |
| --- |
| 交　来：轿车下半年的保险费（2009 年 1 月到 6 月） |
| 人民币（大写）叁万元整　　　　　　　￥30 000.00 |
| 备注： |

中保北京市分公司（盖章）　　收款人：李阳　　经办人：费明

（9）业务9相关凭证1张

**ABC 公司产品出库汇总单**

收货单位　　　　　　　　　　2016 年 12 月 31 日　　　　　　　　单位：元

| 产品名称 | 计量单位 | 数量 | 单价 | 金额 |
| --- | --- | --- | --- | --- |
| s-1 产品 | 台 | 200 | 1 200 | 240 000.00 |
|  |  |  |  |  |
| 合计人民币大写： |  |  |  | ￥240 000.00 |

主管：　　　　　　审核：管同　　　　　　制单人：郑元玲

（10）业务10相关凭证1张（注：该企业工资采用下发制，月末计算工资，下月初支付）

**ABC 公司工资计算单**

2016 年 12 月 31 日　　　　　　　　　　　　单位：元

| 车间、部门 | | 应分配金额 |
| --- | --- | --- |
| 车间生产人员工资 | s-1 产品工人 | 40 000.00 |
| 车间管理人员 | | 30 000.00 |
| 厂部管理人员 | | 5 000.00 |
| 专设销售机构人员 | | 3 036.14 |
| 合计人民币大写： | | ￥78 036.14 |

主管：　　　　　　审核：孙华　　　　　　制单：周小欧

要求：（1）将业务2、4、8中支票存根填写完整，将业务9、10中人民币大写数填写完整；

　　　（2）根据上述业务编制记账凭证（字号为：记字 1-10 号）；

　　　（3）登记银行存款日记账并结账，该企业银行期初余额为 150 万元。

# 第七章　财务会计报表

## 第一节　财务会计报告概述

### 一、财务会计报告的概述

（一）财务会计报告的概念

企业财务会计报告是指企业对外提供的反映企业某一特定日期财务状况和某一会计期间经营成果、现金流量等会计信息的文件。它是企业根据日常的会计核算资料进行归集、加工和汇总后编制而成的，是企业会计核算的最终成果，也是企业对外提供财务信息的主要形式。

（二）财务会计报告的作用

企业编制财务会计报告的主要目的是为财务会计报告使用者提供决策所需的财务信息，促进社会资源的合理配置，为国家和社会公众服务。财务会计报告的作用主要体现在以下几个方面。

1.有助于相关各方了解企业财务状况、经营成果和现金流量，据以做出投资和信贷决策

企业处于一定的社会经济环境中，与其他各个方面有着密切的联系，财务会计报告能为企业外部各有关方面了解其财务状况、经营成果和现金流量提供会计信息。

2.有助于政府部门进行宏观经济管理

会计信息是经济决策的依据，也是国家宏观经济管理部门制定财政经济政策、开展宏观调控的依据。国家对社会经济的管理监督和宏观调控是社会主义市场经济体系的重要环节，财务会计报告能为国家执行管理监督和宏观调控提供会计信息。

3. 有助于加强企业内部的经营管理

企业经营管理水平的高低直接影响着企业的经济效益、经营风险、竞争能力和发展前景，在一定程度上决定着企业的前途和命运。财务会计报告反映的企业财务状况、经营成果和现金流量信息，是企业内部经营管理的直接信息来源。

## 二、财务会计报告的构成

企业的财务会计报告由会计报表、会计报表附注和其他应当在财务会计报告中披露的相关信息和资料构成。企业对外提供的财务会计报告的内容、会计报表的种类和格式等，由国家统一的会计准则规定；企业内部管理需要的会计报表由企业自行规定。

会计报表是财务会计报告的主干部分，它是以企业的会计账簿记录和有关资料为依据，按照规定的格式、内容和填报要求定期编制并对外报送的，以货币作为计量单位，总括地反映企业财务状况、经营成果和现金流量的书面报告文件。

企业向外提供的会计报表包括资产负债表、利润表、现金流量表、所有者权益（或股东权益，下同）变动表、附注等。

资产负债表、利润表和现金流量表分别从不同角度反映企业的财务状况、经营成果和现金流量。资产负债表反映企业在某一特定日期所拥有的资产、需偿还的债务以及股东（投资者）拥有的净资产情况；资产负债表有三张附表，即资产减值准备明细表、股东权益变动明细表和应交增值税明细表。

利润表反映企业在一定会计期间的经营成果，即利润或亏损的情况，表明企业运用所拥有的资产的获利能力；利润表有三张附表，即利润分配表、分部报告（业务分部）和分部报告（地区分部）。

现金流量表反映企业在一定会计期间现金和现金等价物流入与流出的情况。现金流量表按照经营活动、投资活动和筹资活动的现金流量分类列示。

所有者权益变动表反映构成所有者权益各组成部分当期的增减变动情况。企业的净利润及其分配情况是所有者权益变动的组成部分，相关信息已经在所有者权益变动表及其附注中反映，企业不需要再单独编制利润分配表。

附注是会计报表不可或缺的组成部分，它是为了便于会计报表的使用者理解会计报表内容而对会计报表的编制基础、编制依据、编制原则和方法及其主要项目等所作的解释。通过附注，对资产负债表、利润表、现金流量表和所有者权益变动表等报表中列示项目的文字描述或明细资料，以及对未能在这些报表中列示项目的说明等。

## 三、财务会计报告的分类

### （一）按反映的内容分类

按反映的内容的不同，财务会计报告可以分为静态报表和动态报表。静态报表是指综合反映企业某一特定日期资产、负债和所有者权益状况的报表，如资产负债表。动态报表是指综合反映企业一定时期的经营状况或现金变动情况的报表，如利润表或现金流量表。

### （二）按编报期间的不同分类

按财务会计报告编报期间的不同，其可以分为中期财务会计报告和年度财务会计报告。中期财务会计报告是以短于一个完整会计年度的报告期间为基础编制的财务会计报告，包括月报、季报和半年报等。中期财务会计报告至少应当包括资产负债表、利润表、现金流量表及附注，其中中期资产负债表、利润表和现金流量表应当是完整报告，其格式和内容应当与年度财务会计报告中的报表相一致。与年度财务会计报告相比，中期财务会计报告中的附注披露可适当简略。

### （三）按编报主体的不同分类

按财务会计报告编报主体的不同，其可以分为个别财务会计报告和合并财务会计报告。

个别财务会计报告是由企业在自身会计核算基础上对账簿记录进行加工而编制的财务会计报告，它主要用以反映企业自身的财务状况、经营成果和现金流量情况。

合并财务会计报告是以母公司和子公司组成的企业集团为会计主体，根据母公司和所属子公司的财务会计报告，由母公司编制的综合反映企业集团财务状况、经营成果及现金流量的财务会计报告。

### （四）按服务对象的不同分类

按财务会计报告服务对象的不同，其可以分为内部会计报表和外部会计报表。内部会计报表是指为满足企业内部经营管理需要而编制的会计报表，其没有统一编制要求，一般也不需要对外公开。外部会计报表是指企业向外提供的会计报表，主要为投资者、债权人等有关方面使用。

## 四、财务会计报告列报的基本要求

编制会计报表的基本目的是向会计报表的使用者提供有关财务方面的信息资料，保证会计报表提供的信息能及时、准确、完整地反映企业的财务状况和经营成果。会计报表的便于理解、真实可靠、相关可比和全面完整等特点，是会计信息的质量要求；而会计报表要及时提供给使用者是信息的基本要求。因此，在我国编制会计报表的基本要求就是便于理解、真实可靠、相关可比、全面完整和编报及时。

# 第二节
## 资产负债表

## 一、资产负债表的概念

资产负债表是指反映企业在某一特定日期财务状况的会计报表，属于静态报表。它是根据资产、负债和所有者权益（或股东权益，下同）之间的相互关系，按照一定的分类标准和一定的顺序，将企业某一日期的资产、负债和所有者权益各项目予以适当排列，并对日常工作中形成的大量数据进行高度浓缩整理后编制而成的。

## 二、资产负债表的作用

资产负债表的作用体现在以下几个方面。

（1）资产负债表可以提供某一日期的资产总额及其构成，表明企业拥有或控制的资源及其分布情况。

（2）资产负债表可以提供某一日期的负债总额及其构成，表明企业未来需要用多少资产或劳务清偿债务以及清偿的时间。

（3）资产负债表可以提供某一日期的所有者权益的构成情况，表明企业所有者所拥有的权益，据以判断资产保值、增值的情况以及对负债的保障程度。

（4）资产负债表可以提供进行财务分析的基本资料，如通过资产负债表可以计算流动比率、速动比率等，以了解企业的短期偿债能力等。

## 三、资产负债表的内容和结构

（一）资产负债表的内容

（1）资产应当按照流动资产和非流动资产两大类别在资产负债表中列示，并进一步按性质分项列示。

流动资产是指预计在一个正常营业周期中变现、出售或耗用，或者主要为交易目的而持有，或者预计在资产负债表日起一年内（含一年）变现的资产，或者自资产负债表日起一年内交换其他资产或清偿负债的能力不受限制的现金或现金等价物。资产负债表中列示的流动资产项目通常包括货币资产、交易性金融资产、应收票据、应收账款、预付账款、应收利息、应收股利、其他应收款、存货和一年内到期的非流动资产等。

非流动资产是指流动资产以外的资产。资产负债表中列示的非流动资产项目通常包括长期股权投资、固定资产、在建工程、工程物资、固定资产清理、无形资产、开发支出、长期预付账款，以及其他非流动资产等。

（2）负债应当按照流动负债和非流动负债在资产负债表中列示，并进一步按性质分项列示。

流动负债是指预计在一个正常营业周期中清偿，或者主要为交易目的而持有，或者自资产负债表日起一年内（含一年）到期应予以清偿，或者企业无权自主地将清偿推迟至资产负债表日后一年以上的负债。资产负债表中列示的流动负债项目通常包括短期借款、应付票据、应付账款、预收款项、应付职工薪酬、应交税费、应付利息、应付股利、其他应付款、一年内到期的非流动负债等。

非流动负债是指流动负债以外的负债。资产负债表中列示的非流动负债项目通常包括长期借款、应付债券和其他非流动负债等。

（3）所有者权益是企业资产扣除负债后的剩余权益，反映企业在某一特定日期股东（投资者）拥有的净资产的总额。它一般按照实收资本、资本公积、盈余公积和未分配利润分项列示。

（二）资产负债表的结构

我国企业的资产负债表采用账户式结构。账户式资产负债表分左右两方，左方为资产项目，大体按资产的流动性大小排列，流动性大的资产如"货币资金""交易性金融资产"等排在前面，流动性小的资产如"长期股权投资""固定资产"等排在后面。右方为负债及所有者权益项目，一般按要求清偿时间的先后顺序排列。"短期借款""应付票据""应付账款"等需要在一年以内或者长于一年的一个正常营业周期内偿还的流动负债排在前面，"长期借款"等在一年以上才需偿还的非流动负债排在中间，在企业清算之前不需要偿还的所有者权益项目排在后面。

账户式资产负债表中的资产各项目的合计等于负债和所有者权益各项目的合计，即资产负债表左方和右方平衡。因此，通过账户式资产负债表可以反映资产、负债、所有者权益之间的内在关系，即"资产＝负债＋所有者权益"。

账户式资产负债表的格式详见表 7-1。

表 7-1　资产负债表

会企 01 表

编制单位：×× 企业　　　　　　　　　××年××月××日　　　　　　　　单位：元

| 资产 | 期末余额 | 年初余额 | 负债和所有者权益 | 期末余额 | 年初余额 |
|---|---|---|---|---|---|
| 流动资产： | | | 流动负债： | | |
| 货币资金 | | | 短期借款 | | |
| 交易性金融资产 | | | 交易性金融负债 | | |
| 应收票据 | | | 应付票据 | | |
| 应收账款 | | | 应付账款 | | |
| 预付款项 | | | 预收款项 | | |
| 应收利息 | | | 应付职工薪酬 | | |
| 应收股利 | | | 应交税费 | | |
| 其他应收款 | | | 应付利息 | | |
| 存货 | | | 应付股利 | | |
| 一年内到期的非流动资产 | | | 其他应付款 | | |
| 其他流动资产 | | | 一年内到期的非流动负债 | | |
| 流动资产合计 | | | 其他流动负债 | | |
| 非流动资产： | | | 流动负债合计 | | |

（续表）

| 资产 | 期末余额 | 年初余额 | 负债和所有者权益 | 期末余额 | 年初余额 |
|---|---|---|---|---|---|
| 可供出售金融资产 | | | 非流动负债： | | |
| 持有至到期投资 | | | 长期借款 | | |
| 长期应收款 | | | 应付债券 | | |
| 长期股权投资 | | | 长期应付款 | | |
| 投资性房地产 | | | 专项应付款 | | |
| 固定资产 | | | 预计负债 | | |
| 在建工程 | | | 递延所得税负债 | | |
| 工程物资 | | | 其他非流动负债 | | |
| 固定资产清理 | | | 非流动负债合计 | | |
| 生产性生物资产 | | | 负债合计 | | |
| 油气资产 | | | 所有者权益（或股东权益）： | | |
| 无形资产 | | | 实收资本（或股本） | | |
| 开发支出 | | | 资本公积 | | |
| 商誉 | | | 减：库存股 | | |
| 长期预付账款 | | | 盈余公积 | | |
| 递延所得税资产 | | | 未分配利润 | | |
| 其他非流动资产 | | | 所有者权益（或股东权益）合计 | | |
| 非流动资产合计 | | | | | |
| 资产总计 | | | 负债和所有者权益（或股东权益）总计 | | |

# 第三节 利润表

## 一、利润表的概念

利润表是指反映企业在一定会计期间经营成果的报表。利润表将一定会计期间的收入与同一会计期间相关的费用进行配比，以计算出企业一定时期的净利润（或净亏损）。

## 二、利润表的作用

利润表主要提供有关企业经营成果方面的信息，其作用体现在以下几个方面。

（1）利润表可以反映企业一定会计期间的收入实现情况，即实现的营业收入、公允价值变动收益、营业外收入等。

（2）利润表可以反映企业一定会计期间的费用耗费情况，即耗费的营业成本、营业税金及附加、销售费用、管理费用、财务费用、资产减值损失、营业外支出等。

（3）利润表可以反映企业生产经营活动的成果，即净利润的实现情况，据以判断资本保值、增值情况。

（4）利润表可以反映企业不同时期的比较数字（本月数、本年累计数、上年数），便于财务会计报告使用者分析判断企业未来利润的发展趋势和获利能力，做出正确的经营决策。

### 三、利润表的内容和结构

（1）构成营业利润的各项要素：营业收入、营业成本、营业税金及附加、销售费用、管理费用、财务费用、资产减值损失、公允价值变动收益（公允价值变动损失）。

（2）构成利润总额（或亏损总额）的各项要素：营业利润、营业外收入、营业外支出。

（3）构成净利润（或净亏损）的各项要素：利润总额（或亏损总额）、所得税费用。

（4）构成每股收益的各项要素：基本每股收益、稀释每股收益。

利润表一般由表首、正表和补充资料三部分构成。其中，表首说明报表名称、编制单位、编制日期、报表编号、货币名称、计量单位等；正表是利润表的主体，反映企业形成经营成果的各个项目和计算过程；补充资料反映非经常性项目对利润总额的影响。

利润表正表的结构一般有单步式利润表和多步式利润表两种。我国现行的利润表采用多步式结构。所谓多步式利润表，就是通过对当期的收入、费用、支出项目按性质加以归类，按利润形成的主要环节列示一些中间性利润指标（如营业利润、利润总额、净利润），分步计算当期净损益。多步式利润表的格式详见表7-2。

**表 7-2　利润表**

会企 02 表

编制单位：　　　　　　　　　　　年　月　　　　　　　　　　　　单位：元

| 项目 | 本期金额 | 上期金额 |
| --- | --- | --- |
| 一、营业收入 | | |
| 减：营业成本 | | |
| 营业税金及附加 | | |
| 销售费用 | | |
| 管理费用 | | |
| 财务费用 | | |
| 资产减值损失 | | |
| 加：公允价值变动收益（损失以 "–" 号填列） | | |
| 投资收益（损失以 "–" 号填列） | | |
| 其中：对联营企业和合营企业的投资收益 | | |

（续表）

| 项目 | 本期金额 | 上期金额 |
|---|---|---|
| 二、营业利润（亏损以"-"号填列） | | |
| 加：营业外收入 | | |
| 减：营业外支出 | | |
| 其中：非流动资产处置损失 | | |
| 三、利润总额（亏损总额以"-"号填列） | | |
| 减：所得税费用 | | |
| 四、净利润（净亏损以"-"号填列） | | |
| 五、每股收益 | | |
| （一）基本每股收益 | | |
| （二）稀释每股收益 | | |

# 第四节

## 现金流量表

### 一、现金流量表的概念和作用

现金流量表是指反映企业在一定会计期间现金和现金等价物流入和流出的报表。通过现金流量表，可以为报表使用者提供企业一定会计期间内现金和现金等价物流入与流出的信息，便于使用者了解和评价企业获取现金与现金等价物的能力，据以预测企业未来现金流量。

### 二、现金流量及其分类

现金流量是指一定会计期间内企业现金和现金等价物的流入与流出。企业从银行提取现金、用现金购买短期到期的国库券等现金和现金等价物之间的转换不属于现金流量。

现金是指企业库存现金以及可以随时用于支付的存款，包括库存现金、银行存款和其他货币金（如外埠存款、银行汇票存款、银行本票存款等）等。不能随时用于支付的存款不属于现金。

现金等价物是指企业持有的期限短、流动性强、易于转换为已知金额现金且价值变动风险很小的投资。期限短，一般是指从购买日起三个月内到期。现金等价物通常包括三个月内到期的债券投资等。权益性投资变现的金额通常不确定，因而不属于现金等价物。企业应当根据具体情况，确定现金等价物的范围，一经确定不得随意变更。企业产生的现金流量分为如下三类。

#### （一）经营活动产生的现金流量

经营活动是指企业投资活动和筹资活动以外的所有交易和事项。经营活动产生的现金流量主要包括销售商品或提供劳务、购买商品、接受劳务、支付工资和交纳税款等流入和流出的现金与现金等价物。

### （二）投资活动产生的现金流量

投资活动是指企业长期资产的购建和不包括在现金等价物范围内的投资及其处置活动。投资活动产生的现金流量主要包括购建固定资产、处置子公司及其他营业单位等流入和流出的现金与现金等价物。

### （三）筹资活动产生的现金流量

筹资活动是指导致企业资本及债务规模和构成发生变化的活动。筹资活动产生的现金流量主要包括吸收投资、发行股票、分配利润、发行债券、偿还债务等流入和流出的现金与现金等价物。偿付应付账款、应付票据等商业应付款等属于经营活动，不属于筹资活动。

## 三、现金流量表的结构和内容

我国的企业现金流量表采用报告式结构，即分类反映经营活动、投资活动和筹资活动产生的现金流量，最后汇总反映企业某一期间现金及现金等价物的净增加额。

我国企业现金流量表的格式详见表 7-3。

**表 7-3　现金流量表**

会企 03

编制单位：　　　　　　　　　　　　年　月　　　　　　　　　　　　单位：元

| 项目 | 本期金额 | 上期金额 |
|---|---|---|
| 一、经营活动产生的现金流量 | | |
| 销售商品、提供劳务收到的现金 | | |
| 收到的税费返还 | | |
| 收到其他与经营活动有关的现金 | | |
| 经营活动现金流入小计 | | |
| 购买商品、接受劳务支付的现金 | | |
| 支付给职工以及为职工支付的现金 | | |
| 支付的各项税费 | | |
| 支付其他与经营活动有关的现金 | | |
| 经营活动现金流出小计 | | |
| 经营活动产生的现金流量净额 | | |
| 二、投资活动产生的现金流量： | | |
| 收回投资收到的现金 | | |
| 取得投资收益收到的现金 | | |
| 处置固定资产、无形资产和其他长期资产收回的现金净额 | | |

（续表）

| 项目 | 本期金额 | 上期金额 |
|---|---|---|
| 处置子公司及其他营业单位收到的现金净额 | | |
| 收到其他与投资活动有关的现金 | | |
| 投资活动现金流入小计 | | |
| 购建固定资产、无形资产和其他长期资产支付的现金 | | |
| 投资支付的现金 | | |
| 取得子公司及其他营业单位支付的现金净额 | | |
| 支付其他与投资活动有关的现金 | | |
| 投资活动现金流出小计 | | |
| 投资活动产生的现金流量净额 | | |
| 三、筹资活动产生的现金流量： | | |
| 吸收投资收到的现金 | | |
| 取得借款收到的现金 | | |
| 收到其他与筹资活动有关的现金 | | |
| 筹资活动现金流入小计 | | |
| 偿还债务支付的现金 | | |
| 分配股利、利润或偿付利息支付的现金 | | |
| 支付其他与筹资活动有关的现金 | | |
| 筹资活动现金流出小计 | | |
| 筹资活动产生的现金流量净额 | | |
| 四、汇率变动对现金及现金等价物的影响 | | |
| 五、现金及现金等价物净增加额 | | |
| 加：期初现金及现金等价物余额 | | |
| 六、期末现金及现金等价物余额 | | |

# 第五节

## 所有者权益变动表

### 一、所有者权益变动表的内容及结构

所有者权益变动表是指反映构成所有者权益各组成部分当期增减变动情况的报表。当期损益、直接计入所有者权益的利得和损失，以及与所有者的资本交易导致的所有者权益的变动，应当分别列示。

在所有者权益变动表中，企业至少应当单独列示反映下列信息的项目：净利润；直接计入所有者权益的利得和损失项目及其总额；会计政策变更和前期差错更正的累积影响金额；

所有者投入资本和向所有者分配利润等；提取的盈余公积；实收资本或股本、资本公积、盈余公积、未分配利润的期初和期末余额及其调节情况。所有者权益变动表的格式详见表7-4。

### 表 7-4 所有者权益变动表

编制单位：　　　　　　　　　　　　　　　年度　　　　　　　　　　　　　　单位：元

| 项目 | 本年金额 | | | | | | 上年金额 |
|---|---|---|---|---|---|---|---|
| | 实收资本（或股本） | 资本公积 | 减库存股 | 盈余公积 | 未分配利润 | 所有者权益合计 | |
| 一、上年年末余额 | | | | | | | |
| 加：会计政策变更 | | | | | | | |
| 前期差错更正 | | | | | | | |
| 二、本年年初余额 | | | | | | | |
| 三、本年增减变动金额 | | | | | | | |
| （一）净利润 | | | | | | | |
| （二）直接计入所有者权益的利得和损失 | | | | | | | |
| 1.可供出售金融资产公允价值变动净额 | | | | | | | |
| 2.权益法下被投资单位其他所有者权益变动的影响 | | | | | | | |
| 3.与计入所有者权益项目相关的所得税影响 | | | | | | | |
| 4.其他 | | | | | | | |
| （三）所有者投入和减少资本 | | | | | | | |
| 1.所有者投入的资本 | | | | | | | |
| 2.股份支付计入所有者权益的金额 | | | | | | | |
| 3.其他 | | | | | | | |
| （四）利润分配 | | | | | | | |
| 1.提取盈余公积 | | | | | | | |
| 2.对所有者（或股东）的分配 | | | | | | | |
| 3.其他 | | | | | | | |
| （五）所有者权益内部结转 | | | | | | | |
| 1.资本公积转增资本（或股本） | | | | | | | |
| 2.盈余公积转增资本（或股本） | | | | | | | |
| 3.盈余公积弥补亏损 | | | | | | | |

（续表）

| 项目 | 本年金额 | | | | | | 上年金额 |
| --- | --- | --- | --- | --- | --- | --- | --- |
| | 实收资本（或股本） | 资本公积 | 减库存股 | 盈余公积 | 未分配利润 | 所有者权益合计 | |
| 4.其他 | | | | | | | |
| 四、本年年末余额 | | | | | | | |

## 二、所有者权益变动表的填列方法

（一）"上年年末余额"项目

"上年年末余额"项目反映企业上年资产负债表中实收资本（或股本）、资本公积、库存股、盈余公积、未分配利润的年末余额。

（二）"会计政策变更""前期差错更正"项目

"会计政策变更""前期差错更正"项目，分别反映企业采用追溯调整法处理的会计政策变更的累积影响金额和采用追溯重述法处理的前期差错更正的累积影响金额。

（三）"本年增减变动金额"项目

（1）"净利润"项目反映企业当年实现的净利润（或净亏损）金额。

（2）"直接计入所有者权益的利得和损失"项目，反映企业当年直接计入所有者权益的利得和损失金额。

① "可供出售金融资产公允价值变动净额"项目，反映企业持有的可供出售金融资产当年公允价值变动的金额。

② "权益法下被投资单位其他所有者权益变动的影响"项目，反映企业对按照权益法核算的长期股权投资，在被投资单位除当年实现的净损益以外其他所有者权益当年变动中应享有的份额。

③ "与计入所有者权益项目相关的所得税影响"项目，反映企业根据《企业会计准则第18号——所得税》的规定应计入所有者权益项目的当年所得税影响金额。

（3）"所有者投入和减少资本"项目，反映企业当年所有者投入的资本和减少的资本。

① "所有者投入的资本"项目，反映企业接受投资者投入形成的实收资本（或股本）和资本溢价或股本溢价。

② "股份支付计入所有者权益的金额"项目，反映企业处于等待期中的权益结算的股份支付当年计入资本公积的金额。

（4）"利润分配"项目，反映企业当年的利润分配金额。

① "提取盈余公积"项目，反映企业按照规定提取的盈余公积。

② "对所有者（或股东）的分配"项目，反映对所有者（或股东）分配的利润（或股

利）金额。

（5）"所有者权益内部结转"项目，反映企业构成所有者权益的组成部分之间的增减变动情况。

① "资本公积转增资本（或股本）"项目，反映企业以资本公积转增资本或股本的金额。

② "盈余公积转增资本（或股本）"项目，反映企业以盈余公积转增资本或股本的金额。

③ "盈余公积弥补亏损"项目，反映企业以盈余公积弥补亏损的金额。

# 第六节 附注

附注是财务会计报告不可或缺的组成部分。财务会计报告使用者了解企业的财务状况、经营成果和现金流量，应当全面阅读附注。

企业应当按照规定披露附注信息，主要包括以下内容。

（1）企业的基本情况，包括：企业注册地、组织形式和总部地址；企业的业务性质和主要经营活动；母公司以及集团最终母公司的名称；财务会计报告的批准报出者和财务会计报告的批准报出日。按照有关法律、行政法规等规定，企业所有者或其他方面有权对报出的财务会计报告进行修改。

（2）财务会计报告的编制基础，说明企业的持续经营情况。

（3）遵循企业会计准则的声明。企业应当明确说明编制的财务会计报告符合企业会计准则体系的要求，真实、完整地反映企业的财务状况、经营成果和现金流量。

（4）重要会计政策和会计估计。企业应当披露重要的会计政策和会计估计，不重要的会计政策和会计估计可以不披露。在披露重要会计政策和会计估计时，应当披露重要会计政策的确定依据和会计报表项目的计量基础，以及会计估计中所采用的关键假设和不确定因素。

（5）会计政策和会计估计变更以及差错更正的说明。企业应当按照《企业会计准则第28号——会计政策、会计估计变更和差错更正》及其应用指南的规定进行披露。

（6）重要报表项目的说明。企业应当尽可能以列表的形式披露重要报表项目的构成或当期的增减变动情况。对重要报表项目的明细说明，应当按照资产负债表、利润表、现金流量表、所有者权益变动表的顺序以及报表项目列示的顺序进行披露，采用文字和数字描述相结合的方式进行披露，并与报表项目相互参照。

报表中的重大项目主要包括：交易性金融资产；应收款项；存货；可供出售金融资产；持有至到期投资；长期股权投资；投资性房地产；固定资产；无形资产；交易性金融负债；职工薪酬；应交税费；短期借款和长期借款；应付债券；长期应付款；营业收入；公允价值变动收益；投资收益；资产减值损失；营业外收入；营业外支出；所得税费用等。

## ◆◆◆ 思考与训练 ◆◆◆

1. 简述财务会计报告的分类。

2. 简述资产负债表编制的基础及结构。

3. 简述资产负债表、利润表、现金流量表的作用及相互关系。

4. 简述会计报表附注应包括的主要内容。

第三篇

# 会计核算实务

# 第八章　资金筹集业务的核算

【学习目标】

◆ 了解资金筹集的渠道。

◆ 理解实收资本、资本公积的概念。

◆ 理解短期借款、长期借款的概念。

◆ 掌握资金筹集业务的核算。

◆ 掌握资金筹集业务的会计处理实务。

　　资金筹集是企业财务管理工作的起点，它是指企业基于自身经营状况及资金运用情况，根据经营策略与投资需要，经过科学预测和合理决策，通过特定渠道并采用一定方式向其投资者及债权人筹措资金，以保证经营需要的一项理财活动。企业作为市场主体，在自主经营、参与竞争的条件下，资金的筹集和使用决定企业的经营状况，所以企业应科学、合理地进行筹资。

　　企业的筹资方式有内部筹资和外部筹资，而外部筹资又有权益性筹资和债务筹资之分。权益筹资是通过扩大企业的所有权益，如吸引新的投资者、发行新股等来实现筹资。债务筹资是指企业通过向个人或机构投资者出售债券、票据筹集营运资金或资本。个人或机构投资者借出资金，成为公司的债权人，并获得该公司还本付息的承诺。权益性筹资和债务筹资的主要区别是：股权筹资所得资金属于资本金，不需要还本付息，股东的收益来自于税后盈利的分配，也就是股利；债务筹资形成的是企业的负债，需要还本付息，其支付的利息记入财务费用，可以在税前扣除。

## 第一节 | 权益资金筹集业务的核算

　　所有者权益实质上是所有者在企业资产中享有的经济利益，其金额为资产减去负债后的余额。

　　实收资本是指企业按照章程规定或合同、协议约定，接受投资者投入企业的资本。实收资本的构成比例即投资者的出资比例或股东的股权比例，是确定所有者在企业所有者权益中份额的基础，也是企业进行利润或股利分配的主要依据。

　　资本公积是企业收到投资者出资额超出其在注册资本（或股本）中所占份额的部分，以及直接记入所有者权益的利得和损失等。资本公积包括资本溢价（或股本溢价）和直接记入所有者权益的利得和损失等。形成资本溢价（或股本溢价）的原因有溢价发行股票、投资者超额缴入资本等。直接记入所有者权益的利得和损失是指不应记入当期损益、会导致所有者权益发生增减变动的、与所有者投入资本或者向所有者分配利润无关的利得或者损失。例如，企业的长期股权投资采用权益法核算时，因被投资单位除净损益以外所有者权益的其他变动，投资企业按应享有份额而增加或减少的资本公积。

## 一、权益资金筹集业务核算的账户设置

为了核算和监督权益资金筹集活动，企业应设置"实收资本"和"资本公积"两个主要账户进行核算。

### （一）"实收资本"账户

"实收资本"（或者股本）账户属于所有者权益类账户，用来核算企业接受投资者投入的资本。其贷方登记投资人投入的资本额，借方登记投资人按规定收回的投资额。期末余额在贷方，表示投资人实有投资额。该账户应按投资人设置明细账进行明细分类核算。

实收资本与注册资本是两个不同的概念。注册资本是法定资本，应与股本总额相等；实收资本是指公司已收缴入账的资本，只有足额缴入后，实收资本才能等于注册资本。如果法律规定注册资本可以分次缴足，则注册资本在缴足前就不等于实收资本。

### （二）"资本公积"账户

"资本公积"账户属于所有者权益类账户，用以核算企业收到投资者出资超出其在注册资本中所占的份额的部分。直接记入所有者权益的利得和损失也通过本科目核算。其贷方登记各种来源资本公积的增加数，借方登记资本公积的减少数，期末余额在贷方，表示企业实有的资本公积数。该账户应当分别设置"资本溢价"或"股本溢价""其他资本公积"等明细账户进行明细分类核算。

资本公积实质上是一种准资本。其主要用途也在于转增资本，即在办理增资手续后用资本公积转增实收资本，按所有者原有投资比例增加投资人的实收资本。

## 二、权益资金筹集业务核算的会计处理

我国《公司法》规定，股东可以用货币出资，也可以用实物、知识产权、土地使用权等可以用货币估价并可以依法转让的非货币财产作价出资；但是，法律、行政法规规定不得作为出资的财产除外。对作为出资的非货币财产应当评估作价，核实财产，不得高估或者低估作价。不论以何种方式出资，投资者如在投资过程中违反投资合同或协议约定，不按规定如期缴足出资额，企业可以依法追究投资者的违约责任。

按《企业会计准则》规定，除股份有限公司外，其他企业应设置"实收资本"科目，核算投资者投入资本的增减变动情况。股份有限公司应设置"股本"科目，核算公司实际发行股票的面值总额。

（一）企业接受货币资产投资

企业接受现金资产投资时，应将实际收到的金额或存入企业开户银行的金额记入"银行存款"等科目，按投资合同或协议约定的投资者在企业注册资本中所占份额的部分，记入"实收资本"科目，企业实际收到或存入开户银行的金额超过投资者在企业注册资本中所占份额的部分，记入"资本公积——资本溢价"科目。其会计分录如下。

借：银行存款                                  ×××

   贷：实收资本                              ×××

      资本公积——资本溢价                 ×××

股份有限公司发行股票收到现金资产时，借记"银行存款"等科目，按每股股票面值和发行股份总额的乘积计算的金额，贷记"股本"科目，实际收到的金额与该股本之间的差额贷记"资本公积——股本溢价"科目。

（二）接受非货币资产投资

企业接受固定资产、无形资产等非货币资产投资时，应按投资合同或协议约定的价值（不公允的除外）作为固定资产、无形资产的入账价值，按投资合同或协议约定的投资者在企业注册资本或股本中所占份额的部分作为实收资本或股本入账，投资合同或协议约定的价值（不公允的除外）超过投资者在企业注册资本或股本中所占份额的部分，记入"资本公积"科目。

（三）实收资本（或股本）变动

企业按规定接受投资者追加投资时，核算原则与投资者初次投入时一样。企业采用资本公积或盈余公积转增资本时，应按转增的资本金额确认实收资本或股本。用资本公积转增资本时，其会计分录如下。

借：资本公积——资本溢价（或股本溢价）           ×××

   贷：实收资本（或股本）                   ×××

### 三、权益资金筹集业务的核算

下面以佳美机械设备有限公司为例说明权益资金筹集业务的核算。

【例8-1】佳美机械设备有限公司于2016年1月1日收到王明投入企业的货币资金160 000 000元，收到张利投入企业的货币资金140 000 000元，款项已存入银行。

这笔经济业务的发生引起资产和所有者权益两个要素发生变化，一方面反映投入资本增加，应记入"实收资本"科目的贷方；另一方面反映银行存款增加，应记入"银行存款"科目的借方。其会计分录如下。

借：银行存款                              30 000 000

   贷：实收资本——王明                16 000 000

          ——张利                   14 000 000

【例 8-2】2016 年 1 月 2 日，佳美机械设备有限公司收到华光机电设备股份有限公司投入的全新机床一台，价值 5 000 000 元。

这笔经济业务的发生引起资产和所有者权益两个要素发生变化，一方面是华光机电设备股份有限公司以机床作为投资，应记入"实收资本"科目的贷方；另一方面机床增加，应记入"固定资产"科目的借方。其会计分录如下。

借：固定资产——机床             5 000 000

    贷：实收资本——华光机电设备股份有限公司      5 000 000

【例 8-3】2016 年 1 月 28 日，佳美机械设备有限公司收到李健投入的货币资金 3 100 000 元，由于公司业绩较好，根据协议李健在公司注册资本中的实际份额为 3 000 000 元。

这笔经济业务的发生引起资产和所有者权益两个要素发生变化，一方面是李健投入的货币资金按照其在注册资本中所占份额，使实收资本增加 3 000 000 元，应记入"实收资本"科目的贷方；另一方面企业银行存款增加了 3 100 000 元，应记入"银行存款"科目的借方。银行存款和实收资本之间的差额 100 000 元增加资本公积，记入"资本公积"科目的贷方。其会计分录如下。

借：银行存款             3 100 000

    贷：实收资本——李健          3 000 000

        资本公积——资本溢价       100 000

【例 8-4】佳机械设备有限公司 2016 年 1 月 30 日经投资者协议、工商部门批准，将资本公积 800 000 元转增资本。

这笔经济业务的发生引起所有者权益要素内部发生变化，一方面是资本公积转增资本，使实收资本增加，记入"实收资本"科目的贷方；另一方面是资本公积减少，应记入"资本公积"科目的借方。其会计分录如下。

借：资本公积             800 000

    贷：实收资本           800 000

# 第二节

## 债务资金筹集业务的核算

企业在生产经营过程中，若出现资金短缺情况可以向银行或其他金融机构借款，以满足生产经营的需要。企业向银行或其他金融机构借入的款项，按其偿还期限的长短可分为短期借款和长期借款。无论是短期借款还是长期借款均应按借款合同的规定到期还本付息。

### 一、债务资金筹集业务核算的账户设置

为了核算和监督债务资金筹集活动，企业应设置"短期借款""长期借款""财务费用"等主要账户进行核算。

（一）"短期借款"账户

"短期借款"账户属于负债类账户，其用来核算企业向银行或其他金融机构等借入的偿还期限在一年（含一年）或一个营业周期以下的各种借款。其贷方登记各种短期借款的增加数，借方登记短期借款的归还数即短期借款的减少数，期末余额在贷方，表示尚未归还的各种短期借款本金。该账户应按债权人和借款种类设置明细账进行明细分类核算。

（二）"长期借款"账户

"长期借款"账户属于负债类账户，用来核算企业向银行或其他金融机构借入的偿还期限在一年（不含一年）或一个营业周期以上的各种借款。其贷方登记各种长期借款的借入数，借方登记长期借款的归还数，余额在贷方，表示企业尚未偿还的长期借款的数额。该账户应按贷款单位和贷款种类设置明细账进行明细核算。

（三）"财务费用"账户

"财务费用"账户用以核算企业为筹集生产经营所需资金等而发生的筹资费用，包括利息收支、汇兑差额以及相关的手续费等。该账户属损益类账户，其借方登记发生的各项财务费用，贷方登记期末一次结转到"本年利润"账户的数额。期末结转后本账户无余额。该账户应按费用项目设置明细分类账进行明细分类核算。

## 二、债务资金筹集业务的会计处理

（一）短期借款业务的核算

一般情况下，企业取得短期借款是为了维持正常的生产经营活动所需要的资金或者为了抵偿某项债务而借入的。短期借款必须按期归还本金并按时支付利息。短期借款利息支出属于企业在理财活动过程中为筹集资金而发生的一项耗费，在会计核算中，企业应将其作为期间费用（财务费用）加以确认。短期借款利息的计算公式如下。

$$短期借款利息＝借款本金 × 利率 × 时间$$

由于按照权责发生制的要求，应于每月末确认当月的利息费用，因此这里的时间是一个月。在给定年利率的情况下，需要将年利率除以 12 即为月利率。如果是在月内某一天取得借款，则该日作为计息的起点时间。对于借款当日和还款月则按照实际经历天数计算，不足整月时，应将月利率转化为日利率。在将月利率转化为日利率时，为简便起见，一个月一般按 30 天计算，一年按 360 天计算。

（二）长期借款业务的核算

长期借款是指企业向银行或其他金融机构借入的期限在一年（不含一年）或一个营业周期以上的各项借款。

一般来说，企业举借长期借款，主要是为了增添大型固定资产、购置地产、增添厂房等，也就是基于扩充经营规模而增加各种长期耐用的固定资产的需要。在会计核算中，应当区分长期借款的性质，按照申请获得贷款时实际收到的贷款数额进行确认和计量，并按照规定的利率和使用期限定期计息，从而确认为长期借款入账。贷款到期，企业应当按照借款合同的规定按期清偿借款本息。同时企业还应通过"长期借款"科目，核算长期借款的借入、归还等情况。

关于长期借款利息费用的处理，按照会计准则的规定，长期借款的利息费用等应按照权责发生制核算基础的要求，按期计算提取记入所购建资产的成本（即予以资本化）或直接记入当期损益（财务费用）。具体而言，就是将符合资本化条件的利息，记入该工程成本；在工程完工达到可使用状态之后产生的利息支出应停止借款费用资本化而予以费用化，在利息费用发生的当期直接记入当期损益（财务费用）。

企业借入长期借款，应按实际收到的金额，增加企业银行存款和企业负债，其会计分录如下。

借：银行存款      ×××
    贷：长期借款——本金      ×××

长期借款计算确定的利息费用，应当按以下原则记入有关成本、费用：属于筹建期间的，记入"管理费用"；属于生产经营期间的，记入"财务费用"。如果长期借款用于购建固定资产的，在固定资产尚未达到预定可使用状态前，所发生的应当资本化的利息支出数，记入"在建工程"成本；固定资产达到预定可使用状态后发生的利息支出，以及按规定不予资本化的利息支出，记入"财务费用"。长期借款按合同利率计算确定的应付未付利息，记入"应付利息"科目。计算利息的会计分录如下。

借：在建工程      ×××
    制造费用      ×××
    财务费用      ×××
    研发支出      ×××
    贷：应付利息      ×××

企业归还长期借款的本金时，应按归还的金额，冲减长期借款和应付利息，其会计分录如下。

借：长期借款——本金      ×××
    应付利息      ×××
    贷：银行存款      ×××

### 三、债务资金筹集业务的核算

（一）短期借款业务的核算

下面仍以佳美机械设备有限公司 2016 年 1 月发生的经济业务为例，说明短期借款借入、计息和偿还业务的核算。

【例 8-5】由于资金周转需要，佳美机械设备有限公司 2016 年 1 月 1 日向银行借款 7 000 000 元，年利率为 3%，款项存入银行。借款期限为 1 个月。

这笔经济业务的发生引起资产和负债两个要素发生变化，一方面增加临时借款 7 000 000 元，应记入"短期借款"科目的贷方，另一方面银行存款增加 7 000 000 元，应记入"银行存款"科目的借方。其会计分录如下。

借：银行存款            7 000 000
  贷：短期借款           7 000 000

【例8-6】2016年1月31日，佳美机械设备有限公司偿还银行短期借款本金7000000元，利息17 500（7 000 000×3%÷12）元，款项以银行存款支付。

这笔经济业务的发生引起资产、负债和费用三个要素发生变化，一方面企业用资产偿债使银行存款减少7 017 500元，记入"银行存款"科目的贷方；另一方面企业偿还债务本金7 000 000元，使短期借款减少，记入"短期借款"科目的借方，1个月的利息17 500元，使财务费用增加，记入"财务费用"科目的借方。其会计分录如下。

借：短期借款            7 000 000
  财务费用            17 500
  贷：银行存款           7 017 500

### （二）长期负债业务的核算

下面仍以佳美机械设备有限公司为例说明长期借款本金和利息的核算过程。

【例8-7】2008年，佳美机械设备有限公司为购建一条新的生产线（工期2年），于2008年1月1日向中国银行取得期限为3年的人民币借款8 000 000元，存入银行。佳美机械设备有限公司当即将该借款投入到生产线的购建工程中。

这项经济业务的发生，一方面使得公司的银行存款增加8 000 000元，应记入"银行存款"科目的借方；另一方面使得公司的长期借款增加8 000 000元，应记入"长期借款"科目的贷方。2008年1月1日，这项经济业务应编制的会计分录如下。

借：银行存款            8 000 000
  贷：长期借款——本金        8 000 000

【例8-8】承上例，假如上述借款年利率为5%，合同规定到期一次还本付息，单利计息。试计算确定每年应由该工程负担的借款利息。

在固定资产建造工程交付使用之前，用于工程的借款利息属于一项资本性支出，应记入固定资产建造工程成本。单利计息的情况下，其利息的计算方法与短期借款利息计算方法相同，即2008年的利息为400 000（8 000 000×5%）元。因此，这项经济业务的发生，一方面使得公司的在建工程成本增加400 000元；另一方面使得公司的长期借款利息这项负债增加400 000元，该项经济业务涉及"在建工程"和"长期借款"两个科目。工程成本的增加是资产的增加，应记入"在建工程"科目的借方，借款利息的增加是负债的增加，应记入"长期借款"科目的贷方。2008年、2009年年末编制的会计分录如下。

借：在建工程            400 000
  贷：长期借款——利息        400 000

由于工程已经在2009年年末完工，所以2010年的利息不能记入工程成本，而应记入当年财务费用，2010年年末编制的会计分录如下。

借：财务费用 400 000
　　贷：长期借款——利息 400 000

【例8-9】2015年1月1日，承前例，佳美机械设备有限公司全部偿还该笔借款的本金和利息。

该笔长期借款在存续期间的利息共计为1 200 000元，至2010年年末，借款本金（8 000 000元）和利息合计为9 200 000元，在2016年1月1日一次付清。这项经济业务的发生，一方面使得公司的银行存款减少9 200 000元；另一方面使得公司的长期借款（包括本金和利息）减少9 200 000元，此项经济业务涉及"银行存款"和"长期借款"两个科目。银行存款的减少，应记入"银行存款"科目的贷方，长期借款的减少，应记入"长期借款"科目的借方。2015年1月1日，公司编制的会计分录如下。

借：长期借款——本金 8 000 000
　　　　　　　——利息 1 200 000
　　贷：银行存款 9 200 000

这里需要指出，【例8-7】至【例8-9】是以长期借款单利计息的方式来说明问题的。在实际工作中，长期借款也可以采用复利计息的方法。在长期借款复利计息的情况下，尽管长期借款的本金、利率和偿还期限都可能相同，但在不同的偿付条件下，如到期一次还本付息、分期偿还本息和分期付息到期还本，企业实际真正使用长期借款时间长短是不同的，所支付的利息费用也就不同，有时可能差别很大。因此，长期借款到底采用哪种还本付息方式以及能否按时还清借款本息，就成为企业的一项重要财务决策。

## 第三节　资金筹集业务的会计实训

### 一、公司基本情况

北京××机械设备有限公司创建于2012年（以下简称"振兴设备"），公司位于北京市××区，专业从事汽车配件的生产和设备的维修工作，主要生产轴承、高强度紧固件、吊轴承、汽封环等配件。公司现有员工4 800人，注册资本550万元。全厂设机加工和机器修理两个车间。公司法定代表人：于晓光；邮政编码：100068；联系电话及传真：010-87528888；电子邮件：×××；纳税人登记号：11010820111201。开户银行；建行北京××支行，账号：01001020111201088（人民币户）。本币名称：人民币。行业性质：工业企业，增值税一般纳税人。

### 二、实训目的和要求

实训目的：通过实训[1]，掌握工业企业资金筹集业务的核算。

---

[1] 本教材配套实训需要收款凭证50张，付款凭证50张，转账凭证60张，库存现金日记账、银行存款日记账、三栏式明细账、多栏式明细账、数量金额式明细账及总账，具体表单略。

要求：填写业务发生时（财务部门应填制）的原始凭证（如支票和各种计算单等），编制记账凭证。

（注：由于案例是按业务循环而不是按日期编写，在编制记账凭证涉及字号时建议先只写字不编号，待完成所有凭证的编制后，在登记账簿前再按照类别和日期编号）

## 三、业务与操作指引

北京××机械设备制造厂2016年12月发生以下和筹集资金有关的业务。

业务1：12月1日，为补充流动资金不足，公司从中国建设银行取得借款200 000元，月利率6‰，期限4个月，贷款已经转入到开户银行。

要求：根据此业务相关原始凭证填制收款凭证。

*操作指引*

本业务主要涉及"短期借款"科目的运用。

企业借入的各种短期借款，借记"银行存款"科目，贷记该科目；归还借款时，做相反的会计分录。

1-1/2

### 中国建设银行　借款凭证（回单）

单位编号：　　　　　　　　　　日期：2016 年 12 月 1 日　　　　　　　　银行编号：011089675

<table>
<tr><td rowspan="3">借款人</td><td>名　称</td><td>北京××机械设备有限公司</td><td rowspan="3">收款人</td><td>名　称</td><td colspan="7">北京×机械设备有限公司</td></tr>
<tr><td>账　号</td><td>01020111201088</td><td>往来账号</td><td colspan="7">01020111201088</td></tr>
<tr><td>开户银行</td><td>建行北京××支行</td><td>开户银行</td><td colspan="7">建行北京××支行</td></tr>
<tr><td colspan="2">借款期限<br>（最后还款日）</td><td>2017 年 3 月 31 日</td><td colspan="2">借款计划指标</td><td></td><td></td><td></td><td></td><td></td><td></td></tr>
<tr><td colspan="2" rowspan="2">借款申请金额</td><td colspan="3" rowspan="2">人民币（大写）：贰拾万元整</td><td>千</td><td>百</td><td>十</td><td>万</td><td>百</td><td>十</td><td>元</td><td>角</td><td>分</td></tr>
<tr><td>¥</td><td>2</td><td>0</td><td>0</td><td>0</td><td>0</td><td>0</td><td>0</td><td>0</td></tr>
<tr><td colspan="2" rowspan="2">借款原因及用途</td><td rowspan="2">生产经营周转用</td><td colspan="2" rowspan="2">银行核对金额</td><td>千</td><td>百</td><td>十</td><td>万</td><td>百</td><td>十</td><td>元</td><td>角</td><td>分</td></tr>
<tr><td>¥</td><td>2</td><td>0</td><td>0</td><td>0</td><td>0</td><td>0</td><td>0</td><td>0</td></tr>
<tr><td>期限</td><td>计划还款日期</td><td>√</td><td>计划还款金额</td><td rowspan="5">分次还款记录</td><td colspan="2">期次</td><td colspan="2">还款日期</td><td colspan="2">还款金额</td><td colspan="2">结欠</td></tr>
<tr><td>1</td><td>2016 年 12 月 31 日</td><td></td><td>1200</td><td colspan="2"></td><td colspan="2"></td><td colspan="2"></td><td colspan="2"></td></tr>
<tr><td>2</td><td>2017 年 1 月 31 日</td><td></td><td>1200</td><td colspan="2"></td><td colspan="2"></td><td colspan="2"></td><td colspan="2"></td></tr>
<tr><td>3</td><td>2017 年 2 月 28 日</td><td></td><td>1200</td><td colspan="2"></td><td colspan="2"></td><td colspan="2"></td><td colspan="2"></td></tr>
<tr><td>4</td><td>2017 年 3 月 31 日</td><td></td><td>201200</td><td colspan="2"></td><td colspan="2"></td><td colspan="2"></td><td colspan="2"></td></tr>
<tr><td colspan="4" rowspan="2">备注：月利率6‰，期限4个月</td><td colspan="9">上述借款业已同意贷给并转入你单位往来账户借款到期时应按<br>期归还　　　　　此致<br>借款单位</td></tr>
<tr><td colspan="9">财务专用章<br>（银行盖章）2016 年 12 月 1 日</td></tr>
</table>

1-2/2

## 中国建设银行 进 账 单（收账通知）

2016 年 12 月 1 日　　　　第 43 号

<table>
<tr><td rowspan="3">收款人</td><td>全　　称</td><td colspan="2">北京××机械设备有限公司</td><td rowspan="3">付款人</td><td>全　　称</td><td colspan="11">工商银行××支行</td></tr>
<tr><td>账　　号</td><td colspan="2"></td><td>账　　号</td><td colspan="11">68468123405</td></tr>
<tr><td>开户银行</td><td colspan="2">建行北京××支行</td><td>开户银行</td><td colspan="11">建行北京××支行</td></tr>
<tr><td>人民币<br>（大写）</td><td colspan="3">贰拾万元整</td><td>千</td><td>百</td><td>十</td><td>万</td><td>千</td><td>百</td><td>十</td><td>元</td><td>角</td><td colspan="2">唥 讫</td></tr>
<tr><td>票据种类</td><td colspan="3">借款凭证</td><td></td><td>¥ 2</td><td>0</td><td>0</td><td>0</td><td>0</td><td>0</td><td>0</td><td>0</td><td colspan="2"></td></tr>
<tr><td>票据张数</td><td colspan="3">1 张</td><td colspan="11" rowspan="3">收款人开户行盖章<br><br>于晓光</td></tr>
<tr><td colspan="2">单位主管：　会计：</td><td colspan="2"></td></tr>
<tr><td colspan="2">复　核：　记账：</td><td colspan="2"></td></tr>
</table>

建行××支行
2016.1201

财务主管：　　　记账：　　　　出纳：　　　　审核：　　　　制单：

业务 2：12 月 2 日，公司开出支票，偿还前期中国建设银行短期借款本息 381 000 元，其中本金 38 万元，利息 1 000 元。收款人为中国建设银行北京分行。

要求：（1）填写转账支票。

（2）根据此业务相关原始凭证填制付款凭证。

### 操作指引

本业务主要涉及"短期借款"和"应付利息"科目的运用。

企业借入的各种短期款，借记"银行存款"科目，贷记该科目；归还借款时，做相反的会计分录。

实际支付利息时，借记该科目，贷记"银行存款"等科目。

2-1/1

<table>
<tr><td rowspan="8">中国建设银行<br>转账支票存根<br><br>支票号码　20159023<br>科　目<br>对方科目<br><br>出票日期 年 月 日<br><br>收款人<br>金　额<br>用　途<br>单位主管　会计</td><td colspan="2">支票号　　　　　　　　　　　　20159023</td></tr>
<tr><td colspan="2" align="center">中国建设银行　　转账支票（京）</td></tr>
<tr><td rowspan="6">本出票付款期十天</td><td>出票日期（大写）　年　月　日　付款行名称</td></tr>
<tr><td>收款人　　　　　　　　　　出票人账号</td></tr>
<tr><td>人民币　　　　　　　　千百十万千百十元角分<br>大写</td></tr>
<tr><td>用途　　　　　　　　　　　科目（借）</td></tr>
<tr><td>上述款项请从　　　　　　　对方科目（贷）</td></tr>
<tr><td>我账户内支付　　　　　　　转账日期 年 月 日<br>出票人签章　　　　　　　　复核　　记账</td></tr>
</table>

业务 3：12 月 5 日，收到银行存款利息通知单。利息 5 826.5 元已经自动划转到银行存款账户。

要求：根据此业务相关原始凭证填制收款凭证。

**操作指引**

本业务主要涉及"财务费用"科目的运用。

企业发生的财务费用，借记该科目，贷记"应付利息""银行存款""应收账款"等科目。发生的应冲减财务费用的利息收入、汇兑差额、现金折扣，借记"银行存款""应付账款"等科目，贷记该科目。期末，应将该科目余额转入"本年利润"科目，结转后该科目应无余额。

3-1/1

### 中国建设银行（存款）利息转账专用传票

科目：　　　　　　　2016 年 12 月 05 日　　　　　　　字第 5646754 号

| 收入利息单位 | 名称 | 北京××机械设备有限公司 | 支付利息单位 | 名　称 | 建行北京分行 | | | | | | | | | |
|---|---|---|---|---|---|---|---|---|---|---|---|---|---|---|
| | 账号 | 01020111201088 | | 账　号 | 49583784 | | | | | | | | | |
| 利息金额 | 人民币（大写）**伍仟捌佰贰拾陆圆伍角整** | | | | 千 | 百 | 十 | 万 | 千 | 百 | 十 | 元 | 角 | 分 |
| | | | | | | | | ￥ | 5 | 8 | 2 | 6 | 5 | 0 |
| 计息存、贷款户账号 | | | 上列利息金额已如数收，计你单位结算账户。 建行××支行 2016.12.05 付讫 开户银行盖章 | | | | | | | | | | | |
| 计算利息起讫时间 | 2016 年 7 月 1 日起 12 月 1 日止 | | | | | | | | | | | | | |
| 计息积数： | 利率月息： | | | | | | | | | | | | | |
| 备注 | **存款利息** | | | | | | | | | | | | | |

单位主管：　　　　　会计：　　　　　复核：　　　　　制单：

业务 4：12 月 20 日，接受华宇设备制造有限公司以货币资金和固定资产方式追加投资。其中，货币资金投资 3 000 000 元。华宇设备制造有限公司以 MS-1 型机器 1 台向该公司投资，双方确认价值为 180 000 元。华宇设备制造有限公司本次投资额占乙方表决权股权的 10%。公司当日办理了固定资产转移手续，公司收到华宇设备制造有限公司转账支票一张，并交存银行。

要求：根据此业务相关原始凭证填制转账凭证和收款凭证。

**操作指引**

本业务主要涉及"实收资本"科目的运用。

"实收资本"（或者股本）科目属于所有者权益类。其贷方登记投资人投入的资本额，借方登记投资人按规定收回的投资额。期末余额在贷方，表示投资人在企业的实有投资额。该账户应按投资人设置明细账进行明细分类核算。

　　企业接受现金资产投资时，企业实际收到的金额或存入企业开户银行的金额，应记入"银行存款"等科目，按投资合同或协议约定的投资者在企业注册资本中所占份额的部分；企业接受固定资产、无形资产等非现金资产投资时，应按投资合同或协议约定的价值（不公允的除外）作为固定资产、无形资产的入账价值，按投资合同或协议约定的投资者在企业注册资本或股本中所占份额的部分作为实收资本或股本入账，投资合同或协议约定的价值（不公允的除外）超过投资者在企业注册资本或股本中所占份额的部分，记入资本公积。

4-1/2

## 固 定 资 产 转 移 单

| 投资企业：华宇设备制造有限公司 | | | | | | | |
|---|---|---|---|---|---|---|---|
| 被投资企业：北京××机械设备有限公司　　2016 年 12 月 20 日 | | | | | 财产编号：121246 | | |
| 中文名称 | | | 卧式锻压机 | 购置日期 | 2011-12-20 | | |
| 英文名称规格 | | | MS-1 | 使用年限 | 10 | | |
| | | | | 金额 | 180 000 | | |
| 用途 | 生产设备 | | 收 讫 | 已使用年数 | 0 | | |
| | | | | 已折旧金额 | 0 | | |
| | | | | 残　值 | | | |
| 移入部门 | 财务 | 经办 | 签章 | 移出部门 | 财务 | 经办 | 负责人 |
| | 赵 华 | 王东海 | | | 李力 | 张山 | 王晓霞 |

4-2/2

| 中国建设银行 转账支票存根 | VIII | 26599482 |
|---|---|---|
| | 中国建设银行　　转账支票（京） | |
| | 2016 年 12 月 20 日 付款行名称 | |
| VIII26599482 | 出票日期（大写） | 中国建设银行××支行 |
| 科　　目 | 收款人 北京××机械设备有限公司 | 出票人账号 16818495698 |
| 对方科目 | 人民币（大写）壹拾捌万元整 | 百 千 百 十 万 千 百 十 元 角 分 |
| | | ￥1 8 0 0 0 0 0 0 0 |
| 出票日期　年 月 日 | 用途 | 科目（借） |
| 收款人 | 上述款项请从 | 对方 于晓光 |
| 金　额 | 我账户内支付 | 转账日期　年 月 日 |
| 用　途 | 出票人签章 | 复核 |
| 单位主管　会计 | | |

（财务专用章：北京××机械设备有限公司　财务专用章）

业务5：12月15日，接受北京汽车修理厂的捐赠红旗轿车一辆，发票注明原价100 000元。公司办理了资产转移手续。

要求：根据此业务相关原始凭证填制转账凭证。

### 操作指引

本业务主要涉及"实收资本"科目的运用。

"实收资本"（或者股本）科目属于所有者权益类。其贷方登记投资人投入的资本额，借方登记投资人按规定收回的投资额。期末余额在贷方，表示投资人在企业的实有投资额。该科目应按投资人设置明细账进行明细分类核算。

5-1/2

## 北 京 市 工 商 业 普 通 发 票

发 票 联

开票日期：2016 年 12 月 15 日　　　　　　　　　　No 64575

| 购货单位 | 名称 | 北京××机械设备有限公司 | | | 购货单位 | 名称 | 北京汽车修理厂 | | | | | | | | |
|---|---|---|---|---|---|---|---|---|---|---|---|---|---|---|---|
| | 税务登记号 | 1101082011020 | | | | 税务登记号 | 1101082659844 | | | | | | | | |
| 商品或劳务名称 | 计量单位 | 数量 | 单价 | | | | 金　　额 | | | | | | | | |
| | | | | 千 | 百 | 十 | 万 | 千 | 百 | 十 | 元 | 角 | 分 |
| 轿车 | | 1 | 100 000 | | 1 | 0 | 0 | 0 | 0 | 0 | 0 | 0 | 0 |
| 合　　计 | | | | ¥ | 1 | 0 | 0 | 0 | 0 | 0 | 0 | 0 | 0 |
| 价税合计 | 仟佰壹拾零万零仟零佰零拾零元零角零分　　¥100 000.00 | | | | | | | | | | | | |

填票人：李东　　　　　　收款人：李丹　　　　　　　　单位名称：

5-2/2

## 捐 赠 资 产 转 移 单

2016 年 12 月 15 日　　　财产编号：765747

| 资产名称 | 轿车（红旗） | | | 购置日期 | 2011-12-10 |
|---|---|---|---|---|---|
| 数量 | 1（辆） | | | 使用年限 | 10 |
| | | | | 金额 | 100 000 |
| | | | | 已使用年数 | 0 |
| 原因 | 无偿捐赠 | | | 已折旧金额 | 0 |
| | | | | 残　值 | |
| 捐赠人 | 北京汽车修理厂 | | | 被捐赠人 | 北京××机械设备有限公司 | 备注 |
| | 财务 | 经办人 | 签章 | | 财务 | 经办人 | 负责人 |
| | 刘丹 | 赵力 | | | 刘丹 | 王东海 | 王晓霞 |

业务6：12月31日，从建设银行取得借款900 000元，用于基本工程建设，借款期限2年，年利率10%，收到银行入账通知，全部款项已经划入银行。

要求：根据此业务相关原始凭证填制收款凭证。

**操作指引**

本业务主要涉及"长期借款"科目的运用。

"长期借款"科目核算长期借款的借入、归还等情况。该科目可按照贷款单位和贷款种类设置明细账，分别对"本金""利息调整"等进行明细核算。该科目的贷方登记长期借款本息的增加额，借方登记本息的减少额，贷方余额表示企业尚未偿还的长期借款。

企业借入长期借款，应按实际收到的金额，借记"银行存款"科目，贷记"长期借款——本金"科目。企业归还长期借款的本金时，应按归还的金额，借记"长期借款——本金"科目，贷记"银行存款"科目；按归还的利息，借记"应付利息"科目或"长期借款——利息"，贷记"银行存款"科目。

6-1/1

借款借据（入账通知）

单位编号：95863　　　　日期：2016 年 12 月 31 日　　　　No97854343

| 收款单位 | 名　称 | 北京××机械设备有限公司 | 收款单位 | 名　称 | 工行北京××支行 |
|---|---|---|---|---|---|
| | 往来账号 | 01020111201088 | | 往来账号 | 16847859 |
| | 开户银行 | 建行北京××支行 | | 开户银行 | 工行北京××支行 |

| 借款金额 | 人民币（大写）玖拾万元整 | 百 | 十 | 万 | 千 | 百 | 十 | 元 | 角 | 分 |
|---|---|---|---|---|---|---|---|---|---|---|
| | | ¥9 | 0 | 0 | 0 | 0 | 0 | 0 | 0 | 0 |

| 借款用途 | 新建车间 | 利率 | 10% |
|---|---|---|---|

| | 借　款　期　限 | | 你单位上列借款已转入你单位结算户内。借款到期时请按期自你单位结算账户转还。 |
|---|---|---|---|
| 期限 | 计划还款日期 | 计划还款金额 | |
| 1 | 2017 年 12 月 31 日 | 900 000 | 此致 |
| 2 | | | （银行盖章） |
| 3 | | | 2016 年 12 月 31 日 |

（建行××区发行 2016.12.31 收讫）

业务7：12月31日，用资本公积金转增资本，公司已经办理工商变更手续。

要求：根据此业务相关原始凭证填制转账凭证。

**操作指引**

本业务主要涉及"资本公积"科目的运用。

"资本公积"科目用以核算企业收到投资者出资超出其在注册资本中所占的份额的部分，直接记入所有者权益的利得和损失也通过本科目核算。该科目属于所有者权益类。其贷方登记各种来源资本公积的增加数，借方登记资本公积的减少数，期末余额在贷方，表示企业实有的资本公积数。该账户应当分别设置"资本溢价"或"股本溢价""其他资本公积"等明细账户进行明细分类核算。

资本公积实质上是一种准资本。其主要用途在于转增资本，即在办理增资手续后用资本公积转增实收资本，按所有者原有投资比例增加投资人的实收资本。

7-1/1

北京 ×× 机械设备有限公司文件

厂办字第 21 号

关于用资本公积金转赠资本的决定（略）

……

经研究决定：用资本公积金 100 000 元补增资本金。

……

总经理：刘永志

| 财务主管： | 记账： | 出纳： | 审核： | 制单： |
|---|---|---|---|---|

业务 8：12 月 31 日，编制短期借款利息计算表，计算本月借款利息。

要求：1. 编制借款利息计算表。

2. 根据此业务相关原始凭证填制转账凭证。

**操作指引**

本业务主要涉及"财务费用"科目的运用。

财务费用是指企业为筹集生产经营所需资金等而发生的筹资费用，包括利息收支、汇兑损益，以及相关的手续费、企业发生或收到的现金折扣等。"财务费用"科目核算财务费用的发生和结转情况。该科目借方登记已发生的各项财务费用，贷方登记期末结转入"本年利润"科目的财务费用。结转后该科目应无余额。该科目应按财务费用的费用项目进行明细核算。

8-1/1

## 短期借款利息计算表

2016 年 12 月 31 日　　　　　　　　　　　　　　单位：元

| 贷款银行 | 借款种类 | 借款日期 | 计息金额 | 月利率 | 利息 |
|---|---|---|---|---|---|
| 中国建设银行 | 短期借款 | | | | |
| | | | | | |
| | | | | | |
| 合计 | | | | | |

| 财务主管： | 记账： | 出纳： | 审核： | 制单： |
|---|---|---|---|---|

## ◆◆ 思考与训练 ◆◆

1. 东胜股份公司所属 A 公司，2016 年年初所有者权益总额为 2 318 000 元，年内接受投资人张三的实物投资共计 800 000 元，接受现金投资 260 000 元，用资本公积转增资本 120 000 元。试计算 2016 年年末公司的所有者权益总额是多少？

2. 东胜股份公司所属 B 公司，2016 年 7 月 1 日自银行取得期限为 6 个月的借款 200 000 元存入银行。该借款年利率为 6%，计提本月的借款利息。如果到期一次偿还本金和利息，应该如何处理？

# 第九章　供应业务的核算

【学习目标】
- ◆ 理解固定资产、在建工程的概念。
- ◆ 理解计划成本法和实际成本法的概念。
- ◆ 掌握生产准备业务的核算。
- ◆ 掌握生产准备业务的会计处理实务。

供应业务，又称生产准备过程业务，主要包括两方面内容：一是固定资产的采购或建造业务；二是材料的采购和入库业务。

在这一过程中，企业用货币资金购买材料和固定资产，支付购买材料和固定资产的买价和采购费用，同时还会与供应单位发生货款的结算关系，企业采购业务和因采购而引起的货款结算业务，就构成了生产准备过程的主要经济业务。

材料是生产过程中不可缺少的物质要素，其经过加工后改变原有的物质形态，有的构成产品实体的一部分，有的被直接消耗形成企业支出。其中，投入到产品生产中的材料价值将被转移到产品中去，构成产品成本的一个主要部分；另外，企业在生产产品的过程中，固定资产会受到损耗，其相应的价值也应当转移到产品成本中并通过其销售得以弥补。因此，为了监督企业资产采购计划的完成情况和采购资金的占用情况，以及对计算产品成本的正确计算奠定基础，采购过程结束，要正确计算每种材料的采购成本，所以材料和固定资产的采购成本以及固定资产建造成本的核算，也成为该阶段的主要任务。

## 第一节　固定资产购建业务的核算

### 一、固定资产的定义及特征

固定资产是指为生产商品、提供劳务、出租或经营管理而持有使用寿命超过一个会计年度的有形资产，作为企业的固定资产应具备以下两个特征：

第一，企业持有固定资产的目的，是为了生产商品、提供劳务、出租或经营管理的需要，而不像商品是为了对外出售。这一特征是固定资产区别于商品等流动资产的重要标志。

第二，企业使用固定资产的期限较长，使用寿命一般超过一个会计年度。这一特征表明企业固定资产的收益期超过一年，能在一年以上的时间里为企业创造经济利益。

### 二、固定资产购建业务涉及的主要账户

为了核算企业有关固定资产购买和自建过程中发生的经济业务，需要设置以下账户。

#### （一）"固定资产"账户

"固定资产"账户属于资产类账户，用以核算企业持有固定资产的原价。该账户的借方登记固定资产取得成本的增加数，贷方登记固定资产取得成本的减少数，期末余额在借方，表示固定资产原价的结余数。企业应当按照固定资产类别或项目设置明细账户进行明细分类核算。

在对固定资产进行确认时，必须同时满足下列两个条件：一是与该固定资产有关的经济利益很可能流入企业；二是固定资产的成本能够可靠计量。

#### （二）"在建工程"账户

"在建工程"账户属于资产类账户，用以核算企业基建、技改等在建工程发生的价值。该账户的借方登记工程支出的增加数，贷方登记结转完工工程的成本，期末余额在借方，表示企业尚未完工的在建工程的价值。本科目应当按照"建筑工程""安装工程""在安装设备""待摊支出"等设置明细账户进行明细分类核算。

企业与固定资产有关的后续支出，包括固定资产发生的日常修理费、大修理费用、更新改造支出、房屋的装修费用等，满足《企业会计准则——固定资产》规定的固定资产确认条件的，也在"在建工程"科目核算。

企业购入不需要安装的固定资产，其发生的有关成本，直接记入"固定资产"账户；企业购入需要安装的固定资产，在其达到预定可使用状态之前，应将其购建过程中发生的全部支出，先记入"在建工程"账户，待其安装完毕交付使用时再从"在建工程"账户转入"固定资产"账户。

#### （三）"应交税费——应交增值税"账户

"应交税费——应交增值税"属于负债类账户，用以核算企业有关增值税应交、已交等情况。该账户的借方反映企业购进货物或接受应税劳务支付的进项税额和实际已交纳的增值税；贷方反映销售货物或提供应税劳务应交纳的增值税额和出口产品退税、进项税额转出的增值税，期末余额若在借方，反映企业多交或尚未抵扣的增值税，若为贷方余额，反映企业尚未交纳的增值税。

应交增值税还应分别设置"进项税额""销项税额""出口退税""进项税额转出""已交税金"等专栏进行明细核算。下面主要介绍一下"进项税额""销项税额""已交税金"等明细账户。

"进项税额"明细账户，记录企业购入货物或接受应税劳务而支付的、准予从销项税额中抵扣的增值税额。企业购入货物或接受应税劳务支付的进项税额，用蓝字登记；退回所购货物应冲销的进项税额，用红字登记。

"已交税金"明细账户，记录企业已交纳的增值税额。企业已交纳的增值税额用蓝字登

记，退回多交的增值税额用红字登记。

"销项税额"明细账户，记录企业销售货物或提供应税劳务应收取的增值税额。企业销售货物和提供应税劳务应收取的销项税额，用蓝字登记；退回销售货物应冲销销项税额，用红字登记。

增值税的纳税人分为一般纳税人和小规模纳税人，一般纳税人的基本税率为17%，实行税款抵扣。其计算公式如下。

$$应交增值税＝销项税额－进项税额$$

小规模纳税人按销售额征收增值税（一般情况下商品流通企业征收率为4%、制造业征收率为6%），不抵扣进项税额。

### 三、固定资产购建业务的核算

企业固定资产的构建主要包括外购和自行建造两种主要方式。

#### （一）外购固定资产的核算

企业外购的固定资产，应按实际支付的购买价款、相关税费，以及使固定资产达到预定可使用状态前所发生的可归属于该项资产的运输费、装卸费、安装费和专业人员服务费等，作为固定资产的取得成本，具体账务处理如下。

1. 企业购入不需要安装的固定资产

这种情况是指企业购置的不需要安装即可直接交付使用的固定资产。应按实际支付的购买价款、相关税费以及使固定资产达到预定可使用状态前所发生的可归属于该项资产的运输费、装卸费和专业人员服务费等，作为固定资产成本，借记"固定资产"科目，贷记"银行存款"等科目。

2. 购入需要安装的固定资产

这种情况是指企业购置的需要经过安装以后才能交付使用的固定资产，应在购入的固定资产取得成本的基础上加上安装调试成本等，作为购入固定资产的成本，先通过"在建工程"科目核算，待安装完毕达到预定可使用状态时，再由"在建工程"科目转入"固定资产"科目。

企业购入固定资产时，按实际支付的购买价款、运输费、装卸费和其他相关税费等，借记"在建工程"科目，贷记"银行存款"等科目；支付安装费用等时，借记"在建工程"科目，贷记"银行存款"等科目；安装完毕达到预定可使用状态时，按其实际成本，借记"固定资产"科目，贷记"在建工程"科目。

#### （二）建造固定资产的核算

企业自行建造固定资产，应按建造该项资产达到预定可使用状态前所发生的必要支出，作为固定资产的成本。

自建固定资产应先通过"在建工程"科目核算，工程达到预定可使用状态时，再从"在建工程"科目转入"固定资产"科目。企业自建固定资产，主要有自营和出包两种方式，由于采用的建设方式不同，其会计处理也不同。这里主要介绍自营工程的会计核算。

自营工程是指企业自行组织工程物资采购、自行组织施工人员施工的建筑工程和安装工程。购入工程物资时，借记"工程物资"科目，贷记"银行存款"等科目。领用工程物资时，借记"在建工程"科目，贷记"工程物资"科目。在建工程领用本企业原材料时，借记"在建工程"科目，贷记"原材料""应交税费——应交增值税（进项税额转出）"等科目。在建工程领用本企业生产的商品时，借记"在建工程"科目，贷记"库存商品""应交税费——应交增值税（销项税额）"等科目。自营工程发生的其他费用（如分配工程人员工资等），借记"在建工程"科目，贷记"银行存款""应付职工薪酬"等科目。自营工程达到预定可使用状态时，按其成本，借记"固定资产"科目，贷记"在建工程"科目。

### 四、固定资产购建业务核算案例

下面以嘉美机械设备有限公司 2016 年 3 月份发生的经济业务为例，说明固定资产业务的核算。如无特殊说明，本章例题中的公司均为增值税一般纳税人，其发生在购建固定资产上的增值税进项税额均符合规定，可以抵扣。

【例 9-1】2016 年 3 月 10 日，嘉美机械设备有限公司购入一台不需要安装的生产用设备，取得的增值税专用发票上注明的设备价款为 50 万元，增值税进项税额为 8.5 万元，款项全部付清。假定不考虑其他相关税费。

该设备属于不需要安装的固定资产，购买之后就意味着达到了预定可使用状态。购买过程中发生的全部支出构成固定资产的取得成本。

这笔经济业务的发生引起资产、负债要素的变化，一方面增加固定资产 500 000 元，记入"固定资产"账户的借方，应交税费增加 85 000 元，记入"应交税费——应交增值税（进项税额）"；另一方面减少银行存款 585 000 元，应记入"银行存款"科目的贷方。

其会计分录如下。

借：固定资产 500 000

    应交税费——应交增值税（进项税额） 85 000

    贷：银行存款 585 000

【例 9-2】3 月 20 日，嘉美机械设备有限公司购入一台需要安装的生产用机器设备，取得的增值税专用发票上注明的设备价款为 20 万元，增值税进项税额为 34 000 元，款项已通过银行支付。

该设备属于需要安装的固定资产，购买过程中发生的支出构成购置固定资产的安装工程成本。在设备达到预定可使用状态之前的这些支出应先在"在建工程"账户中进行归集。

这笔经济业务的发生引起资产、负债要素发生变化，一方面增加在建工程 200 000 元，应记入"在建工程"账户的借方，增加应交税费 34 000 元，记入"应交税费——应交增值税（进项税额）"；另一方面减少银行存款 234 000 元，应记入"银行存款"科目的贷方。其会计分录如下。

| | |
|---|---:|
| 借：在建工程 | 200 000 |
| 　应交税费——应交增值税（进项税额） | 34 000 |
| 　贷：银行存款 | 234 000 |

【例9-3】接上例，嘉美机械设备有限公司在安装上述设备的过程中，领用了一批本公司的原材料，价值40 000元，购进该批原材料时支付的增值税进项税额为6 800元；支付安装工人的工资为3 200元。假定不考虑其他相关税费。

设备安装过程中发生的安装费用同样计入安装工程成本中，安装人员的工资属于在建工程应负担的职工薪酬。

这笔经济业务的发生引起资产和负债两个会计要素发生变化，一方面在建工程增加50 000元，应记入"在建工程"科目的借方，增加应交税费6 800元，记入"应交税费——应交增值税（进项税额转出）"；另一方面原材料减少40 000元，记入"原材料"科目的贷方，应付职工工资3 200元，记入"应付职工薪酬"科目的贷方。其会计分录如下。

| | |
|---|---:|
| 借：在建工程 | 50 000 |
| 　贷：原材料 | 40 000 |
| 　　应交税费——应交增值税（进项税额转出） | 6 800 |
| 　　应付职工薪酬 | 3 200 |

【例9-4】接上两例，该设备安装完毕，并经验收合格达到预定可使用状态，设备已交付使用，结转安装工程成本。

机床安装完毕并交付使用，应将其全部安装工程成本250 000（200 000+50 000）元从"在建工程"科目转入"固定资产"科目。这笔经济业务的发生，引起资产会计要素内部发生变化，一方面在建工程减少250 000元，应记入"在建工程"账户的贷方，另一方面固定资产增加250 000元，记入"固定资产"账户的借方。其会计分录如下。

| | |
|---|---:|
| 借：固定资产 | 250 000 |
| 　贷：在建工程 | 250 000 |

## 第二节
### 材料采购业务的核算

### 一、材料采购业务的主要内容

材料是制造业企业的重要存货之一，指企业在生产过程中经加工改变其形态或性质，并构成产品、主要实体的各种原料及主要材料、辅助材料、外购半成品（外购件）、修理用备件（备品备件）、包装材料、燃料等。材料采购业务是指制造企业为满足企业生产经营的需要，通过市场取得必要的材料物资所发生的经济业务。

材料采购业务的主要内容包括：从供应单位购进各种材料，由仓库办理验收入库手续，其中有的会发生入库前的挑选整理费；与材料供应单位及其他有关单位办理货款、相关税费、运输费、装卸费、保险费等款项的结算。

## 二、实际成本法下材料采购业务的核算

### （一）实际成本法的适用条件及相关账户

实际成本法是指按照实际成本计价方法进行存货日常的收发核算方法，其特点是从存货的收发凭证到存货明细分类账和总分类账全部按实际成本计价。对于经营规模较小，原材料的种类不是很多，而且原材料的收发业务的发生也不是很频繁的企业，可以按照实际成本计价方法组织原材料的收发核算。

实际成本法下，为了组织材料采购业务的核算，需要设置以下账户。

**1."在途物资"账户**

该账户属于资产类账户，用来核算企业购入材料的采购成本，采用实际成本进行材料日常核算。购入的各种材料物资的采购成本包括买价和采购费用。

"在途物资"账户的借方登记购入材料物资的买价和采购费用；贷方登记按实际采购成本转入"原材料"账户借方的金额。期末一般无余额。若有借方余额，则为尚未验收入库的在途材料。

通过"在途物资"账户的记录、计算，可以经常监督、考核采购计划的执行情况，计算材料采购成本，控制在途材料动态。

为了分类计算材料采购成本和监督计划具体执行情况，还需要按照供应单位和物资品种设置明细分类账户进行明细核算。

**2."原材料"账户**

该账户属于资产类账户，用来核算企业库存各种材料的收入、发出和结存情况。其借方登记已经验收入库的各种材料的成本，贷方登记材料发出、减少的成本，期末余额在借方，表示库存材料的实际成本。企业应当按照材料的保管地点（仓库）、材料的类别、品种和规格等设置明细账进行明细分类核算。

**3."应付账款"账户**

该账户属于负债类账户，用来核算企业因采购材料、商品和接受劳务供应等经营活动而应付给供应单位的款项。其贷方登记应付未付款项的金额，借方登记实际归还款项的金额，期末贷方余额表示尚欠供应单位的款项。企业应当按照不同的债权人设置明细账户，进行明细分类核算。

**4."应付票据"账户**

该账户属于负债类账户，用来核算企业购买材料、商品和接受劳务供应而开出、承兑的商业汇票。其贷方登记开出、承兑商业汇票的金额，借方登记商业汇票到期支付的金额，期末余额在贷方，表示企业尚未到期的商业汇票的票面余额。

商业汇票是一种由出票人签发的，委托付款人在指定日期无条件支付确定金额给收款人或者持票人的票据。商业汇票的付款期限，最长不得超过六个月。

商业汇票根据承兑人不同，可分为商业承兑汇票和银行承兑汇票。商业承兑汇票是指由付款人签发并承兑，或由收款人签发交由付款人承兑的汇票。银行承兑汇票是指由在承兑银行开立存款账户的存款人（这里也是出票人）签发，由承兑银行承兑的票据。

5.“预付账款”账户

该账户属于资产类账户，核算预付账款的增减变动及其结存情况。预付款项情况不多的企业，可以不设置“预付账款”科目，而直接通过“应付账款”科目核算。

（二）实际成本法的会计处理

由于支付方式不同，原材料入库的时间与付款的时间可能一致，也可能不一致，在会计处理上也有所不同。

（1）货款已经支付或已开出商业承兑汇票，同时材料已验收入库。对于发票账单与材料同时到达的采购业务，企业在支付货款或开出、承兑商业汇票，材料验收入库后，应根据发票账单等结算凭证确定的材料成本，借记“原材料”科目，按照增值税专用发票上注明的可抵扣的进项税额，借记“应交税费——应交增值税（进项税额）”科目（一般纳税人，下同），按照实际支付的款项或应付票据面值，贷记“银行存款”或“应付票据”等科目。

（2）货款已经支付或已开出、承兑商业汇票，材料尚未到达或尚未验收入库。对于已经付款或已开出、承兑商业汇票，但材料尚未到达或尚未验收入库的采购业务，应根据发票账单等结算凭证，借记“在途物资”“应交税费——应交增值税（进项税额）”科目，贷记“银行存款”或“应付票据”等科目；待材料到达、入库后，再根据收料单，借记“原材料”科目，贷记“在途物资”科目。

（3）货款尚未支付，材料已经验收入库。在这种情况下，如果发票账单已到，按发票账单所记载的有关金额记账；如果发票账单未到也无法确定实际成本，期末应按照暂估价值记账，下期初做相反的会计分录予以冲回，收到发票账单后再按照实际金额记账。即对于材料已到达并已验收入库，但发票账单等结算凭证未到，货款尚未支付的采购业务，应于期末按材料的暂估价值，借记“原材料”科目，贷记“应付账款——暂估应付账款”科目。下期初做相反的会计分录予以冲回，以便下期付款或开出、承兑商业汇票后，按正常程序，借记“原材料”“应交税费——应交增值税（进项税额）”科目，贷记“银行存款”或“应付票据”等科目。

（4）货款已经预付，材料尚未验收入库。采用预付货款的方式采购材料，应在预付材料价款时，按照实际预付金额，借记“预付账款”科目，贷记“银行存款”科目；已经预付货款的材料验收入库，根据发票账单等所列的价款、税额等，借记“原材料”科目和“应交税费——应交增值税（进项税额）”科目，贷记“预付账款”科目；预付款项不足，补付货款，按补付金额，借记“预付账款”科目，贷记“银行存款”科目；退回多付的款项，借记“银行存款”科目，贷记“预付账款”科目。

（三）实际成本法核算举例

下面以嘉美机械设备有限公司 2016 年 3 月份发生的经济业务为例，说明实际成本法的运用。本书若无特殊说明，所举例子均指一般纳税人，适用税率为 17%。

【例 9-5】2016 年 3 月 4 日，嘉美机械设备有限公司购进螺纹钢 5 吨，塑胶板 10 吨，取得增值税专用发票。发票上注明螺纹钢买价 2 000 元 / 吨，计 10 000 元，增值税税率 17%，增值税 1 700 元；塑胶板买价 500 元 / 吨，计 5 000 元，增值税税率 17%，增值税 850 元，价税合计 17 550 元，以银行存款支付。

这笔经济业务的发生，一方面螺纹钢的采购成本增加 10 000 元，塑胶板的采购成本增加 5 000 元，应记入"在途物资"科目的借方，同时企业在购入材料时支付了 2 550 元的增值税，可作为进项税额扣除，应记入"应交税费——应交增值税（进项税额）"科目的借方；另一方面银行存款减少 17 550 元，应记入"银行存款"科目的贷方。其会计分录如下。

| | |
|---|---|
| 借：在途物资——螺纹钢 | 10 000 |
| ——塑胶板 | 5 000 |
| 应交税费——应交增值税（进项税额） | 2 550 |
| 贷：银行存款 | 17 550 |

【例 9-6】3 月 5 日，嘉美机械设备有限公司以现金支付上述材料运杂费 6 000 元。要求按照买价分摊材料运杂费。

在计算材料采购成本时，应注意区分直接费用和间接费用。凡能直接计入各种材料物资的直接费用，如买价，应直接计入各种材料的采购成本；凡不能直接计入各种材料的间接费用，如采购费用（运费、装卸费、包装费、保险费、挑选整理费等），应按一定标准在有关材料之间进行分配，分别计入各种材料的采购成本。分配标准可根据材料重量、买价、体积等要素，按比例计算。

该笔经济业务中的运杂费为两种材料共同负担的间接费用，需按一定标准在两种材料之间进行分配，再计入各种材料的采购成本。

这笔经济业务的发生，一方面螺纹钢的采购成本增加 4 000 元，塑胶板的采购成本增加 2 000 元，应记入"在途物资"科目的借方；另一方面现金减少 6 000 元，应记入"库存现金"科目的贷方。其会计分录如下。

| | |
|---|---|
| 借：在途物资——螺纹钢 | 4 000 |
| ——塑胶板 | 2 000 |
| 贷：库存现金 | 6 000 |

【例 9-7】2016 年 3 月 7 日，上述螺纹钢、塑胶板验收入库，编制"收料单"，结转其实际成本。

这笔经济业务的发生，一方面库存原材料螺纹钢、塑胶板分别增加 14 000 元、7 000 元，记入"原材料"科目的借方，另一方面，该原材料的成本原来记录在"在途物资"科目的借方金额应从其贷方转出。其会计分录如下。

借：原材料——螺纹钢 14 000
　　　　——塑胶板 7 000
　　贷：在途物资——螺纹钢 14 000
　　　　　　——塑胶板 7 000

【例 9-8】3 月 5 日从甲公司购入铸铁 100 吨，单价 250 元／吨，总计 25 000 元，增值税专用发票上注明的增值税额为 4 250 元。材料尚未验收入库，款项尚未支付。

这笔经济业务的发生，一方面铸铁的采购成本增加 25 000 元，应记入"在途物资"账户的借方，同时企业在购入货物时支付了 4 250 元增值税，应记入"应交税费——应交增值税（进项税额）"科目的借方；另一方面因 29 250 元的款项未付，应记入"应付账款"科目的贷方。其会计分录如下。

借：在途物资——铸铁 25 000
　　应交税费——应交增值税（进项税额） 4 250
　　贷：应付账款——甲公司 29 250

【例 9-9】同日上述铸铁验收入库，结转其实际采购成本。

这笔经济业务的发生，一方面库存的原材料增加 25 000 元，应记入"原材料"科目的借方，另一方面，将该原材料的成本从"在途物资"科目的贷方转出。其会计分录如下。

借：原材料——铸铁 25 000
　　贷：在途物资——铸铁 25 000

【例 9-10】3 月 8 日，开出支票，以银行存款偿付前欠甲公司的货款 29 250 元。

这笔经济业务的发生，一方面偿还前欠购入材料款 29 250 元，应记入"应付账款"科目的借方；另一方面银行存款减少 29 250 元，应记入"银行存款"科目的贷方。其会计分录如下。

借：应付账款——甲公司 29 250
　　贷：银行存款 29 250

【例 9-11】3 月 10 日，从乙公司购入下列材料：取得增值税专用发票，发票上注明特种钢 4 吨，单价 3 000 元／吨，合计 12 000 元；铸铁 30 吨，单价 250 元／吨，合计 7 500 元，价款合计 19 500；增值税税率 17%，税款为 3 315 元，企业为乙公司开出三个月的商业承兑汇票。

这笔经济业务的发生，一方面特种钢、铸铁的采购成本分别增加了 12 000 元和 7 500 元，应记入"在途物资"科目的借方，同时企业在购入货物时支付了 3 315 元增值税，应记入"应交税费——应交增值税（进项税额）"科目的借方；另一方面因款项采用商业汇票方式结算，应记入"应付票据"科目的贷方。其会计分录如下。

借：在途物资——特种钢 12 000
　　　　——铸铁 7 500
　　应交税费——应交增值税（进项税额） 3 315
　　贷：应付票据——乙公司 22 815

【例9-12】2016年3月11日，嘉美机械设备有限公司以银行存款支付运输公司代运上述特种钢、铸铁的运输费和装卸费共计3 400元。上述费用按材料的重量比例进行分配。

现将两种材料的运杂费按材料的重量比例进行分配。

分配率 =3 400/（4+30）= 100

特种钢应分配的运杂费 = 400 × 100= 400（元）

铸铁应分配的运杂费 =30× 100 ＝ 3 000（元）

根据分配结果，一方面将运杂费记入"在途物资"科目的借方，另一方面记入"银行存款"科目的贷方。其会计分录如下。

借：在途物资——特种钢 400

　　　　——铸铁 3 000

　　贷：银行存款 3 400

【例9-13】2016年3月11日从乙公司购入的特种钢、铸铁验收入库，编制"收料单"，结转其实际成本。

这笔经济业务的发生，一方面库存的特种钢增加124 000（12 000+ 400）元，铸铁增加10 900（7 500+3 400）元，应记入"原材料"科目的借方，另一方面，将该原材料的成本从"在途物资"科目的贷方转出。其会计分录如下。

借：原材料——特种钢 12 400

　　　　——铸铁 10 900

　　贷：在途物资——特种钢 12 400

　　　　——铸铁 10 900

【例9-14】2016年3月12日，开出支票支付丙公司电线订金40 000元。

这笔经济业务的发生，一方面银行存款减少40 000，应记入"银行存款"科目的贷方；另一方面，对丙公司形成债权，该债权计入"预付账款"科目的借方。其会计分录如下。

借：预付账款——丙公司 40 000

　　贷：银行存款 40 000

【例9-15】2016年3月15日，收到丙公司发来的电线。发票上注明，购入电线1吨，单价30 000元/吨，合计30 000元，增值税专用发票上注明的增值税额为5 100元。

这笔经济业务的发生，一方面原材料增加，应记入"原材料"科目的借方；另一方面，冲销对丙公司的债权，冲销额记入"预付账款"科目的贷方。其会计分录如下。

借：原材料——电线 30 000

　　应交税费——应交增值税（进项税额） 5 100

　　贷：预付账款——丙公司 35 100

【例9-16】2016年3月20日，收到丙公司退还的多余款4 900元。其会计分录如下。

借：银行存款 4 900

　　贷：预付账款——丙公司 4 900

## 二、计划成本法下材料采购业务的核算

### （一）计划成本法的适用条件及相关账户

材料按照实际成本进行计价核算，能够比较全面、完整地反映材料资金的实际占用情况，可以准确计算出生产过程所生产产品成本中的材料费用额。但是，在企业材料的种类比较多、收发次数又比较频繁的情况下，其核算的工作量就比较大，而且也不便于考核材料采购业务成果，分析材料采购计划的完成情况。因此，在我国一些大中型制造业企业中，材料一般按照计划成本计价组织收发核算。

材料按计划成本计价进行核算，就是材料的收发凭证中按计划成本计价，材料总账及明细账均按计划成本登记，通过增设"材料成本差异"账户来核算材料实际成本与计划成本之间的差异额，并在会计期末对计划成本进行调整，以确定库存材料的实际成本和发出材料应负担的差异额，进而确定发出材料的实际成本。

计划成本法下，为了组织材料采购业务的核算，需要设置以下账户。

**1."原材料"账户**

原材料按计划成本核算所设置的"原材料"账户与按实际成本核算设置的"原材料"账户基本相同，只是将其实际成本改为计划成本，即"原材料"账户的借方、贷方和期末余额均表示材料的计划成本。

**2."材料采购"账户**

该账户的性质属于资产类，用来核算企业购入材料的实际成本和结转入库材料的计划成本，并据以计算、确定购入材料成本差异额。其借方登记购入材料的实际成本和结转入库材料实际成本小于计划成本的节约差异，贷方登记入库材料的计划成本和结转入库材料的实际成本大于计划成本的超支差异。期末余额在借方，表示在途材料的实际成本。该账户应按照材料的种类设置明细账户，进行明细分类核算。

**3."材料成本差异"账户**

该账户属于双重性质的账户，用来核算企业库存材料实际成本与计划成本之间的超支或节约差异额的增减变动及其结余情况。其借方登记结转入库材料的超支差异额和结转发出材料应负担的节约差异额，即实际成本小于计划成本的差异；贷方登记结转入库材料的节约差异额和结转发出材料应负担的超支差异额，即实际成本大于计划成本的差额。期末余额如果在借方，表示库存材料的超支差异额，如果在贷方，表示库存材料的节约差异额。

材料按计划成本计价核算，除上述三个账户外，其他账户与材料按实际成本计价核算所涉及的相关账户相同。

### （二）计划成本法的会计处理

在计划成本法下，取得的材料先要通过"材料采购"科目进行核算，材料的实际成本与计划成本的差异，通过"材料成本差异"科目进行核算。企业支付材料价款和运杂费等，按应计入材料采购成本的金额，借记"材料采购"科目，按取得的增值税专用发票上注明的可

抵扣进项税额，借记"应交税费——应交增值税（进项税额）"科目，按实际支付或应支付的金额，贷记"银行存款"科目。

期末，企业应将仓库转来的外购材料凭证，分别按以下情况进行处理。

（1）对于已经付款或已开出、承兑商业汇票的收料凭证，应按实际成本和计划成本分别汇总，按计划成本，借记"原材料"等科目，贷记"材料采购"科目；按实际成本大于计划成本的差异，借记"材料成本差异"科目，贷记"材料采购"科目；实际成本小于计划成本的差异，借记"材料采购"科目，贷记"材料成本差异"科目。

（2）对于尚未收到发票账单的收料凭证，应按计划成本暂估入账，借记"原材料"等科目，贷记"应付账款——暂估应付账款"科目，下期初做相反分录予以冲回，借记"应付账款——暂估应付账款"科目，贷记"原材料"科目。下期初收到发票账单的收料凭证，借记"材料采购"科目，按取得的增值税专用发票上注明的可抵扣进项税额，借记"应交税费——应交增值税（进项税额）"科目，贷记"银行存款""应付账款"等科目。

企业购入验收入库的材料，按计划成本，借记"原材料"科目，按实际成本，贷记"材料采购"科目，按计划成本与实际成本的差异，借记或贷记"材料成本差异"科目。

（三）计划成本法核算的举例

下面仍以嘉美机械设备有限公司 2016 年 3 月份发生的经济业务为例，说明计划成本法的运用。

【例 9-17】3 月 4 日，嘉美机械设备有限公司购进螺纹钢 5 吨，塑胶板 10 吨，取得增值税专用发票。发票上注明螺纹钢买价 2 000 元 / 吨，计 10 000 元，增值税税率 17%，增值税 1 700 元；塑胶板买价 500 元 / 吨，计 5 000 元，增值税税率 17%，增值税 850 元，价税合计 17 550 元，以银行存款支付。

这笔经济业务的发生，一方面螺纹钢的采购成本增加 10 000 元，塑胶板的采购成本增加 5 000 元，应记入"材料采购"科目的借方，同时企业在购入材料时支付了 2 550 元的增值税，可作为进项税额扣除，应记入"应交税费——应交增值税（进项税额）"科目的借方；另一方面银行存款减少 17 550 元，应记入"银行存款"科目的贷方。其会计分录如下。

借：材料采购——螺纹钢 10 000
　　　　　　——塑胶板 5 000
　　应交税费——应交增值税（进项税额） 2 550
　贷：银行存款 17 550

【例 9-18】3 月 5 日，嘉美机械设备有限公司以现金支付上述材料运杂费 6 000 元。要求按照运杂费按买家分摊材料运杂费。

这笔经济业务的发生，一方面螺纹钢的采购成本增加 4 000 元，塑胶板的采购成本增加 2 000 元，应记入"材料采购"科目的借方；另一方面现金减少 6 000 元，应记入"库存现金"科目的贷方。其会计分录如下。

借：材料采购——螺纹钢 4 000
　　　　　　——塑胶板 2 000

　　贷：库存现金　　　　　　　　　　　　　　　　　　　　　　　　　　　6 000

　　【例9-19】3月7日，上述螺纹钢、塑胶板验收入库，编制"收料单"，结转其实际成本。

　　根据公司采购计划，本批次螺纹钢的计划成本为20 000元，塑胶板的计划成本为6 000元，在计划成本发下，原材料按计划价格入账。因而可以确定特种钢采购成本的节约差异额为6 000（20 000–14 000）元，塑胶板采购成本的超支差异额为1 000（7 000–6 000）元。其会计分录如下：

　　借：材料采购——螺纹钢　　　　　　　　　　　　　　　　　　　　　　6 000
　　　　贷：材料成本差异——螺纹钢　　　　　　　　　　　　　　　　　　　6 000
　　借：材料成本差异——塑胶板　　　　　　　　　　　　　　　　　　　　1 000
　　　　贷：材料采购——塑胶板　　　　　　　　　　　　　　　　　　　　1 000

　　入库时，这笔经济业务的发生，一方面库存的原材料螺纹钢、塑胶板分别增加20 000元、6 000元，记入"原材料"科目的借方，另一方面，该原材料的采购成本原来记录在"材料采购"科目的借方，应从其贷方转出，同时确认将螺纹钢和塑胶板采购成本差异记入到"材料成本差异"科目。其会计分录如下。

　　借：原材料——螺纹钢　　　　　　　　　　　　　　　　　　　　　　20 000
　　　　　　　——塑胶板　　　　　　　　　　　　　　　　　　　　　　6 000
　　　　贷：材料采购——螺纹钢　　　　　　　　　　　　　　　　　　　20 000
　　　　　　　　　　——塑胶板　　　　　　　　　　　　　　　　　　　6 000

　　上述业务也可以合并编制分录为：

　　借：原材料——螺纹钢　　　　　　　　　　　　　　　　　　　　　　20 000
　　　　　　　——塑胶板　　　　　　　　　　　　　　　　　　　　　　6 000
　　　　材料成本差异——塑胶板　　　　　　　　　　　　　　　　　　　1 000
　　　　贷：材料采购——螺纹钢　　　　　　　　　　　　　　　　　　　14 000
　　　　　　　　　　——塑胶板　　　　　　　　　　　　　　　　　　　7 000
　　　　　　材料成本差异——螺纹钢　　　　　　　　　　　　　　　　　6 000

# 第三节 供应业务的会计实训

## 一、实训目的和要求

　　实训目的：通过实训，掌握工业企业生产准备阶段的核算。

　　要求：填写业务发生时（财务部门应填制）的原始凭证（如支票和各种计算单等），编制记账凭证。

　　（注：由于案例是按业务循环而不是按日期编写，实验在编制记账凭证涉及字号时建议先只写字不编号，待完成所有凭证的编制后，登记账簿前再安装类别和日期编号）

### 二、业务与操作指引

北京××机械设备有限公司 2016 年 12 月发生以下和生产准备有关的业务。

业务 1：12 月 7 日，从北京万方钢板有限公司购入钢材 20 吨，增值税发票表明，钢材含税价 187 200 元。钢材已经验收入库，企业办理了入库手续。同日，企业开出支票 187 200 元付款。

要求：（1）填制转账支票付款。

（2）根据此业务相关原始凭证填制转账凭证和付款凭证。

**操作指引**

本业务主要涉及"原材料""应交税费——应交增值税"科目的运用。

原材料的日常收发及结存，可以采用实际成本核算，也可以采用计划成本核算。"原材料"科目用于核算库存各种材料的收发与结存情况。在原材料按实际成本核算时，本科目的借方登记入库材料的实际成本，贷方登记发出材料的实际成本，期末余额在借方，反映企业库存材料的实际成本。

"应交税费——应交增值税"属于负债类账户，借方反映企业购进货物或接受应税劳务支付的进项税额和实际已交纳的增值税；贷方反映销售货物或提供应税劳务应交纳的增值税额和出口产品退税、进项税额转出的增值税，期末余额若在借方，反映企业多交或尚未抵扣的增值税，若为贷方余额，反映企业尚未交纳的增值税。应交增值税还应分别对"进项税额""销项税额""出口退税""进项税额转出""已交税金"等进行明细核算。

1-1/3

## 北 京 市 增 值 税 专 用 发 票
### 发 票 联

开票日期：2016 年 12 月 07 日　　　　　　　　　　　　　　No 86753243

| 购货单位 | 名　称 | 北京××机械设备有限公司 | | | 纳税人登记号 | 1101082011020 | | | | | | | | | |
| | 地址电话 | 北京通州区××路1号 01087528888 | | | 开户银行及账号 | 建行××支行　01020111201088 | | | | | | | | | |

| 商品或劳务名称 | 计量单位 | 数量 | 单价 | 金　额 | 税率(%) | 税　额 |
|---|---|---|---|---|---|---|

价税合计（大写）　壹拾捌万柒仟贰佰零拾零元零角零分　　¥187 200.00

| 销货单位 | 名　称 | 北京××钢板有限公司 | 纳税登记号 | 200213020981 |
| | 地址 电话 | 北京方庄××号 62351269 | 开户银行及账号 | 工行××分理处　110987649 |

收款人：张杰　　　　开票单位：　　　　　　　结算方式：转账

1-2/3

| 中国建设银行 | 支票号 | | | | | | | | | 20159023 | | | | | | | | |
|---|---|---|---|---|---|---|---|---|---|---|---|---|---|---|---|---|---|---|
| 转账支票存根 | 中国建设银行 转账支票（京） | | | | | | | | | | | | | | | | | |
| | 年 月 日 付款行名称 | | | | | | | | | | | | | | | | | |
| 支票号码 20159023 | 出票日期（大写） | | | | | | | | | 出票人账号 | | | | | | | | |
| 科　　目 | 收款人 | | | | | | | | | | | | | | | | | |
| 对方科目 | 人民币（大写） | | | | | | 千 | 百 | 十 | 万 | 千 | 百 | 十 | 元 | 角 | 分 | | |
| 出票日期 年 月 日 | | | | | | | | | | | | | | | | | | |
| | 用途 | | | | | | | | | 科目（借） | | | | | | | | |
| 收款人 | 上述款项请 | | | | | | | | | 对方科目 | | | | | | | | |
| 金　额 | 我账户内支付　财务专用章 | | | | | | | | | 于晓光 | | 账 日期 年 月 日 | | | | | | |
| 用　途 | 出票人签章 | | | | | | | | | | | 复核　　记账 | | | | | | |
| 单位主管　　会计 | | | | | | | | | | | | | | | | | | |

1-3/3

<h3 style="text-align:center">材　料　入　库　单</h3>

2016 年 12 月 07 日　　　　　　　　　　　　　单位：元

材料科目：原材料　　　　　　　　　　　　　编号：1

材料类别：原料及原材料　　　　　　　　　　收料仓库：1 号仓库

供应单位：北京××钢板有限公司　　　　　　发票号码：86753243

| 材料名称 | 规格 | 单位 | 数量 | 单价 | 金额 | 合同号 |
|---|---|---|---|---|---|---|
| 钢材 | 40# | 吨 | 20 | 8 000 | 160 000.00 | 26 |
|  |  |  |  |  |  |  |
|  |  |  |  |  |  |  |

财务主管：赵　华　　供应科长：王东海　　　验收：钱　骏　　采购员：王东海

业务 2：12 月 8 日，从北京 ×× 市场购入油漆一批 10 千克，材料已经验收入库并办理了入库手续。货款未付。

要求：根据此业务相关原始凭证填制转账凭证。

**操作指引**

本业务主要涉及"应付账款"科目的运用。

企业应通过"应付账款"科目，核算应付账款的发生、偿还、转销等情况。该科目贷方登记企业购买材料、商品和接受劳务等而发生的应付账款，借方登记偿还的应付账款，或开出商业汇票抵付应付账款的款项，或已冲销的无法支付的应付账款，余额一般在贷方，表示企业尚未支付的应付账款余额。本科目一般应按照债权人设置明细科目进行明细核算。

2-1/2

<h2>北京市增值税专用发票</h2>
<h3>发票联</h3>

开票日期：2016 年 12 月 08 日　　　　　　　　No 54658855

| 购货单位 | 名　称 | 北京××机械设备有限公司 | | 纳税人登记号 | | 1101082011020 | | | | | | | | | |
|---|---|---|---|---|---|---|---|---|---|---|---|---|---|---|---|
| | 地址电话 | 北京××路1号 01087528888 | | 开户银行及账号 | | 建行××分行 01020111201088 | | | | | | | | | |

| 商品或劳务名称 | 计量单位 | 数量 | 单价 | 金　额 | | | | | | | | 税率(%) | 税　额 | | | | | | | | |
|---|---|---|---|---|---|---|---|---|---|---|---|---|---|---|---|---|---|---|---|---|---|
| | | | | 千 | 百 | 十 | 万 | 千 | 百 | 十 | 元 | 角 | 分 | | 千 | 百 | 十 | 万 | 千 | 百 | 十 | 元 | 角 | 分 |
| 油漆 | 千克 | 10 | 1 500 | | | 1 | 5 | 0 | 0 | 0 | 0 | 0 | 17 | | | 2 | 5 | 5 | 0 | 0 | 0 |
| 合　　计 | | | | | ￥ | 1 | 6 | 0 | 0 | 0 | 0 | 0 | | | | 2 | 5 | 5 | 0 |
| 价税合计（大写） | 壹万柒仟伍佰伍拾零元零角零分 | | | | | | | | ￥17 550.00 | | | | | | | | | | |
| 销货单位 | 名　称 | 北京××市场 | 纳税登记号 | 1023569876543 | | | | | | | | | | | |
| | 地址 电话 | 北京学院路××号 85948756 | 开户银行及账号 | 工行××分理处 1102068765 | | | | | | | | | | | |

收款人：钱力　　　　　开票单位：　　　　　　　　结算方式：暂欠

2-2/2

<h3>材料入库单</h3>

2016 年 12 月 08 日　　　　　　　　　　　　　　单位：元

材料科目：原材料　　　　　　　　　　　　　　　编号：4

材料类别：辅助材料　　　　　　　　　　　　　　收料仓库：2 号仓库

供应单位：北京××市场　　　　　　　　　　　　发票号码：54658855

| 材料名称 | 规格 | 单位 | 数量 | 单价 | 金额 | 合同号 |
|---|---|---|---|---|---|---|
| 油漆 | YQ1230 | 千克 | 10 | 1 500 | 15 000.00 | 265 |
| | | 收　讫 | | | | |
| | | | | | | |

财务主管：赵华　　供应科长：王东海　　验收：钱骏　　采购员：王东海

业务 3：12 月 11 日，办理银行汇票。金额 270 000 元。欲向 ×× 电动机厂购买发动机。办理过程中支付手续费 5.7 元，手续费直接通过银行存款划转。

要求：根据此业务相关原始凭证填制付款凭证。

**操作指引**

本业务主要涉及"其他货币资金"科目的运用。

企业填写"银行汇票申请书"，将款项交存银行时，借记"其他货币资金——银行汇票"科目，贷记"银行存款"科目；企业持银行汇票购货、收到有关发票账单时，借记"材料采购"或"原材料""库存商品""应交税费——应交增值税（进项税额）"等科目，贷记"其他货币资金——银行汇票"科目；采购完毕收回剩余款项时，借记"银行存款"科目，贷记"其他货币资金——银行汇票"科目。

3-1/2

**中国建设银行汇票委托书** （存　根）

委托日期　2016 年　12 月　11 日　　　　　　第 976765 号　　**1**

| 收款人 | 北京××机械设备有限公司 | 汇款人 | ××电动机厂 | | | | | | | | | | | |
|---|---|---|---|---|---|---|---|---|---|---|---|---|---|---|
| 账号 | 01020111201088 | 账号或住址 | 1240545466 | | | | | | | | | | | |
| 兑付地点 | 石家庄 | 兑付行 | 工行营业部 | 汇款用途 | | | 购货 | | | | | | | | |
| 汇款金额 | 人民币（大写）　贰拾柒万元整 | | | 千 | 百 | 十 | 万 | 千 | 百 | 十 | 元 | 角 | 分 | |
| | | | | | ￥ | 2 | 7 | 0 | 0 | 0 | 0 | 0 | 0 | |
| 备注 | | 科目——————<br>对方科目——————<br>财务主管　复核　　经办 | | | | | | | | | | | | | |

3-2/2

**中国建设银行邮、电、手续费收费凭证**（借方凭证）

年　　月　　日

| 缴款人名称： | | | | 信（电）汇 笔　汇票 笔<br>其他 笔 | | | | | | | | | | | | |
|---|---|---|---|---|---|---|---|---|---|---|---|---|---|---|---|---|
| 账 号： | | | | 托收、委托 笔<br>支票本 专用托收 笔 | | | | | | | | | | | | |
| 邮电金额 | | | | | 电报费金额 | | | | | 手续费金额 | | | | | 合计金额 | |
| 百 | 十 | 元 | 角 | 分 | 百 | 十 | 元 | 角 | 分 | 百 | 十 | 元 | 角 | 分 | 千 百 十 元 | 角 分 |
| | | | | | | | | | | | | 5 | 7 | 0 | ￥ 5 | 7 0 |
| 合计金额 | 人民币（大写） | | | | | | | | | | | | | | 科目 对方科目 复核 记账 复票 制票 | |

155

业务 4：12 月 16 日，购入微型计算机 2 台，已交付到管理部门使用。增值税发票表明，设备含税价 14 040 元，同日，企业开出支票 14 040 元付款。

要求：（1）填写转账支票支付货款。

（2）根据此业务相关原始凭证填制付款凭证。

**操作指引**

本业务主要涉及"固定资产"科目的运用。

为了核算固定资产，企业一般需要设置"固定资产""累计折旧""在建工程""工程物资""固定资产清理"等科目，核算固定资产取得、计提折旧、处置等情况。"固定资产"科目核算企业固定资产的原价，借方登记企业增加的固定资产原价，贷方登记企业减少的固定资产原价，期末借方余额，反映企业期末固定资产的账面原价。企业应当设置"固定资产登记簿"和"固定资产卡片"，按固定资产类别、使用部门和每项固定资产进行明细核算。

企业购入不需要安装的固定资产，其发生的有关成本，直接记入"固定资产"科目；企业购入需要安装的固定资产，在其达到预定可使用状态之前，应将其购建过程中发生的全部支出，先记入"在建工程"科目，待其安装完毕交付使用时再从"在建工程"科目转入"固定资产"科目。

4-1/3

## 北 京 市 增 值 税 专 用 发 票
### 发 票 联

开票日期：2016 年 12 月 16 日　　　　　　　　　　No 8576963

| 购货单位 | 名　称 | 北京××机械设备有限公司 | 纳税人登记号 | 1101082011020 |
| | 地址电话 | 北京通州区××路1号 01087528888 | 开户银行及账号 | 建行××分行××支行 01020111201088 |

| 商品或劳务名称 | 计量单位 | 数量 | 单价 | 金　　额 千 百 十 万 千 百 十 元 角 分 | 税率(%) | 税　　额 千 百 十 万 千 百 十 元 角 分 |
|---|---|---|---|---|---|---|
| 微机 | 台 | 2 | 6 000 | 1 2 0 0 0 0 0 | 17 | 2 0 4 0 0 0 |
| | | | | | | |
| 合　　计 | | | | ￥1 2 0 0 0 0 0 | | ￥2 0 4 0 0 0 |

价税合计（大写）　壹万肆仟零佰肆拾零元零角零分　　　　　　￥14 040.00

| 销货单位 | 名　称 | 中关村××有限责任公司 | 纳税登记号 | 1101685598741 |
| | 地址 电话 | 北京学院路××号 | 开户银行及账号 | 建设银行××支行 120325168 |

收款人：刘丽丽　　　　　　开票单位：　　　　　　　　　　　　　结算方式：转账

财务专用章

4-2/3

**固定资产验收单**

| 2016 年 12 月 16 日 | | | | | | | |
|---|---|---|---|---|---|---|---|
| 验 收 单 位 | 生产科 | | 资产来源 | | 采购 | | |
| 编 号 | 名 称 | 规格型号 | 单位 | 数量 | 单价 | 总成本 | 备注 |
| 2011122003 | 微机 | dell | 台 | 2 | 6 000 | 12 000 | |
| | | | | | 收 讫 | | |
| 负责人 | | 周华波 | | 经办人 | 王东海 | | |

注：固定资产验收单一式三联：1. 存根； 2. 资产使用部门； 3. 财务部门。

4-3/3

| 中国建设银行 转账支票存根 | | 支票号 20159024 | |
|---|---|---|---|
| 支票号码 20159024 | 本出票付款期十天 | 中国建设银行 转账支票（京） | |
| | | 年 月 日付款行名称 | |
| 科 目 | | 出票日期（大写） | |
| 对方科目 | | 出票人账号 | |
| | | 收款人 | |
| 出票日期 年 月 日 | | 人民币 千 百 十 万 千 百 十 元 角 分 | |
| | | 大写 | |
| 收款人 | | 用途 | 科目（借） |
| 金 额 | | 上述款项请从 | 对方科目（贷） |
| 用 途 | | 我账户内支付 | 转账日期 年 月 日 |
| 单位主管 会计 | | 出票人签章 财务专用章 | 于晓光 复核 记账 |

业务 5：12 月 18 日，通过银行电汇方式偿还北京 ×× 钢板有限公司上月购料款 373 800 元。

要求：根据此业务相关原始凭证填制付款凭证。

5-1/1

**中国建设银行电汇凭证（回单）**

2016 年 12 月 5 日

| 付款人 | 全称 | 北京××机械设备有限公司 | | 收款人 | 全称 | 北京××钢板有限公司 | | 此联是银行交给收款人的回单 |
|---|---|---|---|---|---|---|---|---|
| | 账号 | 01020111201088 | | | 账号 | 110987649 | | |
| | 汇出地点 | 北京市 | 汇出行名称 建行××分行××支行 | | 汇入地点 | 北京市 | 汇入行名称 工行××分理处 | |
| 汇入金额 | 人民币（大写）叁拾柒万叁仟捌佰元整 | | | 千 百 十 万 千 百 十 元 角 分 ¥ 3 7 3 8 0 0 0 0 | | | | |
| 汇款用途 | 前欠货款 | | | 汇出银行盖章 2015 年 12 月 5 日 | | | | |
| 上列款项已根据委托办理，如需查询，请持次回单来行面洽 | | | | | | | | |

业务6：12月18日，从北京××机械股份有限公司购置热冲机1台。该设备不需要安装。固定资产当日已经投入使用。发票注明买价总额451 620元。企业开出商业承兑汇票付款。汇票到期日为2016年5月8日。

要求：根据此业务相关原始凭证填制转账凭证。

**操作指引**

本业务主要涉及"应付票据"科目的运用。

"应付票据"科目贷方登记开出、承兑汇票的面值及带息票据的预提利息，借方登记支付票据的金额，月末余额在贷方，表示企业尚未到期的商业汇票的票面金额。

企业因购买材料、商品和接受劳务供应等而开出、承兑的商业汇票，应当按其票面金额作为应付票据的入账金额，借记"材料采购""库存商品""应付账款""应交税费——应交增值税（进项税额）"等科目，贷记"应付票据"科目。

6-1/2

### 北京市增值税专用发票
#### 发票联

开票日期： 2016 年 12 月 18 日　　　　　　NO. 46465754

| 购货单位 | 名称 | 北京××机械设备有限公司 | 税务登记号 | 1101082011020 |
| | 地址电话 | 北京通州区××路 01087528888 | 开户行及账号 | 建行××分行××支行 01020111201088 |

| 商品或劳务名称 | 计量单位 | 数量 | 单价 | 金额（百十万千百十元角分） | 税率(%) | 税额（百十万千百十元角分） |
|---|---|---|---|---|---|---|
| 热冲机 | 台 | 1 | | 3 8 6 0 0 0 0 0 | 17 | 6 5 6 2 0 0 |
| 合计 | | | | ¥3 8 6 0 0 0 | | ¥6 5 6 2 0 0 |

价税合计　佰 拾 万 仟 佰 拾 元 角 分　　¥：451 6250.00

| 销货单位 | 名称 | 北京××机械股份有限公司 | 税务登记号 | 948374937485 |
| | 地址电话 | 01029874977 | 开户银行及账号 | 工行××办 2943853 |

收款人：白雪　　　开票人：张红　　　开票单位（未盖章无效）

6-2/2

## 商 业 承 兑 汇 票 （存根）

签发日期  2016 年  12 月 18 日                第 SC05871 号

| 收款人 | 全　称 | 北京××机械股份有限公司 | 付款人 | 全称 | 北京××机械设备有限公司 | | | | | | | | | | |
|---|---|---|---|---|---|---|---|---|---|---|---|---|---|---|---|
| | 账　号 | 2943853 | | 账号 | 01020111201088 | | | | | | | | | | |
| | 开户行 | 工行××大 | | 开户行 | 工行 | | 行号 | | ××支行××分理处 | | | | | | |
| 汇票金额 | 人民币（大写） | 财务专用章 | | 于晓光 | 千 | 百 | 十 | 万 | 千 | 百 | 十 | 元 | 角 | 分 |
| | | | | | | | | 5 | 5 | 8 | 3 | 6 | 0 | 0 |
| 汇票到期日 | | 2017 年 1 月 8 日 | 交易合同号码 | | | | | | | | | | | | |
| 备注： | | | | | | | | | | | | | | | |
| | | | | | 负责：王云 | | | 经办：张爽 | | | | | | | |

业务 7：12 月 20 日，收到从 ×× 电动机厂购入的电动机 5 台，验收入库，货款已用支票支付。增值税发票表明，电动机含税价 4 680 元，冀东电动机厂代垫运费 300 元。货款未付。

要求：据上述原始凭证编制转账凭证。

### 操作指引

存货的采购成本包括购买价款、相关税费、运输费、装卸费、保险费以及其他可归属于存货采购成本的费用。其中，存货的购买价款是指企业购入的材料或商品的发票账单上列明的价款，但不包括按规定可以抵扣的增值税额。存货的相关税费是指企业购买存货发生的进口税费、消费税、资源税和不能抵扣的增值税进项税额以及相应的教育费附加等应计入存货采购成本的税费。其他可归属于存货采购成本的费用是指采购成本中除上述各项以外的可归属于存货采购的费用，如在存货采购过程中发生的仓储费、包装费、运输途中的合理损耗，入库前的挑选整理费用等。

7-1/3

## 河北省增值税专用发票

开票日期：2016 年 12 月 18 日 　　　　　　　　　　　　No 7556536678

| 购货单位 | 名 称 | 北京××机械设备有限公司 | 纳税人登记号 | 1101082011020 |
|---|---|---|---|---|
| | 地址电话 | 北京通州区××路1号 01087528888 | 开户银行及账号 | 建行××分行××支行 01020111201088 |

| 商品或劳务名称 | 计量单位 | 数量 | 单价 | 金 额 | | | | | | | | | | 税率(%) | 税 额 | | | | | | | | | |
|---|---|---|---|---|---|---|---|---|---|---|---|---|---|---|---|---|---|---|---|---|---|---|---|---|
| | | | | 千 | 百 | 十 | 万 | 千 | 百 | 十 | 元 | 角 | 分 | | 千 | 百 | 十 | 万 | 千 | 百 | 十 | 元 | 角 | 分 |
| 发动机 | | 5 | 800 | | | 4 | 0 | 0 | 0 | 0 | 0 | 17 | | | | | | 6 | 8 | 0 | 0 | 0 |
| 合 计 | | | | ¥4 | | | 0 | 0 | 0 | 0 | 0 | | | | | | ¥6 | 8 | 0 | 0 | 0 |

价税合计（大写）　肆仟陆佰捌拾零元零角零分　　　　¥4 680.00

| 销货单位 | 名 称 | ××电动机厂 | 纳税登记号 | 265398576845 |
|---|---|---|---|---|
| | 地址 电话 | 石家庄南京路××号 0311-4682958 | 开户银行及账号 | 工行××支行××分理处 70081294 |

收款人：张杰　　　　开票单位：　　　　　　　　结算方式：转账

7-2/3

## 铁路局运杂费专用发票

运输号码 54354 　　　　　石家庄铁路局　　　　　No 4454

| 发站 | | 金江 | | 到站 | | 成都 | 车种车号 | | 货物自重 | |
|---|---|---|---|---|---|---|---|---|---|---|
| 集装箱型 | | | | 运到期限 | | | 保价金额 | | 运价里程 | |
| 收货人 | 全称 | 北京××机械设备有限公司 | | 发货人 | 全称 | ××电动机厂 | | 现付费用 | | 第二联 报销凭证 |
| | 地址 | 北京通州区××路1号 | | | 地址 | 石家庄南京路××号 | | 项目 | 金额 | |
| 货物名称 | 件数 | 货物重量 | 计费重量 | 运价号 | 运价率 | 附记 | | 运杂费 | 100.00 | |
| 发动机 | 5件 | 2 000千克 | | | | | | 保险费 | 200.00 | |
| | | | | | | | | | | |
| | | | | | | | | | | |
| 发货人声明事项 | | | | | | | | | | |
| 铁路声明事项 | | | | | | | | 合计 | 300.00 | |

7-3/3

## 材 料 入 库 单

2016 年 12 月 20 日        单位：元

材料科目：原材料         编号：2

材料类别：原料及原材料       收料仓库：1 号仓库

供应单位：××电动机厂       发票号码：7556536678

| 材料名称 | 规格 | 单位 | 数量 | 单价 | 金额 | 合同号 |
|---|---|---|---|---|---|---|
| 发动机 | 40# | 吨 | 5 | 8 000 | 4 980.00 | 26 |
| | | | | | 收 讫 | |
| | | | | | | |

财务主管： 赵 华   供应科长：王东海    验收：钱 骏   采购员：王东海

业务 8：12 月 22 日，企业开出信汇凭证支付 ×× 钢铁厂订金 20 000 元。

  要求：（1）填写信汇凭证支付货款。

     （2）根据此业务相关原始凭证填制付款凭证。

**操作指引**

本业务主要涉及"预付账款"科目的运用。

企业根据购货合同的规定向供应单位预付款项时，借记"预付账款"科目，贷记"银行存款"科目。企业收到所购物资，按应计入购入物资成本的金额，借记"材料采购"或"原材料""库存商品""应交税费——应交增值税（进项税额）"等科目，贷记"预付账款"科目；当预付货款小于采购货物所需支付的款项时，应将不足部分补付，借记"预付账款"科目，贷记"银行存款"科目；当预付货款大于采购货物所需支付的款项时，对收回的多余款项应借记"银行存款"科目，贷记"预付账款"科目。

8-1/2

## 预 付 款 项 申 请 单

2016 年 12 月 22 日

| 申请金额：48 000.00 | 批准金额：48 000.00 | 预付方式：信汇 |
|---|---|---|
| 收款单位：××钢铁厂 | 收款单位开户行：工行营业部 | 账号：2368267313 |
| 预付内容：<br>    购特种钢 50 吨<br>  合同（协议）总金额：68 000.00 元     本次预付 20 000.00 元<br>      附合同 1 份，书面协议 份，合同号 002561 | | |
| 预计到货或工程完工时间：2016 年 12 月 22 日 | | |
| 批准人：      会计主管： | | |
| 执行情况 | | |
| 申请人：       财务经办： | | |

第一联 存根联

8-2/2

## 中国建设银行信汇凭证（回单）

汇款单位编号　　　委托日期：　2016 年 12 月 22 日　　　第 0124435 号　**1**

<table>
<tr><td rowspan="3">收款单位</td><td>全称</td><td></td><td rowspan="6">汇款单位</td><td>全称</td><td colspan="2"></td><td rowspan="9">此联汇出行给汇款人的回单</td></tr>
<tr><td>账号或住址</td><td></td><td>账号或住址</td><td colspan="2"></td></tr>
<tr><td>汇入地点</td><td>青岛市</td><td>汇出地点</td><td>市</td><td>汇出行名称</td></tr>
<tr><td></td><td>汇入行名称</td><td></td><td></td><td></td><td></td></tr>
</table>

| 金额 | 人民币（大写） | 千 | 百 | 十 | 万 | 千 | 百 | 十 | 元 | 角 | 分 |
|---|---|---|---|---|---|---|---|---|---|---|---|
|  |  |  |  |  |  |  |  |  |  |  |  |

汇款用途：**预付货款**

　上列款项已根据委托办理，如需查询，请持此回单来行面洽。

（汇出行盖章）

2016 年 12 月 26 日

单位主管：　　会计：　　复核：

记账：

业务9：12月25日，企业开出支票4 980元支付从××电动机厂购入5台电动机的欠款。

要求：（1）填写转账支票支付货款。

　　　（2）根据此业务相关原始凭证填制付款凭证。

9-1/1

<table>
<tr><td colspan="2">中国建设银行<br>转账支票存根</td><td rowspan="2">本出票付款期十天</td><td>支票号</td><td colspan="3">20169025</td></tr>
<tr><td colspan="2">支票号码　　20169025</td><td colspan="3">中国建设银行　　转账支票（京）<br>年　月　日　付款行名称</td></tr>
<tr><td>科　目<br>对方科目</td><td></td><td></td><td>出票日期（大写）<br>收款人</td><td colspan="3">出票人账号</td></tr>
<tr><td>出票日期　年　月　日</td><td></td><td></td><td>人民币<br>大写</td><td colspan="3">千 百 十 万 千 百 十 元 角 分</td></tr>
<tr><td>收款人</td><td></td><td></td><td>用途</td><td colspan="3">目（借）<br>方科目（贷）</td></tr>
<tr><td>金　额<br>用　途</td><td></td><td></td><td>上述款项从<br>我账户内支付<br>出票人签章</td><td colspan="3">转账日期　年　月　日<br>复核　　记账</td></tr>
<tr><td colspan="2">单位主管：　　会计：</td><td></td><td></td><td colspan="3"></td></tr>
</table>

业务 10：12 月 27 日，收到北京 ×× 设备制造厂发来的木箱 5 个，验收入库，款未付。由于没有合同，按暂估处理，估计总金额 2 000 元。

要求：根据此业务相关原始凭证填制转账凭证。

**操作指引**

本业务涉及暂估业务的会计处理，企业购入材料、商品等或接受劳务所产生的应付账款，应按应付金额入账。购入材料、商品等验收入库，但货款尚未支付，根据有关凭证（发票账单、随货同行发票上记载的实际价款或暂估价值），借记"材料采购""在途物资"等科目，按可抵扣的增值税额，借记"应交税费——应交增值税（进项税额）"科目，按应付的价款，贷记"应付账款"科目。

10-1/1

### 材料入库单

2016 年 12 月 27 日　　　　　　　　　　　　单位：元

材料科目：包装物　　　　　　　　　　　　编号：5

材料类别：辅助材料　　　　　　　　　　　收料仓库：2 号仓库

供应单位：北京××设备制造厂　　　　　　发票号码：

| 材料名称 | 规格 | 单位 | 数量 | 单价 | 金额 | 合同号 |
|---|---|---|---|---|---|---|
| 木箱 | MX | 个 | 5 | 400 | 2 000.00 | 无 |
|  |  |  |  | 收 讫 |  |  |
|  |  |  |  |  |  |  |
|  |  |  |  |  |  |  |

财务主管：赵 华　　供应科长：　　验收：钱 骏　　采购员：

业务 11：12 月 28 日，公司从北京 ×× 机床厂购入锻压机 1 台，机床已交付，企业开出转账支票付款，但固定资产需要安装后方可使用。增值税专用发票列明加税合计 351 000 元。

要求：（1）填制转账支票支付购买固定资产价款。

（2）根据此业务相关原始凭证填制付款凭证。

**操作指引**

本业务主要涉及"在建工程"科目的运用。

"在建工程"科目核算企业基建、更新改造等在建工程发生的支出，借方登记企业各项在建工程的实际支出，贷方登记完工工程转出的成本，期末借方余额反映企业尚未达到预定可使用状态的在建工程的成本。购入需要安装的固定资产，应在购入的固定资产取得成本的基础上加上安装调试成本等，作为购入固定资产的成本，先通过"在建工程"科目核算，待安装完毕达到预定可使用状态时，再由"在建工程"科目转入"固定资产"科目。

企业购入固定资产时，按实际支付的购买价款、运输费、装卸费和其他相关税费等，借记"在建工程"科目，贷记"银行存款"等科目；支付安装费用等时，借记"在建工程"科目，贷记"银行存款"等科目；安装完毕达到预定可使用状态时，按其实际成本，借记"固定资产"科目，贷记"在建工程"科目。

11-1/2

## 北 京 市 增 值 税 专 用 发 票
### 发 票 联

开票日期：2016 年 12 月 28 日　　　　　　　　　　No　023959235

| 购货单位 | 名　称 | 北京××机械设备有限公司 | 纳税人登记号 | 1101082011020 |
| --- | --- | --- | --- | --- |
| | 地址电话 | 北京通州区××路1号 01087528888 | 开户银行及账号 | 建行××分行××支行 01020111201088 |

| 商品或劳务名称 | 计量单位 | 数量 | 单价 | 金　额 千 百 十 万 千 百 十 元 角 分 | 税率(%) | 税　额 千 百 十 万 千 百 十 元 角 分 |
| --- | --- | --- | --- | --- | --- | --- |
| 锻压机 | 台 | 1 | 300 000 | 3 0 0 0 0 0 0 0 | 17 | 5 1 0 0 0 0 0 |
| 合　计 | | | | ￥3 0 0 0 0 0 0 0 | | ￥5 1 0 0 0 0 0 |
| 价税合计（大写） | | 叁拾伍万壹仟零佰零拾零元零角零分 | | | | ￥351 000.00 |

| 销货单位 | 名　称 | 北京××机床厂 | 纳税登记号 | 110685598741 |
| --- | --- | --- | --- | --- |
| | 地址 电话 | 北京丰台区××庄1号 | 开户银行及账号 | 建设银行××支行 120325168 |

收款人：刘丽丽　　　　开票单位：　　　　　　　　　发票专用章　　　　结算方式　转账

11-2/2

| 中国建设银行 转账支票存根 | | 支票号 | | | | | | | | 20169026 | | | | | | | |
| --- | --- | --- | --- | --- | --- | --- | --- | --- | --- | --- | --- | --- | --- | --- | --- | --- | --- |
| | | **中国建设银行　　转账支票（京）** | | | | | | | | | | | | | | | |
| 支票号码　　20169026 | | 年　月　日付款行名称 | | | | | | | | | | | | | | | |
| 科　目 | | 出票日期（大写） | | | | | | | | | | | | | | | |
| 对方科目 | | | | 出票人账号 | | | | | | | | | | | | | |
| | 本出票付款期十天 | 收款人 | | | | | | | | | | | | | | | |
| 出票日期　年 月 日 | | 人民币 | | | | | | | 千 | 百 | 十 | 万 | 千 | 百 | 十 | 元 | 角 分 |
| | | 大写 | | | | | | | | | | | | | | | |
| 收款人 | | 用途 | | | | | | | 科目（借） | | | | | | | | |
| | | 上述款项请从 | | | | | | | 对方科目 | | | | | | | | |
| 金　额 | | 我账户内支付 | | 财务专用章 | | | 于晓光 | | | | | | | | | | |
| 用　途 | | 出票人签章 | | | | | | | 日期　　年 月 日 | | | | | | | | |
| 单位主管　　会计 | | | | | | | | | 复核　　　记账 | | | | | | | | |

业务12：12月29日，公司用现金支付锻压机安装调试费1 000元。固定资产当日交付使用。公司办理理固定资产转移使用单。

要求：根据此业务相关原始凭证填制付款凭证。

12-1/2

**收　　据**

2016 年 12 月 29 日

| 今收到职工 | 北京××机械设备有限公司 | |
|---|---|---|
| 人民币（大写） 壹仟元整 | | ￥1 000.00 |
| 事由：机床安装调试费 | 现金： √ | |
| | 支票 | |
| | | |
| 收款单位 | 财务主管 | 收款人 李华东 |

此联为报销凭证

12-2/2

**固定资产验收单**

| 2016 年 12 月 29　日 | | | | | 收 采购 讫 | |
|---|---|---|---|---|---|---|
| 验 收 单 位 | 生产科 | 资产来源 | | | | |
| 编　　号 | 名　　称 | 规格型号 | 单位 | 数量 | 单价 | 总成本 备 注 |
| 2011122001 | 锻 压机 | DEG | 台 | 1 | 35 100 | 36 100 |
| | | | | | | |
| 负责人 | | 周华波 | 经办人 | 王东海 | | |

注：固定资产验收单一式三联：1.存根；2.资产使用部门；3.财务部门。

业务13：12月31日，收到××电动机厂发来购买电动机发票及代垫运费发票，发票表明，××电动机厂发出电动机300台，总价266 760元。代垫运费，1 612.80元。公司收到汇票余款1 399.20元。公司办理收料手续。

要求：（1）填制收料单。

（2）根据此业务相关原始凭证填制转账凭证和收款凭证。

13-1/5

石家庄铁路局

| 计划号码及运输号码 | | | | | | 货　运　票 | | | | | |
| 货物运到期限　　日 | | | | | | 承运凭证：发站—发货人报销用 | | | NO 889785 | | |

| 发站 | | 石家庄 | 到站 | 北京站 | 车种车号 | | 火车标重 | | 铁路/发货人装车 | | |
|---|---|---|---|---|---|---|---|---|---|---|---|
| 发货人 | 名称 | ××电动机厂 | | | 施封号码 | | | | 铁路/发货人施封 | | |
| | 住址 | 石家庄 | 电话 | 0311—23987653 | 铁路货车篷布号码 | | | | | | |
| 收货人 | 名称 | 北京××机械设备有限公司 | | | 集装箱号码 | | | | | | |
| | 住址 | 北京 | 电话 | 01087528888 | 经由 | | | 运价里程 | 680 | | |

| 货物名称 | 件数 | 货物重量（吨） | | | 计费重量 | 类 | 项 | 运价号 | 运价率 | 现付费用 | |
|---|---|---|---|---|---|---|---|---|---|---|---|
| | | 包装 | 发货人确定 | 铁路确定 | | | | | | 费别 | 金额 |
| 发动机 | | | 300 | 300 | 300 | | | 24 | 0.16 | 运杂费 | 642.30 |
| | | | | | | | | | | 基金1 | 697.40 |
| | | | | | | | | | | 保价费 | 16.10 |
| | | | | | | | | | | 电气化费 | 218.90 |
| | | | | | | | | | | 新路均摊 | 38.10 |
| 合计 | | | | | | | | | | 京广分流 | |
| 记事 | | | | | | | | | | 合计 | 1 612.80 |

发站承运日期：　2016 年 12 月 31 日　　　　　　　　经办人签章　　张红

13-2/5

中国人民保险公司 石家庄分公司

国内水路、铁路货物运输保险凭证（甲）　　　　　NO 55764

　　本公司依照国内水路、铁路货物运输保险条款及凭证所证明的其他条件，对下列货物承保运输保险：

被保险人：　北京××机械设备有限公司　　　　　　投保人：××电动机厂

| 货物运单号 | 货物名称 | 件数重量 | 中转地 | 目的地 | 运输工具及起运日期 | 保险金额 | 保险费率（‰） | | 保险费 |
|---|---|---|---|---|---|---|---|---|---|
| | | | | | | | 综合险 | 基本险 | |
| 03248 | 发动机 | | | 北京 | 火车 12 月 31 日 | 228 000 | 1 | | 228.00 |

　　复核：　　　　　　　　签章：　　　　　　代理处：

1. 综合险包括基本险。

2. 凡在保险费综合险或基本险栏内填明费率的即按该险别承担责任。

3. 如遇出险请凭本凭证第四联正本连同有关原件单证报出险当地保险公司处理。

4. 每笔最低保费为人民币壹元。

2016 年 12 月 31 日

13-3/5

# 石家庄增值税专用发票
## 发 票 联

开票日期： 2016 年 12 月 31 日　　　　　　　NO 02456858747

<table>
<tr><td rowspan="3">购货单位</td><td>名称</td><td colspan="2">北京××机械设备<br>有限公司</td><td>纳税人登记号</td><td colspan="2">1101082011020</td></tr>
<tr><td rowspan="2">地址电话</td><td rowspan="2" colspan="2">北京 01087528888</td><td rowspan="2">开户银行及账号</td><td rowspan="2" colspan="2">市建行营业部 01020111201088</td></tr>
<tr></tr>
<tr><td rowspan="2">商品或劳务名称</td><td rowspan="2">计量单位</td><td rowspan="2">数量</td><td rowspan="2">单价</td><td colspan="9">金额</td><td rowspan="2">税率(%)</td><td colspan="9">税额</td></tr>
<tr><td>百</td><td>十</td><td>万</td><td>千</td><td>百</td><td>十</td><td>元</td><td>角</td><td>分</td><td>百</td><td>十</td><td>万</td><td>千</td><td>百</td><td>十</td><td>元</td><td>角</td><td>分</td></tr>
<tr><td>发动机</td><td>台</td><td>300</td><td>760</td><td></td><td>2</td><td>2</td><td>8</td><td>0</td><td>0</td><td>0</td><td>0</td><td>0</td><td>17</td><td></td><td></td><td>3</td><td>8</td><td>7</td><td>6</td><td>0</td><td>0</td><td>0</td></tr>
<tr><td></td><td></td><td></td><td></td><td></td><td></td><td></td><td></td><td></td><td></td><td></td><td></td><td></td><td></td><td></td><td></td><td></td><td></td><td></td><td></td><td></td><td></td><td></td></tr>
<tr><td>合计</td><td></td><td></td><td></td><td>¥</td><td>2</td><td>2</td><td>8</td><td>0</td><td>0</td><td>0</td><td>0</td><td>0</td><td>17</td><td>¥</td><td></td><td>3</td><td>8</td><td>7</td><td>6</td><td>0</td><td>0</td><td>0</td></tr>
<tr><td colspan="4">价税合计（大写）</td><td colspan="14">贰拾陆万陆仟柒佰陆拾零元零角零分　　　　　¥：266 760.00</td></tr>
<tr><td rowspan="3">销货单位</td><td>名称</td><td colspan="2">××电动机厂</td><td>纳税人登记号</td><td colspan="2">24575443873</td></tr>
<tr><td rowspan="2">地址电话</td><td rowspan="2" colspan="2">石家庄 0311－<br>23987653</td><td rowspan="2">开户银行及账号</td><td rowspan="2" colspan="2">1240545466</td></tr>
<tr></tr>
<tr><td colspan="4">收款人： 赵仁</td><td colspan="14">开票单位（未盖章无效）</td></tr>
</table>

13-4/5

中国建设银行

| 付款期 一个月 | | |
|---|---|---|

银 行 汇 票 （多 余 款 收账通知） 4

签发日期

兑付地点北京    兑付行：工行××路

贰零壹陆年拾贰月叁拾壹日

行号：986

（大写）

收款人：北京××机械设备有限公司    账号或住址：01020111201088

汇款金额人民币（大写）：贰拾柒万元整    第　　号

| 实际结算金额 | 人民币（大写） | 千 | 百 | 十 | 万 | 千 | 百 | 十 | 元 | 角 | 分 |
|---|---|---|---|---|---|---|---|---|---|---|---|
| | | | | ￥ | 2 | 6 | 8 | 6 | 0 | 0 | 8 | 0 |

汇款人：××电动机厂

签发行：石家庄工行    行号：2875

汇款用途：    购货

签发行盖章：    2016 年 12 月 31 日

| 多 余 金 额 | | | | | | | | |
|---|---|---|---|---|---|---|---|---|
| 百 | 十 | 万 | 千 | 百 | 十 | 元 | 角 | 分 |
| | | | ￥ | 1 | 3 | 9 | 9 | 2 | 0 |

左列退回多余金额已收入你账户内。

财务主管：　复核：　记账：

13-5/5

## 收 料 单

供应单位：    材料科目：原材料

发票号码：02456858747    年　月　日    编号：

仓库：    材料类别：

| 材料编号 | 名　　称 | 规格 | 计量单位 | 数量 | | 实 际 成 本 | | | | | 计 划 成 本 | |
|---|---|---|---|---|---|---|---|---|---|---|---|---|
| | | | | 应收 | 实收 | 买　价 | | 运杂费 | 其他 | 合计 | 单位成本 | 金　额 |
| | | | | | | 单价 | 金额 | | | | | |
| | | | | | | | | | | | 收　讫 | |

仓库主管：　　　记账员：　　　验收人：　　　交料人：

业务 14：12 月 31 日，开出支票一张，支付给 ×× 轴承制造厂购置轴承款 300 000 元。

要求：（1）填制转账支票。

（2）根据此业务相关原始凭证填制付款凭证。

14-1/1

| 中国建设银行<br>转账支票存根<br><br>支票号码　20119027<br><br>科　　目<br>对方科目<br><br>出票日期　年 月 日<br><br>收款人<br><br>金　额<br>用　途<br><br>单位主管：　会计： | 本出票付款期十天 | 支票号　　　　　　　　　　　　　　　　20119027<br>中国建设银行　　转账支票（京）<br>年　月　日　付款行名称<br>出票日期（大写）<br>收款人　　　　　　　　　　出票人账号 |
|---|---|---|

人民币　　　　　　　　　　千 百 十 万 千 百 十 元 角 分
大写
用途　　　　　　　　　　　　　　　　目（借）
　　　　　　　　　　　　　　　　方 科 目
　　　　　　　　　　　　　　　　（贷）
上述款项请从
我账户内支付　　　　　　转账日期　年 月 日
出票人签章　　　　　　　复核：　　记账：

◆◆◆ **思考与训练** ◆◆◆

1. 材料采购成本由哪些项目构成？

2. 采用计划成本计价，材料采购、原材料、材料成本差异三个账户间的关系如何？

3. 如何计算、结转材料采购成本？

# 第十章 生产业务的核算

┌─────────────────────────────────────────┐
│ 【学习目标】                              │
│                                           │
│  ◆ 了解制造业企业生产业务的流程。         │
│  ◆ 理解生产成本、制造费用的概念及其构成。 │
│  ◆ 掌握生产业务的核算。                   │
│  ◆ 掌握生产业务的会计处理实务。           │
└─────────────────────────────────────────┘

产品生产阶段是工业企业生产经营活动中极为重要的一个阶段。在这个阶段中,为了制造产品,就需要耗费各种材料,如发生固定资产损耗,支付职工工资以及支付其他各种费用,这些为制造某种产品所发生的费用支出的总和就构成产品的生产成本或称制造成本。

根据《企业会计准则》规定,直接材料、直接人工、其他直接支出和制造费用应计入产品制造成本。其中,企业为生产产品所发生的直接人工、直接材料、其他直接支出,直接计入生产成本;为生产产品所发生的各项间接费用,按照一定标准分配计入生产成本。企业行政部门为组织和管理生产经营活动所发生的各项管理费用和财务费用,不包括在产品成本中,可直接计入当期损益。通过生产过程,企业的储备资金和一部分货币资金,先转化为生产资金,然后再转化为成品资金。因此,在生产过程中,生产费用的归集、分配和产品生产成本的确定,是产品生产业务的核算内容。

## 第一节
### 生产领用材料业务的核算

**一、生产领用材料业务核算涉及的主要账户**

为了核算生产过程中发生的各种经济业务,正确归集和分配各项生产费用,以确定产品的生产成本,应设置以下账户。

(一)"生产成本"账户

"生产成本"属于成本类账户,用来核算企业在产品生产过程中发生的各种生产费用。该账户的借方登记为进行产品生产而发生的各项成本、费用(包括直接材料、直接人工、其他直接支出和制造费用),贷方登记应结转至"库存商品"账户借方的已完工并验收入库产品的实际生产成本。期末余额在借方,表示生产过程中尚未完工的在产品的实际生产成本。

该账户应按产品种类设置明细账户，进行明细分类核算。

（二）"制造费用"账户

"制造费用"属于成本类账户，用来核算企业为生产产品和提供劳务而发生的各项间接费用，包括车间管理人员的工资及福利费、车间厂房及机器设备等固定资产的折旧费和修理费、车间办公费、机物料消耗、劳动保护费和季节性、大修理期间的停工损失等，以及其他不能直接计入产品生产成本的生产费用。该账户的借方登记会计期内发生的各种制造费用，贷方登记应分配转入"生产成本"账户借方的应由各种产品生产负担的制造费用，该账户期末一般无余额。

该账户应按车间设置明细账户，进行明细分类核算。

上述"生产成本"账户和"制造费用"账户虽同属成本类账户，但应注意区别。凡能直接计入成本核算对象的直接费用，如直接用于产品生产的原材料（即直接材料）和直接从事产品生产的工人工资（即直接人工），在发生时应直接记入"生产成本"账户；凡不能直接确认成本核算对象的间接费用，如车间房屋的折旧费、机器设备的折旧费等，在发生时应先记入"制造费用"账户，月末按一定分配方法和分配标准在各成本核算对象之间进行分配时，才转入"生产成本"账户。

（三）"原材料"账户

"原材料"账户用来核算企业库存各种原材料的实际成本。其借方登记已验收入库的各种原材料的实际成本；贷方登记发出各种原材料的实际成本，其借方余额表示库存各种原材料的实际成本。"原材料"账户应按原材料的类别、品种、规格和存放地点设置明细账进行明细核算。

（四）"管理费用"账户

"管理费用"账户是费用类账户，用以核算企业行政管理部门为组织和管理生产经营活动而发生的费用。发生各项管理费用时，记入借方；期末结转"本年利润"账户时，记入贷方；结转后应无余额。

## 二、发出存货的计价方法

企业领用的材料分别计入相关资产的成本或者当期损益，为正确计算成本或损益，发出存货成本的确定，就成为该阶段重点的核算内容之一。

企业应当根据各类存货的实物流转方式、企业管理的要求、存货的性质等实际情况，合理地确定发出存货成本的计算方法，以及当期发出存货的实际成本。对于性质和用途相同的存货，应当采用相同的成本计算方法确定发出存货的成本。

按照准则规定，发出材料实际成本的确定，企业可以选择采用个别计价法、先进先出法、月末一次加权平均法、移动加权平均法等方法。计价方法一经确定，不得随意变更；如需变更，应在附注中予以说明。

### （一）个别计价法

个别计价法，亦称个别认定法、具体辨认法、分批实际法，其特征是注重所发出存货具体项目的实物流转与成本流转之间的联系，逐一辨认各批发出存货和期末存货所属的购进批别或生产批别，分别按其购入或生产时所确定的单位成本计算各批发出存货和期末存货的成本。即把每一种存货的实际成本作为计算发出存货成本和期末存货成本的基础。

在实际工作中，越来越多的企业采用计算机信息系统进行会计处理，个别计价法可以广泛应用于发出存货的计价，并且该方法确定的存货成本最为准确。但在存货收发频繁的情况下，其发出成本分辨的工作量较大。因此，对于不能替代使用的存货、为特定项目专门购入或制造的存货，以及提供的劳务，如珠宝、名画等贵重物品，通常采用个别计价法确定发出存货的成本。

### （二）先进先出法

先进先出法是指以先购入的存货应先发出（销售或耗用）这样一种存货实物流动假设为前提，对发出存货进行计价的一种方法。采用这种方法，先购入的存货成本在后购入存货成本之前转出，据此确定发出存货和期末存货的成本。

具体方法是：收入存货时，逐笔登记收入存货的数量、单价和金额；发出存货时，按照先进先出的原则逐笔登记存货的发出成本和结存金额。

某企业采用先进先出法计价，库存商品明细分类账的登记结果详见表10-1。

表 10-1　先进先出法核算示例

| 2016 年 | | 摘要 | 收入 | | | 发出 | | | 结存 | | |
|---|---|---|---|---|---|---|---|---|---|---|---|
| 月 | 日 | | 数量 | 单价 | 金额 | 数量 | 单价 | 金额 | 数量 | 单价 | 金额 |
| 6 | 1 | 期初结存 | | | | | | | 150 | 50 | 7 500 |
| | 8 | 生产领用 | | | | 80 | 50 | 4 000 | 70 | 50 | 3 500 |
| | 15 | 购进 | 130 | 52 | 6 760 | | | | 70 | 50 | 10 260 |
| | | | | | | | | | 130 | 52 | |
| | 20 | 生产领用 | | | | 60 | 50 | 3 000 | 10 | 50 | 7 260 |
| | | | | | | | | | 130 | 52 | |
| | 24 | 生产领用 | | | | 10 | 50 | 500 | 50 | 52 | 2 600 |
| | | | | | | 80 | 52 | 4 160 | | | |
| | 28 | 购进 | 120 | 53 | 6 360 | | | | 50 | 52 | 8 960 |
| | | | | | | | | | 120 | 53 | |
| | 30 | 生产领用 | | | | 50 | 52 | 2 600 | 90 | 53 | 4770 |
| | | | | | | 30 | 53 | 1 590 | | | |
| | | 本期生产领用成本 | | | | 310 | | 15 850 | | | |

先进先出法可以随时结转存货发出成本，如果存货收发业务较多，且存货单价不稳定，其工作量较大。在物价持续上升时，期末存货成本接近于市价，而发出成本偏低，会高估企业当期利润和库存存货价值；反之，会低估企业存货价值和当期利润。

（三）月末一次加权平均法

月末一次加权平均法是指以本月全部进货数量加上月初存货数量作为权数，除以本月全部进货成本加上月初存货成本，计算出存货的加权平均单位成本，以此为基础计算本月发出存货的成本和期末存货的成本的一种方法。计算公式如下。

存货单位成本＝［月初库存存货的实际成本＋∑（本月各批进货的实际单位成本 × 本月各批进货的数量）］/（月初库存存货数量＋本月各批进货数量之和）

本月发出存货成本＝本月发出存货的数量 × 存货单位成本

本月月末库存存货成本＝月末库存存货的数量 × 存货单位成本

或　本月月末库存存货成本＝月初库存存货的实际成本＋本月购进存货的实际成本－本月发出存货的实际成本

某企业采用月末一次加权平均法计价，库存商品明细分类账的登记结果详见表10-2。

表 10-2　月末一次加权平均法核算示例

| 2016 年 | | 摘要 | 收入 | | | 发出 | | | 结存 | | |
|---|---|---|---|---|---|---|---|---|---|---|---|
| 月 | 日 | | 数量 | 单价 | 金额 | 数量 | 单价 | 金额 | 数量 | 单价 | 金额 |
| 6 | 1 | 期初结存 | | | | | | | 150 | 50 | 7 500 |
| | 8 | 生产领用 | | | | 80 | | | 70 | | |
| | 15 | 购进 | 130 | 52 | 6 760 | | | | 200 | | |
| | 20 | 生产领用 | | | | 60 | | | 140 | | |
| | 24 | 生产领用 | | | | 90 | | | 50 | | |
| | 28 | 购进 | 120 | 53 | 6 360 | | | | 170 | | |
| | 30 | 生产领用 | | | | 80 | | | 90 | 51.55 | 4 639.5 |
| | | 本期生产领用成本 | | | | 310 | | 15 980.5 | | | |

采用加权平均法只在月末一次计算加权平均单价，比较简单，有利于简化成本计算工作，但由于平时无法从账上提供发出和结存存货的单价及金额，因此不利于存货成本的日常管理与控制。

（四）移动加权平均法

移动加权平均法是指以每次进货的成本加上原有库存存货的成本，除以每次进货数量加上原有库存存货的数量，据以计算加权平均单位成本，作为在下次进货前计算各次发出存货成本依据的一种方法。其计算公式如下。

存货单位成本＝（原有库存存货的实际成本＋本次进货的实际成本）/（原有库存存货数量＋本次进货数量）

本次发出存货的成本＝本次发出存货数量×本次发货前存货的单位成本

本月月末库存存货成本＝月末库存存货的数量×本月月末存货单位成本

某企业采用移动加权平均法计价，库存商品明细分类账的登记结果详见表 10-3。

表 10-3　移动加权平均法核算示例

| 2016 年 | | 摘要 | 收入 | | | 发出 | | | 结存 | | |
|---|---|---|---|---|---|---|---|---|---|---|---|
| 月 | 日 | | 数量 | 单价 | 金额 | 数量 | 单价 | 金额 | 数量 | 单价 | 金额 |
| 6 | 1 | 期初结存 | | | | | | | 150 | 50 | 7 500 |
| | 8 | 生产领用 | | | | 80 | 50 | 4 000 | 70 | 50 | 3 500 |
| | 15 | 购进 | 130 | 52 | 6 760 | | | | 200 | 51.3 | 10 260 |
| | 20 | 生产领用 | | | | 60 | 51.3 | 3 078 | 140 | 51.3 | 7 182 |
| | 24 | 生产领用 | | | | 90 | 51.3 | 4 617 | 50 | 51.3 | 2 565 |
| | 28 | 购进 | 120 | 53 | 6 360 | | | | 170 | 52.5 | 8 925 |
| | 30 | 生产领用 | | | | 80 | 52.5 | 4 200 | 90 | 52.5 | 4 725 |
| | | 本期生产领用成本 | | | | 310 | | 15 895 | | | |

采用移动平均法能够使企业管理者及时了解存货的结存情况，并且计算的平均单位成本和发出与结存的存货成本比较客观。但由于每次收货都要计算一次平均单价，计算工作量较大，对收发货较频繁的企业不适用。

### 三、生产领料业务的会计处理

日常工作中，企业发出的存货，可以按实际成本核算，也可以按计划成本核算。如采用计划成本核算，会计期末应调整为实际成本。

#### （一）实际成本法下发出材料的会计处理

企业各生产单位及有关部门领用材料时，根据"领料单"或"限额领料单"中有关领料的单位、部门编制记账凭证、登记入账。企业为了简化核算，也可以根据本单位材料种类多、业务频繁等特点，根据"领料单"或"限额领料单"中有关领料的单位、部门等加以归类，编制"发料凭证汇总表"，据以编制记账凭证、登记入账。

材料采用实际成本核算时，"原材料"科目的借方、贷方及余额均以实际成本计价，不存在成本差异的计算与结转问题。但采用实际成本核算，通常反映不出材料成本是节约还是超支，从而不能反映和考核物资采购业务的经营成果。因此这种方法通常适用于材料收发业务较少的企业。

企业各生产单位及有关部门领用的材料，应当根据用途记入相关资产的成本或者当期损益。基本生产车间领用的材料，其负担的材料成本记入"生产成本"；车间管理部门领用的材料，其负担的材料成本应记入"制造费用"；管理部门领用的材料，其负担的材料成本应记入"管理费用"；销售部领用的材料，其负担的材料成本应记入"销售费用"。其会计分录如下。

借：生产成本      ×××
    制造费用      ×××
    管理费用      ×××
    销售费用      ×××
  贷：原材料      ×××

### （二）计划成本法下发出材料的会计处理

首先，月末，根据领料单等编制"发料凭证汇总表"，结转发出材料的计划成本。借记"生产成本""制造费用""销售费用""管理费用"等科目，贷记"原材料"科目。

其次，为了正确核算生产成本，结转发出材料应负担的成本差异。上述发出材料的计划成本应通过"材料成本差异"科目进行结转，将发出材料的计划成本调整为实际成本，借记或贷记"生产成本""制造费用""销售费用""管理费用"等科目，贷记或借记"材料成本差异"科目。

发出材料应负担的成本差异应当按期（月）分摊，不得在季末或年末一次计算。发出材料应负担的成本差异，除委托外单位加工发出材料可按期初成本差异率计算外，应使用当期的实际差异率；期初成本差异率与本期成本差异率相差不大的，也可按期初成本差异率计算。计算方法一经确定，不得随意变更。材料成本差异率的计算公式如下。

**本期材料成本差异率**＝（期初结存材料的成本差异＋本期验收入库材料）÷（期初结存材料的计划成本＋本期验收入库材料的计划成本）× 100%

**期初材料成本差异率**＝期初结存材料的成本差异 ÷ 期初结存材料的计划成本 × 100%

如果本期材料成本差异为正，表示采购成本超支，按计划价格确定的生产成本或费用低于实际成本，应该调增成本或损益。分摊材料成本差异编制的会计分录如下。

借：生产成本      ×××
    制造费用      ×××
    管理费用      ×××
    销售费用      ×××
  贷：材料成本差异      ×××

如果本期材料成本差异为负，表示采购成本节约，按计划价格确定的生产成本或费用高于实际成本，应该调减成本或损益。分摊材料成本差异编制的会计分录如下。

借：材料成本差异      ×××
  贷：生产成本      ×××
      制造费用      ×××
      管理费用      ×××
      销售费用      ×××

【例 10-1】某公司材料采用计划成本法核算，根据"发料凭证汇总表"的记录，某月甲材料的消耗（计划成本）为：基本生产车间领用 3 000 000 元，车间管理部门领用 400 000 元，企业行政管理部门领用 100 000 元。该公司月初结存甲材料的计划成本为 1 000 000 元，成本差异为超支 30 000 元；当月入库原材料的计划成本 3 000 000 元，成本差异为节约 230 000 元。

该公司针对发料业务编制的会计分录如下。

（1）按计划成本编制分录

借：生产成本——基本生产成本                      3 000 000

      制造费用                     400 000

      管理费用                     100 000

      贷：原材料——甲材料             3 500 000

（2）分摊材料成本差异

材料成本差异率＝（30 000－230 000）÷（1 000 000＋3 000 000）×100%＝－5%

结转发出材料的成本差异的分录

借：材料成本差异——甲材料                175 000

      贷：生产成本——基本生产成本        150 000

          制造费用               20 000

          管理费用                5 000

## 四、生产领料业务的核算案例

下面以嘉美机械设备有限公司为例说明生产领料业务的核算。

【例 10-2】嘉美机械设备有限公司 2016 年 3 月份库房发出下列材料，用于产品和一般耗用，发出材料包含月初库存。具体材料耗用汇总表详见下表。

### 材料耗用汇总表

2016 年 3 月份                           单位：元

| 用途 | 螺纹钢 | 塑胶板 | 电线 | 合计 |
|---|---|---|---|---|
| 车间产品制造耗用 | | | | |
| 其中：轴承 | 150 000 | 100 000 | | 250 000 |
| 转轴 | 120 000 | | 50 000 | 170 000 |
| 基座 | 30 000 | | 150 000 | 180 000 |
| 合计 | 300 000 | 100 000 | 200 000 | 600 000 |
| 车间一般消耗用 | | 5 000 | 3 000 | 8 000 |
| 行政部门一般消耗用 | 7 000 | | | 7 000 |
| 合计 | 307 000 | 105 000 | 203 000 | 615 000 |

这项业务表明，企业为进行本月份的生产而发生了材料费用。这些材料费用按用途可分为两部分：一部分直接用于产品的生产，应直接记入"生产成本"科目的借方；另一部分是车间和行政管理部门的一般耗用，应记入"制造费用"和"管理费用"科目的借方。同时，生产领用使原材料库存相应地减少，应记入"原材料"科目的贷方。

该业务会计分录如下。

借：生产成本——基本生产成本——轴承      250 000

        ——转轴      170 000

        ——基座      180 000

 制造费用            8 000

 管理费用            7 000

 贷：原材料——螺纹钢      307 000

     ——塑胶板      105 000

     ——电线       203 000

## 第二节 | 固定资产折旧的核算

由于固定资产可以在企业生产经营过程中长期使用，并可以在多个会计期内为企业带来经济利益，因而在企业采用权责发生制原则核算时，按照配比原则的要求，需要将固定资产的价值按一定的分配方式在固定资产的折旧年限内进行分配，以正确计算产品成本和当期损益，这一方法称为计提固定资产折旧。

### 一、固定资产折旧业务核算涉及的主要账户

除了"生产成本""制造费用""管理费用"等账户外，企业应该开设"累计折旧"账户反映固定资产的转移价值。"累计折旧"账户属于资产类的备抵调整账户，其结构与一般资产账户的结构刚好相反，累计折旧是贷方登记增加，借方登记减少，余额在贷方。

### 二、固定资产折旧业务的会计处理

企业各生产单位及有关部门使用的固定资产，应当根据用途计算各生产单位及有关部门固定资产折旧额并编制"固定资产折旧计算表"，根据固定资产折旧计算表计入相关资产的成本或者当期损益。

具体处理是，基本生产车间使用的固定资产，其计提的折旧记入"生产成本"科目；车间管理部门使用的固定资产，其计提的折旧应记入"制造费用"科目；管理部门使用的固定资产，其计提的折旧应记入"管理费用"科目；销售部使用的固定资产，其计提的折旧应记入"销售费用"科目；自行建造固定资产过程中使用的固定资产，计提的折旧应记入"在建

工程"科目;经营租出的固定资产,其计提的折旧额应记入"其他业务成本"科目;未使用的固定资产,其计提的折旧应记入"管理费用"科目。计提固定资产折旧业务编制的基本会计分录如下。

借:生产成本 ×××
　　制造费用 ×××
　　管理费用 ×××
　　销售费用 ×××
　　在建工程 ×××
　　其他业务成本 ×××
　　贷:累计折旧 ×××

### 三、固定资产折旧的计算

（一）影响固定资产折旧的因素

影响固定资产折旧的因素主要有以下几个方面。

（1）固定资产原价,指固定资产的成本。

（2）预计净残值。预计净残值指假定固定资产预计使用寿命已满并处于使用寿命终了时的预期状态,企业目前从该项资产处置中获得的扣除预计处置费用后的金额。

（3）固定资产减值准备。固定资产减值准备指固定资产已计提的固定资产减值准备累计金额。固定资产计提减值准备后,应当在剩余使用寿命内根据调整后的固定资产账面价值（固定资产账面余额扣减累计折旧和累计减值准备后的金额）和预计净残值重新计算确定折旧率和折旧额。

（4）固定资产的使用寿命。固定资产的使用寿命指企业使用固定资产的预计期间,或者该固定资产所能生产产品或提供劳务的数量。企业确定固定资产使用寿命时,应当考虑该项资产预计生产能力或实物产量;该项资产预计有形损耗,即固定资产在使用过程中,由于正常使用和自然力的作用而引起的使用价值和价值的损失,如设备使用中发生磨损、房屋建筑物受到自然侵蚀等;该项资产预计无形损耗,即由于科学技术的进步和劳动生产率的提高而带来的固定资产价值上的损失,如因新技术的出现而使现有的资产技术水平相对陈旧、市场需求变化使其所生产的产品过时等;法律或者类似规定对该项资产使用的限制。某些固定资产的使用寿命可能受法律或类似规定的约束,如对于融资租赁的固定资产,根据《企业会计准则第21号——租赁》规定,能够合理确定租赁期届满时将会取得租赁资产所有权的,应当在租赁资产使用寿命内计提折旧;如果无法合理确定租赁期届满时能够取得租赁资产所有权的,应当在租赁期与租赁资产使用寿命两者中较短的期间内计提折旧。

（二）固定资产折旧范围

企业应当对所有的固定资产计提折旧,但已提足折旧仍继续使用的固定资产和单独计价入账的土地除外。在确定计提折旧的范围时还应注意以下几点。

（1）固定资产应当按月计提折旧，并根据用途计入相关资产的成本或者当期损益。固定资产应自达到预定可使用状态时开始计提折旧，终止确认时或划分为持有待售非流动资产时停止计提折旧。为了简化核算，当月增加的固定资产，当月不计提折旧，从下月起计提折旧；当月减少的固定资产，当月仍计提折旧，从下月起不计提折旧。

（2）固定资产提足折旧后，不论能否继续使用，均不再计提折旧，提前报废的固定资产也不再补提折旧。所谓提足折旧是指已经提足该项固定资产的应计折旧额。

（3）已达到预定可使用状态但尚未办理竣工决算的固定资产，应当按照估计价值确定其成本，并计提折旧；待办理竣工决算后再按实际成本调整原来的暂估价值，但不需要调整原已计提的折旧额。

### （三）固定资产折旧方法

企业应当根据与固定资产有关的经济利益的预期实现方式，合理选择折旧方法。固定资产折旧方法包括年限平均法、工作量法、双倍余额递减法和年数总和法等。企业选用不同的固定资产折旧方法，将影响固定资产使用寿命期间内不同时期的折旧费用，因此，固定资产的折旧方法一经确定，不得随意变更。

#### 1. 年限平均法

年限平均法，又称直线法，是指将固定资产的应计折旧额均衡地分摊到固定资产预计使用寿命内的一种方法。采用这种方法计算的每期折旧额相等。其计算公式如下。

年折旧率 =（1－预计净残值率）÷ 预计使用寿命（年）× 100%

月折旧率 = 年折旧率 ÷12

月折旧额 = 固定资产原价 × 月折旧率

【例 10-3】某企业有一机器设备，原值为 300 000 元，预计可使用 10 年，按照有关规定，该设备报废时的净残值率为 2%。该设备的月折旧率和月折旧额的计算公式如下。

年折旧率 =（1－2%）÷10=9.8%

月折旧率 =9.8%÷12=0.82%

月折旧额 =300 000×0.82%=2460（元）

#### 2. 工作量法

工作量法是根据实际工作量计算每期应计提折旧额的一种方法。其计算公式如下。

单位工作量折旧额 = 固定资产原价 ×（1－预计净残值率）÷ 预计总工作量

某项固定资产月折旧额 = 该项固定资产当月工作量 × 单位工作量折旧额

【例 10-4】某企业有一辆卡车，原值为 500 000 元，预计总行驶里程为 100 万公里，其报废时的净残值率为 5%，本月行驶 6 000 公里，该辆汽车的月折旧额计算如下。

单位里程折旧额 =[ 500 000 ×（1–5%）]÷1 000 000=0.475

本月折旧额 =4 000×0.475=2 850（元）

#### 3. 双倍余额递减法

双倍余额递减法是指在不考虑固定资产预计净残值的情况下，根据每期期初固定资产原价减去累计折旧后的金额和双倍的直线法折旧率计算固定资产折旧的一种方法。

其计算公式如下。

$$年折旧率 = 2 \div 预计使用寿命（年）\times 100\%$$

$$月折旧率 = 年折旧率 \div 12$$

$$月折旧额 = （固定资产原价 - 累计折旧）\times 月折旧率$$

由于双倍余额递减法不考虑固定资产的残值收入，在应用这种方法时必须注意到不能使固定资产的账面折余价值降低到它的预计残值收入以下。所以当下述条件成立时，应改用直线法计提折旧：

（固定资产账面折余价值 - 预计残值收入）÷ 剩余使用年限 > 该年按双倍余额递减法计算的折旧额

为了便于企业使用这一折旧方法，简化核算手续，有关制度规定，实行双倍余额递减法计提折旧的固定资产应当在其固定资产折旧年限到期前两年内，将固定资产净值扣除预计净残值后的净额平均摊销。

【例 10-5】某企业有一项机器设备，该设备的原值为 50 000 元，预计残值收入为 2 000 元，预计使用年限为 5 年。采用双倍余额递减法计算折旧，各年折旧额详见下表。

双倍余额递减法计算折旧

单位：元

| 年份 | 期初账面折余价值 | 折旧率 | 折旧额 | 累计折旧额 | 期末账面折余价值 |
|---|---|---|---|---|---|
| 1 | 50 000 | 40% | 20 000 | 20 000 | 30 000 |
| 2 | 30 000 | 40% | 12 000 | 32 000 | 18 000 |
| 3 | 18 000 | 40% | 7 200 | 39 200 | 10 800 |
| 4 | 10 800 | | 4 400 | 43 600 | 6 400 |
| 5 | 6 400 | | 4 400 | 48 000 | 2 000 |

注：表中折旧率 $= 2 \times 1/5 \times 100\% = 40\%$

由于（10 800–2 000）/ 2 > 10 800 × 40%

即 4 400 > 4 320

因此，第四年起改为直线法计提折旧，其年折旧额为 4 400 元，即（10 800–2 000）/ 2。

通过以上分析，我们可以看出双倍余额递减法计提折旧有以下三个特点：

第一，计算年折旧率时，不考虑净残值因素，且每年的折旧率相等；

第二，计算折旧额的基数是年初固定资产净值，因此在一定年限内，所提取的折旧是逐年减少的，其规律为以折旧率的补数为公比的无穷递缩等比数列；

第三，由于此种方法折旧的结果永远不会使固定资产账面余额为零，且没有考虑净残值问题，故应在其折旧年限到期前两年内，将固定资产净值平均摊销。

### 4. 年数总和法

年数总和法又称年限合计法，是指用固定资产的原价减去预计净残值后的余额，乘以一个以固定资产尚可使用寿命为分子、以预计使用寿命逐年数字之和为分母的逐年递减的分数计算每年的折旧额。其计算公式如下。

$$年折旧率 = 尚可使用寿命 ÷ 预计使用寿命的年数总和 × 100\%$$

$$月折旧率 = 年折旧率 ÷ 12$$

$$月折旧额 = （固定资产原价－预计净残值）× 月折旧率$$

【例 10-6】某企业有一项机器设备，该设备的原值为 50 000 元，预计残值收入为 2 000 元，预计使用年限为 5 年。采用年数总和法计算折旧，各年折旧额详见下表。

**年数总和法计算折旧**

单位：元

| 年份 | 应计提折旧总额 | 折旧率 | 折旧额 | 累计折旧额 | 期末账面折余价值 |
|---|---|---|---|---|---|
| 1 | 48 000 | 33% | 15 840 | 15 840 | 34 160 |
| 2 | 48 000 | 27% | 12 960 | 28 800 | 21 200 |
| 3 | 48 000 | 20% | 9 600 | 38 400 | 11 600 |
| 4 | 48 000 | 13% | 6 240 | 44 640 | 5 360 |
| 5 | 48 000 | 7% | 3 360 | 48 000 | 2 000 |

通过以上分析，我们可以看出年数总和法计提折旧，有以下两个特点：

第一，计算的年折旧率，依据尚可使用年限的递减而递减。

第二，计算折旧额的基数是（固定资产原值－净残值），因此在一定年限内，所提取的折旧额是逐年减少的，其规律为递减的等差数列，公差为最后一年的折旧额。

双倍余额递减法和年数总和法实质上是加速计提折旧的方法，共同特点是前期多计提折旧，后期少计提折旧，加速计提折旧的基本理论依据如下。

第一，固定资产的整个使用期限内，各年使用固定资产的成本基本相同，但是随着资产使用年限的增加，修理费和维护费也会随之增多，因而就要求折旧费用逐年递减；而且固定资产一经使用，其价值大大降低，为了使其账面价值比较接近市价，在使用的早期应多提折旧。

第二，固定资产使用早期的生产能力较大，营业收入也较多，要做到营业收入与营业成本相配比，在资产创造很大经济利益的早期也应计提较多的折旧。

第三，加速折旧法并未减少预计可使用年限，而且最终计提的折旧总和是相同的，因而并不影响企业的净收益总和，但从纳税的角度来看，采用加速折旧法更加符合谨慎性原则。

5. 固定资产使用寿命、预计净残值和折旧方法的复核

《企业会计准则第 4 号——固定资产》规定，企业至少应当于每年年度终了，对固定资产的使用寿命、预计净残值和折旧方法进行复核。

在固定资产使用过程中，其所处的经济环境、技术环境，以及其他环境，有可能对固定资产使用寿命和预计净残值产生较大影响。例如，由于固定资产使用强度增大，致使固定资

产使用寿命大大缩短；替代该项固定资产的新产品的出现致使其实际使用寿命缩短，预计净残值减少等。此时，如果不对固定资产使用寿命和预计净残值进行调整，必然不能准确反映其实际情况，也不能真实反映其为企业提供经济利益的期间及每期实际的资产消耗。因此，企业至少应当于每年年度终了，对固定资产使用寿命和预计净残值进行复核。如有确凿证据表明：固定资产使用寿命预计数与原先估计数有差异的，应当调整固定资产使用寿命；固定资产预计净残值预计数与原先估计数有差异的，应当调整预计净残值。

在固定资产使用过程中，与其有关的经济利益预期实现方式也可能发生重大变化，在这种情况下，企业也应相应改变固定资产折旧方法。例如，某采掘企业各期产量相对稳定，原来采用年限平均法计提固定资产折旧。年度复核中发现，由于该企业使用了先进技术，产量大幅增加，可采储量逐年减少，该项固定资产给企业带来经济利益的预期实现方式已发生重大改变，需要将年限平均法改为产量法。

下面以嘉美机械设备有限公司为例说明固定资产折旧业务的核算。

【例 10-7】嘉美机械设备有限公司按照规定的固定资产折旧率，计提本月固定资产折旧额 7 000 元，其中基本车间使用的固定资产折旧 5 000 元，企业行政管理部门使用的固定资产折旧 1 400 元，销售部门使用的固定资产折旧 600 元。

该公司计提固定资产折旧的会计分录如下所示。

借：制造费用　　　　　　　　　　　　　　　　　　　　　　　　　5 000
　　管理费用　　　　　　　　　　　　　　　　　　　　　　　　　1 400
　　销售费用　　　　　　　　　　　　　　　　　　　　　　　　　　600
　　贷：累计折旧　　　　　　　　　　　　　　　　　　　　　　　70 00

## 第三节　人力成本支出的核算

### 一、人力成本支出的核算内容

在企业的生产管理过程中，根据有关规定，企业应该为职工提供服务并支付给职工各种薪酬或福利，包括职工工资、奖金、津贴和补贴，职工福利费，医疗、养老、失业、工伤、生育等社会保险费，住房公积金，工会经费，职工教育经费，非货币性福利等。在企业会计核算中，这些支出通过"应付职工薪酬"进行归集和分配。

应付职工薪酬包括职工在职期间和离职后提供给职工的全部货币性薪酬和非货币性福利。提供给职工配偶、子女或其他被赡养人的福利等，也属于职工薪酬。非货币性福利包括企业以自产产品发放给职工作为福利、将企业拥有的资产无偿提供给职工使用和为职工无偿提供医疗保健服务等。

从广义上讲，职工薪酬是企业必须付出的成本，是吸引和激励职工的重要手段。职工薪酬既是职工对企业投入劳动获得的报酬，也是企业的成本费用。职工薪酬主要包括以下几方面的内容。

（一）职工工资、奖金、津贴和补贴

职工工资、奖金、津贴和补贴是指按照国家统计局《关于职工工资总额组成的规定》，构成工资总额的计时工资、计件工资、支付给职工的超额劳动报酬和增收节支的劳动报酬、为了补偿职工特殊或额外的劳动消耗和因其他特殊原则支付给职工的津贴，以及为了保证职工工资水平不受物价影响支付给职工的物价补贴等。企业按规定支付给职工的加班加点工资，以及根据国家法律、法规和政策规定，企业在职工因病、工伤、产假、计划生育假、婚丧假、事假、探亲假、定期休假、停工学习、执行国家或社会义务等特殊情况下，按照计时工资或计件工资标准的一定比例支付的工资，也属于职工工资范畴，在职工休假或缺勤时，不应当从工资总额中扣除。

（二）职工福利费

职工福利费指企业为职工集体提供的福利，如补助生活困难职工等。

（三）医疗保险费、养老保险费、失业保险费、工伤保险费和生育保险费等社会保险费

医疗保险费、养老保险费、失业保险费、工伤保险费和生育保险费等社会保险费是指企业按照国家规定的基准和比例计算，向社会保险经办机构缴纳的医疗保险金、基本养老保险金、失业保险金、工伤保险费和生育保险费，以及根据《企业年金试行办法》《企业年金基金管理试行办法》等相关规定，向有关单位（企业年金基金账户管理人）缴纳的补充养老保险费。此外，以商业保险形式提供给职工的各种保险待遇也属于企业提供的职工薪酬。

（四）住房公积金

住房公积金指企业按照国家《住房公积金管理条例》规定的基准和比例计算，向住房公积金管理机构缴存的住房公积金。

（五）工会经费和职工教育经费

工会经费和职工教育经费是指企业为了改善职工文化生活、提高职工业务素质，用于开展工会活动和职工教育及职业技能培训，根据国家规定的基准和比例，从成本费用中提取的金额。

（六）非货币性福利

非货币性福利包括企业以自己的产品或其他有形资产发放给职工作为福利、企业向职工提供无偿使用自己拥有的资产（如提供给企业高级管理人员的汽车、住房等）、企业为职工无偿提供商品或类似医疗保健的服务等。

（七）其他职工薪酬

其他职工薪酬如因解除与职工的劳动关系给予的补偿（又称辞退福利），即企业在职工劳动合同到期之前解除与职工的劳动关系，或者为鼓励职工自愿接受裁减而提出补偿建议的计划中给予职工的经济补偿。对于这些其他职工薪酬的内容，本书暂不涉及。

## 二、人力成本支出业务核算涉及的主要账户

除了"生产成本""制造费用""管理费用"等账户外，企业还应该开设"应付职工薪酬"账户核算应付职工薪酬的提取、结算、使用等情况。该账户贷方登记已分配计入有关成本费用项目的职工薪酬的数额，借方登记实际发放职工薪酬的数额；该账户期末余额在贷方，反映企业应付未付的职工薪酬。"应付职工薪酬"账户应当按照"工资""职工福利""社会保险费""住房公积金""工会经费""职工教育经费""非货币性福利"等应付职工薪酬项目设置明细账户，进行明细核算。外商投资企业按规定从净利润中提取的职工奖励及福利基金，也在本账户核算。

## 三、人力成本支出业务的会计处理

（一）应付职工薪酬的提取

1. 货币性职工薪酬

企业应当在职工为其提供服务的会计期间，根据职工提供服务的受益对象，将应确认的职工薪酬（包括货币性薪酬和非货币性福利）计入相关资产成本或当期损益，同时确认为应付职工薪酬。生产部门人员的职工薪酬，记入"生产成本""制造费用""劳务成本"等科目；管理部门人员的职工薪酬，记入"管理费用"科目；销售人员的职工薪酬，记入"销售费用"科目；应由在建工程、研发支出负担的职工薪酬，记入"在建工程""研发支出"等科目。

提取应付职工薪酬编制的基本会计分录如下。

借：生产成本           ×××
  制造费用           ×××
  管理费用           ×××
  销售费用           ×××
  在建工程           ×××
  研发支出           ×××
  贷：应付职工薪酬——工资      ×××

计量应付职工薪酬时，国家规定了计提基础和计提比例的，应按照国家规定的标准计提。国家没有规定计提基础和计提比例的，企业应当根据历史经验数据和实际情况，合理预计当期应付职工薪酬。当期实际发生金额大于预计金额的，应当补提应付职工薪酬；当期实际发生金额小于预计金额的，应当冲回多提的应付职工薪酬。

### 2. 非货币性职工薪酬

企业以其自产产品作为非货币性福利发放给职工的，企业将企业拥有的房屋等资产无偿提供给职工使用的，企业租赁住房等资产供职工无偿使用的，应当根据受益对象，分别按照该产品的公允价值、该住房每期应计提的折旧、每期应付的租金计入相关资产成本或当期损益，同时确认应付职工薪酬，借记"管理费用""生产成本""制造费用"等科目，贷记"应付职工薪酬——非货币性福利"科目。难以认定受益对象的非货币性福利，直接计入当期损益和应付职工薪酬。

如某公司为总部各部门经理级别以上职工提供汽车免费使用的福利，同时为副总裁以上高级管理人员每人租赁一套住房。该公司总部共有部门经理以上职工 20 名，每人提供一辆红旗汽车免费使用的福利，假定每辆汽车每月计提折旧 2 000 元；该公司共有副总裁以上高级管理人员 5 名，公司为其每人租赁一套面积为 100 平方米带有家具和电器的公寓，月租金为每套 10 000 元。该公司的有关会计处理如下。

| | |
|---|---|
| 借：管理费用 | 90 000 |
| 　　贷：应付职工薪酬——非货币性福利 | 90 000 |

本例中，根据受益对象，确认的应付职工薪酬应当计入管理费用。应确认的应付职工薪酬为 90 000（20×2 000+5×10 000）元。其中，提供企业拥有的汽车供职工使用的非货币性福利为 40 000（20×2 000）元，租赁住房供职工使用的非货币性福利为 50 000（5×10 000）元。

此外，由于该公司将其拥有的汽车无偿提供给职工使用的，还应当按照该部分非货币性福利 40 000 元，借记"应付职工薪酬——非货币性福利"科目，贷记"累计折旧"科目。

| | |
|---|---|
| 借：应付职工薪酬——非货币性福利 | 40 000 |
| 　　贷：累计折旧 | 40 000 |

### （二）发放职工薪酬

企业按照有关规定向职工支付工资、奖金、津贴等，借记"应付职工薪酬——工资"科目，贷记"银行存款""库存现金"等科目。

企业支付职工福利费，支付工会经费和职工教育经费用于工会运作和职工培训，或按照国家有关规定缴纳社会保险费或住房公积金时，借记"应付职工薪酬——职工福利（或工会经费、职工教育经费、社会保险费、住房公积金）"科目，贷记"银行存款""库存现金"等科目。

【例 10-8】下面以嘉美机械设备有限公司为例说明应付职工薪酬业务的核算。

嘉美机械设备有限公司结算本月应付职工工资 22 000 元，具体详见下表。

**工资分配表**

单位：元

| 工资分配类别 | 金额 |
|---|---|
| 生产工人工资 | |
| 其中：轴承生产工人工资 | 6 000 |
| 滑轮生产工人工资 | 4 000 |
| 基座生产工人工资 | 5 000 |
| 小计 | 15 000 |
| 车间技术管理人员工资 | 2 500 |
| 企业行政管理部门人员工资 | 1 500 |
| 企业销售部门人员工资 | 3 000 |
| 合计 | 22 000 |

结算工资费用的会计分录如下。

```
借：生产成本——基本生产成本——轴承          6 000
                        ——滑轮          4 000
                        ——基座          5 000
    制造费用                             2 500
    管理费用                             1 500
    销售费用                             3 000
    贷：应付职工薪酬——工资                        22 000
```

# 第四节 | 产品成本计算

## 一、产品生产成本项目

根据生产特点和管理要求，针对产品生产成本，企业一般可以设立以下几个成本项目。

### （一）直接材料

直接材料是指企业在生产产品和提供劳务过程中所消耗的直接用于产品生产并构成产品实体的原料、主要材料、外购半成品以及有助于产品形成的辅助材料等。

### （二）直接人工

直接人工是指企业在生产产品和提供劳务过程中，直接参加产品生产的工人工资以及其他各种形式的职工薪酬。

### （三）制造费用

制造费用是指企业为生产产品和提供劳务而发生的各项间接费用，包括生产车间管理人员的工资等职工薪酬、折旧费、办公费、水电费、机物料消耗、劳动保护费、季节性和修理期间的停工损失等。

## 二、生产成本的核算

基本生产车间发生的各项成本，最终都要记入产品生产成本，即记入各种产品成本明细账。基本生产车间发生的直接用于产品生产但没有专门设立成本项目的成本，以及间接用于产品生产的成本，应先记入"制造费用"账户及其他相应明细账；月末，再将归集的全部制造成本转入"生产成本——基本生产成本"账户。

通过上述生产成本的归集和分配，在"生产成本——基本生产成本"账户和所属各种产品成本明细账的各个成本项目中，就归集了应由本月基本生产车间的各种产品负担的全部生产成本。将这些成本加上月初在产品成本，在完工产品和月末在产品之间进行分配，就可算出各种完工产品和月末在产品的成本。

辅助生产车间发生的各项生产成本的分配方法，与基本生产车间基本相同。

### （一）基本生产成本的核算

基本生产车间发生的直接用于产品生产的直接材料成本，包括直接用于产品生产的燃料和动力成本，应专门设置"直接材料"等成本项目。这些原料和主要材料一般分产品领用，应根据领料凭证直接记入某种产品成本的"直接材料"项目，如冶炼用的矿石、造酒用的高粱、制皂用的油脂等，通常是按照产品分别领用的，属于直接成本，应根据领料凭证直接记入某种产品成本的"直接材料"项目。但是，如果是几种产品共同耗用的材料成本，如某化工生产的用料，则应采用适当的分配方法，分配记入各有关产品成本的"直接材料"成本项目。

直接用于产品生产、专设成本项目的各种直接材料成本，应借记"生产成本——基本生产成本"账户及其所属各产品成本明细账"直接材料"等成本项目。企业应根据发出材料的成本总额，贷记"原材料"等账户。

直接人工成本核算直接进行产品生产、设有"直接人工"成本项目的生产工人工资、福利费等职工薪酬，应单独记入"生产成本——基本生产成本"账户和所属产品成本明细账的借方（在明细账中记入"直接人工"成本账户），同时，贷记"应付职工薪酬"账户。

### （二）辅助生产成本的核算

辅助生产是指为基本生产服务而进行的产品生产和劳务供应。辅助生产有的只生产一种产品或提供一种劳务，如供电、供气、运输等辅助生产；有的则生产多种产品或提供多种劳务，如从事工具、模型、备件的制造以及机器设备的修理等辅助生产。辅助生产成本是指辅助生产车间发生的成本。

　　归集在"生产成本——辅助生产成本"账户及其明细账借方的辅助生产成本，由于所生产的产品和提供的劳务不同，其所发生的成本分配转出的程序方法也不一样。提供水、电、气和运输、修理等劳务所发生的辅助生产成本，通常按受益单位耗用的劳务数量在各单位之间进行分配。分配时，借记"制造费用"或在结算辅助生产明细账之前，还应将各辅助车间的制造费用分配转入各辅助生产明细账，归集辅助生产成本。制造工具、模型、备件等产品所发生的成本，应计入完工工具、模型、备件等产品的成本。完工时，作为自制工具或材料入库，由"生产成本——辅助生产成本"账户及其明细账的贷方转入"周转材料——低值易耗品"或"原材料"等账户的借方。

　　辅助生产提供的产品和劳务，主要为基本生产车间和管理部门的使用和服务，但在某些辅助生产车间之间也有相互提供产品和劳务的情况。例如，锅炉车间为供电车间供气取暖，供电车间也为锅炉车间提供电力。这样，为了计算供气成本，就要确定供电成本；为了计算供电成本，又要确定供气成本。这里就存在一个辅助生产成本在各辅助生产车间交互分配的问题。

　　辅助生产成本的分配，应通过"辅助生产成本分配表"进行。分配辅助生产成本的方法主要有直接分配法、交互分配法和按计划成本分配法等。这里主要介绍分配辅助生产成本的直接分配法。

　　直接分配法是指不考虑辅助生产内部相互提供的劳务量，即不经过辅助生产成本的交互分配，直接将各辅助生产车间发生的成本分配给辅助生产以外的各个受益单位或产品。对外分配时编制会计分录如下。

　　　　借：制造费用——××车间　　　　　　　　　　　　　　　　　×××
　　　　　　贷：生产成本——辅助生产成本（××车间）　　　　　　　　×××

### 三、制造费用的核算

　　制造费用是指企业为生产产品和提供劳务而发生的各项间接费用，包括生产车间发生的机物料消耗、管理人员的工资、福利费等职工薪酬、折旧费、办公费、水电费、季节性的停工损失等。制造费用属于应计入产品成本但不专设成本项目的各项成本。

　　制造费用归集和分配应当通过"制造费用"账户进行。该账户应当根据有关付款凭证、转账凭证和前述各种成本分配表登记；此外，还应按不同的车间设立明细账，账内按照成本项目设立专栏，分别反映各车间各项制造费用的发生情况和分配转出情况。基本生产车间和辅助生产车间发生的直接用于生产，但没有专设成本项目的各种材料成本以及用于组织和管理生产活动的各种材料成本，一般应借记"制造费用"及其明细账（基本生产车间或辅助生产车间）的相关成本项目，贷记"原材料"等账户；基本生产车间和辅助生产车间管理人员的工资、福利费等职工薪酬，应记入"制造费用"账户和所属明细账的借方，同时，贷记"应付职工薪酬"账户。

　　在生产一种产品的车间中，制造费用可直接计入其产品成本。在生产多种产品的车间中，就要采用合理的分配方法，将制造费用分配计入各种产品成本，企业应根据制造费用的性质、产品的性质以及生产方式，结合自身的实际情况，对正常生产活动发生的制造费用，合理选择分配方法。由于企业各个生产车间或部门的生产任务、技术装备程度、管理水平和费用水准各不相同，因此，制造费用的分配一般应按生产车间或部门进行。

在各种产品之间分配制造费用的方法，通常有：生产工人工时比例法、生产工人工资比例法、机器工时比例法、耗用原材料的数量或成本比例法、直接成本（材料、生产工资等职工薪酬之和）比例法和产成品产量比例法等。企业具体选用哪种分配方法，由企业自行决定。分配方法一经确定，不得随意变更，如需变更，应当在附注中予以说明。本教材讲述的机器工时比例法，即按照各种产品所用生产工人实际工时数的比例分配制造费用。

【例 10-9】某公司基本生产车间甲产品机器工时为 40 000 小时，乙产品机器工时为 30 000 小时，本月发生制造费用 280 000 元。要求在甲、乙产品之间分配制造费用，并编制会计分录。

制造费用分配率 =280 000÷（40 000+30 000）=4

A 产品应负担的制造费用 =40 000×4=160 000（元）

B 产品应负担的制造费用 =30 000×4=120 000（元）

其会计处理如下。

借：生产成本——基本生产成本——甲产品                160 000

　　　　　　　　　　　　——乙产品                120 000

　贷：制造费用                                        280 000

通过以上各种成本的分配和归集，应计入本月产品成本的各种成本都已记入"生产成本——基本生产成本"账户的借方，并已在各种产品之间划分清楚，而且按成本项目分别登记在各自的产品成本计算单（基本生产成本明细账）中。

## 四、生产成本在完工产品和在产品之间的分配与结转

通过上述各项生产成本的归集和分配，基本生产车间在生产过程中发生的各项成本，已经集中反映在"生产成本——基本生产成本"账户及其明细账的借方，这些成本都是本月发生的生产成本，并不是本月完工产品的成本。如果产品已经全部完工，生产成本明细账中归集的月初在产品生产成本与本月发生的生产成本之和，就是该种完工产品的成本。如果产品全部没有完工，生产成本明细账中归集的月初在产品生产成本与本月发生的生产成本之和，就是该种在产品的成本。如果既有完工产品又有在产品，生产成本明细账中归集的月初在产品生产成本与本月发生的生产成本之和，则应当在完工产品和月末在产品之间，采用适当的分配方法进行分配和归集，以计算完工产品和月末在产品的成本。

企业应当根据在产品数量的多少、各月在产品数量变化的情况、各项成本比重的大小，以及定额管理基础的好坏等具体条件，采用适当的分配方法将生产成本在完工产品和在产品之间进行分配。常用的分配方法有：不计算在产品成本法、在产品按固定成本计价法、在产品按所耗直接材料成本计价法、约当产量比例法、在产品按定额成本计价法、定额比例法

等。最后根据产品完工产品总成本，编制完工产品入库的会计分录如下。

借：库存商品——××产品 ×××

贷：生产成本——基本生产成本 ×××

下面以嘉美机械设备有限公司为例，说明该公司产品成本的核算。

【例 10-10】嘉美机械设备有限公司月终分配结转制造费用。本月共发生制造费用总额150 000 元，按生产工人工资比例进行分配，并予以转账。

制造费用属于共同性费用，需要在计算产品成本时采用一定的分配标准，在各种产品之间进行分配。制造费用一般可以按生产工时或生产工人工资的比例进行分配。其有关的计算如下。

$$制造费用分配率 = \frac{制造费用总额}{各产品生产工时（生产工人工资）之和} \times 100\%$$

$$某产品应分配制造费用 = \frac{某产品生产工时}{（生产工人工资）} \times 制造费用分配率$$

按以上计算公式，采用生产工人工资比例在轴承、滑轮、基座三种产品之间分配制造费用，具体详见下表。

**制造费用分配表**

单位：元

| 产品名称 | 待分配制造费用总额 | 分配标准（生产工人工资） | 分配率 | 分配金额 |
|---|---|---|---|---|
| 轴承 | | 6 000 | 2/5 | 6 000 |
| 滑轮 | 15 000 | 4 000 | 4/15 | 4 000 |
| 基座 | | 5 000 | 1/3 | 5 000 |
| 合计 | | 15 000 | | 15 000 |

这项业务表明，"制造费用"账户借方所归集的间接费用，月终要按一定标准在所生产的产品中进行分配，从"制造费用"账户的贷方转入"生产成本"账户的借方。在登记"生产成本"总分类账时，还要登记其所属的"轴承""滑轮"和"基座"的明细分类账，进行明细分类核算。其会计分录如下。

借：生产成本——基本生产成本——轴承 6 000

　　　　　　　　　　　　——滑轮 4 000

　　　　　　　　　　　　——基座 5 000

　　贷：制造费用 15 000

【例 10-11】月终，本月生产的轴承、滑轮和基座全部完工验收入库，结转其实际成本。本月期初没有在产品。

该公司本月产品生产成本计算单详见下表。

**产品成本计算单**

2016 年 3 月

单元：元

| 成本项目 | 轴承成本（500 件） | | 滑轮（2 000 件） | | 基座（4 000 件） | |
|---|---|---|---|---|---|---|
| | 总成本 | 单位成本 | 总成本 | 单位成本 | 总成本 | 单位成本 |
| 直接材料 | 250 000 | 500 | 170 000 | 85 | 180 000 | 45 |
| 直接工资 | 6 000 | 12 | 4 000 | 2 | 5 000 | 1.25 |
| 制造费用 | 6 000 | 12 | 4 000 | 2 | 5 000 | 1.25 |
| 合计 | 262 000 | 524 | 178 000 | 89 | 190 000 | 47.5 |

其中轴承 500 件，实际总成本为 262 000 元；滑轮 2 000 件，实际总成本为 178 000 元。基座 4 000 件，实际总成本为 190 000 元。

这项业务表明，企业所生产的产品全部完工入库，应将完工入库产品的实际生产成本从"生产成本"账户的贷方转入"库存商品"账户的借方，反映库存商品的增加。在登记"库存商品""生产成本"总分类账时，还应分别登记其所属的"轴承""滑轮"和"基座"的明细分类账，进行明细分类核算。其会计分录如下。

借：库存商品——轴承           262 000

    ——滑轮           178 000

    ——基座           190 000

 贷：生产成本——基本生产成本——轴承    262 000

           ——滑轮    178 000

           ——基座    190 000

## 第五节 生产业务的会计实训

### 一、实训目的和要求

实训目的：通过实训，掌握工业企业生产阶段的核算。

要求：填写业务发生时（财务部门应填制）的原始凭证（如支票和各种计算单等），编制记账凭证。

（注：由于案例是按业务循环而不是按日期编写，在编制记账凭证涉及字号时建议先只写字不编号，待完成所有凭证的编制后，登记账簿前再编写类别和日期编号）

## 二、业务与操作指引

北京××机械设备有限公司2016年12月发生以下和生产有关的业务。

业务1：12月3日，机修车间以现金9 360元向华联公司购买修理工具。修理工具计入低值易耗品核算。

要求：根据此业务相关原始凭证编制付款凭证。

**操作指引**

本业务主要涉及"低值易耗品"账户的运用。

低值易耗品通常被视同存货，作为流动资产进行核算和管理，一般划分为一般工具、专用工具、替换设备、管理用具、劳动保护用品、其他用具等。为了反映和监督低值易耗品的增减变动及其结存情况，企业应当设置"低值易耗品"账户，借方登记低值易耗品的增加，贷方登记低值易耗品的减少，期末余额在借方，通常反映企业期末结存低值易耗品的金额。低值易耗品应当根据使用次数分次进行摊销。

1-1/1

### 北京市增值税专用发票
#### 发 票 联

开票日期：2016年12月3日 　　　　　　　　　　　No　023959246

| 购货单位 | 名　称 | 北京××机械设备有限公司 | 纳税人登记号 | | | | 1101082011020 | | | | | | | | | |
|---|---|---|---|---|---|---|---|---|---|---|---|---|---|---|---|---|
| | 地址电话 | 北京通州区××路××号 01087528888 | 开户银行及账号 | | | | 建行××分行××支行　01020111201088 | | | | | | | | | |

| 商品或劳务名称 | 计量单位 | 数量 | 单价 | 金　　额 | | | | | | | | | 税率(%) | 税　　额 | | | | | | | | | |
|---|---|---|---|---|---|---|---|---|---|---|---|---|---|---|---|---|---|---|---|---|---|---|---|
| | | | | 千 | 百 | 十 | 万 | 千 | 百 | 十 | 元 | 角 | 分 | | 千 | 百 | 十 | 万 | 千 | 百 | 十 | 元 | 角 | 分 |
| 锻压机 | 套 | 20 | 40.00 | | | | | 8 | 0 | 0 | 0 | 0 | | 17 | | | | | | | 1 | 3 | 6 | 0 | 0 |
| 合　　计 | | | | | | | ¥ | 8 | 0 | 0 | 0 | 0 | | | | | | | | ¥ | 1 | 3 | 6 | 0 | 0 |

| 价税合计（大写） | **玖佰叁拾陆元整** | ¥936.00 |
|---|---|---|

| 销货单位 | 名　称 | ××公司 | 纳税登记号 | 11016855897651 |
|---|---|---|---|---|
| | 地址电话 | 北京海淀区××号 | 开户银行及账号 | 建设银行××支行　120325342 |

收款人：王丽 　　　　　　　开票单位：　　　　　　　　　　结算方式：现金

业务2：12月4日，机修车间领用修理工具10件，单位成本44元。

要求：根据此业务相关原始凭证填制转账凭证。

**操作指引**

本业务主要涉及"制造费用"账户的运用。

"制造费用"账户核算企业生产车间（部门）为生产产品和提供劳务而发生的各项间接费用。该账户可按不同的生产车间、部门和费用项目进行明细核算。生产车间发生的机物料消耗、管理人员的工资等职工薪酬、计提的固定资产折旧、支付的办公费、水电费、发生季节性的停工损失等记入本账户的借方；将制造费用分配记入有关的成本核算对象记入本账户的贷方。除季节性的生产性企业外，本账户期末应无余额。

基本生产车间和辅助生产车间发生的直接用于生产，但没有专设成本项目的各种材料成本以及用于组织和管理生产活动的各种材料成本，一般应借记"制造费用"及其明细账（基本生产车间或辅助生产车间）的相关成本项目，贷记"原材料"等账户；基本生产车间和辅助生产车间管理人员的工资、福利费等职工薪酬，应记入"制造费用"账户和所属明细账的借方，同时，贷记"应付职工薪酬"账户。

2-1/1

## 北京××机械设备有限公司出库单

领料单位：机修车间　　　　　　　　　　　　　　　　　编号：　1821

用途：　　　　　　　201　6 年 12 月 4 日　　　　　　　仓库：　1#库

| 材料类别 | 材料编号 | 材料名称及规格 | 计量单位 | 数量 请领 | 数量 实领 | 单价 | 金额 |
|---|---|---|---|---|---|---|---|
| 修理工具 | | 修理工具 | | 10 | 10 | 44 | 440 |
| | | **付　讫** | | | | | |
| 合　计 | | | | | | | ￥440 |

记账：　　　　发料：孙泉　　　　　领料部门负责人：孙泉　　　　　领料：周华波

业务 3：12 月 5 日，北京××机械设备有限公司基本生产间生产滑动轴承领用轴承 600 件，单位成本 250 元；电动机 200 台，单位成本 875 元；特种钢 3 吨，单位成本 9 000 元。

要求：根据此业务相关原始凭证填制转账凭证。

**操作指引**

本业务主要涉及"生产成本"账户的运用。

"生产成本"账户核算企业进行工业性生产发生的各项生产成本，包括生产各种产品（产成品、自制半成品）、自制材料、自制工具、自制设备等。"生产成本"账户可按基本生产成本和辅助生产成本进行明细核算。基本生产成本应当分别按照基本生产车间和成本核算对象（产品的品种、类别、定单、批别、生产阶段等）设置明细账（或成本计算单），并按照规定的成本项目设置专栏。

企业发生的各项直接生产成本，各生产车间应负担的制造费用，辅助生产车间为基本生产车间、企业管理部门和其他部门提供的劳务和产品，期（月）末按照一定的分配标准分配给各收益对象记入本账户的借方；企业已经生产完成并已验收入库的产成品以及入库的自制半成品成本，应于期（月）末记入本账户的贷方；本账户的期末借方余额，反映企业尚未加工完成的在产品成本。

基本生产车间发生的直接用于产品生产的直接材料成本，包括直接用于产品生产的燃料和动力成本，应专门设置"直接材料"等成本项目。这些原料和主要材料一般分产品领用，应根据领料凭证直接记入某种产品成本的"直接材料"项目，如果是几种产品共同耗用的材料成本，则应采用适当的分配方法，分配记入各有关产品成本的"直接材料"成本项目。直接用于产品生产、专设成本项目的各种直接材料成本，应借记"生产成本——基本生产成本"账户及其所属各产品成本明细账"直接材料"等成本项目。企业应根据发出材料的成本总额，贷记"原材料"等账户。

3-1/3

**限 额 领 料 单**

领料单位：基本生产车间　　　　　　　　编号：限领 1

用途：生产滑动轴承　　　　201 6 年 12 月份　　　　发料仓库：1#库

| 材料类别 | 材料编号 | 材料名称及规格 | 计量单位 | 全月领用限额 | 实际领用 | | 备注 |
|---|---|---|---|---|---|---|---|
| | | | | | 数量 | 单位成本 / 金额 | |
| 原材料 | 110 2 | 轴承 | 件 | 800 | | 250 | |

| 日期 | 请领 | | 实发 | | | 退回 | | | 限额结余数量 |
|---|---|---|---|---|---|---|---|---|---|
| | 数量 | 领料单位负责人签章 | 数量 | 发料人签章 | 领料人签章 | 数量 | 收料人签章 | 退料人签章 | |
| 12.5 | 600 | 杜羽 | 600 | 孙泉 | 周华波 | | 付讫 | | 200 |
| | | | | | | | | | |
| | | | | | | | | | |
| 合计 | | | | | | | | | |

生产计划部门负责人：　　　　　供应部门负责人：　　　　　仓库负责人：

3-2/3

领料单位：基本生产车间　　　　　　**限 额 领 料 单**　　　　　编号：限领 2

用途：生产滑动轴承　　　　　　　201 6 年 12 月　　　　　　发料仓库：1#库

| 材料类别 | 材料编号 | 材料名称及规格 | 计量单位 | 全月领用限额 | 实际领用 | | | 备注 |
|---|---|---|---|---|---|---|---|---|
| | | | | | 数量 | 单位成本 | 金额 | |
| 原材料 | 1101 | 电动机 | 台 | 300 | 875 | | | |

| 日 期 | 请 领 | | 实 发 | | | 退 回 | | | 限额结余数量 |
|---|---|---|---|---|---|---|---|---|---|
| | 数量 | 领料单位负责人签章 | 数量 | 发料人签章 | 领料人签章 | 数量 | 收料人签章 | 退料人签章 | |
| 12.5 | 200 | 杜羽 | 200 | 孙泉 | 周华波 | | 付 讫 | | 100 |
| | | | | | | | | | |
| | | | | | | | | | |
| 合 计 | | | | | | | | | |

生产计划部门负责人：　　　　　　供应部门负责人：　　　　　仓库负责人：

3-3/3

**北京××机械设备有限公司领料单**

领料单位：　　　　　　　　　　　　　　　　　　编号：1822

用途：生产滑动轴承　　　　　　2016 年 12 月 5 日　　　　仓库：1#库

| 材料类别 | 材料编号 | 材料名称及规格 | 计量单位 | 数量 | | 单价 | 金额 |
|---|---|---|---|---|---|---|---|
| | | | | 请领 | 实领 | | |
| 原材料 | 1103 | 钢材 | 吨 | 3 | 3 | 9 000 | 27 000 |
| | | | 付 讫 | | | | |
| 合 计 | | | | | | | ￥27 000 |

记账：　　发料：孙泉　　　领料部门负责人：孙泉　　　领料：周华波

业务 4：12 月 10 日，基本车间主任借款 5 000 元。企业支付现金 5 000 元。

要求：根据此业务相关原始凭证填制付款凭证。

4-1/1

## 借　　据

2016 年 12 月 10 日　　　　　　　　　　第 12 号

| 借款单位 | 基本车间 | 金　额 | | | | | | | |
|---|---|---|---|---|---|---|---|---|---|
| 人民币（大写）：伍仟零佰零拾零元零角零分 | | 十 | 万 | 千 | 百 | 十 | 元 | 角 | 分 |
| | | | | ￥ | 5 | 0 | 0 | 0 | 0 | 0 |
| 借款事由：公　出 | | | | | | | | | |
| 领导批示 | 财务负责人 | 借款部门负责人 | | 借款人 | | | | | |
| 于晓光 | 刘志 | | | | | | | | |

业务 5：12 月 15 日，北京 ×× 机械设备有限公司基本生产车间生产吊轴承领用材料。其中轴承 400 件，单位成本 250 元；电动机 80 台，单位成本 875 元；特种钢 2 吨，单位成本 9 000 元。

要求：根据此业务相关原始凭证填制转账凭证。

5-1/3

领料单位：基本生产车间　　　**限 额 领 料 单**　　　编号：限领 3

用途：生产吊轴承　　　　　　2016 年 12 月　　　　　发料仓库：1#库

| 材料类别 | 材料编号 | 材料名称及规格 | 计量单位 | 全月领用限额 | 实际领用 | | | 备注 |
|---|---|---|---|---|---|---|---|---|
| | | | | | 数　量 | 单位成本 | 金　额 | |
| 原材料 | 1102 | 轴承 | 吨 | 600 | | 250 | | |

| 日　期 | 请　领 | | 实　发 | | | 退　回 | | | 限额结余数量 |
|---|---|---|---|---|---|---|---|---|---|
| | 数量 | 领料单位负责人签章 | 数量 | 发料人签章 | 领料人签章 | 数量 | 收料人签章 | 退料人签章 | |
| 12.15 | 400 | 杜羽 | 400 | 孙泉 | 周华波 | | | | 200 |
| | | | | | | **付　讫** | | | |
| | | | | | | | | | |
| | | | | | | | | | |
| 合计 | | | | | | | | | |

生产计划部门负责人：　　　　　　供应部门负责人：　　　　　　仓库负责人：

5-2/3

## 限 额 领 料 单

领料单位：基本生产车间　　　　　　　　　　　　　　　　　　　　编号：限领 3

用途：　生产滑动轴承　　　　　　　2016 年 12 月　　　　　　发料仓库：1#库

| 材料类别 | 材料编号 | 材料名称及规格 | 计量单位 | 全月领用限额 | 实际领用 | | | 备注 |
|---|---|---|---|---|---|---|---|---|
| | | | | | 数 量 | 单位成本 | 金 额 | |
| 原材料 | 1101 | 电动机 | 吨 | 100 | | 875 | | |

| 日　期 | 请　领 | | 实　发 | | | 退　回 | | | 限额结余数量 |
|---|---|---|---|---|---|---|---|---|---|
| | 数量 | 领料单位负责人签章 | 数量 | 发料人签章 | 领料人签章 | 数量 | 收料人签章 | 退料人签章 | |
| 12.15 | 80 | 杜羽 | 80 | 孙泉 | 周华波 | | | | 20 |
| | | | | | | 付　讫 | | | |
| | | | | | | | | | |
| | | | | | | | | | |
| 合计 | | | | | | | | | |

生产计划部门负责人：　　　　　　　供应部门负责人：　　　　　　　仓库负责人：

5-3/3

## 北京××机械设备有限公司领料单

领料单位：基本生产车间　　　　　　　　　　　　　　　　　　　　编号：1823

用途：生产吊轴承　　　　　　　2016 年 12 月 15 日　　　　　　仓库：1#库

| 材料类别 | 材料编号 | 材料名称及规格 | 计量单位 | 数量 | | 单价 | 金额 |
|---|---|---|---|---|---|---|---|
| | | | | 请领 | 实领 | | |
| 原材料 | | 钢材 | 吨 | 2 | 2 | 9 000 | 18 000 |
| 合　计 | 付　　　讫 | | | | | | 18 000 |

记账：　　　　发料：孙泉　　　　　领料部门负责人：孙泉　　　　领料：周华波

业务 6：12 月 25 日，机修车间主任报销差旅费，公司支付现金 4 900 元。

要求：根据此业务相关原始凭证填制付款凭证。

6-1/2

### 差 旅 费 报 销 单 1

单位：机修车间　　　　　　　　　2016 年 12 月 25 日

| 出发地 | | | 到达地 | | | 公出补助 | | | 车船飞机费 | 卧铺 | 宿费 | 市内车费 | 邮电费 | 其他 | 合计金额 |
|---|---|---|---|---|---|---|---|---|---|---|---|---|---|---|---|
| 月 | 日 | 地点 | 月 | 日 | 地点 | 天数 | 标准 | 金额 | | | | | | | |
| 12 | 7 | 北京 | 12 | 7 | 广州 | 15 | 8 | 120.00 | 2 000.00 | | 300.00 | 30.00 | 50.00 | 400.00 | 2 900.00 |
| 12 | 23 | 广州 | 11 | 23 | 北京 | | | | 2 000.00 | | | | | | 2 000.00 |
| | | | | | | | | | | | | | | | |
| | | | | | | | | | | | | | | | |
| | | | | | | | | | | | | | | | |
| | | | | | | | | | | | | | | | |
| | | | | | | | | | | | | | | ¥ 4 900.00 |

附件 10 张

合计人民币（大写）　　**肆仟玖佰元整**

备　注

单位领导：于晓光　　　　　财务主管：刘志　　　　　公出人姓名：　　　　　审核人：

6-2/2

### 付 款 收 据

2015 年 12 月 25 日　　　　　　　第 18 号

| 今付给 | **周华波** | | | |
|---|---|---|---|---|
| 人民币（大写）**肆仟玖佰元整** | | | ¥：4 900.00 | |
| 事　由：<br>**差旅费报销款** | | 现　金 | | |
| | | 支票第　　　　号 | | |
| 收款单位 | 北京××机械设备有限公司 | 财务主管 | | |

第 一 联 存 根 联

业务 7：12 月 25 日，基本生产车间退钢材 0.5 吨。该材料原用于生产滑动轴承。材料已经办理了相关手续。

要求：根据此业务相关原始凭证编制转账凭证。

7-1/1

## 北京××机械设备有限公司退料单

编号：退1

退料部门：基本生产车间　　2016 年 12 月 25 日　　仓库：1#库

| 材料编号 | 材料名称 | 规格 | 计量单位 | 数量 | | 实际成本 | |
| --- | --- | --- | --- | --- | --- | --- | --- |
| | | | | 退料 | 实收 | 单位成本 | 金　额 |
| 1 | 钢材 | | 吨 | 0.5 | | 9 000 | 4 500 |
| | | | | 收讫 | | | |
| 原材料用途 | 生产滑动轴承 | | 退料原因 | | 部分未耗用 | | |
| 备注：钢材仍然存放在车间。 | | | | | | | |

记账：　　　　收料：孙泉　　　　部门负责人：孙泉　　　　退料负责人：周华波

业务 8：12 月 31 日，汇总本月应付工资，总额 539 600 元。

要求：根据此业务相关原始凭证编制转账凭证。

操作指引

本业务主要涉及"应付职工薪酬"账户的运用。

"应付职工薪酬"账户核算应付职工薪酬的提取、结算、使用等情况。该账户贷方登记已分配计入有关成本费用项目的职工薪酬的数额，借方登记实际发放职工薪酬的数额；该账户期末贷方余额，反映企业应付未付的职工薪酬。"应付职工薪酬"账户应当按照"工资""职工福利""社会保险费""住房公积金""工会经费""职工教育经费""非货币性福利"等应付职工薪酬项目设置明细账户，进行明细核算。

企业应当在职工为其提供服务的会计期间，根据职工提供服务的受益对象，将应确认的职工薪酬（包括货币性薪酬和非货币性福利）计入相关资产成本或当期损益，同时确认为应付职工薪酬。生产部门人员的职工薪酬，记入"生产成本""制造费用""劳务成本"等账户；管理部门人员的职工薪酬，记入"管理费用"账户；销售人员的职工薪酬，记入"销售费用"账户；应由在建工程、研发支出负担的职工薪酬，记入"在建工程""研发支出"等账户。

8-1/1

**工资费用汇总与分配表**

北京××机械设备有限公司 　　　　　　　　　2016 年 12 月 30 日

| 类　　别 | | 应付工资 |
|---|---|---|
| 基本生产车间 | 轴承 | 188 600 |
| | 吊轴承 | 156 000 |
| | 小计 | 344 600 |
| 修理车间 | 修理 | 15 000 |
| 行政管理 | | 96 000 |
| 销售部门 | | 84 000 |
| 合计 | | 539 600 |

复核： 　　　　　　　　　　　　　　制表人：

业务 9：12 月 30 日，按 10% 工资总额计提福利费，本月福利费总额 53 960 元。

要求：根据此业务相关原始凭证编制转账凭证。

9-1/1

**应付福利费计算分配表**

北京××机械设备有限公司 　　　　　　　　　2016 年 12 月 30 日

| 类　　别 | | 应付工资 | 应付福利费 |
|---|---|---|---|
| 基本生产车间 | 滑动轴承 | 188 600 | 18 860 |
| | 吊轴承 | 156 000 | 15 600 |
| | 小计 | 344 600 | 34 460 |
| 修理车间 | 修理 | 15 000 | 1 500 |
| 行政管理 | | 96 000 | 9 600 |
| 销售部门 | | 84 000 | 8 400 |
| 合计 | | 539 600 | 53 960 |

业务 10：12 月 31 日，计提本月折旧，本期折旧总额 160 000 元。

要求：根据此业务相关原始凭证编制转账凭证。

**操作指引**

本业务主要涉及"累计折旧"账户的运用。

"累计折旧"账户属于"固定资产"的调整账户，核算企业固定资产的累计折旧，贷方登记企业计提的固定资产折旧，借方登记处置固定资产转出的累计折旧，期末贷方余额，反映企业固定资产的累计折旧额。

固定资产应当按月计提折旧，计提的折旧应当记入"累计折旧"账户，并根据用途计入相关资产的成本或者当期损益。企业自行建造固定资产过程中使用的固定资产，其计提的折旧应计入在建工程成本；基本生产车间所使用的固定资产，其计提的折旧应计入制造费用；管理部门所使用的固定资产，其计提的折旧应计入管理费用；销售部门所使用的固定资产，其计提的折旧应计入销售费用；经营租出的固定资产，其应提的折旧额应计入其他业务成本。企业计提固定资产折旧时，借记"制造费用""销售费用""管理费用"等账户，贷记"累计折旧"账户。

10-1/1

### 固定资产折旧计算表

北京××机械设备有限公司　　　　　　　　2016 年 12 月 31 日

| 类　别 | | 本月折旧额 |
| --- | --- | --- |
| 基本生产车间 | 滑动轴承 | 84 000 |
| | 吊轴承 | 20 000 |
| | 小计 | 104 000 |
| 修理车间 | 修理 | 10 000 |
| 行政管理 | | 26 000 |
| 销售部门 | | 20 000 |
| 合计 | | 160 000 |

业务 11：12 月 31 日，按产品工时直接分配制造费用。结果保留至整数。

要求：（1）填制制造费用分配表。

（2）根据此业务相关原始凭证编制转账凭证。

**操作指引**

本业务主要涉及"制造费用"账户的运用。

企业应当根据制造费用的性质，合理选择分配方法。在各种产品之间分配制造费用的方法，通常有：生产工人工时比例法、生产工人工资比例法、机器工时比例法、耗用原材料的数量或成本比例法、直接成本（材料、生产工资等职工薪酬之和）比例法和产成品产量比例法。会计处理如下。

借：生产成本——基本生产成本——×××产品

　　贷：制造费用

11-1/1

### 北京××机械设备有限公司制造费用分配表

2016 年 12 月 　　　　　　　单位：元

| 受 益 对 象 | | 工时 | 分配率 | 费用 |
|---|---|---|---|---|
| 待分配费用 | | | | |
| 基本生产成本 | 轴承 | 4 000 | | |
| | 吊轴承 | 10 000 | | |
| 合　　计 | | 14 000 | | |

业务 12：12 月 31 日，计算产品生产成本。本月轴承投产 25 件，完工 25 件，期初在产品为零。吊轴承投产 40 件，完工 40 件。产品全部办理入库手续。

要求：（1）填制产品入库单。

（2）根据此业务相关原始凭证编制转账凭证。

**操作指引**

每月月末，当月生产成本明细账中按照成本项目归集了该种产品的本月生产成本以后，如果产品已经全部完工，生产成本明细账中归集的月初在产品生产成本与本月发生的生产成本之和，就是该种完工产品的成本。如果产品全部没有完工，生产成本明细账中归集的月初在产品生产成本与本月发生的生产成本之和，就是该种在产品的成本。如果既有完工产品又有在产品，生产成本明细账中归集的月初在产品生产成本与本月发生的生产成本之和，则应当在完工产品和月末在产品之间，采用适当的分配方法进行分配和归集，以计算完工产品和月末在产品的成本。

根据产品完工产品总成本编制完工产品入库的会计分录如下。

借：库存商品

　　贷：生产成本——基本生产成本

12-1/3

### 北京××机械设备有限公司产品成本计算单

2016 年 12 月 31 日 　　　　　　　No:123101

产品名称：轴承 　　　　　　　单位：元

| 对象 | 成本项目 | | | |
|---|---|---|---|---|
| | 直接材料 | 人工 | 制造费用 | 制造费用 |
| 期初投入成本 | 0 | 0 | 0 | |
| 本期投入成本 | | | | |
| 本月投入总成本 | | | | |

12-2/3

### 北京××机械设备有限公司产品成本计算单

2016 年 12 月 31 日　　　　　　　　　　No 123102

产品名称：吊轴承　　　　　　　　　　　　　　　　单位：元

| 对象 | 成本项目 | | | |
|---|---|---|---|---|
| | 直接材料 | 人工 | 制造费用 | 制造费用 |
| 期初投入成本 | 0 | 0 | 0 | |
| 本期投入成本 | | | | |
| 本月投入总成本 | | | | |

要求：（1）根据本结算业务填制产品成本计算单。

　　　　（2）根据此业务相关原始凭证编制转账凭证。

12-3/3

### 北京××机械设备有限公司产成品入库单

仓库名称：仓库　　　　　　2016 年 12 月 31 日　　　　No　20111201

| 名称 | 材质 | 规格 | 计量单位 | 数量 | | 单位成本 | 总成本 | 送验单位 |
|---|---|---|---|---|---|---|---|---|
| | | | | 送验 | 实收 | | | |
| **轴承** | | | 台 | 20 | 20 | | | 基本生产车间 |
| **吊轴承** | | | 台 | 15 | 15 | | | |
| | | | | | | | | |
| 合　计 | | | | | | | | |

第二联 记账联

仓库主管：杨光　　　　记账：　　　　　验收：杨光　　　　送验人：周华波

#### ◆◆◆ 思考与训练 ◆◆◆

1. 简述生产成本的构成项目。

2. 简述存货发生计量的方法以及优缺点。

3. 简述固定资产的折旧方法有哪些，各种方法中折旧额如何计算。

4. 材料采购成本由哪些项目构成？

5. 采用计划成本计价，材料采购、原材料、材料成本差异三个账户间的关系如何？

# 第十一章 销售业务的核算

【学习目标】

◆ 理解主营业务收入、主营业务成本的概念。

◆ 理解其他业务收入、其他业务成本的概念。

◆ 掌握销售业务的核算。

◆ 掌握销售业务的会计处理实务。

销售过程是工业企业生产经营过程的第四个阶段。企业通过销售产品收回货币资金，以保证企业再生产的进行。通过销售过程，企业的产成品资金又转化为新的货币资金。此外，企业除了销售产品以外，还会发生其他销售业务，如销售材料、销售包装物等。

企业在销售过程中，要根据国家的有关政策和市场需求状况制定产品的销售价格，并按照有关经济合同和货币结算制度办理结算手续，及时收回货款。工业企业通过销售产品，所收回的销售货款是企业主营业务收入的主要部分。企业在组织销售产品的过程中，还要支付包装费、运输费、广告费等销售费用。此外，还要根据国家税收政策缴纳与销售产品有关的税金，如增值税、城乡维护建设税、资源税等。在分别确定了营业收入、营业成本、营业税金及附加以后，减去销售费用、管理费用和财务费用后的金额，就可以计算确定企业一定时期的营业利润，即将以上项目转入"本年利润"账户的借方或贷方，比较两方的发生额，如为贷方差额则表示企业一定时期取得营业利润；反之，即为亏损。因此，营业收入的取得、有关成本费用的计算和结转、营业利润或亏损的确定以及同购货单位发生的贷款结算，是销售业务核算的主要内容。

## 第一节 收入的概念、分类及确认

### 一、收入的概念

收入是指企业在日常活动中形成的、会导致所有者权益增加的、与所有者投入资本无关的经济利益的总流入。

收入具有以下特点。

（一）收入是企业在日常活动中形成的经济利益的总流入

日常活动是指企业为完成其经营目标所从事的经常性活动以及与之相关的活动。工业企业销售产品、商业企业销售商品、咨询公司提供咨询服务、软件开发企业为客户开发软件、安装公司提供安装服务、商业银行对外贷款、租赁公司出租资产等活动，均属于企业为完成其经营目标所从事的经常性活动，由此形成的经济利益的总流入构成收入。工业企业对外出售不需用的原材料、对外转让无形资产使用权、对外进行权益性投资（取得库存现金股利）或债权性投资（取得利息）等活动，虽不属于企业的经常性活动，但属于企业为完成其经营目标所从事的与经常性活动相关的活动，由此形成的经济利益的总流入也构成收入。

收入形成于企业日常活动的特征使其与产生于非日常活动的利得相区分。企业所从事或发生的某些活动也能为企业带来经济利益，但不属于企业为完成其经营目标所从事的经常性活动，也不属于与经常性活动相关的活动，如工业企业处置固定资产、无形资产，因其他企业违约收取罚款等，这些活动形成的经济利益的总流入属于企业的利得而不是收入。利得通常不经过经营过程就能取得或属于企业不曾期望获得的收益。

（二）收入会导致企业所有者权益的增加

收入形成的经济利益总流入的形式多种多样，既可能表现为资产的增加，如增加银行存款、应收账款；也可能表现为负债的减少，如减少预收账款；还可能表现为两者的组合，如销售实现时，部分冲减预收账款，部分增加银行存款。收入形成的经济利益总流入能增加资产或减少负债或两者兼而有之，根据"资产－负债＝所有者权益"的会计等式，收入一定能增加企业的所有者权益。这里所说的收入能增加所有者权益，仅指收入本身的影响，而收入扣除与之相配比的费用后的净额，既可能增加所有者权益，也可能减少所有者权益。

企业为第三方或客户代收的款项，如企业代国家收取的增值税等，一方面增加企业的资产，另一方面增加企业的负债，但并不增加企业的所有者权益，因此不构成本企业的收入。

（三）收入与所有者投入资本无关

所有者投入资本主要是为谋求享有企业资产的剩余权益，由此形成的经济利益的总流入不构成收入，而应确认为企业所有者权益的组成部分。

## 二、收入的分类

（一）收入按企业从事日常活动的性质不同，分为销售商品收入、提供劳务收入和让渡资产使用权收入

1. 销售商品收入

销售商品收入是指企业通过销售商品实现的收入。这里的商品包括企业为销售而生产的产品和为转售而购进的商品。企业销售的其他存货如原材料、包装物等也视同商品。

2. 提供劳务收入

提供劳务收入是指企业通过提供劳务实现的收入。例如，企业通过提供旅游、运输、咨

询、代理、培训、产品安装等劳务所实现的收入。

### 3. 让渡资产使用权收入

让渡资产使用权收入是指企业通过让渡资产使用权实现的收入。让渡资产使用权收入包括利息收入和使用费收入。利息收入主要是指金融企业对外贷款形成的收入，以及同业之间发生往来形成的利息收入等。使用费收入主要是指企业转让无形资产（如商标权、专利权、专营权、版权）等资产的使用权形成的收入。企业对外出租固定资产收取的租金、进行债权投资收取的利息、进行股权投资取得的库存现金股利等，也构成让渡资产使用权收入。

### （二）收入按企业经营业务的主次不同，分为主营业务收入和其他业务收入

#### 1. 主营业务收入

主营业务收入是指企业为完成其经营目标所从事的经常性活动实现的收入。主营业务收入一般占企业总收入的比重较大，对企业的经济效益产生较大影响。不同行业企业的主营业务收入所包括的内容不同。例如，工业企业的主营业务收入主要包括销售商品、自制半成品、代制品、代修品、提供工业性劳务等实现的收入；商业企业的主营业务收入主要包括销售商品实现的收入；咨询公司的主营业务收入主要包括提供咨询服务实现的收入；安装公司的主营业务收入主要包括提供安装服务实现的收入。

#### 2. 其他业务收入

其他业务收入是指企业为完成其经营目标所从事的与经常性活动相关的活动实现的收入。其他业务收入属于企业日常活动中次要交易实现的收入，一般占企业总收入的比重较小。不同行业企业的其他业务收入所包括的内容不同。例如，工业企业的其他业务收入主要包括对外销售材料、对外出租包装物、商品或固定资产、对外转让无形资产使用权、对外进行权益性投资（取得库存现金股利）或债权性投资（取得利息）、提供非工业性劳务等实现的收入。

## 三、销售商品收入的确认

商品包括企业为销售而生产的产品和为转售而购进的商品，如工业企业生产的产品、商业企业购进的商品等，企业销售的其他存货，如原材料、包装物等，也视同企业的商品。销售商品收入同时满足下列条件的，才能予以确认。

### （一）企业已将商品所有权中的主要风险和报酬转移给购货方

企业已将商品所有权中的主要风险和报酬转移给购货方，是指与商品所有权有关的主要风险和报酬同时转移给了购货方。其中，与商品所有权有关的风险是指商品可能发生减值或损毁等形成的损失；与商品所有权有关的报酬是指商品价值增值或通过使用商品等形成的经济利益。

判断企业是否已将商品所有权中的主要风险和报酬转移给购货方，应当关注交易的实质而不是形式，并结合所有权凭证的转移或实物的交付进行判断。如果与商品所有权有关的任

何损失均不需要销货方承担，与商品所有权有关的任何经济利益也不归销货方所有，就意味着商品所有权中的主要风险和报酬转移给了购货方。

（1）通常情况下，转移商品所有权凭证并交付实物后，商品所有权中的主要风险和报酬随之转移，如大多数零售商品、预收款销售商品、订货销售商品、托收承付方式销售商品、分期收款发出商品等。

（2）某些情况下，转移商品所有权凭证但未交付实物，商品所有权中的主要风险和报酬随之转移，企业只保留了次要风险和报酬，如交款提货方式销售商品、视同买断方式委托代销商品等。在这种情形下，应当视同商品所有权中的所有风险和报酬已经转移给购货方。

（3）某些情况下，转移商品所有权凭证并交付实物后，商品所有权中的主要风险和报酬并未随之转移。

①企业销售的商品在质量、品种、规格等方面不符合合同或协议要求，又未根据正常的保证条款予以弥补，因而仍负有责任。

②企业销售商品的收入是否能够取得，取决于购买方是否已将商品销售出去，如采用支付手续费方式委托代销商品等。

③企业尚未完成售出商品的安装或检验工作，且安装或检验工作是销售合同或协议的重要组成部分。

④销售合同或协议中规定了买方由于特定原因有权退货的条款，且企业又不能确定退货的可能性。

（二）企业既没有保留通常与所有权相联系的继续管理权，也没有对已售出的商品实施有效控制

通常情况下，企业售出商品后不再保留与商品所有权相联系的继续管理权，也不再对售出商品实施有效控制，表明商品所有权中的主要风险和报酬已经转移给购货方，应在发出商品时确认收入。

在有的情况下，企业售出商品后，由于各种原因仍保留与商品所有权相联系的继续管理权，或仍对商品可以实施有效控制。如某些情况下的售后回购、售后租回等，则说明此项销售交易没有完成，销售不能成立，不应确认销售商品收入。

（三）收入的金额能够可靠地计量

收入的金额能够可靠地计量，是指收入的金额能够合理地估计。如果收入的金额不能够合理地估计，则无法确认收入。通常情况下，企业在销售商品时，商品销售价格已经确定，企业应当按照从购货方已收或应收的合同或协议价款确定收入金额。如果销售商品涉及现金折扣、商业折扣、销售折让等因素，还应当考虑这些因素，然后确定销售商品收入金额。如果企业从购货方应收的合同或协议价款延期收取具有融资性质，企业应按应收的合同或协议价款的公允价值确定销售商品收入金额。

有时，由于受销售商品过程中某些不确定因素的影响，也有可能存在商品销售价格发生变动的情况，如附有销售退回条件的商品销售。如果企业不能合理估计退货的可能性，就不

能够合理地估计收入的金额，其不应在发出商品时确认收入，而应当在售出商品退货期满且销售商品收入金额能够可靠计量时确认收入。

企业从购货方已收或应收的合同或协议价款不公允的，应按公允的交易价格确认收入金额，不公允的价款不应确定为收入金额。

### （四）相关的经济利益很可能流入企业

相关的经济利益很可能流入企业，是指销售商品价款收回的可能性大于不能收回的可能性，即销售商品价款收回的可能性超过50%。

企业在确定销售商品价款收回的可能性时，应当结合以前和买方交往的直接经验、政府有关政策、其他方面取得信息等因素进行综合分析。如果确定销售商品价款收回的可能性大于不能收回的可能性，即可认为销售商品价款很可能流入企业。通常情况下，企业销售的商品符合合同或协议要求，已将发票账单交付买方，买方承诺付款，就表明销售商品价款收回的可能性大于不能收回的可能性。如果企业根据以前与买方交往的直接经验判断买方信誉较差，或销售时得知买方在另一项交易中发生了巨额亏损，资金周转十分困难，或在出口商品时不能肯定进口企业所在国政府是否允许将款项汇出等，就可能会出现与销售商品相关的经济利益不能流入企业的情况，不应确认收入。如果企业判断销售商品收入满足确认条件，并确认了一笔应收债权，以后若由于购货方资金周转困难无法收回该债权时，不应调整原确认的收入，而应对该债权计提坏账准备，确认坏账损失。

### （五）相关的已发生或将发生的成本能够可靠地计量

通常情况下，销售商品相关的已发生或将发生的成本能够合理地估计，如库存商品的成本等。如果库存商品是本企业生产的，其生产成本能够可靠计量；如果是外购的，购买成本能够可靠计量。有时，销售商品相关的已发生或将发生的成本不能够合理地估计，此时企业不应确认收入，而应将已收到的价款应确认为负债。

## 第二节 商品销售业务的核算

### 一、企业销售业务应设置的主要账户

#### （一）"主营业务收入"账户

"主营业务收入"账户是用来核算企业在销售商品、提供劳务及让渡资产使用权等日常活动中所产生的收入。贷方反映取得的收入；借方反映期末转入"本年利润"账户贷方的数额，期末结转后，该账户应无余额。为了具体反映每种产品的销售收入情况，应按照产品类别（或劳务）设置明细账户，进行明细分类核算。

（二）"其他业务收入"账户

"其他业务收入"账户是用来核算企业除主营业务收入以外的其他销售或其他业务的收入，如材料销售、代购代销、包装物出租等收入。贷方反映实现的其他业务收入；借方反映应转入"本年利润"账户贷方的数额，期末结转后，该账户无余额。为了具体反映各类其他业务收入的取得情况，应按其他业务的种类设置明细账，进行明细分类核算。

（三）"主营业务成本"账户

"主营业务成本"账户是用来核算企业因销售商品、提供劳务及让渡资产使用权等日常活动而发生的实际成本。借方反映因销售商品、提供劳务等发生的实际成本；贷方反映应转入"本年利润"账户借方的数额，期末结转后，该账户无余额。该账户应按主营业务种类设置明细账，进行明细分类核算。

（四）"其他业务成本"账户

"其他业务成本"账户是用来核算企业除主营业务成本以外的其他销售或其他业务所发生的支出。借方反映发生的其他业务成本；贷方反映应转入"本年利润"账户借方的数额，期末结转后，该账户无余额。该账户应按其他业务的种类设置明细账户，进行明细分类核算。

（五）"营业税金及附加"账户

"营业税金及附加"账户是用来核算企业日常活动应负担的税金及附加，包括营业税、消费税、城市维护建设税、资源税、土地增值税和教育费附加等。借方反映应由主营业务负担的税金及附加；贷方反映应转入"本年利润"账户借方的数额，期末结转后，该账户无余额。该账户应按营业税金的种类设置明细账，进行明细分类核算。

（六）"销售费用"账户

"销售费用"账户是用来核算企业在销售商品过程中发生的费用，包括运输费、装卸费、包装费、保险费、展览费、广告费，以及为销售本企业商品而专设的销售机构经费。借方反映本期发生的销售费用；贷方反映应转入"本年利润"账户借方的数额，期末结转后，该账户无余额。本账户应按费用项目设置明细账，进行明细分类核算。

（七）"应交税费"账户

"应交税费"账户是用来核算企业应计提的各种税金提取和缴纳情况。贷方反映按规定计提的本期应交税费，如增值税、营业税、城市维护建设税、房产税、车船税、土地使用税、所得税等；借方反映已交纳的各种税金；期末余额在贷方，表示应交未交的税金，若出现借方余额，则表示多交的税金。该账户应按税金的种类设置明细账户，进行明细分类核算。

（八）"应收账款"账户

"应收账款"账户是用来核算企业因销售商品、产品、提供劳务等，应向购货单位或接受劳务单位收取的款项。借方反映发生的应收账款数额；贷方反映已收回的应收账款数额；期末余额在借方，表示尚未收回的应收账款。该账户应按不同的购货单位或接受劳务的单位设置明细账，进行明细分类核算。

## 二、商品销售业务的会计处理

### （一）一般销售商品业务

在进行销售商品的会计处理时，首先要考虑销售商品收入是否符合收入确认条件。符合收入准则所规定的五项确认条件的，企业应及时确认收入并结转相关销售成本。通常情况下，销售商品采用托收承付方式，在办妥托收手续时确认收入；交款提货销售商品的，在开出发票账单收到货款时确认收入。

#### 1. 商品现销业务的核算

现销是指销货方将产品交付购买方，购买方立即进行货款结算的销售业务。

【例 11-1】2016 年 3 月 4 日，嘉美机械设备有限公司向大华动力设备有限设备公司销售轴承 100 件，每件不含增值税的销售价格为 800 元，每件销售成本为 524 元；款项均已收付，并存入银行。

根据上述资料，2016 年 3 月 4 日，嘉美机械设备有限公司的账务处理如下。

（1）确认销售收入

借：银行存款 93 600

　　贷：主营业务收入——销售轴承 80 000

　　　　应交税费——应交增值税（销项税额） 13 600

（2）结转产品销售成本

借：主营业务成本——销售轴承 52 400

　　贷：库存商品——轴承 52 400

需要注意的是，如果公司销售的商品还需要缴纳营业税、消费税、城市维护建设税、资源税、土地增值税和教育费附加等，还需要通过"营业税金及附加"进行核算。

如上例中，公司还需要缴纳消费税 5 000 元，则将会导致"应交税费"和"营业税金及附加"科目金额的增加，"应交税费"的增加使负债增加，应当记入该科目的贷方，"营业税金及附加"的增加使费用增加，应记入该科目的借方，具体会计分录如下。

借：营业税金及附加 5 000

　　贷：应交税费——应交消费税 5 000

【例 11-2】2016 年 3 月 6 日，嘉美机械设备有限公司销售原材料电线一批，不含增值税的销售价格为 6 000 元，销售成本为 4 750 元；款项均已收付，并存入银行。

根据上述资料，2016 年 3 月 6 日，嘉美机械设备有限公司的账务处理如下。

（1）确认原材料销售收入

借：银行存款 7 020

  贷：其他业务收入——销售电线                 6 000

    应交税费——应交增值税（销项税额）         1 020

 （2）结转原材料销售成本

  借：其他业务成本——销售电线               4 750

    贷：原材料——电线                 4 750

  需要注意的是，企业在日常活动中还可能发生对外销售不需用的原材料、随同商品对外销售单独计价的包装物等业务。企业销售原材料、包装物等存货也视同商品销售，其收入确认和计量原则比照商品销售。企业销售原材料、包装物等存货实现的收入作为其他业务收入处理，结转的相关成本作为其他业务成本处理。

  2. 商品赊销业务的核算

  【例 11-3】2016 年 3 月 9 日，嘉美机械设备有限公司向石家庄发电厂销售 500 件滑轮，单位销售价格为 100 元，单位成本为 89 元，开出的增值税专用发票上注明的销售价格为50 000 元，增值税税额为 8 500 元。滑轮已经发出，款项尚未收到。嘉美机械设备有限公司的账务处理如下。

 （1）2016 年 3 月 9 日发出滑轮

  借：应收账款——石家庄发电厂              58 500

    贷：主营业务收入——销售滑轮            50 000

      应交税费——应交增值税（销项税额）        8 500

  借：主营业务成本——销售滑轮              44 500

    贷：库存商品——滑轮               44 500

 （2）2016 年 3 月 13 日收到货款

  借：银行存款                   58 500

    贷：应收账款——石家庄发电厂            58 500

  3. 预收款销售业务的核算

  预收款销售商品是指购买方在商品尚未收到前按合同或协议约定分期付款，销售方在收到最后一笔款项时才交货的销售方式。在这种方式下，销售方直到收到最后一笔款项才将商品交付购货方，表明商品所有权中的主要风险和报酬只有在收到最后一笔款项时才转移给购货方，企业通常应在发出商品时确认收入，在此之前预收的货款应确认为负债。

  【例 11-4】嘉美机械设备有限公司在 2016 年 3 月 15 日收到保定热电厂订购滑轮的订金共计 5 000 元。2016 年 3 月 18 日，嘉美机械设备有限公司发出滑轮 100 件，每件不含增值税的销售价格为 100 元，开出的增值税专用发票上注明的销售价格为 10 000 元，增值税额为 1 700 元，该批商品成本为 8 900 元。同日收到公司补付余款 6 700 元。嘉美机械设备有限公司的账务处理如下。

 （1）2016 年 3 月 15 日收到保定热电厂订金

  借：银行存款                   5 000

| | | |
|---|---|---|
| 贷：预收账款——保定热电厂 | | 5 000 |

（2）2016 年 3 月 18 日发出商品，开出增值税专用发票

| | | |
|---|---|---|
| 借：预收账款——保定热电厂 | | 5 000 |
| 银行存款 | | 6 700 |
| 贷：主营业务收入——销售滑轮 | | 10 000 |
| 应交税费——应交增值税（销项税额） | | 1 700 |
| 借：主营业务成本——销售滑轮 | | 8 900 |
| 贷：库存商品——滑轮 | | 8 900 |

**4. 托收承付方式销售商品的处理**

托收承付是指企业根据合同发货后，委托银行向异地付款单位收取款项，由购货方向银行承诺付款的销售方式。在这种销售方式下，商品发出且办妥托收手续，通常表明商品所有权中的主要风险和报酬已经转移给购货方，企业通常应在此时确认收入。如果商品已经发出且办妥托收手续，但由于各种原因与发出商品所有权有关的风险和报酬没有转移的，企业不应确认收入。

【例 11-5】嘉美机械设备有限公司在 2016 年 3 月 20 日向吉庆公司销售轴承 150 件，开出的增值税专用发票上注明的销售价格为每件 700 元，增值税税额为 17 850 元，款项尚未收到；该批商品成本为 78 600 元。嘉美机械设备有限公司在销售时已知吉庆公司资金周转发生困难，但为了减少存货积压，同时也为了维持与吉庆公司长期建立的商业合作关系，其仍将商品发往吉庆公司且办妥托收手续。

本例中，由于吉庆公司资金周转存在困难，因而嘉美机械设备有限公司在货款回收方面存在较大的不确定性，与该批商品所有权有关的风险和报酬没有转移给吉庆公司。根据销售商品收入的确认条件，嘉美机械设备有限公司在发出商品且办妥托收手续时不能确认收入，已经发出的商品成本应通过“发出商品”账户反映。嘉美机械设备有限公司的账务处理如下。

（1）2016 年 3 月 20 日，嘉美机械设备有限公司发出商品

| | | |
|---|---|---|
| 借：发出商品——轴承 | | 78 600 |
| 贷：库存商品——轴承 | | 78 600 |

（2）如果 2016 年 3 月 25 日，嘉美机械设备有限公司得知吉庆公司经营情况逐渐好转，吉庆公司承诺近期付款

| | | |
|---|---|---|
| 借：应收账款——吉庆公司 | | 122 850 |
| 贷：主营业务收入——销售轴承 | | 105 000 |
| 应交税费——应交增值税（销项税额） | | 17 850 |
| 借：主营业务成本——销售轴承 | | 78 600 |
| 贷：发出商品——轴承 | | 78 600 |

（3）如果 2016 年 4 月 16 日，嘉美机械设备有限公司收到款项

借：银行存款　　　　　　　　　　　　　　　　　　　　122 850

　　贷：应收账款——吉庆公司　　　　　　　　　　　　　　122 850

5. 销售商品涉及现金折扣、商业折扣、销售折让的处理

（1）现金折扣和商业折扣业务的会计处理

现金折扣是指债权人为鼓励债务人在规定的期限内付款而向债务人提供的债务扣除。企业销售商品涉及现金折扣的，应当按照扣除现金折扣前的金额确定销售商品收入金额。现金折扣在实际发生时计入当期损益。

【例 11-6】嘉美机械设备有限公司在 2016 年 3 月 22 日向阿尔斯通有限公司销售滑轮 100 件，每件不含增值税的销售价格为 120 元，该批商品成本为每件 89 元，开出的增值税专用发票上注明的销售价格为 12 000 元，增值税额为 2 040 元。为及早收回货款，嘉美机械设备有限公司和阿尔斯通有限公司约定的现金折扣条件为：2/10，1/20，n/30。假定计算现金折扣时不考虑增值税额。嘉美机械设备有限公司的账务处理如下。

（1）2016 年 3 月 20 日销售实现时，按销售总价确认收入

借：应收账款——阿尔斯通有限公司　　　　　　　　　　　14 040

　　贷：主营业务收入——销售滑轮　　　　　　　　　　　　12 000

　　　　应交税费——应交增值税（销项税额）　　　　　　　 2 040

借：主营业务成本——销售滑轮　　　　　　　　　　　　　 8 900

　　贷：库存商品——滑轮　　　　　　　　　　　　　　　　 8 900

（2）阿尔斯通有限公司在 2016 年 3 月 29 日付清货款，则按销售总价 12 000 元的 2% 享受现金折扣 240（12 000×2%）元，实际付款 13 800（14 040–240）元

借：银行存款　　　　　　　　　　　　　　　　　　　　 13 800

　　财务费用——现金折扣　　　　　　　　　　　　　　　　 240

　　贷：应收账款——阿尔斯通有限公司　　　　　　　　　　14 040

（3）如果阿尔斯通有限公司在 2016 年 2 月 8 日付清货款，则按销售总价 12 000 元的 1% 享受现金折扣 120（12 000×1%）元，实际付款 13 920（14 040–120）元

借：银行存款　　　　　　　　　　　　　　　　　　　　 13 920

　　财务费用——现金折扣　　　　　　　　　　　　　　　　 120

　　贷：应收账款——阿尔斯通有限公司　　　　　　　　　　14040

（4）如果阿尔斯通有限公司在 2016 年 4 月底才付清货款，则按全额付款

借：银行存款　　　　　　　　　　　　　　　　　　　　 14 040

　　贷：应收账款——阿尔斯通有限公司　　　　　　　　　　14 040

商业折扣是指企业为促进商品销售而在商品标价上给予的价格扣除。企业销售商品涉及商业折扣的，应当按照扣除商业折扣后的金额确定销售商品收入金额。其核算方法和普通销售业务核算方法一致。

（2）销售折让业务的会计处理

销售折让是指企业因售出商品的质量不合格等原因而在售价上给予的减让。对于销售折让，企业应视情况不同进行相应处理：

第一，已确认收入的售出商品发生销售折让的，通常应当在发生时冲减当期销售商品收入；

第二，已确认收入的销售折让属于资产负债表日后事项的，应当按照《企业会计准则第29号——资产负债表日后事项》的相关规定进行处理。

【例11-7】嘉美机械设备有限公司在2016年3月25日向神华公司销售基座800件，每件不含增值税的销售价格为80元，开出的增值税专用发票上注明的销售价格为64 000元，增值税额为10 880元，款项尚未收到；该批商品成本为38 000元。3月28日，神华公司在验收过程中发现商品外观上存在瑕疵，但基本上不影响使用，于是要求嘉美机械设备有限公司在价格上（不含增值税税额）给予5%的减让。2016年3月31日，嘉美机械设备有限公司收到款项，并已取得税务机关开具的红字增值税专用发票。嘉美机械设备有限公司的账务处理如下。

（1）2016年3月25日销售实现

| | | |
|---|---|---|
| 借：应收账款——神华公司 | | 74 880 |
|  贷：主营业务收入——销售基座 | | 64 000 |
|   应交税费——应交增值税（销项税额） | | 10 880 |
| 借：主营业务成本——销售基座 | | 38 000 |
|  贷：库存商品——基座 | | 38 000 |

（2）2016年3月31日发生销售折让，取得红字增值税专用发票

| | | |
|---|---|---|
| 借：主营业务收入——销售滑轮 | | 3 200 |
|  应交税费——应交增值税（销项税额） | | 544 |
|  贷：应收账款——神华公司 | | 3 744 |

（3）2016年3月31日，收到款项

| | | |
|---|---|---|
| 借：银行存款 | | 71 136 |
|  贷：应收账款——神华公司 | | 71 136 |

**6. 销售退回业务的处理**

销售退回是指企业售出的商品由于质量、品种不符合要求等而发生的退货。

对于已确认收入的售出商品发生退回的，企业一般应在发生时冲减当期销售商品收入，同时冲减当期销售商品成本。如该项销售退回已发生现金折扣的，应同时调整相关财务费用的金额；如该项销售退回允许扣减增值税税额的，应同时调整"应交税费——应交增值税（销项税额）"账户的金额。

【例11-8】嘉美机械设备有限公司在2016年3月29日向阳光公司销售50件轴承，每件不含增值税的销售价格为800元，每件销售成本为524元，开出的增值税专用发票上注明

的销售价格为 40 000 元，增值税税额为 6 800 元，该批商品成本为 26 200 元。阳光公司在 2016 年 3 月 29 日支付货款。2016 年 3 月 31 日，该批商品因质量问题被阳光公司退回，嘉美机械设备有限公司当日支付有关款项。假定嘉美机械设备有限公司已取得税务机关开具的红字增值税专用发票。嘉美机械设备有限公司的账务处理如下。

（1）2016 年 3 月 28 日销售实现时，按销售总价确认收入

借：应收账款——阳光公司                                    46 800

    贷：主营业务收入——销售轴承                              40 000

        应交税费——应交增值税（销项税额）             6 800

借：主营业务成本——销售轴承                              26 200

    贷：库存商品——轴承                                    26 200

（2）2016 年 3 月 29 日收到货款

借：银行存款                                         46 800

    贷：应收账款——阳光公司                            46 800

（3）2016 年 3 月 31 日发生销售退回，取得红字增值税专用发票

借：主营业务收入——销售轴承                            40 000

应交税费——应交增值税（销项税额）             6 800

    贷：银行存款                                       46 800

借：库存商品——轴承                                     26 200

    贷：主营业务成本——销售轴承                        26 200

### （二）已经发出但不符合销售商品收入确认条件的商品的处理

如果企业售出商品不符合销售商品收入确认的五项条件，不应确认收入。为了单独反映已经发出但尚未确认销售收入的商品成本，企业应增设"发出商品"账户。"发出商品"账户核算一般销售方式下已经发出但尚未确认销售收入的商品成本。

这里需要注意，尽管发出的商品不符合收入确认条件，但如果销售该商品的纳税义务已经发生，如已经开出增值税专用发票，则应确认应交的增值税销项税额，即借记"应收账款"等，贷记"应交税费——应交增值税（销项税额）"。如果纳税义务没有发生，则不需进行上述处理。

【例 11-9】甲公司于 2016 年 3 月 1 日采用托收承付结算方式向乙公司销售一批商品，开出的增值税专用发票上注明售价为 200 000 元，增值税税额为 34 000 元；该批商品成本为 160 000 元。该公司在销售该批商品时已得知乙公司资金流转发生暂时困难，但为了减少存货积压，同时也为了维持与乙公司长期以来建立的商业关系，该公司仍将商品发出，并办妥托收手续。假定该公司销售该批商品的纳税义务已经发生。

本例中，由于该公司库存现金流转存在暂时困难，该公司有可能收不回销售货款。根据销售商品收入的确认条件，该公司在发出商品时不能确认收入。为此，该公司应将已发出的商品成本通过"发出商品"账户反映。甲公司所作的会计分录如下。

发出商品时

借：发出商品　　　　　　　　　　　　　　　　　　　　　160 000
　　贷：库存商品　　　　　　　　　　　　　　　　　　　160 000

同时，因该公司销售该批商品的纳税义务已经发生，应确认应交的增值税销项税额

借：应收账款　　　　　　　　　　　　　　　　　　　　　　34 000
　　贷：应交税费——应交增值税（销项税额）　　　　　　　34 000

需要注意的是，如果销售该批商品的纳税义务尚未发生，则不作这笔分录，待纳税义务发生时再作应交增值税的分录。假定 2016 年 3 月甲公司得知乙公司经营情况逐渐好转，乙公司承诺近期付款，该公司应在乙公司承诺付款时确认收入，其会计分录如下。

借：应收账款　　　　　　　　　　　　　　　　　　　　　200 000
　　贷：主营业务收入　　　　　　　　　　　　　　　　　200 000

同时结转成本

借：主营业务成本　　　　　　　　　　　　　　　　　　　160 000
　　贷：发出商品　　　　　　　　　　　　　　　　　　　160 000

假定甲公司于 2016 年 12 月 6 日收到乙公司支付的货款，应作如下会计分录。

借：银行存款　　　　　　　　　　　　　　　　　　　　　234 000
　　贷：应收账款　　　　　　　　　　　　　　　　　　　234 000

## 三、销售费用的处理

销售费用是指企业在销售商品和材料、提供劳务过程中发生的各项费用，包括企业在销售商品过程中发生的包装费、保险费、展览费、广告费、商品维修费、运输费、装卸费等，以及发生的为销售本企业商品而专设的销售机构的职工薪酬、业务费、折旧费、固定资产修理费等费用。企业应通过"销售费用"账户，核算销售费用的发生和结转情况。该账户借方登记企业所发生的各项销售费用，贷方登记期末转入"本年利润"账户的销售费用，结转后该账户应无余额。该账户应按销售费用的费用项目进行明细核算。

【例 11-10】2016 年 3 月 1 日，嘉美机械设备有限公司为宣传新产品发生广告费 70 000元，均用银行存款支付。

这项业务表明，嘉美机械设备有限公司为销售产品发生广告费 70 000 元，应记入"销售费用"科目的借方；同时应以相等的金额记入"银行存款"科目的贷方。嘉美机械设备有限公司编制的会计分录如下。

借：销售费用　　　　　　　　　　　　　　　　　　　　　70 000
　　贷：银行存款　　　　　　　　　　　　　　　　　　　70 000

【例 11-11】2016 年 3 月 10 日，嘉美机械设备有限公司在销售过程中发生运输费装卸费共计 9 000 元，均用银行存款支付。

这项业务表明，嘉美机械设备有限公司在销售过程中发生的销售费用 9 000 元，应记入"销售费用"科目的借方；同时应以相等的金额记入"库存现金"科目的贷方。嘉美机械设

备有限公司编制的会计分录如下。

　　借：销售费用　　　　　　　　　　　　　　　　　　　　　　　　　9 000
　　　　贷：银行存款　　　　　　　　　　　　　　　　　　　　　　　　　9 000

　　【例 11-12】2016 年 3 月 25 日，嘉美机械设备有限公司以库存现金 800 元购入管理部门使用的零星办公用品。

　　这项业务表明，购入非车间管理使用的办公用品，应记入"管理费用"科目的借方；同时应以相等的金额记入"库存现金"科目的贷方。其会计分录如下。

　　借：管理费用　　　　　　　　　　　　　　　　　　　　　　　　　800
　　　　贷：库存现金　　　　　　　　　　　　　　　　　　　　　　　　　800

　　【例 11-13】2016 年 3 月 25 日，嘉美机械设备有限公司以银行存款预付下年度的财产保险费 1 200 元。

　　这项业务表明，保险费虽在本期支付，但应在下年度各月分摊，应记入"预付账款"科目的借方，同时应以相等的金额记入"银行存款"科目的贷方。其会计分录如下。

　　借：预付账款——财产保险公司　　　　　　　　　　　　　　　　　1 200
　　　　贷：银行存款　　　　　　　　　　　　　　　　　　　　　　　　　1 200

　　【例 11-14】2016 年 3 月 25 日，采购员王平出差预借差旅费 1 000 元。

　　这项业务表明，采购员借支差旅费是暂借性质，出差回来后还应予以核销，应记入"其他应收款"科目的借方，同时应以相等的金额记入"库存现金"科目的贷方。在登记"其他应收款"总分类账时，还要登记"其他应收款——王平"明细分类账，其会计分录如下。

　　借：其他应收款——王平　　　　　　　　　　　　　　　　　　　　1 000
　　　　贷：库存现金　　　　　　　　　　　　　　　　　　　　　　　　　1 000

　　【例 11-15】承上例，2016 年 3 月 31 日，嘉美机械设备有限公司采购员王平出差回来报销差旅费，实际花费 870 元，剩余 130 元交回公司。

　　这项业务表明，报销差旅费应记入"管理费用"科目的借方，同时结算原借款，应记入"其他应收款"科目的贷方。其会计分录如下。

　　借：管理费用　　　　　　　　　　　　　　　　　　　　　　　　　870
　　　　库存现金　　　　　　　　　　　　　　　　　　　　　　　　　130
　　　　贷：其他应收款——王平　　　　　　　　　　　　　　　　　　　1 000

　　【例 11-16】2016 年 3 月 31 日，嘉美机械设备有限公司用库存现金 20 000 元发放本月职工工资。

　　这项业务表明，应付工资是企业对职工的一种负债，用库存现金发放以后，这种负债也就不存在了，应记入"应付职工薪酬——工资"科目的借方，同时应以相等的金额记入"库存现金"科目的贷方。其会计分录如下。

　　借：应付职工薪酬——工资　　　　　　　　　　　　　　　　　　　20 000
　　　　贷：库存现金　　　　　　　　　　　　　　　　　　　　　　　　　20 000

## 第三节 其他销售业务的核算

### 一、固定资产减少业务的核算

企业出售固定资产时，应当将处置收入扣除账面价值和相关税费后的金额计入当期损益。固定资产的账面价值是固定资产成本扣减累计折旧和累计减值准备后的金额。

固定资产处置一般通过"固定资产清理"账户进行核算。固定资产出售处理一般需要经过以下步骤进行核算。

1. 固定资产转入清理

企业进行固定资产转入清理时，按固定资产账面价值，借记"固定资产清理"科目，按已计提的累计折旧，借记"累计折旧"科目，按已计提的减值准备，借记"固定资产减值准备"科目，按固定资产原价，贷记"固定资产"科目。

2. 发生的清理费用的处理

企业在固定资产清理过程中发生的相关税费及其他费用，应借记"固定资产清理"科目，贷记"银行存款""应交税费"等科目。

3. 出售收入、残料等的处理

企业收回出售固定资产的价款、残料价值和变价收入等，应冲减清理支出，借记"银行存款""原材料"等科目，贷记"固定资产清理""应交税费——应交增值税"等科目。

4. 保险赔款的处理

企业计算或收到的应由保险公司或过失人赔偿的损失，应借记"其他应收款""银行存款"等科目，贷记"固定资产清理"科目。

5. 清理净损益的处理

固定资产清理完成后，属于生产经营期间正常的处理净损失，借记"营业外支出——处置非流动资产损失"科目，贷记"固定资产清理"科目；属于生产经营期间由于自然灾害等非正常原因造成的，借记"营业外支出——非常损失"科目，贷记"固定资产清理"科目。固定资产清理完成后的净收益，借记"固定资产清理"科目，贷记"营业外收入"科目。

【例11-17】2016年3月31日，嘉美机械设备有限公司有一台旧机床，因使用期满经批准报废。该设备原价为200 000元，累计已计提折旧150 000元、减值准备3 000元。当日，在清理过程中，以银行存款支付清理费用5 000元，收到残料变卖收入3 000元，应支付相关税费100元。嘉美机械设备有限公司所做的有关账务处理如下。

（1）固定资产转入清理

| | |
|---|---|
| 借：固定资产清理——机床 | 47 000 |
| 累计折旧 | 150 000 |
| 固定资产减值准备——机床 | 3 000 |

　　贷：固定资产——机床　　　　　　　　　　　　　　　　　　　　　　　　 200 000

（2）发生清理费用和相关税费

　　借：固定资产清理——机床　　　　　　　　　　　　　　　　　　　　　　　 5 060

　　　　贷：银行存款　　　　　　　　　　　　　　　　　　　　　　　　　　　 5 000

　　　　　　应交税费——应交增值税（销项税额）　　　　　　　　　　　　　　　　 60

　　需要注意的是，企业销售其他自己使用过的固定资产（包括旧货经营单位销售旧货和纳税人销售自己使用过的应税固定资产），无论其是增值税一般纳税人或小规模纳税人，也无论其是否为批准认定的旧货调剂试点单位，一律按4%的征收率减半征收增值税，不得抵扣进项税额。

　　该例中应交增值税 = 3 000 × 4%/2=60（元）

（3）收到残料变价收入

　　借：银行存款　　　　　　　　　　　　　　　　　　　　　　　　　　　　　 3 000

　　　　贷：固定资产清理——机床　　　　　　　　　　　　　　　　　　　　　 3 000

（4）结转固定资产净损益

　　借：营业外支出——处置非流动资产损失　　　　　　　　　　　　　　　　　 49 060

　　　　贷：固定资产清理——机床　　　　　　　　　　　　　　　　　　　　　 49 060

## 二、处置投资性资产业务的核算

　　这里仅讲述处置交易性金融资产的核算。

　　交易性金融资产主要是指企业为了近期内出售而持有的金融资产，如企业以赚取差价为目的从二级市场购入的股票、债券、基金等。为了核算交易性金融资产的取得、收取现金股利或利息、处置等业务，企业应当设置"交易性金融资产""公允价值变动损益""投资收益"等账户。

　　"交易性金融资产"账户核算企业为交易目的所持有的债券投资、股票投资、基金投资等交易性金融资产的公允价值。企业持有的直接指定为以公允价值计量且其变动计入当期损益的金融资产也在"交易性金融资产"账户核算。"交易性金融资产"账户的借方登记交易性金融资产的取得成本，以及资产负债表日其公允价值高于账面余额的差额等；贷方登记资产负债表日其公允价值低于账面余额的差额，以及企业出售交易性金融资产时结转的成本和公允价值变动损益。企业应当按照交易性金融资产的类别和品种，分别设置"成本""公允价值变动"等明细账户进行核算。

　　"投资收益"账户核算企业持有交易性金融资产等期间取得的投资收益以及处置交易性金融资产等实现的投资收益或投资损失，贷方登记企业出售交易性金融资产等实现的投资收益；借方登记企业出售交易性金融资产等发生的投资损失。

　　企业取得交易性金融资产时，应当按照该金融资产取得时的公允价值作为其初始确认金额，记入"交易性金融资产——成本"科目。取得交易性金融资产所发生的相关交易费用应当在发生时计入投资收益。交易费用是指可直接归属于购买、发行或处置金融工具新增的外部费用，包括支付给代理机构、咨询公司、券商等的手续费和佣金及其他必要支出。

【例 11-18】2016 年 3 月 20 日，甲公司委托某证券公司从上海证券交易所购入乙上市公司股票 10 万股，并将其划分为交易性金融资产。该笔股票投资在购买日的公允价值为 100 万元。另支付相关交易费用 0.25 万元。

甲公司应作如下会计处理。

（1）2016 年 3 月 20 日，购买乙上市公司股票时

借：交易性金融资产——成本 1 000 000

　　贷：其他货币资金——存出投资款 1 000 000

（2）支付相关交易费用时

借：投资收益 2 500

　　贷：其他货币资金——存出投资款 2 500

出售交易性金融资产时，应当将该金融资产出售时的公允价值与其初始入账金额之间的差额确认为投资收益，同时调整公允价值变动损益。

企业应按实际收到的金额，借记"银行存款"等科目，按该金融资产的账面余额，贷记"交易性金融资产"科目，按其差额，贷记或借记"投资收益"科目。同时，将原计入该金融资产的公允价值变动转出，借记或贷记"公允价值变动损益"科目，贷记或借记"投资收益"科目。

假定 2016 年 3 月 25 日，甲公司出售了所持有的乙公司的公司债券，售价为 110 万元。甲公司应作如下会计处理。

借：银行存款 1 100 000

　　贷：交易性金融资产——成本 1 000 000

　　　　投资收益 100 000

## 第四节 | 销售业务的会计实训

### 一、实验目的和要求

实验目的：通过实验，掌握工业企业销售业务的核算。

要求：填写业务发生时（财务部门应填制）的原始凭证（如支票和各种计算单等），编制记账凭证。

（注：由于案例是按业务循环而不是按日期编写，实验在编制记账凭证涉及字号时建议先只写字不编号，待完成所有凭证的编制后，登记账簿前再安装类别和日期编号）

## 二、业务与操作指引

北京 ×× 机械设备有限公司于 2016 年 12 月发生以下和销售有关的业务。

业务 1：2016 年 12 月 2 日，公司开出转账支票支付广告费 50 000 元。收款单位为北京 ×× 传媒股份有限公司。

要求：（1）填制转账支票支付广告费。

（2）根据此业务相关原始凭证填制付款凭证。

**操作指引**

本业务主要涉及"销售费用"账户的运用。

"销售费用"账户核算销售费用的发生和结转情况。该账户借方登记企业所发生的各项销售费用，贷方登记期末转入"本年利润"账户的销售费用，结转后该账户应无余额。该账户应按销售费用的费用项目进行明细核算。

1-1/1

| 中国建设银行<br>转账支票存根 | | 支票号 | | 20159028 |
|---|---|---|---|---|
| 支票号码　20159028 | 本出票付款期十天 | 中国建设银行　转账支票（京）<br>年　月　日　付款行名称 | | |
| 科　　目<br>对方账户 | | 出票日期（大写）<br>　　　出票人账号 | | |
| 出票日期　年　月　日 | | 收款人 | | |
| 收款人 | | 人民币<br>大写 | 千百十万千百十元角分 | |
| 金　额 | | 用途 | 账户（借）<br>对　方　账　户<br>（贷） | |
| 用　途 | | 上述款项请从<br>我账户所支付<br>出票人签章　财务专用章 | 转账日期　年　月　日<br>复核　　　记账 | 于晓光 |
| 单位主管：　　会计： | | | | |

业务 2：2016 年 12 月 5 日，公司向北京景山有限责任公司销售滑动轴承 3 台，每台不含税价款为 48 000 元，企业开出增值税发票，总额为 168 480 元。北京景山有限责任公司地址为：北京市 ×× 区 ×× 路 12 号，电话：010 － 8797××××；纳税人登记号：29847××××，开户银行：工行北京市分行 ×× 分理处，账号为 1102987548。同日公司收到款项 168 480 元。同日公司办理产品出库手续。产品单位成本为 30 000 元。

要求：（1）填制增值税发票。

（2）根据此业务相关原始凭证编制收款凭证和转账凭证。

**操作指引**

本业务主要涉及"主营业务收入""主营业务成本""应交税费"账户的运用。

"主营业务收入"账户核算企业确认的销售商品、提供劳务等主营业务的收入，可按主营业务的种类进行明细核算。企业销售商品或提供劳务实现的收入，应按实际收到或应收的金额，借记"银行存款""应收账款""应收票据"等科目，按确认的营业收入，贷本账户。本期（月）发生的销售退回或销售折让，按应冲减的营业收入，借记本账户，按实际支付或应退还的金额，贷记"银行存款""应收账款"等科目。期末，应将本账户的余额转入"本年利润"科目，结转后本账户应无余额。

为了核算企业应交增值税的发生、抵扣、缴纳、退税及转出等情况，一般纳税企业应在"应交税费"账户下设置"应交增值税"明细账户，并在"应交增值税"明细账内设置"进项税额""已交税金""销项税额""出口退税""进项税额转出"等专栏。企业销售货物或者提供应税劳务，按照营业收入和应收取的增值税税额，借记"应收账款""应收票据""银行存款"等科目，按专用发票上注明的增值税税额，贷记"应交税费——应交增值税（销项税额）"科目，按照实现的营业收入，贷记"主营业务收入""其他业务收入"等科目。若发生销售退回，企业应作相反的会计分录。

"主营业务成本"账户核算企业确认销售商品、提供劳务等主营业务收入时应结转的成本，可按主营业务的种类进行明细核算。企业应根据本期（月）销售各种商品、提供各种劳务等实际成本，计算应结转的主营业务成本，借记本科目，贷记"库存商品""劳务成本"等科目。本期（月）发生的销售退回，如已结转销售成本的，借记"库存商品"等科目，贷记本科目。期末，应将本科目的余额转入"本年利润"科目，结转后本账户无余额。

2-1/3

### 北 京 市 增 值 税 专 用 发 票
#### 发 票 联

开票日期：　　年　月　日　　　　　　　No 1756911121

| 购货单位 | 名　称 | | | | 纳税人登记号 | | | | | | | | | | | | | | |
|---|---|---|---|---|---|---|---|---|---|---|---|---|---|---|---|---|---|---|---|
| | 地址电话 | | | | 开户银行及账号 | | | | | | | | | | | | | | |

| 商品或劳务名称 | 计量单位 | 数量 | 单价 | 金　　　额 | | | | | | | | | | 税率(%) | 税　　　额 | | | | | | | | | |
|---|---|---|---|---|---|---|---|---|---|---|---|---|---|---|---|---|---|---|---|---|---|---|---|---|
| | | | | 千 | 百 | 十 | 万 | 千 | 百 | 十 | 元 | 角 | 分 | | 千 | 百 | 十 | 万 | 千 | 百 | 十 | 元 | 角 | 分 |
| | | | | | | | | | | | | | | | | | | | | | | | | |
| 合　　　计 | | | | | | | | | | | | | | | | | | | | | | | | |
| 价税合计（大写） | | 仟　佰　拾　万　仟　　　拾　　　角 | | | | | | | | | | | | | | | | | | | | | | |

| 销货单位 | 名　称 | | | | 纳税登记号 | | | | | | | | | | | | | | |
|---|---|---|---|---|---|---|---|---|---|---|---|---|---|---|---|---|---|---|---|---|
| | 地址 电话 | | | | 开户银行及账号 | | | | | | | | | | | | | | |

收款人：　　　　　　开票单位：　　　　　　　　结算方式：

2-2/3

### 中国建设银行进账单（收账通知）

2016 年 12 月 5 日　　　　　第 05 号

| 付款人 | 全称 | 北京景山有限责任公司 | 收款人 | 全称 | 北京××机械设备有限公司 |
|---|---|---|---|---|---|
| | 账号 | 23012345 | | 账号 | 01020111201088 |
| | 开户银行 | 工行朝阳支行 | | 开户银行 | 建行北京分行××支行 |

| 金　额 | 人民币（大写）**拾陆万捌仟肆佰捌拾元整** | 千 百 十 万 千 百 十 元 角 分 |
|---|---|---|
| | | ￥1 6 8 4 8 0 0 0 |

| 票据种类 | |
|---|---|
| 票据张数 | |

建行××支行
2016.12.05
收讫

单位主管　　会计　　复核　　记账　　　　收款人开户行盖章

（右侧竖排：此联是收款人开户银行交给收款人的进账通知）

2-3/3

### 北京××机械设备有限公司产成品出库单

购货单位：北京景山有限责任公司　　　　　　　编号：20111201
业务员：杨光　　　　　2016 年 12 月 5 日　　仓库：产品仓库

| 类别 | 编号 | 名称及规格 | 计量单位 | 数量 请购 | 数量 实发 | 单位定额成本 | 定额总成本 |
|---|---|---|---|---|---|---|---|
| 主要产品 | | 滑动轴承 | 件 | 3 | 3 | | |
| | | | 付　讫 | | | | |
| | | | | | | | |
| 合计 | | | | | | | |

仓库主管：孙泉　　　记账：刘志　　　发货人：孙泉　　　经办人：杨光

（右侧竖排：第二联 记账联）

业务 3：2016 年 12 月 8 日，北京××机械设备有限公司向北京凯越有限公司赊销滑动轴承 5 台，每台不含税价款为 44 000 元，企业开出增值税发票，总额为 257 400 元。北京凯越有限公司地址为北京市昌平区××路 22 号，电话：010–3987×××；纳税人登记号：4534×××，开户银行：工行北京市分行××支行，账号为：45574436；企业同日办理产品出库手续。产品单位成本为 30 000 元。该批产品货款未收。

要求：（1）填制增值税发票。

（2）根据此业务相关原始凭证填制转账凭证。

**操作指引**

本业务主要涉及"应收账款"账户的运用。

应收账款是指企业因销售商品、提供劳务等经营活动，应向购货单位或接受劳务单位收取的款项，主要包括企业销售商品或提供劳务等应向有关债务人收取的价款及代购货单位垫付的包装费、运杂费等。为了反映和监督应收账款的增减变动及其结存情况，企业应设置"应收账款"账户，不单独设置"预收账款"账户的企业，预收的账款也在"应收账款"账户核算。"应收账款"账户的借方登记应收账款的增加额，贷方登记应收账款的收回及确认的坏账损失，期末余额一般在借方，反映企业尚未收回的应收账款；如果期末余额在贷方，则反映企业预收的账款。

3-1/2

### 北 京 市 增 值 税 专 用 发 票
### 发 票 联

（记账联）

开票日期：2016 年 12 月 8 日 　　　　　　　　No **1756911122**

| 购货单位 | 名　称 | | | | 纳税人登记号 | | | | | | | | | | | | | |
|---|---|---|---|---|---|---|---|---|---|---|---|---|---|---|---|---|---|---|
| | 地址电话 | | | | 开户银行及账号 | | | | | | | | | | | | | |

| 商品或劳务名称 | 计量单位 | 数量 | 单价 | 金　额 | | | | | | | | | 税率(%) | 税　额 | | | | | | | | | |
|---|---|---|---|---|---|---|---|---|---|---|---|---|---|---|---|---|---|---|---|---|---|---|---|
| | | | | 千 | 百 | 十 | 万 | 千 | 百 | 十 | 元 | 角 | 分 | | 千 | 百 | 十 | 万 | 千 | 百 | 十 | 元 | 角 | 分 |
| | | | | | | | | | | | | | | | | | | | | | | | | |
| 合　计 | | | | | | | | | | | | | | | | | | | | | | | |

价税合计（大写）　仟　佰　拾　万　仟　佰　拾　元　角　分

| 销货单位 | 名　称 | | 纳税登记号 | |
|---|---|---|---|---|
| | 地址 电话 | | 开户银行及账号 | 财务专用章 |

收款人：　　　　　开票单位：　　　　　　　结算方式：

3-2/2

### 北京××机械设备有限公司产成品出库单

购货单位：北京凯越有限公司 　　　　　　　编号：20110122

业务员：杨光 　　　　　2016 年 12 月 8 日 　　　　　　仓库：产品仓库

| 类别 | 编号 | 名称及规格 | 计量单位 | 数　量 | | 单位定额成本 | 定额总成本 |
|---|---|---|---|---|---|---|---|
| | | | | 请购 | 实发 | | |
| 主要产品 | | 滑动轴承 | 件 | 5 | 5 | | |
| | | **付　讫** | | | | | |
| 合　计 | | | | | | | |

第二联 记账联

仓库主管：孙泉 　　　记账：刘志 　　　发货人：孙泉 　　　经办人：杨光

业务 4：2015 年 12 月 10 日，北京 ×× 机械设备有限公司向四川 ×× 有限公司销售吊轴承 5 台，每台不含税价款为 46 000 元，企业开出增值税发票，总额为 269 100 元。四川 ×× 有限责任公司地址为四川成都市 ×× 街 98 号；电话：400887645×××；纳税人登记号：23478556，开户银行：工行成都市分行，账号为 7656478。企业同日办理产品出库手续。产品单位成本为 30 000 元。同日，公司收到四川 ×× 有限责任公司开出的商业承兑汇票一张。

要求：（1）填制增值税发票。

（2）根据此业务相关原始凭证填制转账凭证。

**操作指引**

本业务主要涉及 "应收票据" 账户的运用。

应收票据是指企业因销售商品、提供劳务等而收到的商业汇票。商业汇票是一种由出票人签发的，委托付款人在指定日期无条件支付确定金额给收款人或者持票人的票据。为了反映和监督应收票据取得、票款收回等经济业务，企业应当设置 "应收票据" 账户，借方登记取得的应收票据的面值，贷方登记到期收回票款或到期前向银行贴现的应收票据的票面余额，期末余额在借方，反映企业持有的商业汇票的票面金额。

取得应收票据时，由于其取得的原因不同，其会计处理亦有所区别。因债务人抵偿前欠货款而取得的应收票据，借记 "应收票据" 科目，贷记 "应收账款" 科目；因企业销售商品、提供劳务等而收到开出、承兑的商业汇票，借记 "应收票据" 科目，贷记 "主营业务收入""应交税费——应交增值税（销项税额）" 等科目。商业汇票到期收回款项时，应按实际收到的金额，借记 "银行存款" 科目，贷记 "应收票据" 科目。

4-1/3

### 北 京 市 增 值 税 专 用 发 票
#### 发 票 联

开票日期：　　年　月　日　　　　　　　　　　　　　　　　No 1756911123

| 购货单位 | 名　称 | | | | 纳税人登记号 | | | | | | | | | | | | | | | | | |
|---|---|---|---|---|---|---|---|---|---|---|---|---|---|---|---|---|---|---|---|---|---|---|
| | 地址电话 | | | | 开户银行及账号 | | | | | | | | | | | | | | | | | |

| 商品或劳务名称 | 计量单位 | 数量 | 单价 | 金　　额 | | | | | | | | | 税率(%) | 税　　　额 | | | | | | | | |
|---|---|---|---|---|---|---|---|---|---|---|---|---|---|---|---|---|---|---|---|---|---|---|
| | | | | 千 | 百 | 十 | 万 | 千 | 百 | 十 | 元 | 角 | 分 | | 千 | 百 | 十 | 万 | 千 | 百 | 十 | 元 | 角 | 分 |
| | | | | | | | | | | | | | | | | | | | | | | | |
| | | | | | | | | | | | | | | | | | | | | | | | |
| 合　　计 | | | | | | | | | | | | | | | | | | | | | | | |
| 价税合计（大写） | | | | 仟　佰　拾　万　仟　佰　拾　元　角 | | | | | | | | | | | | | | | | | | |
| 销货单位 | 名　称 | | | | 纳税登记号 | | | | | | | | | | | | | | | | | |
| | 地址 电话 | | | | 开户银行及账号 | | | | | | | | | | | | | | | | | |

收款人：　　　　　　开票单位：　　　　　　　　　　结算方式：

4-2/3

## 商业承兑汇票

签发日期：2016 年 12 月 10 日　　　　　　　第 0053 号

| 汇票人 | 全称 | 北京××机械设备有限公司 | 付款人 | 全称 | 四川××有限公司 | | | | | | | | | | |
|---|---|---|---|---|---|---|---|---|---|---|---|---|---|---|---|
| | 账号 | 01020111201088 | | 账号 | 50201235 | | | | | | | | | | |
| | 开户行 | 建行北京分行××支行 | 行号 | | 开户行 | 工行成都支行 | | 行号 | | | | | | | |

| 汇票金额 | 人民币（大写）**拾陆万叁仟捌佰元整** | 千 | 百 | 十 | 万 | 千 | 百 | 十 | 元 | 角 |
|---|---|---|---|---|---|---|---|---|---|---|
| | | | ¥1 | 6 | 3 | 8 | 0 | 0 | 0 | |

| 汇票到期日 | 2017 年 03 月 10 日 | 交易合同号码 | |
|---|---|---|---|

本汇票已经本单位承兑，到期日无条件支付。
此致

付款人盖章
负责：　　　　　经办：
　　　　年　月　日

汇票签发人盖章

负责：　　　　　　经办：

4-3/3

## 北京××机械设备有限公司产成品出库单

购货单位：四川××有限责任公司　　　　　　　　　　编号：20110123

业务员：杨光　　　　　　2016 年 12 月 8 日　　　　　　仓库：产品仓库

| 类别 | 编号 | 名称及规格 | 计量单位 | 数量 | | 单位定额成本 | 定额总成本 |
|---|---|---|---|---|---|---|---|
| | | | | 请购 | 实发 | | |
| 主要产品 | | 吊轴承 | 件 | 5 | 5 | | |
| | | | | 付　讫 | | | |
| 合计 | | | | | | | |

第二联记账联

仓库主管：孙泉　　　记账：刘志　　　　发货人：孙泉　　　　经办人：杨光

业务 5：2016 年 12 月 12 日，接银行通知，收到北京景山有限责任公司购买吊轴承的预付款 100 000 元，款项已经划入银行。

要求：根据此业务相关原始凭证填制收款凭证。

5-1/1

<h2 style="text-align:center">中国建设银行进账单（收账通知）</h2>

2016 年 12 月 12 日　　　　　　　第 8082 号

| 付款人 | 全　称 | 北京景山有限责任公司 | 收款人 | 全　称 | 北京××机械设备有限公司 |
|---|---|---|---|---|---|
| | 账　号 | 23012345 | | 账　号 | 01020111201088 |
| | 开户银行 | 工行朝阳支行 | | 开户银行 | 建行北京分行××支行 |

| 金　额 | 人民币（大写）壹拾万元整 | 千 百 十 万 千 百 十 元 角 分<br>¥ 1 0 0 0 0 0 0 0 |
|---|---|---|
| 票据种类 | | |
| 票据张数 | | |

建行××支行
2016.12.12
收　讫

单位主管　　会计　　复核　　记账　　　收款人开户行盖章

此联是收款人开户银行交给收款人的进账通知

业务 6：2016 年 12 月 12 日，出借包装物收入押金 800 元。

要求：根据此业务相关原始凭证填制收款凭证。

**操作指引**

本业务主要涉及"其他应付款"账户的运用。

其他应付款是指企业除应付票据、应付账款、预收账款、应付职工薪酬、应交税费、应付利息、应付股利等经营活动以外的其他各项应付、暂收的款项，如应付租入包装租金、存入保证金（押金）等。"其他应付款"账户核算其他应付款的增减变动及其结存情况，并按照其他应付款的项目和对方单位（或个人）设置明细账户进行明细核算。该账户贷方登记发生的各种应付、暂收款项，借方登记偿还或转销的各种应付、暂收款项；该账户期末贷方余额反映企业应付未付的其他应付款项。

企业发生其他各种应付、暂收款项时，借记"管理费用"等科目，贷记"其他应付款"科目；支付或退回其他各种应付、暂收款项时，借记"其他应付款"科目，贷记"银行存款"等科目。

6-1/1

**收 款 收 据**

2016 年 12 月 12 日　　　　　　　　第 545 号

| 今收到 | 红星公司 | | | |
|---|---|---|---|---|
| 人民币（大写） | 捌佰元整 | | | ￥800.00 |
| 事　由：<br>出租包装物押金 | **现 金 收 讫** | | 现　金 | |
| | | | 支票第　　　号 | |
| 收款单位 | 北京××机械设备<br>有限公司 | 财务主管 | 收款人 | |

第三联　记账联

业务 7：2016 年 12 月 20 日，北京 ×× 机械设备有限公司向北京景山有限责任公司销售吊承 8 台，每台不含税价格为 20 000 元，款项以预付款抵付，不足部分开出转账支票。大华设备制造厂已经开出增值税发票，含税总额为 187 200 元。企业同日办理产品出库手续，产品单位成本为 15 000 元。

要求：（1）填制增值税发票。

（2）根据此业务相关原始凭证编制收款凭证和转账凭证。

7-1/3

**北 京 市 增 值 税 专 用 发 票**

**发 票 联**

开票日期：　　　年　月 日　　　　　　　No 1756911124

| 购货<br>单位 | 名　称 | | | | 纳税人登记号 | | | | | | | | | | 税率 | | | | | | | | | | |
|---|---|---|---|---|---|---|---|---|---|---|---|---|---|---|---|---|---|---|---|---|---|---|---|---|---|
| | 地址电话 | | | | 开户银行及账号 | | | | | | | | | | | | | | | | | | | | |
| 商品或劳务名称 | | 计量单位 | 数量 | 单价 | 金　额 | | | | | | | | | | 税率<br>（%） | 税　额 | | | | | | | | | |
| | | | | | 千 | 百 | 十 | 万 | 千 | 百 | 十 | 元 | 角 | 分 | | 千 | 百 | 十 | 万 | 千 | 百 | 十 | 元 | 角 | 分 |
| | | | | | | | | | | | | | | | | | | | | | | | | | |
| 合　计 | | | | | | | | | | | | | | | | | | | | | | | | | |
| 价税合计（大写） | | | 仟 | 佰 | 拾 | 万 | 仟 | 佰 | 拾 | 元 | 角 | 分 | | | | | | | | | | | | | |
| 销货<br>单位 | 名　称 | | | | 纳税登记号 | | | | | | | | | | | | | | | | | | | | |
| | 地址 电话 | | | | 开户银行及账号 | | | | | | | | | | | | | | | | | | | | |

收款人：　　　　　　开票单位：　　　　　　　　　　结算方式：

7-2/3

## 中国建设银行进账单（收账通知）

2015 年 12 月 20 日　　　　　　第 9011 号

| 付款人 | 全　称 | 北京景山有限责任公司 | 收款人 | 全　称 | 北京××机械设备有限公司 |
|---|---|---|---|---|---|
| | 账　号 | 23012345 | | 账　号 | 01020111201088 |
| | 开户银行 | 工行朝阳支行 | | 开户银行 | 建行北京分行运河支行 |

| 金　额 | 人民币（大写）捌万零捌佰元整 | 千 | 百 | 十 | 万 | 千 | 百 | 十 | 元 | 角 | 分 |
|---|---|---|---|---|---|---|---|---|---|---|---|
| | | | | ¥8 | 0 | 8 | 0 | 0 | 0 | 0 | 0 |

| 票据种类 | | 建行××支行 |
|---|---|---|
| 票据张数 | | 2016.12.20　收讫 |

单位主管：　　会计：　　复核：　　记账：　　收款人开户行盖章

此联是收款人开户银行交给收款人的进账通知

7-3/3

## 北京××机械设备有限公司产成品出库单

购货单位：北京景山有限责任公司　　　　　　　　　　编号：20110124
业务员：李哲　　　　2016 年 12 月 20 日　　　　　　仓库：产品仓库

| 类别 | 编号 | 名称及规格 | 计量单位 | 数量 | | 单位定额成本 | 定额总成本 |
|---|---|---|---|---|---|---|---|
| | | | | 请购 | 实发 | | |
| 主要产品 | | 滑动轴承 | 件 | 5 | 5 | | |
| | | | | 付讫 | | | |
| | | | | | | | |
| 合计 | | | | | | | |

第二联 记账联

仓库主管：孙泉　　　记账：刘志　　　发货人：孙泉　　　经办人：杨光

业务 8：2016 年 12 月 25 日，收到上述向北京凯越有限公司赊销的 5 台滑动轴承的货款和销项税总计 257 400 元。

要求：根据此业务相关原始凭证填制收款凭证。

8-1/1

### 中国建设银行进账单（收账通知）

2016 年 12 月 25 日 　　　　　 第 83473 号

| 付款人 | 全　称 | 北京凯越有限公司 | 收款人 | 全　称 | 北京××机械设备有限公司 |
|---|---|---|---|---|---|
| | 账　号 | 22015659 | | 账　号 | 01020111201088 |
| | 开户银行 | 工行××支行 | | 开户银行 | 建行北京分行××支行 |

| 金　额 | 人民币（大写）贰拾伍万柒仟肆佰元整 | 千 | 百 | 十 | 万 | 千 | 百 | 十 | 元 | 角 | 分 |
|---|---|---|---|---|---|---|---|---|---|---|---|
| | | | | ￥ | 2 | 5 | 7 | 4 | 0 | 0 | 0 | 0 |
| 票据种类 | | | | | | | | | | | |
| 票据张数 | | | 建行××支行 2016.12.25 收讫 | | | | | | | | |

单位主管：　　　会计：　　　复核：　　　记账：　　　　　收款人开户行盖章

此联是收款人开户银行交给收款人的进账通知

**业务 9：** 2016 年 12 月 26 日，销售部门王培预支差旅费 2 000 元，以库存现金支付。

**要求：** 根据此业务相关原始凭证填制付款凭证。

9-1/1

### 借款单（记账） 2

年　　月　　日 　　　　　 顺序第　　号

| 借款单位 | | 姓名 | | 级别 | | 出差地点 | |
|---|---|---|---|---|---|---|---|
| | | | | | | 天数 | |
| 事由 | | | | 借款金额（大写） | | | |
| 单位负责人签署 | | | | 借款人签章 | | 注意事项 现 金 付 讫 | |
| 机关首长或授权人批示 | | | | 审核意见 | | | |

第三联　借款记账凭证

**业务 10：** 2016 年 12 月 27 日，北京 ×× 机械设备有限公司购入行政管理部门需要的办公用品，价值 585 元，用现金支付。

**要求：** 根据此业务相关原始凭证填制付款凭证。

10-1/1

北 京 市 增 值 税 专 用 发 票

发 票 联

开票日期：2016 年 12 月 3 日　　　　　　　　　　　No　023959246

| 购货单位 | 名　称 | 北京××机械设备有限公司 | 纳税人登记号 | | 1101082011020 | | | | | | | | | | | | | | | | | |
|---|---|---|---|---|---|---|---|---|---|---|---|---|---|---|---|---|---|---|---|---|---|---|
| | 地址电话 | 北京通州区××路　1　号 01087528888 | 开户银行及账号 | | 建行北京分行××支行　01020111201088 | | | | | | | | | | | | | | | | | |

| 商品或劳务名称 | 计量单位 | 数量 | 单价 | 金　　额 | | | | | | | | | 税率(%) | 税　　额 | | | | | | | | |
|---|---|---|---|---|---|---|---|---|---|---|---|---|---|---|---|---|---|---|---|---|---|---|
| | | | | 千 | 百 | 十 | 万 | 千 | 百 | 十 | 元 | 角 | 分 | | 千 | 百 | 十 | 万 | 千 | 百 | 十 | 元 | 角 | 分 |
| 锻压机 | 个 | 20 | 25.00 | | | | 5 | 0 | 0 | 0 | 0 | | 17 | | | | | | | 8 | 5 | 0 | 0 |
| 合　　　计 | | | | | | ￥ | 5 | 0 | 0 | 0 | 0 | | | | | | | | ￥ | 8 | 5 | 0 | 0 |

| 价税合计（大写） | 伍佰捌拾伍元整 | | ￥585.00 |
|---|---|---|---|

| 销货单位 | 名称 | 华联公司 | 纳税登记号 | 11016855976 |
|---|---|---|---|---|
| | 地址电话 | 北京海淀区××号 | 开户银行及账号 | 建设银行××支行　120325342 |

收款人：王丽　　　　　开票单位：　　　　　　结算方式：现金

业务 11：2016 年 12 月 28 日，北京 ×× 机械设备有限公司支付今来雨轩传媒有限公司广告费 10 000 元。公司开出转账支票付款。

要求：（1）填写转账支票支付费用。

（2）根据此业务相关原始凭证填制付款凭证。

11-1/2

**北京××机械设备有限公司收款收据**

2016 年 12 月 28 日　　　　　　　　No　678954

| 单位 | 北京××机械设备有限公司 | 交款方式 | 支票 | | | | | | |
|---|---|---|---|---|---|---|---|---|---|
| 栏目 | | 内容 | 电视广告费 | | | | | | |
| 时间要求 | | | 金额 | | | | | | |
| 金额（大写）：壹万元整 | | | 十 | 万 | 千 | 百 | 十 | 元 | 角 | 分 |
| | | | | ￥ | 1 | 0 | 0 | 0 | 0 | 0 | 0 |

收款单位财务专用章：　　　　　　　　　　收款人：刘鹏

11-2/2

| 中国建设银行<br>转账支票存根 | | 支票号 | | | | | | | | | | | 20169029 | | |
|---|---|---|---|---|---|---|---|---|---|---|---|---|---|---|---|
| | | 中国建设银行　　转账支票（京）<br>年　月　日　付款行名称 | | | | | | | | | | | | | |
| 支票号码　20159029 | 本<br>出<br>票<br>付<br>款<br>期<br>十<br>天 | 出票日期（大写） | | | | | | | | | | | | | |
| 科　　目 | | 收款人 | | | | | | 出票人账号 | | | | | | | |
| 对方账户 | | 付人民币（大写） | | | 千 | 百 | 十 | 万 | 千 | 百 | 十 | 元 | 角 | 分 |
| 出票日期　年 月 日 | | 用途 | | | | | | | | | | | | | |
| 收款人 | | 上述款项请从 | | | 账户（借） | | | | | | | | | | |
| 金　额 | | 我账户内支付 | | | 对方账户（贷） | | | | | | | | | | |
| 用　途 | | 出票人签章 | | | | 日期　年 月 日 | | | | | | | | | |
| 单位主管　　会计 | | | | | | 记账 | | | | | | | | | |

业务 12：2016 年 12 月 29 日，开出转账支票一张，支付销售滑轴承的运费 3 000 元。收款人为北方捷运运输公司。

要求：（1）填写转账支票支付费用。

（2）根据此业务相关原始凭证填制付款凭证。

12-1/1

| 中国建设银行<br>转账支票存根 | | 支票号 | | | | | | | | | | | 20119030 | | |
|---|---|---|---|---|---|---|---|---|---|---|---|---|---|---|---|
| | | 中国建设银行　　转账支票（京）<br>年　月　日　付款行名称 | | | | | | | | | | | | | |
| 支票号码　20119030 | 本<br>出<br>票<br>付<br>款<br>期<br>十<br>天 | 出票日期（大写） | | | | | | | | | | | | | |
| 科　　目 | | 收款人 | | | | | | 出票人账号 | | | | | | | |
| 对方账户 | | 人民币（大写） | | | 千 | 百 | 十 | 万 | 千 | 百 | 十 | 元 | 角 | 分 |
| 出票日期　年 月 日 | | | | | | | | | | | | | | | |
| 收款人 | | 用途 | | | 账户（借） | | | | | | | | | | |
| | | 上述款项请从 | | | 对 方 账 户<br>（贷） | | | | | | | | | | |
| 金　额 | | 我账户内支付 | | | 转账日期　年 月 日 | | | | | | | | | | |
| 用　途 | | 出票人签章 | | | 复核　　记账 | | | | | | | | | | |
| 单位主管　　会计 | | | | | | | | | | | | | | | |

业务 13：12 月 30 日，企业出售废料一批，企业共收取现金 234 元。企业开出增值税发票，单位为北京 ×× 废旧物品收购站，地址为北京市海淀区清华东路 98 号，电话：010–6598×××；纳税人登记号：470984835，开户银行为工行北京分行 ×× 支行，账号为 9878648536。废料原采购价为 1 000 元。公司已办理材料出库手续。

要求：根据此业务相关原始凭证填制收款凭证和转账凭证。

**操作指引**

本业务主要涉及"其他业务收入""其他业务成本"账户的运用。

企业实现的原材料销售收入、包装物租金收入、固定资产租金收入、无形资产使用费收入等，通过"其他业务收入"账户核算。通过"其他业务收入"账户核算的其他业务收入，需通过"其他业务成本"账户核算为取得其他业务收入发生的相关成本。"其他业务收入"账户核算企业除主营业务活动以外的其他经营活动实现的收入，包括销售材料、出租包装物和商品、出租固定资产、出租无形资产等实现的收入。该账户贷方登记企业实现的各项其他业务收入，借方登记期末结转入"本年利润"账户的其他业务收入，结转后该账户应无余额。

"其他业务成本"账户核算企业除主营业务活动以外的其他经营活动所发生的成本，包括销售材料的成本、出租固定资产的折旧额、出租无形资产的摊销额、出租包装物的成本或摊销额。该账户借方登记企业结转或发生的其他业务成本，贷方登记期末结转入"本年利润"账户的其他业务成本，结转后该账户应无余额。

13-1/2

### 北 京 市 增 值 税 专 用 发 票
#### 发 票 联

开票日期：　　年　月　日　　　　　　　　No 1756911124

| 购货单位 | 名称 | | | | 纳税人登记号 | | | |
| | 地址电话 | | | | 开户银行及账号 | | | |
| 商品或劳务名称 | 计量单位 | 数量 | 单价 | 金额 千百十万千百十元角分 | 税率(%) | 税额 千百十万千百十元角分 |
| | | | | | | |
| 合计 | | | | | | |
| 价税合计（大写） | 仟 佰 拾 万 仟 佰 拾 元 角 分 | | | | | |
| 销货单位 | 名称 | | | 纳税登记号 | |
| | 地址电话 | | | 开户银行及账号 | |

收款人：　　　　　开票单位：　　　　　　　结算方式：

13-2/2

### 北京××机械设备有限公司废料出库单

购货单位：北京景山有限责任公司 编号：4746447

业务员：杨光 2016 年 12 月 30 日 仓库：废料仓库

| 类别 | 编号 | 名称及规格 | 计量单位 | 数量 | | 单位购置成本 | 单位处置价格 |
| --- | --- | --- | --- | --- | --- | --- | --- |
| | | | | 请购 | 实发 | | |
| 材料 | | 废料 | 1 | | | | 234 |
| | | | | 付 讫 | | | |
| | | | | | | | |
| 合　计 | | | | | | | |

仓库主管：孙泉　　　　记账：刘志　　　　发货人：孙泉　　　　经办人：杨光

第二联记账联

### ◆◆◆ 思考与训练 ◆◆◆

1. 简述确认销售收入应满足的条件。

2. 简述商业折扣和现金折扣的区别，会计上应当如何核算？

3. 简述销售折让和销售退回分别应当如何核算？

4. 简述销售费用的核算内容。

# 第十二章　其他业务的核算

**【学习目标】**

◆ 理解财产清查、资产减值的含义。

◆ 理解各种财产的清查方法。

◆ 掌握财产清查结果的核算。

◆ 掌握资产减值的核算。

◆ 掌握其他业务的会计处理实务。

## 第一节　财产清查

### 一、财产清查概述

（一）财产清查的定义

所谓财产清查，就是通过对实物、现金的实地盘点和对银行存款、往来款项的查对，来确定各项财产物资和货币资金、往来款项的实存数，并查明其实有数与账存数是否相符的一种会计核算方法。

企业、事业等单位的各项财产物资的增减变动和结存情况，通过账簿记录如实反映。通过对账可以保证账簿记录的准确性，但在有些情况下，即使账簿记录的内容是客观、真实的，计算是正确的，也难以保证账面记录同财产物资的实存数额相符。造成账实不一致的主要原因有：（1）财产物资的实际收发、计量出现差错；（2）在对财产物资进行登账的过程中出现漏记、重记情况；（3）未达账项的存在；（4）财产物资的自然损耗或升溢；（5）由于管理不当造成财产物资的丢失、毁损、变质等；（6）由于营私舞弊、贪污盗窃，致使财产物资发生非正常损失。因此，财产清查不仅是保证会计核算资料真实与正确的有效方法，而且也是保护企业财产安全、加强财产物资管理的重要手段。财产清查对企业挖掘内部潜力、加速资金周转等都发挥着积极的作用。

1. 保证账簿资料的真实可靠

要想保证账簿记录的真实可靠，在平时要进行账簿和会计凭证之间的核对，以及账簿和账簿之间的核对，但除了核对这些书面资料以外，还要进一步查明财产物资的实际结存数额，将账面结存数和实际结存数进行核对，揭示各项财产物资的溢缺情况，从而及时地调整账面结存数，保证账簿记录真实、可靠。

### 2. 保证财产物资的安全与完整

通过财产清查，可以发现各项财产物资是否完整，有无丢失、毁损、霉变、变质等情况。凡是属于企业财产管理方面的问题，应及时追究当事人及财产保管部门的责任，尽可能地弥补损失，同时应健全监督机制。这样，可以在制度上、管理上切实保证各项财产物资的安全和完整。

### 3. 挖掘财产物资潜力，加速资金周转

通过财产清查可以及时发现各种财产物资的结存和利用情况，提出改进管理的建议。如发现企业有闲置不用的财产物资应及时处理，以充分发挥它们的效能；如发现企业有呆滞积压的财产物资，也应及时加以处理，以免造成不必要的浪费。只有这样才能使财产物资得到充分合理的利用，从而加速资金周转，提高企业的经济效益。

### 4. 保证财经纪律和结算纪律的执行

通过财产清查，可以查明单位有关业务人员是否遵守财经纪律和结算制度，有无贪污盗窃、挪用公款的情况；查明各项资金使用是否合理、是否符合有关的政策法规，从而使工作人员更加自觉地遵纪守法、维护财经纪律。

### （二）财产清查的种类

#### 1. 按财产清查的范围划分，可分为全面清查和局部清查

全面清查是指对单位所有的财产物资和往来款项进行全面的清点和核对。全面清查一般在以下几种情况下进行：

（1）年终决算之前，需要进行一次全面清查；

（2）企业关、停、并、转或改变隶属关系，需要进行全面清查；

（3）中外合资、国内联营，需要全面清查；

（4）单位主要负责人调离工作，需要全面清查。

局部清查是指对单位的部分财产所进行的清查。局部清查的主要对象是库存现金、材料、在产品和产成品等流动性较大的财产。单位每日应清点库存现金；收到银行对账单时核对银行存款；应对存货进行有计划的重点抽查；每年核对一两次债权债务。局部清查能及时了解一些重要资产的保管情况。

#### 2. 按财产清查的时间划分，可分为定期清查和临时清查

定期清查是指按规定或预先计划安排的时间对财产所进行的清查。清查的时间一般在年末、季末或月末结账前进行。

临时清查是指不规定清查时间而是根据需要所进行的临时性清查。临时清查一般只在某些特殊情况下进行，如发生意外灾害和损失、财产物资和现金负责人变更等，需要对财产物资进行清查。

（三）财产物资的盘存制度

财产物资的盘存制度有两种，即"永续盘存制"和"实地盘存制"。单位可根据经营管理的需要，分别采用不同的盘存制度。

1. 永续盘存制

永续盘存制又称"账面盘存制"，是指平时对各项财产物资分别设立明细账，根据会计凭证连续记载其增加额和减少额，并随时结出其余额的一种管理制度。这种盘存制度，能从账簿资料中及时反映出各项财产物资的结存数，为及时掌握单位财产增减变动情况和余额提供可靠依据。

2. 实地盘存制

实地盘存制是指以实际盘点所取得的实际盘存数作为账面的结存数额。在实地盘存制下，平时只登记财产物资的增加数，不登记财产物资的减少数，期末根据实地盘点的结存数作为账面余额，结算出财产物资的减少数。其计算公式如下。

本期减少数＝期初结存数＋本期增加数－期末结存数

（四）财产清查的准备工作

财产清查是一项比较复杂、细致的工作，不仅工作量大，而且涉及范围广。为了确保财产清查工作有组织、有步骤和有秩序地顺利进行，最终达到预期的目的，我们必须先做好以下准备工作。

（1）成立财产清查领导小组。领导小组由单位的负责人、会计、业务、保管等有关部门的人员组成。其任务是制订财产清查计划，确定清查对象、范围，配备清查人员，提出清查结果的处理意见，出具财产清查报告。

（2）会计人员应将截止清查日为止的全部有关业务登记入账，并核对其正确性，然后结出余额，保证账簿记录完整、计算准确、账证相符、账账相符，使其可以作为账实核对的可靠依据。

（3）财产物资的管理和保管人员应将截止清查日为止的全部业务办理好手续凭证，记入有关账簿中，并对各种财产物资分类整理清楚，标明品种、规格、数量，以备查对。

（4）取得银行存款、银行借款和结算款项对账单，以及债权债务的函证材料，以便查对。

（5）准备好各种必要的度量衡器具，进行检查和校正，以确保计量准确。

（6）准备好各种清查使用的表册，如盘点表、账存实存对比表等。

## 二、财产清查的方法及核算

（一）库存现金的清查

企业应当按规定进行库存现金的清查，清查时一般采用实地盘点法，对于清查的结果应当编制现金盘点报告单。其格式详见表 12-1。

表 12-1　库存现金盘点报告表

| （单位名称）<br>编号：<br>库存现金盘点报告表<br>　　　年　月　日<br>存放地点： | | | | |
|---|---|---|---|---|
| 实存金额 | 账存金额 | 对比结果 | | 备注 |
| | | 盘盈 | 盘亏 | |
| | | | | |
| | | | | |
| 盘点人：　　　　　　　　　　　　　　　　　　　　　出纳员签章： | | | | |

针对库存现金，如果有挪用现金、白条顶库的情况，应及时予以纠正；对于超限额留存的库存现金应及时送存银行。如果账款不符，发现的有待查明原因的现金短缺或溢余，应先通过"待处理财产损溢"科目核算。按管理权限报经批准后，分别参照以下情况处理。

（1）如为现金短缺，属于应由责任人赔偿或保险公司赔偿的部分，记入"其他应收款"科目；属于无法查明的其他原因，记入"管理费用"科目。

（2）如为现金溢余，属于应支付给有关人员或单位的，记入"其他应付款"科目；属于无法查明原因的，记入"营业外收入"科目。

（二）银行存款的清查

银行存款是指企业存入银行或其他金融机构的各种款项。企业应当根据业务需要，按照规定在其所在地银行开设账户，运用所开设的账户，进行存款、取款以及各种收支转账业务的结算。银行存款的收付应严格执行银行结算制度的规定。

企业应当设置银行存款总账和银行存款日记账，分别进行银行存款的总分类核算和明细分类核算。

企业可按开户银行和其他金融机构、存款种类等设置"银行存款日记账"，根据收付款凭证，按照业务的发生顺序逐笔登记。每日终了，应结出余额。"银行存款日记账"应定期与"银行对账单"核对，至少每月核对一次。企业银行存款账面余额与银行对账单余额之间如有差额，应编制"银行存款余额调节表"调节相符，如没有记账错误，调节后的双方余额应相等。银行存款余额调节表只是为了核对账目，并不能作为调整银行存款账面余额的记账依据。

【例 12-1】小张是大华公司财务部的实习生，2016 年 6 月 30 日小张从该公司的开户行取得公司 6 月 25 日至 30 日银行存款账面记录，具体详见表 12-2。

表 12-2　账务明细清单

| 日期 | 流水号 | 摘要 | 借方金额 / 贷方金额 | 余额 |
|---|---|---|---|---|
| ... | ... | ... | ... | ... |
| 27 | 50494 | #1248 付款 | -39 360 | |
| 28 | 53242 | #3233 转账收入 | 40 000 | |
| 28 | 62324 | #643 代交电费 | -3 120 | |
| 28 | 63453 | #1246 付款 | - 300 | |
| 29 | 64324 | 利息收入 | 488 | |
| 30 | 66324 | 代收浙江货款 | 11 820 | 24 158 |

该公司 6 月 25 日至 30 日的银行存款账面记录详见表 12-3。

表 12-3　银行存款日记账

| 年 | | 记账凭证号数 | 支票号码 | 摘要 | 借方 | 贷方 | 余额 |
|---|---|---|---|---|---|---|---|
| 月 | 日 | | | | | | |
| ... | ... | ... | ... | ...... | ... | ... | ... |
| | 25 | 23 | #1246 | 付购入材料运费 | | 300 | |
| | 26 | 26 | #1248 | 付购入材料价款 | | 39 360 | |
| | 27 | 43 | #3233 | 存入销货款 | 40 000 | | |
| | 28 | 45 | #1265 | 存入销货款 | 28 000 | | |
| | 30 | 63 | #2292 | 支付机器修理费 | | 376 | 42 594 |

假设 6 月 25 日前所有业务经核对，没有差异。但小张却发现企业银行存款账面余额与银行对账单余额之间不一致，通过分析，确认是由于存在以下账项：

（1）客户拿来支票 #1265 购货，款项 28 000 元公司已入账，但支票尚未交银行，银行尚未入账；

（2）企业开出支票 #2292 给修理厂支付机器修理费，款项 376 元公司已入账，但对方尚未将支票交银行，银行尚未入账；

（3）供电部门委托银行收款 3 120 元，款已付出，但尚未通知企业；

（4）存款利息每季度清算一次，银行将利息 488 元自动增加到企业户头上，但结息尚未告知企业；

（5）公司委托银行收款，银行已收款 11 820 元，但尚未告知企业。

上述账项是银行结算凭证在企业和开户银行之间传递时，由于收到凭证的时间不同导致有些凭证一方已经入账，而另一方尚未入账，从而造成企业日记账记录与银行对账单记录不符的账款，我们称为未达账项。发生未达账项的具体情况有四种：一是企业已收款入账，银行尚未收款入账；二是企业已付款入账，银行尚未付款入账；三是银行已收款入账，企业尚未收款入账；四是银行已付款入账，企业尚未付款入账。

实际工作中会出现双方的账目经常出现不一致的情况，其原因是：一是双方账目可能发生记录错误，银行发生串户，企业单据丢失；二是有"未达账项"，为分析账目经常出现不一致的原因。小张编制的银行存款余额调节表详见表12-4。

**表 12-4　银行存款余额调节表**

| 项目 | 金额 | 项目 | 金额 |
|---|---|---|---|
| 企业存款日记账余额 | 42 594.00 | 银行对账单余额 | 24 158.00 |
| 加：银行已收， | 488.00 | 加：企业已收， | 28 000.00 |
| 企业未收 | 11 820.00 | 银行未收 | |
| 减：银行已付， | 3 120.00 | 减：企业已付， | 376.00 |
| 企业未付 | | 银行未付 | |
| 调整后余额 | 51 782.00 | 调整后余额 | 51 782.00 |

小张编制的银行余额调节表说明大华公司的银行存款日记账没有错误。通过案例，可以看出，编制银行余额调节表是企业出纳进行银行存款清查的基本而重要的会计方法，每月应当至少进行一次。通过银行余额调节表表明如下内容。

（1）调节后，如果双方余额相等，一般可以认为双方记账没有差错。

（2）调节后双方余额仍然不相等时，其原因要么是未达账项未全部查出，要么是一方或双方账簿记录还有差错。无论是什么原因，都要进一步查清楚并加以更正，直到调节表中双方余额相等为止。

（3）调节后的余额既不是企业银行存款日记账的余额，也不是银行对账单的余额，它是企业银行存款的应有额，也是企业当日可以动用的银行存款的极大值。

（4）对于企业未达账项要等到结算凭证到达后再进行账务处理，然后再登账，不能根据调节表作分录登记。

（三）存货清查

存货清查是指通过对存货的实地盘点，确定存货的实有数量，并与账面结存数核对，从而确定存货实存数与账面结存数是否相符的一种专门方法。

由于存货种类繁多、收发频繁，在日常收发过程中可能发生计量错误、计算错误、自然损耗，还可能发生损坏变质以及贪污、盗窃等情况，造成账实不符，形成存货的盘盈盘亏。对于存货的盘盈盘亏，应填写存货盘点报告，如盘存单、实存账存对比表（详见表12-5和

表 12-6），及时查明原因，按照规定程序报批处理。

表 12-5　盘存单

| （单位名称） | | | | | 编号： | |
|---|---|---|---|---|---|---|
| 盘存单 | | | | | | |
| 盘点时间： | | 财产类别： | | | 存放地点： | |
| 编　号 | 名称 | 计量单位 | 数量 | 单价 | 金额 | 备注 |
| | | | | | | |
| | | | | | | |
| | | | | | | |
| | | | | | | |
| | | | | | | |
| | | | | | | |
| | | | | | | |
| 盘点人签字或盖章： | | | 实物保管人签字或盖章： | | | |

表 12-6　实存账存对比表

| （单位名称） | | | | | | | | 编号： | | |
|---|---|---|---|---|---|---|---|---|---|---|
| 实存账存对比表 | | | | | | | | | | |
| 年　月　日 | | | | | | | | 存放地点： | | |
| 编号 | 类别及名称 | 计量单位 | 单价 | 实存 | | 账存 | | 对比结果 | | 备注 |
| | | | | | | | | 盘盈 | 盘亏 | |
| | | | | 数量 | 金额 | 数量 | 金额 | 数量 金额 | 数量 金额 | |
| | | | | | | | | | | |
| | | | | | | | | | | |
| | | | | | | | | | | |

　　为了反映企业在财产清查中查明的各种存货的盘盈、盘亏和毁损情况，企业应当设置"待处理财产损溢"科目，借方登记存货的盘亏、毁损金额及盘盈的转销金额，贷方登记存货的盘盈金额及盘亏的转销金额。企业清查的各种存货损益，应在期末结账前处理完毕，期末处理后，本科目应无余额。

　　1. 存货盘盈核算

　　企业发生存货盘盈时，借记"原材料""库存商品"等科目，贷记"待处理财产损溢"科目；在按管理权限报经批准后，借记"待处理财产损溢"科目，贷记"管理费用"科目。

【例 12-2】甲公司在财产清查中盘盈 A 材料 1 000 千克，实际单位成本 60 元，经查属于材料收发计量方面的错误，应做如下处理。

（1）批准处理前

借：原材料——A 材料               60 000

   贷：待处理财产损溢              60 000

（2）批准处理后

借：待处理财产损溢               60 000

   贷：管理费用                60 000

2. 存货盘亏及毁损的核算

企业发生存货盘亏及损毁时，借记"待处理财产损溢"科目，贷记"原材料""库存商品"等科目。在按管理权限报经批准后应做如下会计处理：对于入库的残料价值，记入"原材料"等科目；对于应由保险公司和过失人的赔款，记入"其他应收款"科目；扣除残料价值和应由保险公司、过失人赔款后的净损失，属于一般经营损失的部分，记入"管理费用"科目，属于非常损失的部分，记入"营业外支出"科目。

【例 12-3】甲企业库存的 B 材料因意外火灾毁损一批，有关增值税专用发票确认的成本为 10 000 元，增值税额为 1 700 元。企业的有关会计分录如下。

（1）批准处理前

借：待处理财产损溢——待处理流动资产损溢        11 700

   贷：原材料——B 材料            10 000

     应交税费——应交增值税（进项税额转出）     1 700

（2）批准处理后

借：管理费用                 11 700

   贷：待处理财产损溢              11 700

【例 12-4】甲公司在财产清查中发现毁损 C 材料 300 千克，有关增值税专用发票确认的成本为 30 000 元，增值税税额为 5 100 元，经查属于材料保管员的过失造成的，按规定由其个人赔偿 20 000 元，残料已办理入库手续，价值 2 000 元。甲公司应做如下会计处理。

（1）批准处理前

借：待处理财产损溢               35 100

   贷：原材料——C 材料            30 000

     应交税费——应交增值税（进项税额转出）     5 100

（2）批准处理后

①由过失人赔款部分

借：其他应收款——×××             20 000

   贷：待处理财产损溢              20 000

②残料入库

借：原材料——残料              2 000

  贷：待处理财产损溢            2 000

③材料毁损净损失

借：管理费用               13 100

  贷：待处理财产损溢           13 100

【例12-5】甲公司因非常事故造成一批库存 D 材料毁损，实际成本为 10 000 元，根据保险责任范围及保险合同规定，应由保险公司赔偿 5 000 元。甲公司应作如下会计处理。

（1）批准处理前

借：待处理财产损溢             11 700

  贷：原材料——D 材料           10 000

    应交税费——应交增值税（进项税额转出）    1 700

（2）批准处理后

借：其他应收款——保险公司           5 000

  营业外支出——非常损失           6 700

  贷：待处理财产损溢           11 700

## （四）固定资产清查

按照相关准则规定，企业应定期或者至少于每年年末对固定资产进行清查盘点，以保证固定资产核算的真实性，充分挖掘企业现有固定资产的潜力。在固定资产清查过程中，如果发现盘盈、盘亏的固定资产，应填制固定资产盘盈盘亏报告表。企业清查固定资产的损溢时，应及时查明原因，并按照规定程序报批处理。

### 1. 固定资产盘盈

企业在财产清查中盘盈的固定资产，作为前期差错处理，在按管理权限报经批准处理前应先通过"以前年度损益调整"科目核算。盘盈的固定资产，应按重置成本确定其入账价值，借记"固定资产"科目，贷记"以前年度损益调整"科目。

### 2. 固定资产盘亏

企业在财产清查中盘亏的固定资产，按盘亏固定资产的账面价值，借记"待处理财产损溢"科目，按已计提的累计折旧，借记"累计折旧"科目，按已计提的减值准备，借记"固定资产减值准备"科目，按固定资产的原价，贷记"固定资产"科目；按管理权限报经批准后处理时，按可收回的保险赔偿或过失人赔偿，借记"其他应收款"科目，按应计入营业外支出的金额，借记"营业外支出——盘亏损失"科目，贷记"待处理财产损溢"科目。

# 第二节 资产减值

资产减值是指资产的可收回金额低于其账面价值。新会计准则规定资产减值范围主要是应收款项、固定资产、无形资产以及除特别规定外的其他资产减值的处理。《企业会计准则第 8 号——资产减值》准则改变了固定资产、无形资产等的减值准备计提后可以转回的做法，规定资产减值损失一经确认，在以后会计期间不得转回，消除了一些企业通过计提秘密准备来调节利润的可能，限制了利润的人为波动。本教材以应收款项减值为例讲解资产减值的核算。

企业的各项应收款项，可能会因购货人拒付、破产、死亡等原因而无法收回。这类无法收回的应收款项就是坏账。因坏账而遭受的损失为坏账损失。按准则规定，企业应当在资产负债表日对应收款项的账面价值进行检查，有客观证据表明该应收款项发生减值的，应当将该应收款项的账面价值减计至预计未来现金流量现值，减计的金额确认为减值损失，计提坏账准备。

企业应当设置"坏账准备"科目，核算应收款项的坏账准备计提、转销等情况。企业当期计提的坏账准备应当记入资产减值损失。"坏账准备"科目的贷方登记当期计提的坏账准备金额，借方登记实际发生的坏账损失金额和冲减的坏账准备金额，期末余额一般在贷方，反映企业已计提但尚未转销的坏账准备。坏账准备可按以下公式计算。

**当期应计提的坏账准备＝当期按应收款项计算应提坏账准备金 –（或＋）"坏账准备"科目的借贷方（或借方）余额**

企业计提坏账准备时，按应减计的金额，借记"资产减值损失——计提的坏账准备"科目，贷记"坏账准备"科目。冲减多计提的坏账准备时，借记"坏账准备"科目，贷记"资产减值损失——计提的坏账准备"科目。

【例 12-6】公司从 2014 年开始计提坏账准备。2014 年年末应收账款余额为 1 200 000 元，该企业坏账准备的提取比例为 5‰。2015 年 11 月，企业发现有 1 600 元的应收账款无法收回，按有关规定确认为坏账损失。2015 年 12 月 31 日，该企业应收账款余额为 1 440 000 元。2016 年 5 月 20 日，接到银行通知，企业上年度已冲销的 1 600 元坏账又收回，款项已存入银行，2016 年 12 月 31 日，企业应收账款余额为 1 000 000 元。该企业按照应收账款余额百分比法计提坏账准备。其坏账核算过程如下。

2014 年年末应收账款余额为 1 200 000 元，该企业坏账准备的提取比例为 5‰。则 2014 年年末应计提的坏账准备为 6 000（1 200 000 × 5‰）元。

其账务处理如下。

借：资产减值损失　　　　　　　　　　　　　　　　　　　　　　　　　　　6 000
　　贷：坏账准备　　　　　　　　　　　　　　　　　　　　　　　　　　　　6 000

2015 年 11 月，确认为坏账损失。其账务处理如下。

借：坏账准备                 1 600

  贷：应收账款                1 600

需要注意的是，企业确实无法收回的应收款项按管理权限报经批准后作为坏账转销时，应当冲减已计提的坏账准备。

2015 年 12 月 31 日，该企业应收账款余额为 1 440 000 元。按本年年末应收账款余额计算应计提的坏账准备金额（即坏账准备的余额）为 7 200（1 440 000×5‰）元。

年末计提坏账准备前，"坏账准备"科目的贷方余额为 4 400（6 000–1 600）元。

年末应补提的坏账准备金额为 2 800（7 200–4 400）元。其账务处理如下。

借：资产减值损失               2 800

  贷：坏账准备                2 800

2016 年 5 月 20 日，上年度已冲销的 1 600 元坏账又存入银行。

借：应收账款                 1 600

  贷：坏账准备                1 600

借：银行存款                 1 600

  贷：应收账款                1 600

需要注意的是，已确认并转销的应收款项以后又收回的，应当按照实际收到的金额增加坏账准备的账面余额。企业发生坏账损失时，借记"坏账准备"科目，贷记"应收账款""其他应收款"等科目。同时，借记"银行存款"科目，贷记"应收账款""其他应收款"等科目。也可以按照实际收回的金额，借记"银行存款"科目，贷记"坏账准备"科目。

2016 年 12 月 31 日，企业应收账款余额为 1 000 000 元。本年末坏账准备余额应为 5 000（1 000 000×5‰）元。

至年末，计提坏账准备前的"坏账准备"科目的贷方余额为 8 800（7 200+1 600）元。

年末应冲销多提的坏账准备金额为 3 800（8 800–5 000）元。其账务处理如下。

借：坏账准备                 3 800

  贷：资产减值损失              3 800

## 第三节 其他业务的会计实训

### 一、实训目的和要求

实训目的：通过实训，掌握工业企业其他基本业务的核算。

要求：填写业务发生时（财务部门应填制的）原始凭证（如支票和各种计算单等），并编制记账凭证。

（注：由于案例是按业务循环而不是按日期编写的，实验在编制记账凭证涉及字号时建

议先只写字不编号，待完成所有凭证的编制后，在登记账簿前再标明类别和日期编号）

## 二、业务与操作指引

北京××机械设备有限公司 12 月发生以下和其他有关的业务。

业务 1：2016 年 12 月 4 日，公司简易仓库因火灾损失严重，转入报废清理。

要求：根据此业务相关原始凭证填制转账凭证。

**操作指引**

本业务主要涉及"固定资产清理"科目的运用。

"固定资产清理"科目核算企业因出售、报废、毁损、对外投资、非货币性资产交换、债务重组等原因转出的固定资产价值，以及在清理过程中发生的费用等，借方登记转出的固定资产价值、清理过程中应支付的相关税费及其他费用，贷方登记固定资产清理完成的处理，期末借方余额反映企业尚未清理完毕固定资产清理净损失。该科目应按被清理的固定资产项目设置明细账，进行明细核算。

企业因出售、报废、毁损、对外投资、非货币性资产交换、债务重组等转出的固定资产，按该项固定资产的账面价值，借记"固定资产清理"科目，按已计提的累计折旧，借记"累计折旧"科目，按已计提的减值准备，借记"固定资产减值准备"科目，按其账面原价，贷记"固定资产"科目。

1-1/2

## 固定资产报废申请书

申请单位：北京××机械设备有限公司　　　　2016年12月04日　　　　编号：

| 资产名称 | 简易仓库 | 出厂时间 | | 出厂编号 | |
|---|---|---|---|---|---|
| 规 格（型 号） | 20*30砖木石棉瓦 | 投产时间 | 2008.12 | 单 位 | 平方米 |
| 制 造 厂 | 北京市建筑公司 | 使用单位 | | 预 计 使 用 年 限 | |
| 原 值（元） | 120 000.00 | 净值（元） | 43 200.00 | 已使用年限 | |
| 已提折旧（元） | 76 800.00 | 残值（元） | | | |
| 固定资产状况 及 报废原因 | 2016年12月04日，由于简易仓库线路超载短路，产生电弧高温，此起熔金，击穿汽油桶，发生火灾。 | | | | |
| 处理意见 | 使用部门 | 技术评估小组 | 固定资产管理部门 | 股东大会审批意见 | |

固 定 资 产 卡 片

类别： 房屋

| 资产名称 | 简易仓库 | 资产编号 | |
|---|---|---|---|
| 规 格（型 号） | 砖木石棉瓦 | 规格（米） | |
| 制 造 厂 | 北京市建筑公司 | 出厂时间 | |
| 使用部门 | | 出厂编号 | |
| 资金来源 | | 折旧年限 | |
| 列账凭证 | | 启用年月 | 2008. 12 |
| 附件或附属物 | | 固定资产原值 | 120 000 |
| | | 年折旧率 | |
| 调拨转移记录 | | 预计净产值 | |
| 报废清理记录 | | 备注 | |
| 中间停用记录 | | | |

业务 2：12 月 16 日，公司开出支票支付报废资产的清理费 3 000 元。

要求：根据此业务相关原始凭证填制付款凭证。

**操作指引**

企业在生产经营过程中，可能将不适用或不需用的固定资产对外出售转让，或因磨损、技术进步等原因对固定资产进行报废，或因遭受自然灾害而对毁损的固定资产进行处理。对于上述事项在进行会计核算时，应按规定程序办理有关手续，结转固定资产的账面价值，计算有关的清理收入、清理费用及残料价值等。固定资产清理过程中应支付的相关税费及其他费用，借记"固定资产清理"科目，贷记"银行存款""应交税费——应交营业税"等科目。

| 中国建设银行**转账支票存根** |
|---|
| 支票号码 　201612094 |
| 科　　目 _____ |
| 对方科目 _____ |
| 出票日期 　2016 年 12 月 16 日 |
| 收款人：××物业劳动服务公司 |
| 金　　额：　3 000.00 |
| 用　　途： 清理费 |
| 备　　注： |
| 单位主管　会计　　复核　　记账 |

2-2/2

## 北京市服务业统一发票

**发 票 联**　　　　No 05554

购买单位：北京××机械设备有限公司　　2016 年 12 月 16 日　　　京地税（2016）A

| 服务项目 | 收款内容 | 单位 | 数量 | 单价 | 金额 | | | | | | | | |
|---|---|---|---|---|---|---|---|---|---|---|---|---|---|
| | | | | | 百 | 十 | 万 | 千 | 百 | 十 | 元 | 角 | 分 |
| 仓库清理费 | | | | | | | | 3 | 0 | 0 | 0 | 0 | 0 |
| | | | | | | | | | | | | | |
| | | | | | | | | | | | | | |
| | | | | | | | | | | | | | |
| | | | | | | | | | | | | | |
| 人民币（大写）：叁仟元整 | | | | | | | ￥ | 3 | 0 | 0 | 0 | 0 | 0 |

收款人：**赵兰**　　　　经办：**邹宇**　　　　收款单位（盖章）

业务 3：12 月 21 日，公司收到保险公司赔款 43 580 元，用于结算着火仓库的清理损益。款项已经划转入银行。

要求：根据此业务相关原始凭证编制收款凭证和转账凭证。

### 操作指引

本业务主要涉及"固定资产清理"科目的运用。

固定资产处置通过"固定资产清理"科目核算，确认应由保险公司或过失人赔偿的损失，借记"其他应收款"等科目，贷记"固定资产清理"科目。固定资产清理完成后，属于生产经营期间正常的处理损失，借记"营业外支出——处置非流动资产损失"科目，贷记"固定资产清理"科目；属于自然灾害等非正常原因造成的损失，借记"营业外支出——非常损失"科目，贷记"固定资产清理"科目。如为贷方余额，借记"固定资产清理"科目，贷记"营业外收入"科目。

3-1/1

```
                                                              68470269

                       资金汇划（贷方）补充凭证
                              回单

  行名：建行运河支行                  收报日期：    2016.12.31

  业务种类：转账

  收款人账号：20151201088        付款人账号：210—68742563

  收款人户名：大华机械设备制造厂

  付款人户名：中国人民保险公司北京分公司

  大写金额：  肆万叁仟伍佰捌拾元整       收报流水号：89643210

  小写金额：  43 580.00                收报行行号：1236845

  发报流水号：5563149

  发报行行号：3269871                 发报日期：2016.12.21

  发报行行名：建行北京支行

  打印日期：2016.12.30                延时付款指令：非延时付款

  用途：着火仓库的赔偿款

  附言：

          收电：       记账：        复核：
```

业务 4：12 月 25 日，公司盘点财产物资，盘亏乙材料 7 千克，实际总成本 1 400 元；发现盘盈丙材料 5 千克，实际总成本 1 500 元，原因不明。

要求：根据此业务相关原始凭证编制转账凭证。

**操作指引**

本业务主要涉及"待处理财产损溢"科目的运用。

为了反映企业在财产清查中查明的各种存货的盘盈、盘亏和毁损情况，企业应当设置"待处理财产损溢"科目，借方登记存货的盘亏、毁损金额及盘盈的转销金额，贷方登记存货的盘盈金额及盘亏的转销金额。企业清查的各种存货损益，应在期末结账前处理完毕，期末处理后，本科目应无余额。企业发生存货盘亏及损毁时，借记"待处理财产损溢"科目，贷记"原材料""库存商品"等科目。企业发生存货盘盈时，借记"原材料""库存商品"等科目，贷记"待处理财产损溢"科目。

4-1/1

实存账存对比表

金额单位：元

| 项目 | 计量单位 | 单价 | 实存 | | 账存 | | 盘盈 | | 盘亏 | |
|---|---|---|---|---|---|---|---|---|---|---|
| | | | 数量 | 金额 | 数量 | 金额 | 数量 | 金额 | 数量 | 金额 |
| 乙材料 | 千克 | 200 | 100 | 20 000 | 107 | 21 400 | | | 7 | 1 400 |
| 丙材料 | 千克 | 300 | 205 | 61 500 | 200 | 60 000 | 5 | 1 500 | | |

业务 5：12 月 28 日进行资产清查时发现，应收佳明公司货款 7 000 元确属无法收回。经公司决定，转作坏账处理。

要求：根据此业务相关原始凭证编制转账凭证。

**操作指引**

本业务主要涉及"坏账准备"科目的运用。

企业无法收回的应收款项主要通过"坏账准备"科目核算，该科目核算应收款项的坏账准备计提、转销等情况。企业当期计提的坏账准备应当计入资产减值损失。"坏账准备"科目的贷方登记当期计提的坏账准备金额，借方登记实际发生的坏账损失金额和冲减的坏账准备金额，期末余额一般在贷方，反映企业已计提但尚未转销的坏账准备。

企业计提坏账准备时，按应减计的金额，借记"资产减值损失——计提的坏账准备"科目，贷记"坏账准备"科目。冲减多计提的坏账准备时，借记"坏账准备"科目，贷记"资产减值损失——计提的坏账准备"科目。

5-1/1

财产清查结果处理决定

财产清查结果处理决定如下：应收佳明公司货款 7 000 元确属无法收回。经公司决定，转作坏账处理。

北京×× 机械设备有限公司

财务专用章

北京×× 机械设备有限公司

2016 年 12 月 28 日

业务 6：12 月 30 日，公司经反复核查，要求按照处理意见核算盘盈、盘亏材料。

要求：根据此业务相关原始凭证编制转账凭证。

*操作指引*

本业务主要涉及"待处理财产损溢"科目的运用。

为了反映企业在财产清查中查明的各种存货的盘盈、盘亏和毁损情况,企业应当设置"待处理财产损溢"科目,借方登记存货的盘亏、毁损金额及盘盈的转销金额,贷方登记存货的盘盈金额及盘亏的转销金额。企业清查的各种存货损溢,应在期末结账前处理完毕,期末处理后,本科目应无余额。

盘盈材料在按管理权限报经批准后,借记"待处理财产损溢"科目,贷记"管理费用"科目。盘亏材料在按管理权限报经批准后应做如下会计处理:对于入库的残料价值,记入"原材料"等科目;对于应由保险公司和过失人的赔款,记入"其他应收款"科目;扣除残料价值和应由保险公司、过失人赔款后的净损失,属于一般经营损失的部分,记入"管理费用"科目,属于非常损失的部分,记入"营业外支出"科目。

6-1/1

---

财产清查结果处理决定

    材料物资清查结果处理决定如下。
    1. 盘亏乙材料系自然灾害造成的毁损,预计可收回残料 500 元,向保险公司索赔 300 元,其余计入营业外支出。
    2. 盘盈丙材料属于未及时入账,应冲减管理费用。

北京 ×× 机械设备有限公司
2016 年 12 月 30 日

---

◆◆◆ **思考与训练** ◆◆◆

(一)简答

1. 导致账实不符的原因有哪些?

2. 什么是未达账项,未达账项的类型有几种?

3. 简述财产清查的种类。

4. 简述永续盘存制与实地盘存制的区别。

(二)计算与分析

东胜公司在财产清查时发现:2016 年 11 月 30 日银行存款日记账的余额为 8 000 元,银行对账单的余额为 10 000 元,核对银行对账单所列各项收支活动并与企业银行存款日记账比较,发现有下列事项。

（1）11月29日，企业开出一张金额1 000元的转账支票，用于支付某单位货款。企业已经根据支票存根、发票及收料单等凭证登记银行存款减少额，银行尚未接到支付款项的凭证，尚未登记减少额。

（2）11月30日，银行代企业支付电费500元，银行已经登记减少额，企业尚未接到付款结算凭证，未登记减少额。

（3）11月30日，企业存入一张面额为2 500元的银行汇票，已经登记银行存款增加额，银行尚未登记增加额。

（4）11月30日，银行收到购货单位汇来的货款4 000元，银行已经登记增加额，企业未接到收款凭证，尚未登记增加额。

要求：通过编制银行存款余额调节表对上述未达账项进行调节。

| 项目 | 金额 | 项目 | 金额 |
|------|------|------|------|
| 企业银行存款日记账余额 | | 银行对账单余额 | |
| 加：银收企未收 | | 加：企收银未收 | |
| 减：银付企未付 | | 减：企付银未付 | |
| 调整后的余额 | | 调整后的余额 | |

# 第十三章 财务成果形成与分配业务

财务成果是指企业在销售商品、提供劳务及让渡资产使用权等日常活动中所形成的经济利益的总流入。财务成果是企业一定生产期间经营活动的最终财务成果，是企业在一定会计期间所实现的各种收入（收益）减去相关费用（支出等）以后的差额。它综合反映企业生产、经营活动情况，是考核企业经营管理水平的一个综合指标。

## 第一节 利润的形成与核算

### 一、利润的概念

利润是指企业在一定会计期间内形成的经营成果。利润是一个综合指标，反映企业在经营过程中的所费与所得。若收入大于相关的成本与费用，企业则盈利；若收入小于相关的成本与费用，企业则亏损。按照我国会计准则的规定，利润包括收入减去费用后的净额、直接计入当期利润的利得和损失等。

直接计入当期利润的利得和损失，是指应当计入当期损溢、会导致所有者权益发生增减变动的、与所有者投入资本或者向所有者分配利润无关的利得或者损失。

### 二、利润的构成与计算

利润有不同的层次，根据我国《企业会计准则》规定，企业的利润一般分为营业利润、利润总额和净利润。

#### （一）营业利润

营业利润 = 营业收入 − 营业成本 − 营业税金及附加 − 销售费用 − 管理费用 − 财务费用 − 资产减值损失 + 公允价值变动收益（− 公允价值变动损失）+ 投资收益（− 投资损失）

其中，营业收入是指企业经营业务所确认的收入总额，包括主营业务收入和其他业务收入。

营业成本是指企业经营业务所发生的实际成本总额，包括主营业务成本和其他业务成本。资产减值损失是指企业计提各项资产减值准备所形成的损失。

公允价值变动收益（或损失）是指企业交易性金融资产等公允价值变动形成的应计入当期损益的利得（或损失）。

投资收益（或损失）是指企业以各种方式对外投资所取得的收益（或发生的损失）。

（二）利润总额

$$利润总额 = 营业利润 + 营业外收入 - 营业外支出$$

其中，营业外收入是指企业发生的与其日常活动无直接关系的各项利得。

营业外支出是指企业发生的与其日常活动无直接关系的各项损失。

（三）净利润

$$净利润 = 利润总额 - 所得税费用$$

其中，所得税费用是指企业确认的应从当期利润总额中扣除的所得税费用。

## 三、利润核算涉及的主要账户

（一）"营业外收入"账户

"营业外收入"账户属于损益类账户，核算企业发生的与生产经营无直接关系的各项收入，贷方登记已经确认发生的营业外收入，借方登记期末结转"本年利润"的本期营业外收入，结转后，该账户无余额。

（二）"营业外收入"账户

"营业外支出"账户属于损益类账户，核算企业发生的与本企业生产经营无直接关系的各项支出。借方登记本期发生的营业外支出，贷方登记期末结转"本年利润"的本期营业外支出，结转后，该账户无余额。

（三）"所得税费用"账户

"所得税费用"账户属于损益类账户，核算企业按规定从当期损溢中扣除的所得税，借方登记本期计算确认的所得税，贷方登记期末结转"本年利润"的本期所得税费用，结转后该账户无余额。

（四）"投资收益"账户

"投资收益"账户属于损益类账户，核算企业确认的投资收益或投资损失。

（五）"资产减值损失"账户

"资产减值损失"账户属于损益类账户，核算企业计提各项资产减值准备所形成的损失。

（六）"本年利润"账户

"本年利润"账户属于所有者权益类账户，核算企业本年度实现的净利润，贷方登记期末各收益类账户的转入数额，借方登记期末各费用或支出类账户的转入数额。本账户若为贷方余额，表示利润；如为借方余额，表示亏损。年度终了，企业应将"本年利润"账户的累计余额转入"利润分配——未分配利润"账户，结转后"本年利润"账户应无余额。

## 四、利润的核算

利润涉及的营业收入与费用的核算在前面章节中已作过详细的讲解，这里我们主要讲解营业外收支和所得税费用的会计处理。

（一）营业外收入的核算

营业外收入是企业发生的与生产经营无直接关系的各项收入，包括处理非流动资产利得、非货币性资产交换利得、债务重组利得、罚没利得、政府补助利得、确实无法支付而按规定程序经批准后转作营业外收入的应付款项等。

（1）企业发生营业外收入时

借：相关科目

　　贷：营业外收入

（2）期末结转

借：营业外收入

　　贷：本年利润

【例13-1】企业取得罚款收入80 000元，存入银行。

罚款收入属于企业的营业外收入。这项经济业务的发生，涉及"银行存款"和"营业外收入"两个账户，一方面使得企业的银行存款增加80 000元；另一方面使得企业营业外收入增加80 000元。银行存款的增加是资产的增加，应记入"银行存款"账户的借方，营业外收入的增加是利得的增加，应记入"营业外收入"的贷方。因此，所做会计分录如下。

借：银行存款　　　　　　　　　　　　　　　　　　　　　　　　80 000

　　贷：营业外收入——罚没利得　　　　　　　　　　　　　　　　80 000

（二）营业外支出的核算

营业外支出是企业发生的与本企业生产经营无直接关系的各项支出，包括处置非流动资产损失、非货币性资产交换损失、债务重组损失、非常损失、罚款支出、捐赠支出等。

（1）企业发生营业外支出时

借：营业外支出

　　贷：相关科目

（2）期末应将本账户余额转入"本年利润"

借：本年利润

　　　　贷：营业外支出

【例13-2】某企业进行公益性捐赠100 000元，上述款项通过银行存款支付。

　　公益性捐赠支出属于企业的营业外支出。这项经济业务的发生，涉及"银行存款"和"营业外支出"两个账户，一方面使得企业的银行存款减少100 000元；另一方面使得企业营业外支出增加100 000元。银行存款的减少使资产减少，应记入"银行存款"账户的贷方，营业外支出的增加使损失增加，应记入"营业外支出"的借方。其会计分录如下。

　　借：营业外支出　　　　　　　　　　　　　　　　　　　　　　　　　100 000

　　　　贷：银行存款　　　　　　　　　　　　　　　　　　　　　　　　100 000

### （三）本年利润的核算

　　按照我国会计准则的要求，企业一般应按月核算利润，若有困难，经批准，也可以按季结算或者按年核算利润。企业计算确定本期利润总额、净利润和本年累计利润总额、累计净利润的具体方法有"账结法"和"表结法"。

　　账结法是在每个会计期末（一般是指月末）将各损益类账户记录的金额全部转入"本年利润"账户，通过"本年利润"账户借方、贷方的记录结算出本期损益总额和本年累计损益额。在这种方法下需要在每个会计期末通过编制记账分录，结清各损益类账户。

　　表结法是在每个会计期末（月末），各损益类账户余额不作转账处理，而是通过编制利润表进行利润的结算。根据损益类账户的本期发生额、本年累计数额，填报会计报表（主要是利润表），在会计报表中直接计算确定损益额，即利润总额、净利润额，年终，在年度会计决算时再用账结法，将各损益类账户全年累计发生额通过编制结账分录转入"本年利润"账户。"本年利润"账户集中反映了全年累计净利润的实现或亏损的发生情况。

　　会计期末（月末或年末）结转各项收入时，借记"主营业务收入""其他业务收入""投资收益""营业外收入"等账户，贷记"本年利润"账户；结转各项费用时，借记"本年利润"账户，贷记"主营业务成本""营业税金及附加""其他业务成本""管理费用""财务费用""销售费用""营业外支出""所得税费用"等账户。如果"投资收益"账户反映的是投资损失，则应进行相反的结转。

【例13-3】某公司在会计期末将本期实现的各项收入包括主营业务收入520 000元、其他业务收入92 000元、投资净收益5 000元、营业外收入80 000元转入"本年利润"账户。

　　这项业务的发生，一方面使得公司的有关损溢类账户所记录的各种收入减少；另一方面使得公司的利润额增加。其涉及"主营业务收入""其他业务收入""投资收益""营业外收入"和"本年利润"五个账户。各项收入的结转使收入减少，应借记"主营业务收入""其他业务收入""投资收益""营业外收入"账户；利润的增加使所有者权益增加，应贷记"本年利润"账户。其会计分录如下。

　　借：主营业务收入　　　　　　　　　　　　　　　　　　　　　　　　520 000

　　　　其他业务收入　　　　　　　　　　　　　　　　　　　　　　　　 92 000

　　　　投资收益　　　　　　　　　　　　　　　　　　　　　　　　　　　5 000

　　　　营业外收入　　　　　　　　　　　　　　　　　　　　　　80 000

　　　　贷：本年利润　　　　　　　　　　　　　　　　　　　987 000

【例 13-4】某公司在会计期末将本期发生的各项费用包括主营业务成本 400 000 元、营业税金及附加 30 000 元、其他业务成本 78 000 元、管理费用 4 000 元、财务费用 2 000 元、销售费用 6 000 元，营业外支出 100 000 元转入"本年利润"账户。

　　这项业务的发生，一方面使得公司的有关损溢类账户所记录的各种费用予以转销；另一方面使得公司的利润额减少。其涉及"主营业务成本""营业税金及附加""其他业务成本""管理费用""财务费用""销售费用""营业外支出"和"本年利润"账户。各项费用的结转使收入减少，应贷记"主营业务收入""其他业务收入""投资收益""营业外收入"账户；利润的减少使所有者权益减少，应借记"本年利润"账户。其会计分录如下。

　　借：本年利润　　　　　　　　　　　　　　　　　　　620 000

　　　　贷：主营业务成本　　　　　　　　　　　　　　　400 000

　　　　　　营业税金及附加　　　　　　　　　　　　　　30 000

　　　　　　其他业务成本　　　　　　　　　　　　　　　78 000

　　　　　　管理费用　　　　　　　　　　　　　　　　　4 000

　　　　　　财务费用　　　　　　　　　　　　　　　　　2 000

　　　　　　销售费用　　　　　　　　　　　　　　　　　6 000

　　　　　　营业外支出　　　　　　　　　　　　　　　100 000

### （四）所得税费用的核算

#### 1. 所得税的计算

根据《企业会计准则第 18 号——所得税》的规定，企业的所得税费用应采用资产负债表债务法进行核算。企业应交纳的所得税是根据企业应纳税所得额的一定比例计算的。

应纳税所得额 = 利润总额 + 纳税调整增加额 − 纳税调整减少额

纳税调整增加额主要包括税法规定允许扣除项目中企业已计入当期费用但超过税法规定扣除标准的金额（如超过税法规定标准的工资支出、业务招待费支出），以及企业已计入当期损失但税法规定不允许扣除项目的金额（如税收滞纳金、罚款、罚金）等。纳税调整减少额主要包括按税法规定允许弥补的亏损和准予免税的项目，如前五年内的未弥补亏损和国债利息收入。

由于纳税调整项目比较复杂，为了简化核算，在本教材中，一般假设纳税调整项目为零，因而会计上的利润总额即为应纳税所得额。企业所得税的税率通常为 25%。各期预交所得税的计算公式如下。

当期累计应交所得税 = 当月应纳税所得额 × 所得税税率

当期应交所得税 = 当期累计应交所得税 − 上期累计已交所得税

2.所得税费用的会计处理

（1）企业计算应交所得税时

借：所得税费用

　　贷：应交税费——应交所得税

（2）实际交纳所得税时

借：应交税费——应交所得税

　　贷：银行存款

（3）期末将所得税转入本年利润时

借：本年利润

　　贷：所得税费用

【例13-5】某企业按会计核算原则计算的税前会计利润为367 000元，所得税率为25%，假定本企业全年无其他纳税调整因素，不存在暂时性差异的影响，有关会计处理如下。

（1）计算应交所得税

应交所得税费用额 =367 000×25%=91 750（元）

借：所得税费用　　　　　　　　　　　　　　　　　　　　　　　　　91 750

　　贷：应交税费——应交所得税　　　　　　　　　　　　　　　　　　91 750

（2）实际上交所得税费用

借：应交税费——应交所得税　　　　　　　　　　　　　　　　　　　　91 750

　　贷：银行存款　　　　　　　　　　　　　　　　　　　　　　　　　91 750

（3）年末，将"所得税费用"账户余额转入"本年利润"账户

借：本年利润　　　　　　　　　　　　　　　　　　　　　　　　　　　91 750

　　贷：所得税费用　　　　　　　　　　　　　　　　　　　　　　　　91 750

## 第二节　利润的分配与核算

### 一、利润分配的含义

利润分配是将企业实现的净利润，按照国家财务制度规定的分配形式和分配顺序，在企业和投资者之间进行的分配。

利润分配的过程与结果，是关系到所有者的合法权益能否得到保护，企业能否长期、稳定发展的重要问题，为此，企业必须加强利润分配的管理和核算。企业利润分配的主体是投资者和企业，利润分配的对象是企业实现的净利润；利润分配的时间即确认利润分配的时间，是利润分配义务发生的时间和企业作出决定向内向外分配利润的时间。

## 二、利润分配的顺序

企业实现的净利润,应按照国家的规定和投资者的决议进行合理的分配。分配时应遵循依法分配原则,充分保护各方利益,兼顾企业的长期和短期利益。按照我国《公司法》的有关规定,利润分配应按下列顺序进行。

第一步,计算可供分配的利润。将本年净利润(或亏损)与年初未分配利润(或亏损)合并,计算出可供分配的利润。如果可供分配的利润为负数(即亏损),则不能进行后续分配;如果可供分配的利润为正数(即本年累计盈利),则进行后续分配。其计算公式如下。

$$可供分配的利润 = 本年实现的净利润 + 年初未分配的利润$$

第二步,计提法定盈余公积金。我们可按照抵减年初累计亏损后的本年净利润计提法定盈余公积金。提取盈余公积金的基数,不是可供分配的利润,也不一定是本年的税后利润。只有不存在年初累计亏损时,才能按本年税后利润计算应提取数。这种"补亏"是按账面数字进行的,与所得税法的亏损后转无关,关键在于不能用资本发放股利,也不能在没有累计盈余的情况下提取盈余公积金。《公司法》规定公司制企业提取比例为10%,其他企业可以根据需要确定提取比例,但不得低于10%。企业提取的盈余公积金超过注册资本50%以上的,可以不再提取。

第三步,计提任意盈余公积金。任意公积金的提取由股东会根据需要决定。任意盈余公积金计提标准由股东大会确定,如确因需要,经股东大会同意后,也可用于分配。

第四步,向股东(投资者)支付股利(分配利润)。企业以前年度未分配的利润,可以并入本年度分配。

公司向股东(投资者)支付股利(分配利润),应在提取公积金之后。股利(利润)的分配应以各股东(投资者)持有股份(投资额)的数额为依据,每一股东(投资者)取得的股利(分得的利润)与其持有的股份数(投资额)成正比。股份有限公司原则上应从累计盈利中分派股利,无盈利不得支付股利,即所谓"无利不分"的原则。但若公司用公积金抵补亏损以后,为维护其股票信誉,经股东大会特别决议,也可用公积金支付股利。

中国证券监督管理委员会于2008年10月9日颁布实施的《关于修改上市公司现金分红若干规定的决定》强调了股利分配中现金分红的重要性,要求上市公司应当在章程中明确现金分红政策,利润分配政策应当保持连续性和稳定性。此外,作为上市公司申请公开增发或配股的重要前提条件,还强调公司最近三年以现金方式累计分配的利润不少于最近三年实现的年均可分配利润的30%。

公司股东会或董事会违反上述利润分配顺序,在抵补亏损和提取法定公积金之前向股东分配利润的,必须将违反规定发放的利润退还公司。

## 三、利润分配业务涉及的主要账户

### (一)"利润分配"账户

"利润分配"账户属于所有者权益类账户,用来核算企业利润的分配(或亏损的弥补)

和历年分配（或弥补）后的未分配利润（或未弥补亏损）。其借方登记实际分配的利润额，包括提取的盈余公积分配给投资人的利润，以及年末从"本年利润"账户转入的全年累计亏损额；贷方登记用盈余公积金弥补的亏损额等其他转入数，以及年末从"本年利润"账户转入的全年实现的净利润额。期末余额如果在借方，表示累积未弥补的亏损数额。期末余额如果在贷方，表示累积未分配的利润数额。该账户应分别对"提取法定盈余公积""提取任意盈余公积""应付现金股利或利润""盈余公积补亏""未分配利润"等进行明细核算。

"利润分配"账户的结构如下。

利润分配

| 借方 | 贷方 |
|---|---|
| 已分配的利润额 | |
| （1）提取法定盈余公积 | （1）盈余公积补亏 |
| （2）应付现金股利 | （2）年末从"本年利润"账户转入的 |
| （3）转作资本的股利 | 全年实现的净利润额 |
| （4）年末从"本年利润"账户转入的全年累计亏损额 | |
| 年内余额：已分配的利润额 | 期末余额： |
| 年末余额：未弥补亏损额 | 未分配利润 |

### （二）"盈余公积"账户

"盈余公积"账户属于所有者权益类账户，用来核算企业从净利润中提取的盈余公积。其贷方登记提取的盈余公积金的增加，借方登记实际使用的盈余公积金。期末余额在贷方，表示结余的盈余公积金。该账户应当分别对"法定盈余公积""任意盈余公积"进行明细核算。

### （三）"应付股利"账户

"应付股利"账户属于负债类账户，用来核算企业按照股东大会或类似权力机构决议分配给投资人股利（现金股利）或利润的增减变动及其结余情况的账户。其贷方登记应付给投资人股利（现金股利）或利润的增加，借方登记实际支付给投资人的股利（现金股利）或利润（即应付股利的减少）。期末余额在贷方，表示尚未支付的股利（现金股利）或利润。这里需要注意的是企业分配给投资人的股票股利不在本账户核算。

## 四、利润分配业务的核算

期末，企业应将"本年利润"账户余额转入"利润分配——未分配利润"账户。企业利润分配业务的账务处理如下。

### （一）提取盈余公积

企业按规定提取的盈余公积，借记"利润分配（提取法定盈余公积、提取任意盈余公积）",贷记"盈余公积——法定盈余公积、任意盈余公积"。

外商投资企业按规定提取的储备基金、企业发展基金、职工奖励及福利基金，借记本科目（提取储备基金、提取企业发展基金、提取职工奖励及福利基金），贷记"盈余公积——储备基金、企业发展基金""应付职工薪酬"等科目。

【例13-6】公司按照净利润的10%提取法定盈余公积金，金额为27 525元。

这项业务的发生，涉及"盈余公积"和"利润分配"两个科目，一方面使得公司盈余公积金增加；一方面使得已分配利润增加。已分配利润的增加将导致所有者权益的减少，应借记"利润分配——提取法定盈余公积"；盈余公积的增加使得所有者权益增加，应贷记"盈余公积——法定盈余公积"。其会计分录如下。

借：利润分配——提取法定盈余公积　　　　　　　　　　　　　　　　　27 525
　　贷：盈余公积——法定盈余公积　　　　　　　　　　　　　　　　　　　27 525

### （二）分配利润（或股利）

经股东大会或类似机构决议，分配给股东或投资者的现金股利或利润，借记"利润分配——应付现金股利或利润"，贷记"应付股利"科目。

经股东大会或类似机构决议，分配给股东的股票股利，应在办理增资手续后，借记"利润分配——转作股本的股利"，贷记"股本"科目。

【例13-7】公司按照股东大会决议，分配给股东现金股利20 000元，股票股利10 000元。

对于现金股利的分配，涉及"利润分配""应付股利"两个科目，一方面使得公司的已分配利润额增加20 000元；另一方面，应付股利增加20 000元。已分配利润的增加使所有者权益减少，应记入"利润分配"的借方，应付股利的增加使负债增加，应记入"应付股利"账户的贷方。对于股票股利的分配，涉及"利润分配""实收资本"两个科目。其会计分录如下。

借：利润分配——应付现金股利　　　　　　　　　　　　　　　　　　　20 000
　　贷：应付股利　　　　　　　　　　　　　　　　　　　　　　　　　　　20 000
借：利润分配——转作股本的股利　　　　　　　　　　　　　　　　　　　10 000
　　贷：实收资本　　　　　　　　　　　　　　　　　　　　　　　　　　　10 000

### （三）盈余公积弥补亏损

用盈余公积弥补亏损，借记"盈余公积——法定盈余公积或任意盈余公积"科目，贷记"利润分配——盈余公积补亏"科目。

【例13-8】公司以前年度累计未弥补亏损35 000元，经批准，用盈余公积金全额弥补。

这项业务的发生，涉及"盈余公积""利润分配"两个科目。这一方面使得公司盈余公积金减少；另一方面使得公司的可供分配利润增加。盈余公积金的减少使得所有者权益减少，应记入"盈余管理"的借方，可供分配利润的增加使所有者权益增加，应记入"利润分配"科目的贷方。其会计分录如下。

借：盈余公积                                                   35 000

     贷：利润分配——盈余公积补亏                     35 000

## （四）期末结转

年度终了，企业应将全年实现的净利润，自"本年利润"科目转入"利润分配——未分配利润"科目，并将"利润分配"科目下的其他有关明细科目的余额，转入"未分配利润"明细科目。

【例 13-9】公司在期末结转本期实现的净利润 275 250 元。

结转净利润，涉及"本年利润""利润分配"两个科目。这一方面使得公司"本年利润"账户累计净利润减少；另一方面使得公司可供分配利润增加。结转净利润时，应将净利润从"本年利润"账户的借方转入"利润分配——未分配利润"科目的贷方。其会计分录如下。

借：本年利润                                                 275 250

     贷：利润分配——未分配利润                     275 250

【例 13-10】公司在会计期末结清利润分配账户所属的各有关明细账户。

（1）借：利润分配——未分配利润                        57 525

       贷：利润分配——提取法定盈余公积           27 525

               ——应付现金股利                   20 000

               ——转作股本的股利                 10 000

（2）借：利润分配——盈余公积补亏                    35 000

       贷：利润分配——未分配利润                 35 000

## 第三节 利润的形成与分配业务的会计实训

### 一、实训目的和要求

实训目的：通过实训，掌握工业企业财务成果阶段的核算。

要求：业务发生时财务部门应填制原始凭证（如支票和各种计算单等）、编制记账凭证。

（注：由于案例是按业务循环而不是按日期编写的，实验在编制记账凭证涉及字号时建议先只写字不编号，待完成所有凭证的编制后，在登记账簿前再标明类别和日期编号）

### 二、业务与操作指引

北京 ×× 机械设备有限公司 12 月发生以下和财务成果有关的业务。

业务 1：2016 年 12 月 30 日，因客户贵和公司违反经济合同而获得赔款收入 8 000 元。公司收到赔偿金 8 000 元。

要求：根据此业务相关原始凭证填制收款凭证。

1-1/1

**中国工商银行进账单（收账通知）**

2016 年 12 月 31 日　　　　　　第 9812 号

| 付款人 | 全称 | 贵和公司 | 收款人 | 全称 | 北京 ×× 机械设备有限公司 | | | | | | | | | |
|---|---|---|---|---|---|---|---|---|---|---|---|---|---|---|
| | 账号 | 10215490 | | 账号 | 20111201088 | | | | | | | | | |
| | 开户银行 | 工行 ×× 支行 | | 开户银行 | 建行北京 ×× 支行 | | | | | | | | | |
| 金　额 | | 人民币（大写）捌仟元整 | | | | 千 | 百 | 十 | 万 | 千 | 百 | 十 | 元 | 角 | 分 |
| | | | | | | | | | ¥ | 8 | 0 | 0 | 0 | 0 | 0 |
| 票据种类 | | | | | 建行 ×× 支行  2016.12.30  收讫 | | | | | | | | | |
| 票据张数 | | | | | | | | | | | | | | |
| 单位主管　会计　复核　记账 | | | | | 收款人开户行盖章 | | | | | | | | | |

此联是收款人开户银行交给收款人的进账通知

业务 2：2016 年 12 月 30 日，开出转账支票一张，通过中国 ×× 协会向灾区工程捐款 50 000 元。

要求：（1）填制转账支票。

（2）根据此业务相关原始凭证填制付款凭证。

**操作指引**

本业务主要涉及 "营业外支出" 科目的运用。

营业外支出是指企业发生的与其日常活动无直接关系的各项损失，主要包括非流动资产处置损失、盘亏损失、罚款支出、公益性捐赠支出、非常损失等。其中，非流动资产处置损失包括固定资产处置损失和无形资产出售损失。"营业外支出" 科目核算营业外支出的发生及结转情况。该科目借方登记企业发生的各项营业外支出，贷方登记期末结转入本年利润的营业外支出。结转后该科目应无余额。该科目应按照营业外支出的项目进行明细核算。

企业发生营业外支出时，借记 "营业外支出" 科目，贷记 "固定资产清理" "待处理财产损溢" "库存现金" "银行存款" 等科目。期末，应将 "营业外支出" 科目余额结转入 "本年利润" 科目，借记 "本年利润" 科目，贷记 "营业外支出" 科目。

2-1/2

**专用收款收据**

2016 年 12 月 30 日

| 付款单位 | 北京××机械设备有限公司 | 收款单位 | 中国××协会 | | | | | | | | | | | 收款项目 | 灾区捐款 |
|---|---|---|---|---|---|---|---|---|---|---|---|---|---|---|---|
| 金　额 | 人民币（大写）：伍万元整 | | 千 | 百 | 十 | 万 | 千 | 百 | 十 | 元 | 角 | 分 | | 结算方式 | |
| | | | | | ￥ | 5 | 0 | 0 | 0 | 0 | 0 | 0 | | 转账 | |
| 收款事由 | 向灾区捐款 | | 经办 | | 部门 | | | | | | | | | | |
| | | | | | 人员 | | | | | | | | | | |
| | | 会计主管 | 稽核 | | 出纳 | | | | | | 交款人 | | | | |
| 收款单位签章 | | | | | | | | | | | 张广分 | | | | |

第三联　付款单位收据

2-2/2

| 中国工商银行<br><br>转账支票存根<br><br>支票号码　20119031<br><br>科　目<br><br>对方科目<br><br>出票日期　年　月　日<br><br>收款人<br><br>金　额<br><br>用　途<br><br>单位主管　　会计 | 本<br>出<br>票<br>付<br>款<br>期<br>十<br>天 | 支票号　　　　　　　　　　　20119031<br><br>中国工商银行　　转账支票（京）<br><br>出票日期（大写）　年　月　日　付款行名称<br><br>出票人账号<br><br>收款人<br><br>人民币　　　　　　　　　千 百 十 万 千 百 十 元 角 分<br>（大写）<br><br>用途　　　　　　　　　　　科目（借）<br><br>上述款项请从　　　　　　　方科目（贷）<br><br>我账户内支付财务专用章　　于晓光　账日期　年　月　日<br><br>出票人签章　　　　　　　　复核　　　记账 |
|---|---|---|

业务 3：12 月 30 日，公司收到 ×× 五金设备销售公司房租 1 000 元。

要求：根据此业务相关原始凭证填制收款凭证。

3-1/1

# 收 款 收 据

2016 年 12 月 30 日                    第 19 号

| 今收到 | 北京 ×× 五金设备销售公司 | | | | | |
|---|---|---|---|---|---|---|
| 人民币（大写）叁仟元整 | | **现 金 收 讫** : 3000.00 | | | | |
| 事　由： | | | 现　金 | | | |
| 房　租 | | | 支票第　　　号 | | | |
| 收款单位 | 北京 ×× 机械设备有限公司 | 财务主管 | 刘志 | 收款人 | 张广分 | |

第一联 存根联

业务 4：2016 年 12 月 31 日，将持有的中国银行股票售出。成交总额为 6 500 元，扣除佣金、印花税等费用，实收金额 6 470 元。

要求：根据此业务相关原始凭证填制收款凭证。

**操作指引**

本业务主要涉及"投资收益"科目的运用。

"投资收益"科目核算企业持有交易性金融资产等期间取得的投资收益，以及处置交易性金融资产等实现的投资收益或投资损失，贷方登记企业出售交易性金融资产等实现的投资收益；借方登记企业出售交易性金融资产等发生的投资损失。

出售交易性金融资产时，应当将该金融资产出售时的公允价值与其初始入账金额之间的差额确认为投资收益，企业应按实际收到的金额，借记"银行存款"等科目，按该金融资产的账面余额，贷记"交易性金融资产"科目，按其差额，贷记或借记"投资收益"科目。同时，将原记入该金融资产的公允价值变动转出，借记或贷记"公允价值变动损益"科目，贷记或借记"投资收益"科目。

4-1/1

| 31/12/2016 | 成交过户交割凭单 | | 卖 | |
|---|---|---|---|---|
| 股东编号： | A 225 033 668 | 成交证券： | 中国银行 | |
| 电脑编号： | 576 447 | 成交数量： | 1000（股） | |
| 公司代号： | 468 | 成交价格： | 6.50 | ② |
| 申请编号： | 3256 | 成交金额： | 6500.00 | 通 |
| 申报时间： | 10:15:42 | 标准佣金： | 13.00 | 知 |
| 成交时间： | 11:27:20 | 过户费用： | 0.00 | 联 |
| 上次余额： | 1000（股） | 印花税： | 17.00 | |
| 本次成交： | 1000（股） | 应收金额： | 6470.00 | |
| 本次余额： | 0（股） | 附加费用： | 0.00 | |
| 本次库存： | 0（股） | 实收金额： | 6470.00 | |

经办单位：                          客户签章：赵丹

业务 5：12 月 31 日，计算本月应交增值税。

要求：（1）计算本月应交增值税，并填写应交增值税计算表。

（2）根据此业务相关原始凭证填制转账凭证。

5-1/1

### 应交增值税计算表

2016 年 12 月

| 当期销项税额 | 当期进项税额 | 当期进项税额转出 | 已交税金 | 应交增值税 |
|---|---|---|---|---|
| | | | | |

制表：　　　　　　　　　审核：　　　　　　　　　日期：2016 年 12 月 31 日

业务 6：2015 年 12 月 31 日，北京 ×× 机械设备有限公司按规定计算出其应负担的城市维护建设税和教育费附加。

要求：（1）计算本月应负担的城市维护建设税和教育费附加，并填写应负担的城市维护建设税和教育费附加计算表。

（2）根据此业务相关原始凭证填制转账凭证。

**操作指引**

城市维护建设税是以增值税、消费税、营业税为计税依据征收的一种税。其纳税人为缴纳增值税、消费税、营业税的单位和个人，因纳税人所在地不同，税率取值从 1%~7% 不等。其公式为：应纳税额 =（应交增值税 + 应交消费税 + 应交营业税）× 适用税率企业应交的城市维护建设税，借记"营业税金及附加"等科目，贷记"应交税费——应交城市维护建设税"科目。教育费附加是为了发展教育事业而向企业征收的附加费用，企业按应交流转税的一定比例计算交纳。企业应交的教育费附加，借记"营业税金及附加"等科目，贷记"应交税费——应交教育费附加"科目。

6-1/1

### 应交城建税及教育费附加计算表

年　　月　　日

| 项目 | 计提基数 | | | | 比例 | 计提金额 | |
| | 应交增值税 | 营业税 | 消费税 | 合计 | | 应列入产品销售税金及附加 | 应列入其他业务支出 |
|---|---|---|---|---|---|---|---|
| 城市维护建设税 | | | | | | | |
| 教育费附加 | | | | | | | |
| 合计 | | | | | | | |

业务 7：2016 年 12 月 31 日，结转本月收入类账户、本月成本费用类账户余额至"本年利润"账户。

要求：编制结转收入业务和结转费用业务的转账凭证。

**操作指引**

本业务主要涉及"本年利润"科目的运用。

"本年利润"科目核算企业当期实现的净利润（或发生的净亏损）。企业期（月）末结转利润时，应将各损益类科目的金额转入本科目，结平各损益类科目。结转后本科目的贷方余额为当期实现的净利润；借方余额为当期发生的净亏损。年度终了，应将本年收入和支出相抵后结出的本年实现的净利润，转入"利润分配"科目，借记本科目，贷记"利润分配——未分配利润"科目；如为净亏损则作相反的会计分录。结转后本科目应无余额。

业务 8：2016 年 12 月 31 日，结转余额至"本年利润"账户。

要求：编制结转本年利润业务的转账凭证。

业务 9：2016 年 12 月 31 日，计算"所得税费用"。

要求：（1）计算本年应交所得税，并填制所得税计算表。

（2）编制计提所得税分录，填制转账凭证。

**操作指引**

本业务主要涉及"所得税费用"科目的运用。

所得税是根据企业应纳税所得额的一定比例上交的一种税金。应纳税所得额是在企业税前会计利润（即利润总额）的基础上调整确定的。其计算公式为：

**应纳税所得额 = 税前会计利润 + 纳税调整增加额 − 纳税调整减少额**

纳税调整增加额主要包括税法规定允许扣除项目中，企业已计入当期费用但超过税法规定扣除标准的金额（如超过税法规定标准的工资支出、业务招待费支出），以及企业已计入当期损失但税法规定不允许扣除项目的金额（如税收滞纳金、罚款、罚金）。企业当期所得税的计算公式为：

**应交所得税 = 应纳税所得额 × 所得税税率**

9-1/1

## 所得税计算表

2016 年 12 月 31 日

| 全年利润总额 | 其中：国库券利息收入 | 超过扣税标准的业务招待费 | 应纳税所得额 |
|---|---|---|---|
|  |  |  |  |
| 税　　率 |  | 全年应纳所得税 |  |
| 1-11 月已计提 |  | 本月应计提 |  |

复核：　　　　　　　　　　　　　　　　　　　　制表：

业务 10：2016 年 12 月结转"所得税费用"账户。

要求：编制结转所得税费用业务的转账凭证。

业务 11：2016 年 12 月 31 日，结转"本年利润"账户。

要求：编制结转本年利润业务的转账凭证。

**操作指引**

本业务主要涉及"利润分配——未分配利润"科目的运用。

未分配利润是经过弥补亏损、提取法定盈余公积、提取任意盈余公积和向投资者分配利润等利润分配之后剩余的利润，它是企业留待以后年度进行分配的历年结存的利润。"利润分配"科目核算企业利润的分配（或亏损的弥补）和历年分配（或弥补）后的未分配利润（或未弥补亏损）。该科目应分别对"提取法定盈余公积""提取任意盈余公积""应付现金股利或利润""盈余公积补亏""未分配利润"等进行明细核算。企业未分配利润通过"利润分配——未分配利润"明细科目进行核算。年度终了，企业应将全年实现的净利润或发生的净亏损，自"本年利润"科目转入"利润分配——未分配利润"科目。"利润分配——未分配利润"科目如为贷方余额，表示累积未分配的利润数额；如为借方余额，则表示累积未弥补的亏损数额。

业务 12：2016 年 12 月 31 日，按规定提取 10% 的法定盈余公积。

要求：（1）计算本年应提取的法定盈余公积，并填制盈余公积金计算表。

（2）根据此业务相关原始凭证填制转账凭证。

**操作指引**

本业务主要涉及"盈余公积"科目的运用。

盈余公积是指企业按规定从净利润中提取的企业积累资金。公司制企业的盈余公积包括法定盈余公积和任意盈余公积。按照《公司法》有关规定，公司制企业应当按照净利润（减弥补以前年度亏损，下同）的 10% 提取法定盈余公积。非公司制企业法定盈余公积的提取比例可超过净利润的 10%。法定盈余公积累计额已达注册资本的 50% 时可以不再提取。值得注意的是，在计算提取法定盈余公积的基数时，不应将企业年初未分配利润计入在内。公司制企业可根据股东大会的决议提取任意盈余公积。非公司制企业经类似权力机构批准，也可提取任意盈余公积。法定盈余公积和任意盈余公积的区别在于其各自计提的依据不同，前者以国家的法律法规为依据；后者由企业的权力机构自行决定。

企业提取的盈余公积经批准可用于弥补亏损、转增资本、发放现金股利或利润等。企业按规定提取盈余公积时，应通过"利润分配"和"盈余公积"等科目处理。

借：利润分配——提取法定盈余公积

贷：盈余公积——法定盈余公积

12-1/1

## 盈余公积计算表

2016 年 12 月 31 日

| 全年税后净利润 | 法定盈余公积 10% | 公益金 5% | 合计 |
|---|---|---|---|
|  |  |  |  |

复核：                                        制表：

### ◆◆◆ 思考与训练 ◆◆◆

1. 简述利润的构成，以及相互之间的关系。
2. 简述利润分配的顺序。
3. 简述利润分配账户的核算内容，以及具体业务的会计处理。

# 第十四章 财务会计报表的编制与分析

【学习目标】

- ◆ 掌握资产负债表的编制方法。
- ◆ 掌握利润表的编制方法。
- ◆ 了解现金流量表的编制方法。
- ◆ 掌握会计报表的比率分析。
- ◆ 掌握杜邦分析体系。
- ◆ 熟悉财务会计报表的编制实务。

## 第一节 资产负债表的编制

### 一、资产负债表项目的填列方法

资产负债表的各项目均需填列"年初余额"和"期末余额"两栏。

资产负债表"年初余额"栏内各项数字，应根据上年末资产负债表的"期末余额"栏内所列数字填列。如果上年度资产负债表规定的各个项目的名称和内容与本年度不一致，应对上年年末资产负债表各项目的名称和数字按照本年度的规定进行调整，填入本表"年初余额"栏内。

资产负债表"期末余额"栏的填列方法如下。

（一）根据总账科目的余额填列

资产负债表中的有些项目，可直接根据有关总账科目的余额填列，如"交易性金融资产""短期借款""应付票据""应付职工薪酬"等项目；有些项目，则需根据几个总账科目的余额计算填列，如"货币资金"项目，需根据"库存现金""银行存款""其他货币资金"三个总账科目余额合计填列。

（二）根据有关明细科目的余额计算填列

资产负债表中的有些项目，需要根据明细科目余额填列，如"应付账款"项目，需要分别根据"应付账款"和"预付账款"两科目所属明细科目的期末贷方余额计算填列。

（三）根据总账科目和明细科目的余额分析计算填列

资产负债表中的有些项目，需要依据总账科目和明细科目两者的余额分析填列，如"长期借款"项目，应根据"长期借款"总账科目余额扣除"长期借款"科目所属的明细科目（将在资产负债表日起一年内到期、且企业不能自主地将清偿义务展期的长期借款后）的金额填列。

（四）根据有关科目余额减去其备抵科目余额后的净额填列

如资产负债表中的"应收账款""长期股权投资"等项目，应根据"应收账款""长期股权投资"等科目的期末余额减去"坏账准备""长期股权投资减值准备"等科目余额后的净额填列；"固定资产"项目，应根据"固定资产"科目期末余额减去"累计折旧""固定资产减值准备"科目余额后的净额填列；"无形资产"项目，应根据"无形资产"科目期末余额减去"累计摊销""无形资产减值准备"科目余额后的净额填列。

（五）综合运用上述填列方法分析填列

如资产负债表中的"存货"项目，需根据"原材料""库存商品""委托加工物资""周转材料""材料采购""在途物资""发出商品""材料成本差异"等总账科目期末余额的分析汇总数，再减去"存货跌价准备"备抵科目余额后的金额填列。

## 二、资产负债表项目的填列说明

资产负债表中资产、负债和所有者权益主要项目的填列说明如下。

（一）资产项目的填列说明

（1）"货币资金"项目，反映企业库存现金、银行结算户存款、外埠存款、银行汇票存款、银行本票存款、信用卡存款、信用证保证金存款等的合计数。本项目应根据"库存现金""银行存款""其他货币资金"科目期末余额的合计数填列。

（2）"交易性金融资产"项目，反映企业持有的以公允价值计量且其变动计入当期损益为交易目的所持有的债券投资、股票投资、基金投资、权证投资等金融资产。本项目应当根据"交易性金融资产"科目的期末余额填列。

（3）"应收票据"项目，反映企业因销售商品、提供劳务等而收到的商业汇票，包括银行承兑汇票和商业承兑汇票。本项目应根据"应收票据"科目的期末余额，减去"坏账准备"科目中有关应收票据计提的坏账准备期末余额后的金额填列。

（4）"应收账款"项目，反映企业因销售商品、提供劳务等经营活动应收取的款项。本项目应根据"应收账款"和"预收账款"科目所属各明细科目的期末借方余额合计，减去"坏账准备"科目中有关应收账款计提的坏账准备期末余额后的金额填列。如"应收账款"科目所属明细科目期末有贷方余额的，应在本表"预收款项"项目内填列。

（5）"预付款项"项目，反映企业按照购货合同规定预付给供应单位的款项等。本项目应根据"预付账款"和"应付账款"科目所属各明细科目的期末借方余额合计数，减去"坏账准备"科目中有关预付款项计提的坏账准备期末余额后的金额填列。如"预付账款"科目所属各明细科目期末有贷方余额的，应在资产负债表"应付账款"项目内填列。

（6）"应收利息"项目，反映企业应收取的债券投资等的利息。本项目应根据"应收利息"科目的期末余额，减去"坏账准备"科目中有关应收利息计提的坏账准备期末余额后的金额填列。

（7）"应收股利"项目，反映企业应收取的现金股利和应收取其他单位分配的利润。本项目应根据"应收股利"科目的期末余额，减去"坏账准备"科目中有关应收股利计提的坏账准备期末余额后的金额填列。

（8）"其他应收款"项目，反映企业除应收票据、应收账款、预付账款、应收股利、应收利息等经营活动以外的其他各种应收、暂付的款项。本项目应根据"其他应收款"科目的期末余额，减去"坏账准备"科目中有关其他应收款计提的坏账准备期末余额后的金额填列。

（9）"存货"项目，反映企业期末在库、在途和在加工中的各种存货的可变现净值。本项目应根据"材料采购""原材料""低值易耗品""库存商品""周转材料""委托加工物资""委托代销商品""生产成本"等科目的期末余额合计，减去"受托代销商品款""存货跌价准备"科目期末余额后的金额填列。材料采用计划成本核算，以及库存商品采用计划成本核算或售价核算的企业，还应按加或减材料成本差异、商品进销差价后的金额填列。

（10）"一年内到期的非流动资产"项目，反映企业将于一年内到期的非流动资产项目金额。本项目应根据有关科目的期末余额填列。

（11）"长期股权投资"项目，反映企业持有的对子公司、联营企业和合营企业的长期股权投资。本项目应根据"长期股权投资"科目的期末余额，减去"长期股权投资减值准备"科目的期末余额后的金额填列。

（12）"固定资产"项目，反映企业各种固定资产原价减去累计折旧和累计减值准备后的净额。本项目应根据"固定资产"科目的期末余额，减去"累计折旧"和"固定资产减值准备"科目期末余额后的金额填列。

（13）"在建工程"项目，反映企业期末各项未完工程的实际支出，包括交付安装的设备价值、未完建筑安装工程已经耗用的材料、工资和费用支出、预付出包工程的价款等的可收回金额。本项目应根据"在建工程"科目的期末余额，减去"在建工程减值准备"科目期末余额后的金额填列。

（14）"工程物资"项目，反映企业尚未使用的各项工程物资的实际成本。本项目应根据"工程物资"科目的期末余额填列。

（15）"固定资产清理"项目，反映企业因出售、毁损、报废等原因转入清理但尚未清理完毕的固定资产的净值，以及固定资产清理过程中所发生的清理费用和变价收入等各项金额的差额。本项目应根据"固定资产清理"科目的期末借方余额填列，如"固定资产清理"科目期末为贷方余额，以"—"号填列。

（16）"无形资产"项目，反映企业持有的无形资产，包括专利权、非专利技术、商标权、著作权、土地使用权等。本项目应根据"无形资产"的期末余额，减去"累计摊销"和

"无形资产减值准备"科目期末余额后的金额填列。

（17）"开发支出"项目，反映企业开发无形资产过程中能够资本化形成无形资产成本的支出部分。本项目应当根据"研发支出"科目中所属的"资本化支出"明细科目期末余额填列。

（18）"长期预付账款"项目，反映企业已经发生但应由本期和以后各期负担的分摊期限在一年以上的各项费用。长期预付账款中在一年内（含一年）摊销的部分，应在资产负债表"一年内到期的非流动资产"项目填列。本项目应根据"长期预付账款"科目的期末余额减去将于一年内（含一年）摊销的数额后的金额填列。

（19）"其他非流动资产"项目，反映企业除长期股权投资、固定资产、在建工程、工程物资、无形资产等以外的其他非流动资产。本项目应根据有关科目的期末余额填列。

（二）负债项目的填列说明

（1）"短期借款"项目，反映企业向银行或其他金融机构等借入的期限在一年以下（含一年）的各种借款。本项目应根据"短期借款"科目的期末余额填列。

（2）"应付票据"项目，反映企业购买材料、商品和接受劳务供应等而开出、承兑的商业汇票，包括银行承兑汇票和商业承兑汇票。本项目应根据"应付票据"科目的期末余额填列。

（3）"应付账款"项目，反映企业因购买材料、商品和接受劳务供应等经营活动应支付的款项。本项目应根据"应付账款"和"预付账款"科目所属各明细科目的期末贷方余额合计数填列；如"应付账款"科目所属明细科目期末有借方余额的，应在资产负债表"预付款项"项目内填列。

（4）"预收款项"项目，反映企业按照购货合同规定预付给供应单位的款项。本项目应根据"预收账款"和"应收账款"科目所属各明细科目的期末贷方余额合计数填列。如"预收账款"科目所属各明细科目期末有借方余额，应在资产负债表"应收账款"项目内填列。

（5）"应付职工薪酬"项目，反映企业根据有关规定应付给职工的工资、职工福利、社会保险费、住房公积金、工会经费、职工教育经费、非货币性福利、辞退福利等各种薪酬。外商投资企业按规定从净利润中提取的职工奖励及福利基金也在本项目列示。

（6）"应交税费"项目，反映企业按照税法规定计算应交纳的各种税费，包括增值税、消费税、营业税、所得税、资源税、土地增值税、城市维护建设税、房产税、土地使用税、车船使用税、教育费附加、矿产资源补偿费等。企业代扣代交的个人所得税，也通过本项目列示。企业所交纳的税金不需要预计应交数额的，如印花税、耕地占用税等，不在本项目列示。本项目应根据"应交税费"科目的期末贷方余额填列；如"应交税费"科目期末为借方余额，应以"－"号填列。

（7）"应付利息"项目，反映企业按照规定应当支付的利息，包括分期付息到期还本的长期借款应支付的利息、企业发行的企业债券应支付的利息等。本项目应当根据"应付利息"科目的期末余额填列。

（8）"应付股利"项目，反映企业分配的现金股利或利润。企业分配的股票股利，不通过本项目列示。本项目应根据"应付股利"科目的期末余额填列。

（9）"其他应付款"项目，反映企业除应付票据、应付账款、预收款项、应付职工薪酬、应付股利、应付利息、应交税费等经营活动以外的其他各项应付、暂收的款项。本项目应根据"其他应付款"科目的期末余额填列。

（10）"一年内到期的非流动负债"项目，反映企业非流动负债中将于资产负债表日后一年内到期部分的金额，如将于一年内偿还的长期借款。本项目应根据有关科目的期末余额填列。

（11）"长期借款"项目，反映企业向银行或其他金融机构借入的期限在一年以上（不含一年）的各项借款。本项目应根据"长期借款"科目的期末余额填列。

（12）"应付债券"项目，反映企业为筹集长期资金而发行的债券本金和利息。本项目应根据"应付债券"科目的期末余额填列。

（13）"其他非流动负债"项目，反映企业除长期借款、应付债券等项目以外的其他非流动负债。本项目应根据有关科目的期末余额填列。其他非流动负债项目应根据有关科目期末余额减去将于一年内（含一年）到期偿还数后的余额填列。非流动负债各项目中将于一年内（含一年）到期的非流动负债，应在"一年内到期的非流动负债"项目内单独反映。

（三）所有者权益项目的填列说明

（1）"实收资本（或股本）"项目，反映企业各投资者实际投入的资本（或股本）总额。本项目应根据"实收资本"（或股本）"科目的期末余额填列。

（2）"资本公积"项目，反映企业资本公积的期末余额。本项目应根据"资本公积"科目的期末余额填列。

（3）"盈余公积"项目，反映企业盈余公积的期末余额。本项目应根据"盈余公积"科目的期末余额填列。

（4）"未分配利润"项目，反映企业尚未分配的利润。本项目应根据"本年利润"科目和"利润分配"科目的余额计算填列。未弥补的亏损在本项目内以"—"号填列。

### 三、资产负债表的编制案例

大华股份有限公司 2014 年 12 月 31 日的资产负债表（年初余额略），2×15 年 12 月 31 日的科目余额表分别详见表 14-1 和表 14-2。

**表 14-1　资产负债表**

会企 01 表

编制单位：大华股份有限公司　2014 年 12 月 31 日　　　　　　　　　　单位：元

| 资　产 | 期末余额 | 年初余额 | 负债和股东权益 | 期末余额 | 年初余额 |
|---|---|---|---|---|---|
| 流动资产： | | | 流动负债： | | |
| 货币资金 | 1 406 300 | | 短期借款 | 300 000 | |
| 交易性金融资产 | 15 000 | | 交品性金融负债 | 0 | |
| 应收票据 | 246 000 | | 应付票据 | 200 000 | |

（续表）

| 资　产 | 期末余额 | 年初余额 | 负债和股东权益 | 期末余额 | 年初余额 |
|---|---|---|---|---|---|
| 应收账款 | 299 100 | | 应付账款 | 953 800 | |
| 预付款项 | 100 000 | | 预收款项 | 0 | |
| 应收利息 | 0 | | 应付职工薪酬 | 110 000 | |
| 应收股利 | 0 | | 应交税费 | 36 600 | |
| 其他应收款 | 5 000 | | 应付利息 | 1 000 | |
| 存货 | 2 580 000 | | 应付股利 | 0 | |
| 一年内到期的非流动资产 | 0 | | 其他应付款 | 50 000 | |
| 其他流动资产 | 100 000 | | 一年内到期的非流动负债 | 1 000 000 | |
| 流动资产合计 | 4 751 400 | | 其他流动负债 | 0 | |
| 非流动资产： | | | 流动负债合计 | 2 651 400 | |
| 可供出售金融资产 | 0 | | 非流动负债： | | |
| 持有至到期投资 | 0 | | 长期借款 | 600 000 | |
| 长期应收款 | 0 | | 应付债券 | 0 | |
| 长期股权投资 | 250 000 | | 长期应付款 | 0 | |
| 投资性房地产 | 0 | | 专项应付款 | | |
| 固定资产 | 1 100 000 | | 预计负债 | | |
| 在建工程 | 1 500 000 | | 递延所得税负债 | 0 | |
| 工程物资 | 0 | | 其他非流动负债 | 0 | |
| 固定资产清理 | 0 | | 非流动负债合计 | 600 000 | |
| 生产性生物资产 | 0 | | 负债合计 | 3 251 400 | |
| 油气资产 | 0 | | 股东权益： | | |
| 无形资产 | 600 000 | | 实收资本（或股本） | 5 000 000 | |
| 开发支出 | 0 | | 资本公积 | 0 | |
| 商誉 | 0 | | 减：库存股 | 0 | |
| 长期待摊费用 | 0 | | 盈余公积 | 100 000 | |
| 递延所得税资产 | 0 | | 未分配利润 | 50 000 | |
| 其他非流动资产 | 200 000 | | 股东权益合计 | 5 150 000 | |
| 非流动资产合计 | 3 650 000 | | | | |
| 资产总计 | 8 401 400 | | 负债和股东权益总计 | 8 401 400 | |

### 表 14-2　科目余额表

2015 年 12 月 31 日　　　　　　　　　　　　　　　　　　　　　　　　　　　单位：元

| 科目名称 | 借方余额 | 科目名称 | 贷方余额 |
|---|---|---|---|
| 库存现金 | 2 000 | 短期借款 | 50 000 |
| 银行存款 | 805 831 | 应付票据 | 100 000 |
| 其他货币资金 | 7 300 | 应付账款 | 953 800 |
| 交易性金融资产 | 0 | 其他应付款 | 50 000 |
| 应收票据 | 66 000 | 应付职工薪酬 | 180 000 |
| 应收账款 | 600 000 | 应交税费 | 226 731 |
| 坏账准备 | −1 800 | 应付利息 | 0 |
| 预付账款 | 100 000 | 应付股利 | 32 215.85 |
| 其他应收款 | 5 000 | 一年内到期的长期负债 | 0 |
| 材料采购 | 275 000 | 长期借款 | 1 160 000 |
| 原材料 | 45 000 | 股本 | 5 000 000 |
| 周转材料 | 38 050 | 盈余公积 | 124 770.4 |
| 库存商品 | 2 122 400 | 利润分配（未分配利润） | 218 013.75 |
| 材料成本差异 | 4 250 | | |
| 其他流动资产 | 100 000 | | |
| 长期股权投资 | 250 000 | | |
| 固定资产 | 2 401 000 | | |
| 累计折旧 | −170 000 | | |
| 固定资产减值准备 | −30 000 | | |
| 工程物资 | 300 000 | | |
| 在建工程 | 428 000 | | |
| 无形资产 | 600 000 | | |
| 累计摊销 | −60 000 | | |
| 递延所得税资产 | 7 500 | | |
| 其他长期资产 | 200 000 | | |
| 合计 | 8 095 531 | 合计 | 8 095 531 |

　　根据上述资料，编制大华股份有限公司 2015 年 12 月 31 日的资产负债表，具体详见表 14-3。

### 表 14-3　资产负债表

会企 01 表

编制制单位：大华股份有限公司　　　　　　　2015 年 12 月 31 日　　　　　　　　　　　单位：元

| 资　产 | 期末余额 | 年初余额 | 负债和所有者权益（或股东权益） | 期末余额 | 年初余额 |
|---|---|---|---|---|---|
| 流动资产： | | | 流动负债： | | |
| 货币资金 | 815 131 | 1 406 300 | 短期借款 | 50 000 | 300 000 |
| 交易性金融资产 | 0 | 15 000 | 交易性金融负债 | 0 | 0 |
| 应收票据 | 66 000 | 246 000 | 应付票据 | 100 000 | 200 000 |
| 应收账款 | 598 200 | 299 100 | 应付账款 | 953 800 | 953 800 |
| 预付款项 | 100 000 | 100 000 | 预收款项 | 0 | 0 |
| 应收利息 | 0 | 0 | 应付职工薪酬 | 180 000 | 110 000 |
| 应收股利 | 0 | 0 | 应交税费 | 226 731 | 36 600 |
| 其他应收款 | 5 000 | 5 000 | 应付利息 | 0 | 1 000 |
| 存货 | 2 484 700 | 2 580 000 | 应付股利 | 32 215.85 | 0 |
| 一年内到期的非流动资产 | 0 | 0 | 其他应付款 | 50 000 | 50 000 |
| 其他流动资产 | 100 000 | 100 000 | 一年内到期的非流动负债 | 0 | 1 000 000 |
| 流动资产合计 | 4 169 031 | 4 751 400 | 其他流动负债 | 0 | 0 |
| 非流动资产： | | | 流动负债合计 | 1 592 746.85 | 2 651 400 |
| 可供出售金融资产 | 0 | 0 | 非流动负债： | | |
| 持有至到期投资 | 0 | 0 | 长期借款 | 1 160 000 | 600 000 |
| 长期应收款 | 0 | 0 | 应付债券 | 0 | 0 |
| 长期股权投资 | 250 000 | 250 000 | 长期应付款 | 0 | 0 |
| 投资性房地产 | 0 | 0 | 专项应付款 | 0 | 0 |
| 固定资产 | 2 201 000 | 1 100 000 | 预计负债 | 0 | 0 |
| 在建工程 | 428 000 | 1 500 000 | 递延所得税负债 | 0 | 0 |
| 工程物资 | 300 000 | | 其他非流动负债 | 0 | 0 |
| 固定资产清理 | 0 | 0 | 非流动负债合计 | 1 160 000 | 600 000 |
| 生产性生物资产 | 0 | 0 | 负债合计 | 2 752 7485 | 3 251 400 |
| 油气资产 | 0 | 0 | 所有者权益（或股东权益）： | | |
| 无形资产 | 540 000 | 600 000 | 实收资本（或股本） | 5 000 000 | 5 000 000 |
| 开发支出 | 0 | 0 | 资本公积 | 0 | 0 |
| 商誉 | 0 | 0 | 减：库存股 | 0 | 0 |

| 资　产 | 期末余额 | 年初余额 | 负债和所有者权益<br>（或股东权益） | 期末余额 | 年初余额 |
|---|---|---|---|---|---|
| 长期待摊费用 | 0 | 0 | 盈余公积 | 124 770.4 | 100 000 |
| 递延所得税资产 | 7 500 | 0 | 未分配利润 | 218 013.75 | 50 000 |
| 其他非流动资产 | 200 000 | 200 000 | 所有者权益（或股东权益）合计 | 5 342 784.15 | 5 150 000 |
| 非流动资产合计 | 3 926 500 | 3 650 000 | | | |
| 资产总计 | 8 095 531 | 8 401 400 | 负债和所有者权益（或股东权益）总计 | 8 095 531 | 8 401 400 |

# 第二节　利润表的编制

## 一、利润表的编制步骤

企业应当按照以下三个步骤编制利润表。

第一步，以营业收入为基础，减去营业成本、营业税金及附加、销售费用、管理费用、财务费用、资产减值损失，加上公允价值变动收益（减去公允价值变动损失）和投资收益减去投资损失，计算出营业利润。

第二步，以营业利润为基础，加上营业外收入，减去营业外支出，计算出利润总额。

第三步，以利润总额为基础，减去所得税费用，计算出净利润（或净亏损）。

普通股或潜在普通股已公开交易的企业，以及正处于公开发行普通股或潜在普通股过程中的企业，还应当在利润表中列示每股收益信息。

## 二、利润表项目的填列方法

利润表各项目均需填列"本期金额"和"上期金额"两栏。

在编制中期利润表时，"本期金额"栏应分为"本期金额"和"年初至本期末累计发生额"两栏，分别填列各项目本中期（月、季或半年）各项目实际发生额，以及自年初起至本中期（月、季或半年）末止的累计实际发生额。"上期金额"栏应分为"上年可比本中期金额"和"上年初至可比本中期末累计发生额"两栏，并根据上年可比中期利润表"本期金额"下对应的两栏数字分别填列。上年度利润表与本年度利润表的项目名称和内容不一致的，应对上年度利润表项目的名称和数字按本年度的规定进行调整。年终结账时，由于全年的收入和支出已全部转入"本年利润"科目，并且通过收支对比结出本年净利润的数额。因此，应将年度利润表中的"净利润"数字，与"本年利润"科目结转到"利润分配——未分配利润"科目的数字相核对，检查账簿记录和报表编制的正确性。

利润表"本期金额""上期金额"栏内各项数字，除"每股收益"项目外，应当按照相关科目的发生额分析填列。

### 三、利润表项目的填列说明

（1）"营业收入"项目，反映企业经营主要业务和其他业务所确认的收入总额。本项目应根据"主营业务收入"和"其他业务收入"科目的发生额分析填列。

（2）"营业成本"项目，反映企业经营主要业务和其他业务所发生的成本总额。本项目应根据"主营业务成本"和"其他业务成本"科目的发生额分析填列。

（3）"营业税金及附加"项目，反映企业经营业务应负担的消费税、营业税、城市建设维护税、资源税、土地增值税和教育费附加等。本项目应根据"营业税金及附加"科目的发生额分析填列。

（4）"销售费用"项目，反映企业在销售商品过程中发生的包装费、广告费等费用和为销售本企业商品而专设的销售机构的职工薪酬、业务费等经营费用。本项目应根据"销售费用"科目的发生额分析填列。

（5）"管理费用"项目，反映企业为组织和管理生产经营活动所发生的管理费用。本项目应根据"管理费用"的发生额分析填列。

（6）"财务费用"项目，反映企业筹集生产经营所需资金等而发生的筹资费用。本项目应根据"财务费用"科目的发生额分析填列。

（7）"资产减值损失"项目，反映企业各项资产发生的减值损失。本项目应根据"资产减值损失"科目的发生额分析填列。

（8）"公允价值变动收益"项目，反映企业应当计入当期损益的资产或负债公允价值变动收益。本项目应根据"公允价值变动损益"科目的发生额分析填列，如为净损失，本项目以"—"号填列。

（9）"投资收益"项目，反映企业以各种方式对外投资所取得的收益。本项目应根据"投资收益"科目的发生额分析填列。如为投资损失，本项目以"—"号填列。

（10）"营业利润"项目，反映企业实现的营业利润。如为亏损，本项目以"—"号填列。

（11）"营业外收入"项目，反映企业发生的与经营业务无直接关系的各项收入。本项目应根据"营业外收入"科目的发生额分析填列。

（12）"营业外支出"项目，反映企业发生的与经营业务无直接关系的各项支出。本项目应根据"营业外支出"科目的发生额分析填列。

（13）"利润总额"项目，反映企业实现的利润。如为亏损，本项目以"—"号填列。

（14）"所得税费用"项目，反映企业应从当期利润总额中扣除的所得税费用。本项目应根据"所得税费用"科目的发生额分析填列。

（15）"净利润"项目，反映企业实现的净利润。如为亏损，本项目以"—"号填列。

## 四、利润表的编制案例

大华股份有限公司 2016 年度有关损益类科目本年累计发生净额详见表 14-4。

**表 14-4　大华股份有限公司损益类科目 2016 年度累计发生净额**

单位：元

| 科目名称 | 借方发生额 | 贷方发生额 |
|---|---|---|
| 主营业务收入 | | 1 250 000 |
| 主营业务成本 | 750 000 | |
| 营业税金及附加 | 2 000 | |
| 销售费用 | 20 000 | |
| 管理费用 | 157 100 | |
| 财务费用 | 41 500 | |
| 资产减值损失 | 30 900 | |
| 投资收益 | | 31 500 |
| 营业外收入 | | 50 000 |
| 营业外支出 | 19 700 | |
| 所得税费用 | 85 300 | |

根据上述资料，编制大华股份有限公司 2016 年度利润表，具体详见表 14-5。

**表 14-5　利润表**

会企 02 表

编制单位：大华股份有限公司　　　　　　　　2016 年　　　　　　　　　　单位：元

| 项　目 | 本期金额 | 上期金额（略） |
|---|---|---|
| 一、营业收入 | 1 250 000 | |
| 　减：营业成本 | 750 000 | |
| 　　　营业税金及附加 | 2 000 | |
| 　　　销售费用 | 20 000 | |
| 　　　管理费用 | 157 100 | |
| 　　　财务费用 | 41 500 | |
| 　　　资产减值损失 | 30 900 | |
| 　加：公允价值变动收益（损失以"–"号填列） | 0 | |
| 　　　投资收益（损失以"–"号填列） | 31 500 | |
| 　　　其中：对联营企业和合营企业的投资收益 | 0 | |

（续表）

| 项 目 | 本期金额 | 上期金额（略） |
|---|---|---|
| 二、营业利润（亏损以"–"号填列） | 280 000 | |
| 加：营业外收入 | 50 000 | |
| 减：营业外支出 | 19 700 | |
| 其中：非流动资产处置损失 | （略） | |
| 三、利润总额（亏损总额以"–"号填列） | 310 300 | |
| 减：所得税费用 | 85 300 | |
| 四、净利润（净亏损以"–"号填列） | 225 000 | |
| 五、每股收益： | （略） | |
| （一）基本每股收益 | | |
| （二）稀释每股收益 | | |

## 第三节

### 现金流量表的编制

### 一、现金流量表的编制方法

企业应当采用直接法列示经营活动产生的现金流量，直接法是指通过现金收入和现金支出的主要类别列示经营活动的现金流量。采用直接法编制经营活动的现金流量时，一般以利润表中的营业收入为起算点，调整与经营活动有关的项目的增减变动，然后计算出经营活动的现金流量。采用直接法具体编制现金流量表时，可以采用工作底稿法或 T 型账户法，也可以根据有关科目记录分析填列。

### 二、现金流量表主要项目说明

（一）经营活动产生的现金流量

（1）"销售商品、提供劳务收到的现金"项目，反映企业本年销售商品、提供劳务收到的现金，以及以前年度销售商品、提供劳务本年收到的现金（包括应向购买者收取的增值税销项税额）和本年预收的款项，减去本年销售本年退回商品和以前年度销售本年退回商品支付的现金。企业销售材料和代购代销业务收到的现金，也在本项目反映。

（2）"收到的税费返还"项目，反映企业收到返还的所得税、增值税、营业税、消费税、关税和教育费附加等各种税费返还款。

（3）"收到其他与经营活动有关的现金"项目，反映企业经营租赁收到的租金等其他与经营活动有关的现金流入，金额较大的应当单独列示。

（4）"购买商品、接受劳务支付的现金"项目，反映企业本年购买商品、接受劳务实际支付的现金（包括增值税进项税额），以及本年支付以前年度购买商品、接受劳务的未付款项和本年预付款项，减去本年发生的购货退回收到的现金。企业购买材料和代购代销业务支付的现金，也在本项目反映。

（5）"支付给职工以及为职工支付的现金"项目，反映企业本年实际支付给职工的工资、奖金、各种津贴和补贴等职工薪酬（包括代扣代缴的职工个人所得税）。

（6）"支付的各项税费"项目，反映企业本年发生并支付、以前各年发生本年支付以及预交的各项税费，包括所得税、增值税、营业税、消费税、印花税、房产税、土地增值税、车船使用税、教育费附加等。

（7）"支付其他与经营活动有关的现金"项目，反映企业经营租赁支付的租金、支付的差旅费、业务招待费、保险费、罚款支出等其他与经营活动有关的现金流出，金额较大的应当单独列示。

（二）投资活动产生的现金流量

（1）"收回投资收到的现金"项目，反映企业出售、转让或到期收回除现金等价物以外的对其他企业长期股权投资而收到的现金，但处置子公司及其他营业单位收到的现金净额除外。

（2）"取得投资收益收到的现金"项目，反映企业除现金等价物以外的对其他企业的长期股权投资等分回的现金股利和利息等。

（3）"处置固定资产、无形资产和其他长期资产收回的现金净额"项目，反映企业出售、报废固定资产、无形资产和其他长期资产所取得的现金（包括因资产毁损而收到的保险赔偿收入），减去为处置这些资产而支付的有关费用后的净额。

（4）"处置子公司及其他营业单位收到的现金净额"项目，反映企业处置子公司及其他营业单位所取得的现金，减去相关处置费用以及子公司及其他营业单位持有的现金和现金等价物后的净额。

（5）"购建固定资产、无形资产和其他长期资产支付的现金"项目，反映企业购建固定资产、取得无形资产和其他长期资产所支付的现金含增值税款等，以及用现金支付的应由在建工程和无形资产负担的职工薪酬。

（6）"投资支付的现金"项目，反映企业取得除现金等价物以外的对其他企业的长期股权投资所支付的现金以及支付的佣金、手续费等附加费用，但取得子公司及其他营业单位支付的现金净额除外。

（7）"取得子公司及其他营业单位支付的现金净额"项目，反映企业购买子公司及其他营业单位购买出价中以现金支付的部分，减去子公司及其他营业单位持有的现金和现金等价物后的净额。

（8）"收到其他与投资活动有关的现金""支付其他与投资活动有关的现金"项目，反映企业除上述（1）至（7）项目外收到或支付的其他与投资活动有关的现金，金额较大的应当单独列示。

### （三）筹资活动产生的现金流量

（1）"吸收投资收到的现金"项目，反映企业以发行股票、债券等方式筹集资金实际收到的款项，减去直接支付的佣金、手续费、宣传费、咨询费、印刷费等发行费用后的净额。

（2）"取得借款收到的现金"项目，反映企业举借各种短期、长期借款而收到的现金。

（3）"偿还债务支付的现金"项目，反映企业为偿还债务本金而支付的现金。

（4）"分配股利、利润或偿付利息支付的现金"项目，反映企业实际支付的现金股利、支付给其他投资单位的利润或用现金支付的借款利息、债券利息。

（5）"收到其他与筹资活动有关的现金""支付其他与筹资活动有关的现金"项目，反映企业除上述（1）至（4）项目外收到或支付的其他与筹资活动有关的现金，金额较大的应当单独列示。

### （四）"汇率变动对现金及现金等价物的影响"项目

（1）企业外币现金流量折算为记账本位币时，采用现金流量发生日的即期汇率近似的汇率折算的金额（编制合并现金流量表时折算境外子公司的现金流量，应当比照处理）。

（2）企业外币现金及现金等价物净增加额按年末汇率折算的金额填列。

# 第四节
## 财务报表分析

## 一、财务报表分析概述

### （一）财务报表分析的概念

财务报表分析是以企业的财务报告等会计资料为基础，对企业的财务状况和经营成果进行分析评价的一种方法，也称财务报告分析。

在财务报告体系中，财务报表（会计报表）是中心，是将会计信息传递给使用者的主要手段。它是根据日常会计核算资料归集、加工、汇总而形成的书面报告内容，反映企业资产、负债和所有者权益及一定期间的经营成果和现金流量。财务报表分析是以财务报表为依据和起点，采用专门方法，系统分析和评价企业过去与现在的经营成果、财务状况及其变动情况，目的是为了了解过去、评价现在、预测未来，帮助利益相关者做出决策。

具体而言，财务报表分析的主要目的可归纳为如下几点。

（1）评价企业在一定时期内的经营业绩以及整体经营目标的完成情况，找出存在的问题。

（2）衡量企业目前的财务状况，尤其是企业的长短期财力，包括偿债能力、投资能力、获利能力等，为企业的经营管理者、投资者和债权人提供必要的信息。

（3）预测企业未来的发展前景，无论是企业的经营管理者，还是投资者、债权人，都十分关心企业的发展前景，这关系到他们的切身利益。通过对企业财务报表的分析，可以判断出企业的发展趋势，预测企业的经营前景，从而为企业经营管理者和投资者进行经营决策与投资决策提供重要的依据，以减少决策的不确定性。

### （二）财务报表分析的基础

财务报表分为对外报送的财务报表和对内报送的财务报表，前者向外界各相关利益者提供企业财务状况和经营成果的信息，其编制方法和报表格式应符合一般公认会计原则和有关法律法规的要求，通常包括资产负债表、利润表和现金流量表；后者向企业内部管理者提供有关信息，主要为满足内部管理需要，其具体种类、格式、编制方法等由企业自行决定。

由此可见，财务报表分析的基础依据主要是资产负债表、利润表和现金流量表三张基本会计报表。

### （三）财务报表分析的基本方法

进行财务报表分析，首先应采用合适的方法，选择与决策有关的信息，找出这些信息之间的重要联系，研究并解释所获得的结果。选择恰当的方法，可起到事半功倍的效果。财务报表分析的基本方法可概括为静态分析和动态分析两类。

#### 1. 静态分析

静态分析是指对企业某个时期的财务报表进行分析。例如，分析资产负债表，可以判断企业在某一时点财务状况的好坏。分析利润表，可以判断企业在本期经营成果的优劣。也可以将本期财务报表中的数字加工成有一定含义的比率，诸如流动比率、速动比率、资产负债率等，利用这些比率说明企业偿债能力的强弱等。总之，静态分析只限于同时期的分析，所以又称为垂直分析。

#### 2. 动态分析

动态分析是指将企业若干年的财务报表放在一起进行分析。例如，编制比较会计报表，对企业的财务状况和经营成果的趋势进行判断；也可以编制若干年以来的某一类比率比较表，利用比率的变动趋势来预测企业未来的偿债能力、获利能力等。总之，动态分析一定要收集两期以上的财务报表资料才能进行，所以又称横向分析或水平分析。

## 二、财务报表比率分析

比率分析是在同一张财务报表的不同项目之间，或在两张不同财务报表（如资产负债表和利润表）的有关项目之间，用比率来反映它们之间的相互关系，以解释、评价、预测企业的获利能力等。

最主要的比率有如下三个。

（1）相关比率，是同一时期会计报表及有关资料中两项相关数值的比率。

（2）结构比率，是会计报表中某项目的数值与各项目总和的比率。这类比率揭示了部分与整体的关系，通过不同时期结构的比较还可以揭示其变化趋势。

（3）动态比率，是会计报表及有关资料中某项目不同时期的两项数值的比率。这类比率又分为定基比率和环比比率，可分别从不同角度揭示某项财务指标的变化趋势和发展速度。

分析财务报表所使用的比率，根据报表使用者着眼点、目标和用途的不同而变化。根据计算出来的比率所作的解释和评价，也不一样。比率分析分为以下几类。

### （一）偿债能力分析

偿债能力是指企业偿还各种到期债务的能力，通过偿债能力分析可以揭示企业的财务风险。偿债能力分析包括短期偿债能力分析和长期偿债能力分析。

#### 1．短期偿债能力分析

短期偿债能力指企业用流动资产偿付流动负债的能力。反映短期偿债能力的比率主要有如下几种。

#### （1）流动比率

流动比率指流动资产与流动负债的比率，表示企业用流动资产偿还其流动负债的能力。流动资产指资产负债表中的流动资产项目，包括货币资金、交易性金融资产、应收票据、应收账款、预付账款等，其中应收账款要以扣除坏账准备后的净额计算。流动负债指资产负债表中的流动负债项目，包括短期借款、应付票据、应付账款、应付职工薪酬、应交税费、未付利润、其他应付款及一年内到期的长期负债等。流动比率的基本功能在于显示短期债权人安全边际的大小，其计算公式如下。

$$流动比率 = \frac{流动资产}{流动负债} \times 100\%$$

流动比率普遍用来衡量企业短期偿债能力。流动比率越高，表示短期偿债能力越强，流动负债获得清偿的机会越大，安全性也越大。一般认为，流动比率维持在 2:1 是合适的。但这主要是从银行贷款角度来考虑的，不能一概而论，我们还要结合考虑其他各种因素来判断优劣。例如，流动比率较大，可能由于存货积压和滞销，也可能是应收账款长期收不回来，此外，企业也容易伪造这个比率。另外，不同的行业，由于其营业周期长短不一，评定流动比率的标准也不一样。一般而言，营业周期越短，其流动比率就越低。因为营业周期短，表示无需储存大量存货，故其流动比率可相对较低。因而，在评价流动比率时，除结合考虑流动资产的组合因素外，还应兼顾行业的特点，才可做出正确的判断。

#### （2）速动比率

速动比率又称为酸性试验比率，指速动资产与流动负债的比率关系。速动资产是指货币资金、交易性金融资产、应收票据和应收账款等各项可以迅速变现，用以偿付流动负债的资产。存货和预付账款一般不包括在速动资产中，因为存货的变现能力较弱，而预付账款本质上属于费用，其只能减少未来现金支出，不能变为现金。由此可见，速动比率比流动比率更能表明一个企业的短期偿债能力。其计算公式如下。

$$速动比率 = \frac{速动资产}{流动负债} \times 100\%$$

一般认为，速动比率维持在 1 : 1 左右较为理想，即速动资产应该至少与流动负债相等，只有这样短期债权人的债权才有足够的偿还能力。若速动比率小于 1，企业将依赖变卖部分存货或举借新债才能偿还短期债务。但这也不是绝对的，因为速动比率是假定企业一旦面临财务危机或进行清算时，在存货及预付账款难以立即变现的情况下，企业以速动资产支付流动负债的能力，所以这一比率在反映企业应付财务危机能力方面较为有用。通常，影响速动比率可信度的主要因素是应收账款的变现能力。如果企业的应收账款中，有较大部分不易收回，可能变为坏账，那么速动比率就不能真实地反映企业的偿债能力。

2. 长期偿债能力分析

长期偿债能力是指企业偿还长期负债的能力。对于企业的长期债权人和所有者来说，其不仅关心企业短期偿债能力，更关心企业长期偿债能力。

（1）资产负债率

资产负债率又称举债经营比率，是企业负债总额与资产总额之比，反映企业利用债务资金开展生产经营的程度。对债权人来说，资产负债率反映企业提供信贷资金的担保程度。其计算公式如下。

$$资产负债率 = \frac{负债总额}{资产总额} \times 100\%$$

资产负债率可以衡量在企业的总资产中由债权人所提供的资金比例。债权人最为关心贷给企业的款项或其他债权的安全程度，资产负债率高，说明企业所有者投入的资金较少；反之，资产负债率低，说明企业所有者投入的资金较多，企业本身的财力较强，债权人债权的保障程度较高。

（2）所有者权益比率和权益乘数

所有者权益比率指所有者权益总额（股份有限公司为股东权益）与资产总额的比率关系，其计算公式如下。

$$所有者权益比率 = \frac{所有者权益总额}{资产总额} \times 100\%$$

从上述公式可知，所有者权益比率与负债比率之和等于 1。这两个比率从不同的侧面反映了企业的长期财务状况。所有者权益比率越低，则负债比率越高，企业的财务风险越大；反之，所有者权益比率越高，则负债比率越低，企业的财务风险越小。这两个比率对长期偿债能力的影响正好相反。

所有者权益比率的倒数称为权益乘数，即资产总额是所有者权益的多少倍。该乘数越大，说明所有者投入的资本在资产中所占比重越小。

（3）产权比率

产权比率是负债总额与所有者权益总额的比率。其计算公式如下。

$$产权比率＝\frac{负债总额}{所有者权益总额}×100\%$$

产权比率反映由债权人提供的资本与所有者提供的资本的相对关系，并反映企业基本的财务结构是否稳定。一般来说，所有者投入的资本应大于借入资本，但也不能一概而论。产权比率同时也表明债权人投入的资本受到所有者权益的保障程度，或者说企业清算时对债权人利益的保障程度。

（4）有形净值债务率

有形净值债务率是企业负债总额与有形净值的比率。有形净值是所有者权益减去无形资产后的净值，即所有者拥有所有权的有形资产的净值。其计算公式如下。

$$有形净值债务率＝\frac{负债总额}{所有者权益－无形资产净值}×100\%$$

有形净值债务率实质上是产权比率的延伸，是更为谨慎、保守地反映在企业清算时债权人投入的资本受到所有者权益的保障程度。为谨慎起见，大多数企业认为无形资产不宜用来偿还债务。从长期偿债能力来看，该比率越低越好。

（5）利息保障倍数

利息保障倍数是指企业某一会计期间获得的息税前利润与所支付的利息费用之间的比率关系。它反映企业对利息的支付能力。其计算公式如下。

$$利息保障倍数＝\frac{息税前利润}{利息费用}＝\frac{税前利润＋利息费用}{利息费用}$$

一般来说，企业的利息保障倍数至少要大于1，否则就难以偿付债务及利息。

值得注意的是，由于我国现行的利润表"利息费用"没有单列，而是加在"财务费用"之中，外部报表使用人只能用"税前利润加财务费用"来估计。公式中的分母"利息费用"是指本期发生的全部应付利息，不仅包括财务费用中的利息费用，还应包括计入固定资产成本的资本化利息。资本化利息虽然不在利润表中扣除，但仍然是要偿还的。利息保障倍数的重点是衡量企业支付利息的能力，没有足够大的息税前利润，资本化利息的支付就会发生困难。

（二）资产管理能力分析

企业的资产管理能力主要反映企业资金周转和运用情况。对此进行分析，可以了解企业的营业状况及经营管理水平。资金周转状况好，说明企业的经营管理水平高，资金利用效率高。资产管理能力又称营运能力，评价资产管理能力常用的财务比率有存货周转率、应收账款周转率、流动资产周转率、总资产周转率等。

1. 存货周转率

存货周转率是指某一会计期间销货成本与存货平均余额的比率关系。它反映企业某一会计期间存货周转的速度，并可检验企业推销商品的能力、经营绩效及偿债能力。存货周转率的计算公式如下。

$$存货周转率 = \frac{销货成本}{存货全年平均余额} \times 100\%$$

一般而言，存货周转率越高越好。因为存货周转率高，存货量较少，存货积压的风险相对降低，资本使用效率也高。但对存货周转率的评价也应考虑不同行业、不同经营方式的特点。例如，产品生产周期较长的工业企业，其存货周转率一般与商业企业大不相同。存货周转率太高，有可能是存货管理中存在着问题，如存货水平低、经常缺货、采购频繁、批量小；存货周转率过低，可能销售过程中存在问题，如库存管理不力、存货积压太多、销售状况不好等。因此，在分析存货周转率时，一方面要将本企业的实际存货周转率与行业水平或本企业的历史水平或计划水平相比较；另一方面要深入分析存货的结构是否合理、质量是否可靠，只有这样才能对企业存货管理效率做出恰如其分的评价。

衡量存货周转速度的另一个比率是存货周转天数。存货周转天数表示存货周转一次所需的时间，天数越短，说明存货周转得越快。其计算公式如下。

$$存货周转天数 = \frac{360}{存货周转率} = \frac{存货全年平均余额}{销售成本} \times 360$$

2. 应收账款周转率

应收账款周转率是用以反映企业在某一会计期间收回赊销账款能力的指标，是指某一会计期间的赊销净额与应收账款的全年平均余额的比率关系，其计算公式如下。

$$应收账款周转率 = \frac{赊销净额}{应收账款全年平均余额} \times 100\%$$

以上公式分子中的赊销净额不包括现销。然而，一般企业提供的财务报表中，很少将赊销金额与现销金额分开披露，所以分析报表，还需进一步收集有关资料，计算确定赊销净额，而不可以销售收入净额代替赊销净额，以免分子分母计算口径不一，影响这一比率的合理性。但在收集不到有关现销资料的情况下，如打算与其他企业作比较，而其他企业公开发表的财务报表不包括赊销或现销资料，也可以用销售收入净额，即赊销和现销的总额来计算。

应收账款周转率说明年度内应收账款转化为现金的平均次数，体现应收账款的有效性和周转速度，从而可以弥补流动比率和速动比率这两个指标的不足。所谓应收账款的有效性，表示应收账款转换为现金时，是否发生账款的损失；至于周转速度，表示应收账款转换为现金的速度。有效性和周转速度对应收账款而言，是互为影响的。应收账款周转率高，表明企业收款速度快，坏账损失少，偿债能力强。但是，如果应收账款周转率过高，可能是因为企业奉行了比较严格的信用政策、信用标准和付款条件过于苛刻的结果。这样会限制企业销售量的扩大，从而会影响企业的盈利水平，这种情况往往表现为存货周转率同时偏低。如果企业的应收账款周转率过低，则说明企业收账的效率太低，或者信用政策十分宽松，这会影响企业资金利用率和资金的正常周转。

衡量应收账款周转情况的另一个比率是应收账款平均账龄或应收账款平均回收天数，应收账款平均账龄短，说明应收账款占用营运资金的天数少，应收账款的变现速度快，短期偿债能力强，应收账款管理效率高。其计算公式如下。

$$应收账款平均账龄 = \frac{360}{应收账款周转率} = \frac{应收账款全年平均余额 \times 360}{赊销净额}$$

**3. 流动资产周转率**

流动资产周转率是指某一会计期间销售收入与全部流动资产的平均余额的比率关系。流动资产周转率表明在一个会计年度内企业流动资产周转的次数，它反映了流动资产周转的速度。该指标越高，说明企业流动资产的利用效果越好。其计算公式如下。

$$流动资产周转率 = \frac{销售收入净额}{流动资产全年平均余额} \times 100\%$$

流动资产周转率是分析流动资产周转情况的一个综合指标，流动资产周转得快，可以节约资金，提高资金的利用效率。究竟流动资产周转率为多少才合适，并没有一个确定的标准。通常分析流动资产周转率时，应比较企业历年的数据并结合行业特点，做出恰当的评价。

**4. 总资产周转率**

总资产周转率是指某一会计期间销售收入与平均资产总额的比率关系。该项指标反映资产总额的周转速度，周转越快，销售能力则越强。其计算公式如下。

$$总资产周转率 = \frac{销售收入净额}{总资产全年平均余额} \times 100\%$$

总之，各项资产的周转指标用于衡量企业运用资产赚取收入的能力，经常和反映获利能力的指标结合在一起使用，可以全面评价企业的获利能力。

**（三）获利能力分析**

获利能力是指企业赚取利润的能力。企业经营的目的之一是有效地运用所控制的各项资产，获取相应的利润。企业的获利能力良好，不仅是债权人的债权得以如期偿还的保证，也是企业投资者的期望，同时这也是吸引潜在投资者、筹集新资本的前提条件。利润又是衡量和评价企业管理效能的重要指标。评价获利能力的财务比率主要有以下几个。

**1. 资产净利率**

资产净利率是指企业在某一会计期间的净利润和资产全年平均余额之间的比率关系。其计算公式如下。

$$资产净利率 = \frac{净利润}{资产全年平均余额} \times 100\%$$

资产净利率主要用来衡量企业利用资产获取利润的能力。该指标越高，表明资产的利用效率越高，同时也说明企业在增加收入和节约资金使用等方面取得了良好的效果，否则相反。该指标是一个综合指标，净利的多少与企业资产的多少、资产结构、经营管理水平有着密切的关系。为了正确评价企业经济效益的高低，挖掘提高利润水平的潜力，我们可以用该项指标与本企业前期和计划年度、与本行业平均水平和行业先进水平进行对比，分析形成差距的原因。

**2. 权益报酬率**

权益报酬率又称净资产收益率，是指企业某一会计期间净利润和所有者权益平均总额的比率关系。其计算公式如下。

$$权益报酬率 = \frac{净利润}{所有者权益全年平均余额} \times 100\%$$

权益报酬率是评价企业获利能力的一个重要财务比率，它反映了企业所有者获取投资回报的高低。该比率越高，说明企业的获利能力越强。权益报酬率也可以用以下公式表示。

$$权益报酬率 = 资产净利率 \times 平均权益乘数 \times 100\%$$

**3. 销售毛利率和销售净利率**

**（1）销售毛利率**

销售毛利率是毛利和销售收入净额之间的比例关系。销售毛利率表示每一元销售收入净额扣除销售成本后，有多少钱可以用于各项期间费用和形成盈利。销售毛利率是企业判断销售净利率多少的基础依据。其计算公式如下。

$$销售毛利率 = \frac{销售毛利}{销售收入净额} \times 100\%$$

$$= \frac{销售收入净额 - 销售成本}{销售收入净额} \times 100\%$$

**（2）销售净利率**

销售净利率是指企业净利润与销售收入净额的比率关系。该指标反映每一元销售收入净额带来的净利润的多少，其表示销售收入的获利能力。通过分析销售净利润的增减变动，可以促使企业在扩大销售的同时，注意改进经营管理，提高盈利水平。其计算公式如下。

$$销售净利率 = \frac{净利润}{销售收入净额} \times 100\%$$

**4. 成本费用净利率**

成本费用净利率是企业净利润与成本费用总额的比率。它反映企业在生产经营过程中发生的耗费与获得的收益之间的比率关系。其计算公式如下。

$$成本费用净利率 = \frac{净利润}{成本费用总额} \times 100\%$$

$$成本费用总额 = 销售成本 + 销售税金及附加 + 销售费用 + 管理费用 + 所得税$$

成本费用净利率不仅可以评价企业获利能力的高低，也可以评价企业对成本费用的控制能力和经营管理水平。该比率越高，说明企业为获取收益而付出的代价越小，企业的获利能力越强。

**5. 普通股每股净利润**

普通股每股净利润是指股份制企业税后利润与发行在外的普通股股数之间的比率关系。其计算公式如下。

$$普通股每股净利润 = \frac{税后利润}{发行在外的普通股平均股数}$$

该比率表示普通股的盈利水平。大多数投资者除了用这一比率作为评价企业的获利能力外，还结合每股市价进行横向比较以选择投资企业。

如果发行在外的还有优先股，那么计算普通股每股净利润时，应扣除优先股股东享受的部分，其计算公式如下。

$$普通股每股净利润 = \frac{税后利润 - 优先股股利}{发行在外的普通股平均股数}$$

在一个会计期间，发行在外的普通股股数有变化时，要在加权平均的基础上计算每股净利润。加权平均发行在外的普通股的股数可以根据一个会计期内按照时间比例将发行在外的一定数量的普通股股数加以折算。

（四）市场价值分析

1. 市盈率

市盈率是指普通股每股市价与普通股净利润之间的比率关系。它大体上表明投资于某一企业股票的获利率，可与市场利率比较，从而做出投资决策。其计算公式如下。

$$市盈率 = \frac{普通股每股市价}{普通股每股净利润}$$

公式中，普通股每股市价指普通股当时的市场价格，它是经常变动的。而普通股每股净利润指过去一年的盈利，是相对静止的，并不代表现在的经营水平，更不代表将来的经营情况。因此，有些投资者在分析一家上市公司的股票市盈率时，采用预测本年每股净利润进行计算。如果预测数比较准确，这样计算出来的市盈率比采用去年实际每股净利润计算的市盈率更有参考价值。

市盈率是投资者估计普通股价值最基本、最重要的指标之一。一般认为市盈率在 20 倍左右为正常。比率小说明股价低、风险小，值得购买；比率大则说明股价高、风险大，购买要谨慎。但也不能一概而论，股市的实际情况是，市盈率高的股票往往是热门股，市盈率低的股票可能是冷门股。股票市盈率有高有低，投资者如何选择，还需要考虑很多因素。特别是经济衰退时，市盈率较低的股票更能吸引投资者，而市盈率较高的，只要有稳定的营业收入而受经济衰退影响又较小的股票，如公用事业股、医药股等反而受投资者欢迎。因此，尽管市盈率是分析股票质量的一个重要参考指标，但对市盈率的高低要作具体分析，才能正确引导投资活动，得到较好的投资效果。

2. 净资产倍率

净资产倍率是指普通股每股市场价格与普通股每股账面价值之间的比率关系，净资产倍率也是投资者判断某一股票价值的重要参考指标。它反映普通股股票本身价值的大小。一般来说，净资产倍率越小，该股票的价值越高。利用净资产倍率与本公司过去及其他同行业公司进行比较，有助于较准确地判断股价水平。其计算公式如下。

$$净资产倍率 = \frac{普通股每股市价价格}{普通股每股账面价值}$$

### （五）比率分析的局限性

运用比率分析，在一定程度上能提供评价企业财务状况和经营成果的重要信息，可以帮助企业找出经营管理上实际存在或可能存在的问题，以作为判定未来决策的部分依据。这不失为一种进行财务报表分析的有用工具和主要方法。但是，它提供的都是过去的历史性数据，忽视了企业经济资源流向的动态性，很难据此做出令人信服的精确结论。而且，由于财务报表列示的数据的局限性，企业为了迎合财务分析人员对某项比率的期望结果，很可能事先经过一番加工，使得某项比率失去它的真实性。这就要求投资者，在运用比率分析评价企业的经营成果和财务状况时，结合动态分析法、综合分析法或现金流量表分析，以及企业呈报的财务状况说明书和会计报表附注等提供的资料全盘考虑后做出判断和评价。

比率分析的局限性主要体现在以下几个方面。

（1）比率分析必须根据财务报表中的一些有关联项目之间进行比较。但客观上存在着滥用比率分析的倾向，即将一些没有关联的项目进行比较，这势必会使比率分析徒具形式，缺乏选择比率的合理基础，从而无法做出正确的解释。

（2）比率分析所依据的数据都是过去发生的经济业务的结果，是根据资产负债表和利润表中的静态历史资料计算得出的比率。这种历史资料已不具备制定决策所需要的及时性信息的要求。它只能在预测和决策时提供参考价值。因此，建立在这些数据上的比率分析，也不能作为制定决策的绝对依据。

（3）比率分析中的有些比率，可以在编制财务报表的企业的某种意图下，经过精心安排，人为加工，致使某些财务比率失真，误导使用者。

（4）不同的比率，分别说明不同的方面，孤立地分析个别比率，可能会得出相互矛盾的结论，从而使使用者无所适从。

（5）我国会计核算目前仍遵循实际成本的计价原则，不同时期的金额受不同时期货币购买力变动的影响，各期的财务报表未按物价水平进行调整，必然会使按稳定币值反映的传统财务报表中的数据计算的比率缺乏实际的分析意义。

综上所述，比率分析法在解释财务报表时并不能提供一个评价和判断企业财务状况、经营成果的精确尺度。比率分析仅仅是提醒报表使用人和财务分析人员要引起注意的、存在着某些不正常差异信号的指标而已。因此，我们必须充分运用一切必要的补充手段，结合比较分析，在全面、完整、充分地掌握静态和动态信息的基础上，发挥分析者的分析判断能力及经验，只有这样才能起到分析企业财务状况和经营成果的作用。

## 三、杜邦财务分析体系

杜邦财务分析体系是由美国杜邦公司首先创建的，故称杜邦财务分析体系。它是一种综合分析和评价企业财务状况的方法，反映了资产净利率、总资产周转率以及销售利润之间的关系，并最终通过（股东）权益反映出来。杜邦财务分析体系架构如图 14-1 所示。

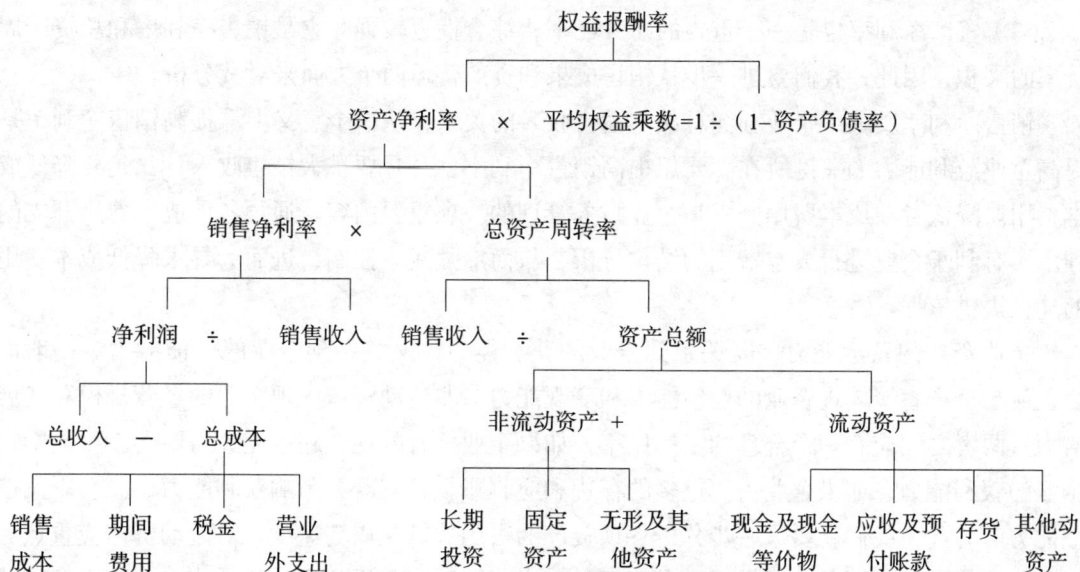

图 14-1　杜邦财务分析体系架构

杜邦财务分析体系主要反映了以下几种财务比率关系。

（1）权益报酬率与资产净利率及权益乘数之间的关系

**权益报酬率 = 资产净利率 × 权益乘数**

（2）资产净利率与销售净利率及总资产周转率之间的关系

**资产净利率 = 销售净利率 × 总资产周转率**

（3）销售净利率与净利润及销售收入之间的关系

**销售净利率 = 净利润 ÷ 销售收入**

（4）总资产周转率与销售收入及资产平均总额之间的关系

**总资产周转率 = 销售收入 ÷ 资产平均总额**

其中，"资产净利率 = 销售净利率 × 总资产周转率"这一等式被称为杜邦等式。

杜邦财务分析体系在揭示上述几种关系之后，进一步将净利润、总资产进行层层分解，从而全面、系统地揭示出企业的财务状况及财务系统内部各因素之间的相互关系。借助杜邦财务分析系统可以清晰而直观地反映企业财务的综合状况，从中可以获得以下信息。

（1）权益净利率是一个综合性强的财务比率，是杜邦分析系统的核心。它反映所有者投入资本的获利能力，同时反映企业筹资、投资、资产运营等活动的效率。权益净利率的高低取决于总资产利润率和权益总资产率的水平。决定权益净利率高低的因素有三个方面，即权益乘数、销售净利率和总资产周转率，这三个比率分别反映了企业的负债比率、盈利能力比率和资产管理比率。

（2）权益乘数主要受资产负债率影响。负债比率越大，权益乘数越高，说明企业有较高的负债程度，给企业带来较多的杠杆利益，同时也给企业带来了较多的风险。资产净利率是一个综合性的指标，同时受销售净利率和资产周转率的影响。

（3）资产净利率也是一个重要的财务比率，综合性也较强。它是销售净利率和总资产周转率的乘积，因此，我们要进一步从销售成果和资产营运两个方面来对其分析。

销售净利率反映了企业利润总额与销售收入的关系，从这个意义上看提高销售净利率是提高企业盈利能力的关键所在。要想提高销售净利率：一是要扩大销售收入；二是要降低成本费用。降低各项成本费用开支是企业财务管理的一项重要内容。通过各项成本费用开支的列示，有利于企业进行成本费用的结构分析，从而加强成本控制，进而为寻求降低成本费用的途径提供依据。

企业资产的营运能力，既关系到企业的获利能力，又关系到企业的偿债能力。一般而言，流动资产直接体现企业的偿债能力和变现能力；非流动资产体现企业的经营规模和发展潜力。两者之间应有一个合理的结构比率，如果企业持有的现金超过业务需要，就可能影响企业的获利能力；如果企业占用过多的存货和应收账款，则既会影响获利能力，又会影响偿债能力。为此，我们就要进一步分析各项资产的占用数额和周转速度。对流动资产应重点分析存货是否有积压现象、货币资金是否闲置、应收账款中分析客户的付款能力和有无坏账的可能；对非流动资产应重点分析企业固定资产是否得到充分的利用。

## 第五节

### 编制财务报表及财务情况说明书实训

### 一、实训目的和要求

实训目的：通过实训，全面掌握工业企业财务报表及财务情况说明书的编制。

要求：（1）根据以前章节实验登记的总账和明细账资料，编制北京××机械设备制造厂资产负债表和利润表。

（2）根据企业经济业务及报表情况，编制财务情况说明书。

### 二、业务与操作指引

财务情况说明书主要就企业生产经营的基本情况、利润实现分配及企业亏损情况、资金增减和周转情况、所有者权益（或股东权益）增减变动情况、对企业财务状况、经营成果和现金流量有重大影响的其他事项等各方面进行说明。

（一）企业生产经营的基本情况

（1）企业主营业务范围和附属其他业务，纳入年度会计决算报表合并范围内企业从事业务的行业分布情况；未纳入合并的应明确说明原因；企业人员、职工数量和专业素质的情况；报表编报口径说明。

（2）本年度生产经营情况，包括主要产品的产量、主营业务量、销售量（出口额、进口额）及同比增减量，在所处行业中的地位，如按销售额排列的名次；经营环境变化对企业生产销售（经营）的影响；营业范围的调整情况；新产品、新技术、新工艺开发及投入情况。

（3）开发、在建项目的预期进度及工程竣工决算情况。

（4）经营中出现的问题与困难，以及需要披露的其他业务情况与事项等。

（二）利润实现、分配及企业亏损情况

（1）主营业务收入的同比增减额及主要影响因素，包括销售量、销售价格、销售结构变动和新产品销售，以及影响销售量的滞销产品种类、库存数量等。

（2）成本费用变动的主要因素，包括原材料费用、能源费用、工资性支出、借款利率调整对利润增减的影响。

（3）其他业务收入、支出的增减变化，若其收入占主营业务收入10%（含10%）以上的，则应按类别披露有关数据。

（4）同比影响其他收益的主要事项，包括投资收益，特别是长期投资损失的金额及原因；补贴收入各款项来源、金额，以及扣除补贴收入的利润情况；影响营业外收支的主要事项、金额。

（5）利润分配情况。

（6）利润表中的项目，如两个期间的数据变动幅度达30%（含30%）以上，且占报告期利润总额10%（含10%）以上的，应明确说明原因。

（7）会计政策变更的原因及其对利润总额的影响数额，会计估计变更对利润总额的影响数额。

（8）其他。

（三）资金增减和周转情况

（1）各项资产所占比重，应收账款、其他应收款、存货、长期投资等变化是否正常，并说明增减原因；长期投资占所有者权益的比率及同比增减情况、原因、购买和处置子公司及其他营业单位的情况。

（2）资产损失情况，包括待处理财产损溢的主要内容及其处理情况；按账龄分析三年以上的应收账款和其他应收款未收回原因及坏账处理办法；长期积压商品物资、不良长期投资等产生的原因及影响。

（3）流动负债与长期负债的比重，长期借款、短期借款、应付账款、其他应付款同比增加金额及原因；企业偿还债务的能力和财务风险状况；三年以上的应收账款和其他应付款金额、主要债权人及未付原因；逾期借款本金和未还利息情况。

（4）企业从事证券买卖、期货交易、房地产开发等业务占用资金和效益情况。

（5）企业债务重组事项及对本期损益的影响。

（6）资产、负债、所有者权益项目中，如两个期间的数据变动幅度达30%（含30%）以上，且占报告期资产总额5%（含5%）以上的，应明确说明原因。

（四）所有者权益（或股东权益）增减变动情况

（1）会计处理追溯调整影响年初所有者权益（或股东权益）的变动情况，并应具体说明增减差额及原因。

（2）所有者权益（或股东权益）本年初与上年末因其他原因变动情况，并应具体说明增减差额及原因。

（3）所有者权益（或股东权益）本年度内经营因素增减情况。

（4）对国有资本保值增值产生影响的主要客观因素情况及增减数额。

（五）对企业财务状况、经营成果和现金流量有重大影响的其他事项

（六）对企业收支利指标进行全面分析，从数据中阐述问题的原因，并对存在的问题进行阐述，提出新年度拟采取的改进管理和提高经营业绩的具体措施

## 三、实训资料

### 资产负债表

会企 01 表

编制单位：××企业　　　　　　　　2015 年 12 月 31 日　　　　　　　　单位：元

| 资　产 | 期末余额 | 年初余额 | 负债和所有者权益 | 期末余额 | 年初余额 |
|---|---|---|---|---|---|
| 流动资产： | | | 流动负债： | | |
| 货币资金 | | | 短期借款 | | |
| 交易性金融资产 | | | 交易性金融负债 | | |
| 应收票据 | | | 应付票据 | | |
| 应收账款 | | | 应付账款 | | |
| 预付款项 | | | 预收款项 | | |
| 应收利息 | | | 应付职工薪酬 | | |
| 应收股利 | | | 应交税费 | | |
| 其他应收款 | | | 应付利息 | | |
| 存货 | | | 应付股利 | | |
| 一年内到期非流动资产 | | | 其他应付款 | | |
| 其他流动资产 | | | 一年内到期非流动负债 | | |
| 流动资产合计 | | | 其他流动负债 | | |
| 非流动资产： | | | 流动负债合计 | | |
| 可供出售金融资产 | | | 非流动负债： | | |
| 持有至到期投资 | | | 长期借款 | | |
| 长期应收款 | | | 应付债券 | | |
| 长期股权投资 | | | 长期应付款 | | |

（续表）

| 资　产 | 期末余额 | 年初余额 | 负债和所有者权益 | 期末余额 | 年初余额 |
|---|---|---|---|---|---|
| 投资性房地产 | | | 专项应付款 | | |
| 固定资产 | | | 预计负债 | | |
| 在建工程 | | | 递延所得税负债 | | |
| 工程物资 | | | 其他非流动负债 | | |
| 固定资产清理 | | | 非流动负债合计 | | |
| 生产性生物资产 | | | 负债合计 | | |
| 油气资产 | | | 所有者权益（或股东权益）： | | |
| 无形资产 | | | 实收资本（或股本） | | |
| 开发支出 | | | 资本公积 | | |
| 商誉 | | | 减：库存股 | | |
| 长期预付账款 | | | 盈余公积 | | |
| 递延所得税资产 | | | 未分配利润 | | |
| 其他非流动资产 | | | 所有者权益（或股东权益）合计 | | |
| 非流动资产合计 | | | | | |
| 资产总计 | | | 负债和所有者权益（或股东权益）总计 | | |

**利润表**

会企 02 表

编制单位：　　　　　　　　　　　年　月　　　　　　　　　　　单位：元

| 项　目 | 本期金额 | 上期金额 |
|---|---|---|
| 一、营业收入 | | |
| 减：营业成本 | | |
| 　　营业税金及附加 | | |
| 　　销售费用 | | |
| 　　管理费用 | | |
| 　　财务费用 | | |
| 　　资产减值损失 | | |
| 加：公允价值变动收益（损失以"–"号填列） | | |
| 　　投资收益（损失以"–"号填列） | | |
| 　　其中：对联营企业和合营企业的投资收益 | | |
| 二、营业利润（亏损以"–"号填列） | | |
| 　　加：营业外收入 | | |
| 　　减：营业外支出 | | |

（续表）

| 项　　目 | 本期金额 | 上期金额 |
|---|---|---|
| 　　其中：非流动资产处置损失 | | |
| 三、利润总额（亏损总额以"–"号填列） | | |
| 　　减：所得税费用 | | |
| 四、净利润（净亏损以"–"号填列） | | |
| 五、每股收益 | | |
| 　　（一）基本每股收益 | | |
| 　　（二）稀释每股收益 | | |

◆◆◆ **思考与训练** ◆◆◆

1. 会计报表的编制

东关公司 2015 年 12 月 31 日各账户余额详见下表。

单位：元

| 账户名称 | 借方余额 | 贷方余额 |
|---|---|---|
| 库存现金 | 3 000 | |
| 银行存款 | 70 000 | |
| 应收账款 | 5 000 | |
| 预付账款 | 2 000 | |
| 存　货 | 40 500 | |
| 待摊费用 | 2 500 | |
| 长期股权投资 | 3 000 | |
| 固定资产原值 | 450 000 | |
| 无形资产 | 8 000 | |
| 坏账准备 | | 250 |
| 累计折旧 | | 255 000 |
| 短期借款 | | 8 000 |
| 应付账款 | | 20 000 |
| 预收账款 | | 25 200 |
| 应交税费 | | 5 550 |
| 长期借款 | | 50 000 |
| 实收资本 | | 100 000 |
| 资本公积 | | 40 000 |
| 盈余公积 | | 50 000 |
| 利润分配 | | 13 480 |

东关公司 2015 年 1 月至 12 月损益类科目发生情况如下。

单位：元

| 账户名称 | 借方发生额 | 贷方发生额 |
|---|---|---|
| 产品销售收入 | | 150 000 |
| 其他业务收入 | | 60 000 |
| 投资收益 | | 13 000 |
| 营业外收入 | | 4 000 |
| 产品销售成本 | 100 000 | |
| 产品销售费用 | 20 000 | |
| 产品销售税金 | 5 000 | |
| 其他业务支出 | 40 000 | |
| 管理费用 | 30 000 | |
| 财务费用 | 8 000 | |
| 营业外支出 | 400 | |
| 所得税费用 | 7 080 | |

要求：（1）根据上述资料编制东关公司 2015 年 12 月 31 日的资产负债表；

（2）根据上述资产编制东关公司 2015 年度的损益表。

2. 财务比例分析

华丰机械公司 2015 年的资产负债表和利润表分别如下。

**资产负债表**

编制单位：华丰机械公司　　　　　2015 年 12 月 31 日　　　　　单位：元

| 行次 | 资产 | 年初数 | 期末数 | 行次 | 负债及所有者权益科目 | 年初数 | 期末数 |
|---|---|---|---|---|---|---|---|
| 001 | 流动资产： | | | 001 | 流动负债： | | |
| 002 | 货币资金 | | 213 578 843.33 | 002 | 短期借款 | | 528 648 659.02 |
| 003 | 交易性金融资产 | | 1 944 005.28 | 003 | 交易性金融负债 | | 0.00 |
| 004 | 应收票据 | | 2 237 300.00 | 004 | 应付票据 | | 14 279 444.20 |
| 005 | 应收账款 | | 61 077 345.70 | 005 | 应付账款 | | 40 590 670.72 |
| 006 | 预付账款 | | 87 338 434.89 | 006 | 预收账款 | | 93 424 345.60 |
| 007 | 应收利息 | | 0.00 | 007 | 应付职工薪酬 | | 2 925 072.29 |
| 008 | 应收股利 | | 0.00 | 008 | 应交税费 | | 47 540 717.08 |
| 009 | 其他应收款 | | 0.00 | 009 | 应付利息 | | 0.00 |
| 010 | 存货 | | 398 271 887.62 | 010 | 应付股利 | | 0.00 |
| 011 | 一年内到期的非流动资产 | | 0.00 | 011 | 其他应付款 | | 0.00 |
| 012 | 其他流动资产 | | 0.00 | 012 | 一年内到期的非流动负债 | | 0.00 |

（续表）

| 行次 | 资产 | 年初数 | 期末数 | 行次 | 负债及所有者权益科目 | 年初数 | 期末数 |
|---|---|---|---|---|---|---|---|
| 013 | 流动资产合计 | | 764 447 816.82 | 013 | 其他流动负债 | | 0.00 |
| 014 | 非流动资产： | | | 014 | 流动负债合计 | | 727 408 908.91 |
| 015 | 可供出售金融资产 | | 763 857.00 | 015 | 非流动负债 | | |
| 016 | 持有至到期投资 | | 0.00 | 016 | 长期借款 | | 72 320 000.00 |
| 017 | 长期应收款 | | 0.00 | 017 | 应付债券 | | 90 191 134.05 |
| 018 | 长期股权投资 | | 0.00 | 018 | 长期应付款 | | 0.00 |
| 019 | 投资性房地产 | | 0.00 | 019 | 专项应付款 | | 0.00 |
| 020 | 固定资产 | | 450 000 000.00 | 020 | 预计负债 | | 0.00 |
| 021 | 在建工程 | | 0.00 | 021 | 递延所得税负债 | | 0.00 |
| 022 | 工程物资 | | 0.00 | 022 | 其他非流动负债 | | 0.00 |
| 023 | 固定资产清理 | | 0.00 | 023 | 非流动负债合计 | | 162 511 134.05 |
| 024 | 生产性生物资产 | | 0.00 | 024 | 负债合计 | | 889 920 042.96 |
| 025 | 油气资产 | | 0.00 | 025 | 股东权益： | | |
| 026 | 无形资产 | | 83 326 199.15 | 026 | 实收资本（或股本） | | 219 480 000.00 |
| 027 | 开发支出 | | 0.00 | 027 | 资本公积 | | 179 423 395.27 |
| 028 | 商誉 | | 0.00 | 028 | 减：库存股 | | 0.00 |
| 029 | 长期待摊费用 | | 0.00 | 029 | 盈余公积 | | 9 714 434.74 |
| 030 | 递延所得税资产 | | 0.00 | 030 | 未分配利润 | | 0.00 |
| 031 | 其他非流动资产 | | 0.00 | 031 | 股东权益合计 | | 408 617 830.01 |
| 032 | 非流动资产合计 | | 534 090 056.15 | 032 | | | |
| 033 | 资产总计 | | 1 298 537 872.97 | 033 | 负债及股东权益总计 | | 1 298 537 872.97 |

**利润表**

会企 02 表

编制单位：华丰机械公司　　　　　　　　　　2015 年度　　　　　　　　　　　　　　单位：元

| 行次 | 科目 | 本期金额 | 上期金额（略） |
|---|---|---|---|
| 001 | 一、营业收入 | 1 200 000.00 | |
| 002 | 减：营业成本 | 700 000.00 | |
| 003 | 营业税金及附加 | 1 500.00 | |
| 004 | 销售费用 | 15 000.00 | |
| 005 | 管理费用 | 120 000.00 | |

（续表）

| 行次 | 科目 | 本期金额 | 上期金额（略） |
|---|---|---|---|
| 006 | 财务费用 | 40 000.00 | |
| 007 | 资产减值损失 | 50 600.00 | |
| 008 | 加：公允价值变动损益 | 0.00 | |
| 009 | 投资收益 | 40 000.00 | |
| 010 | 其中：对联营企业和合营企业的投资收益 | 0.00 | |
| 011 | 二、营业利润 | 312 900.00 | |
| 012 | 加：营业外收入 | 50 000.00 | |
| 013 | 减：营业外支出 | 18 500.00 | |
| 014 | 其中：非流动资产处置损失 | | |
| 015 | 三、利润总额 | 344 400.00 | |
| 016 | 减：所得税费用 | 113 652.00 | |
| 017 | 四、净利润 | 230 748.00 | |
| 018 | 五、每股收益 | | |
| 019 | （一）基本每股收益 | | |
| 020 | （二）稀释每股收益 | | |

要求：根据以上资料利用杜邦分析图对企业进行基本分析。

# 附件 企业会计准则——基本准则①

## 第一章 总 则

第一条 为了规范企业会计确认、计量和报告行为，保证会计信息质量，根据《中华人民共和国会计法》和其他有关法律、行政法规，制定本准则。

第二条 本准则适用于在中华人民共和国境内设立的企业（包括公司，下同）。

第三条 企业会计准则包括基本准则和具体准则，具体准则的制定应当遵循本准则。

第四条 企业应当编制财务会计报告（又称财务报告，下同）。财务会计报告的目标是向财务会计报告使用者提供与企业财务状况、经营成果和现金流量等有关的会计信息，反映企业管理层受托责任履行情况，有助于财务会计报告使用者作出经济决策。

财务会计报告使用者包括投资者、债权人、政府及其有关部门和社会公众等。

第五条 企业应当对其本身发生的交易或者事项进行会计确认、计量和报告。

第六条 企业会计确认、计量和报告应当以持续经营为前提。

第七条 企业应当划分会计期间，分期结算账目和编制财务会计报告。

会计期间分为年度和中期。中期是指短于一个完整的会计年度的报告期间。

第八条 企业会计应当以货币计量。

第九条 企业应当以权责发生制为基础进行会计确认、计量和报告。

第十条 企业应当按照交易或者事项的经济特征确定会计要素。会计要素包括资产、负债、所有者权益、收入、费用和利润。

第十一条 企业应当采用借贷记账法记账。

## 第二章 会计信息质量要求

第十二条 企业应当以实际发生的交易或者事项为依据进行会计确认、计量和报告，如实反映符合确认和计量要求的各项会计要素及其他相关信息，保证会计信息真实可靠、内容完整。

第十三条 企业提供的会计信息应当与财务会计报告使用者的经济决策需要相关，有助于财务会计报告使用者对企业过去、现在或者未来的情况作出评价或者预测。

第十四条 企业提供的会计信息应当清晰明了，便于财务会计报告使用者理解和使用。

第十五条 企业提供的会计信息应当具有可比性。

同一企业不同时期发生的相同或者相似的交易或者事项，应当采用一致的会计政策，不得随意变更。确需变更的，应当在附注中说明。

不同企业发生的相同或者相似的交易或者事项，应当采用规定的会计政策，确保会计信息口径一致、相互可比。

---

① 2006年2月15日财政部令第33号公布，自2007年1月1日起施行。2014年7月23日根据《财政部关于修改〈企业会计准则——基本准则〉的决定》修改。

第十六条　企业应当按照交易或者事项的经济实质进行会计确认、计量和报告，不应仅以交易或者事项的法律形式为依据。

第十七条　企业提供的会计信息应当反映与企业财务状况、经营成果和现金流量等有关的所有重要交易或者事项。

第十八条　企业对交易或者事项进行会计确认、计量和报告应当保持应有的谨慎，不应高估资产或者收益、低估负债或者费用。

第十九条　企业对于已经发生的交易或者事项，应当及时进行会计确认、计量和报告，不得提前或者延后。

## 第三章　资　产

第二十条　资产是指企业过去的交易或者事项形成的、由企业拥有或者控制的、预期会给企业带来经济利益的资源。

前款所指的企业过去的交易或者事项包括购买、生产、建造行为或其他交易或者事项。预期在未来发生的交易或者事项不形成资产。

由企业拥有或者控制，是指企业享有某项资源的所有权，或者虽然不享有某项资源的所有权，但该资源能被企业所控制。

预期会给企业带来经济利益，是指直接或者间接导致现金和现金等价物流入企业的潜力。

第二十一条　符合本准则第二十条规定的资产定义的资源，在同时满足以下条件时，确认为资产：

（一）与该资源有关的经济利益很可能流入企业；

（二）该资源的成本或者价值能够可靠地计量。

第二十二条　符合资产定义和资产确认条件的项目，应当列入资产负债表；符合资产定义、但不符合资产确认条件的项目，不应当列入资产负债表。

## 第四章　负　债

第二十三条　负债是指企业过去的交易或者事项形成的、预期会导致经济利益流出企业的现时义务。

现时义务是指企业在现行条件下已承担的义务。未来发生的交易或者事项形成的义务，不属于现时义务，不应当确认为负债。

第二十四条　符合本准则第二十三条规定的负债定义的义务，在同时满足以下条件时，确认为负债：

（一）与该义务有关的经济利益很可能流出企业；

（二）未来流出的经济利益的金额能够可靠地计量。

第二十五条　符合负债定义和负债确认条件的项目，应当列入资产负债表；符合负债定义、但不符合负债确认条件的项目，不应当列入资产负债表。

## 第五章　所有者权益

第二十六条　所有者权益是指企业资产扣除负债后由所有者享有的剩余权益。

公司的所有者权益又称为股东权益。

第二十七条　所有者权益的来源包括所有者投入的资本、直接计入所有者权益的利得和损失、留存收益等。

直接计入所有者权益的利得和损失，是指不应计入当期损益、会导致所有者权益发生增减变动的、与所有者投入资本或者向所有者分配利润无关的利得或者损失。

利得是指由企业非日常活动所形成的、会导致所有者权益增加的、与所有者投入资本无关的经济利益的流入。

损失是指由企业非日常活动所发生的、会导致所有者权益减少的、与向所有者分配利润无关的经济利益的流出。

第二十八条　所有者权益金额取决于资产和负债的计量。

第二十九条　所有者权益项目应当列入资产负债表。

## 第六章　收　入

第三十条　收入是指企业在日常活动中形成的、会导致所有者权益增加的、与所有者投入资本无关的经济利益的总流入。

第三十一条　收入只有在经济利益很可能流入从而导致企业资产增加或者负债减少、且经济利益的流入额能够可靠计量时才能予以确认。

第三十二条　符合收入定义和收入确认条件的项目，应当列入利润表。

## 第七章　费　用

第三十三条　费用是指企业在日常活动中发生的、会导致所有者权益减少的、与向所有者分配利润无关的经济利益的总流出。

第三十四条　费用只有在经济利益很可能流出从而导致企业资产减少或者负债增加、且经济利益的流出额能够可靠计量时才能予以确认。

第三十五条　企业为生产产品、提供劳务等发生的可归属于产品成本、劳务成本等的费用，应当在确认产品销售收入、劳务收入等时，将已销售产品、已提供劳务的成本等计入当期损益。

企业发生的支出不产生经济利益的，或者即使能够产生经济利益但不符合或者不再符合资产确认条件的，应当在发生时确认为费用，计入当期损益。

企业发生的交易或者事项导致其承担了一项负债而又不确认为一项资产的，应当在发生时确认为费用，计入当期损益。

第三十六条　符合费用定义和费用确认条件的项目，应当列入利润表。

## 第八章　利　润

第三十七条　利润是指企业在一定会计期间的经营成果。利润包括收入减去费用后的净额、直接计入当期利润的利得和损失等。

第三十八条　直接计入当期利润的利得和损失，是指应当计入当期损益、会导致所有者权益发生增减变动的、与所有者投入资本或者向所有者分配利润无关的利得或者损失。

第三十九条　利润金额取决于收入和费用、直接计入当期利润的利得和损失金额的计量。

第四十条　利润项目应当列入利润表。

## 第九章 会计计量

第四十一条 企业在将符合确认条件的会计要素登记入账并列报于会计报表及其附注（又称财务报表，下同）时，应当按照规定的会计计量属性进行计量，确定其金额。

第四十二条 会计计量属性主要包括：

（一）历史成本。在历史成本计量下，资产按照购置时支付的现金或者现金等价物的金额，或者按照购置资产时所付出的对价的公允价值计量。负债按照因承担现时义务而实际收到的款项或者资产的金额，或者承担现时义务的合同金额，或者按照日常活动中为偿还负债预期需要支付的现金或者现金等价物的金额计量。

（二）重置成本。在重置成本计量下，资产按照现在购买相同或者相似资产所需支付的现金或者现金等价物的金额计量。负债按照现在偿付该项债务所需支付的现金或者现金等价物的金额计量。

（三）可变现净值。在可变现净值计量下，资产按照其正常对外销售所能收到现金或者现金等价物的金额扣减该资产至完工时估计将要发生的成本、估计的销售费用以及相关税费后的金额计量。

（四）现值。在现值计量下，资产按照预计从其持续使用和最终处置中所产生的未来净现金流入量的折现金额计量。负债按照预计期限内需要偿还的未来净现金流出量的折现金额计量。

（五）公允价值。在公允价值计量下，资产和负债按照市场参与者在计量日发生的有序交易中，出售资产所能收到或者转移负债所需支付的价格计量。

第四十三条 企业在对会计要素进行计量时，一般应当采用历史成本，采用重置成本、可变现净值、现值、公允价值计量的，应当保证所确定的会计要素金额能够取得并可靠计量。

## 第十章 财务会计报告

第四十四条 财务会计报告是指企业对外提供的反映企业某一特定日期的财务状况和某一会计期间的经营成果、现金流量等会计信息的文件。

财务会计报告包括会计报表及其附注和其他应当在财务会计报告中披露的相关信息和资料。会计报表至少应当包括资产负债表、利润表、现金流量表等报表。

小企业编制的会计报表可以不包括现金流量表。

第四十五条 资产负债表是指反映企业在某一特定日期的财务状况的会计报表。

第四十六条 利润表是指反映企业在一定会计期间的经营成果的会计报表。

第四十七条 现金流量表是指反映企业在一定会计期间的现金和现金等价物流入和流出的会计报表。

第四十八条 附注是指对在会计报表中列示项目所作的进一步说明，以及对未能在这些报表中列示项目的说明等。

## 第十一章 附 则

第四十九条 本准则由财政部负责解释。

第五十条 本准则自 2007 年 1 月 1 日起施行。

# 参考文献

1. 吴国萍. 基础会计学. 上海：上海财经大学出版社，2011

2. 陈国辉，陈文铭. 基础会计（第四版）. 北京：清华大学出版社，2016

3. 陈国辉，迟旭升. 基础会计（第四版）. 大连：东北财经大学出版社，2015

4. 崔智敏，陈爱玲. 会计学基础（第五版）. 北京：中国人民大学出版社，2015

5. 罗韵轩. 会计综合模拟实验. 北京：经济科学出版社，2010

6. 邬展霞. 会计专业综合模拟实验（第3版）. 上海：复旦大学出版社，2011

7. 陈国平. 会计综合模拟实验（手工账务处理）（第二版）. 上海：立信出版社，2011